本书系国家社科基金项目"递进式、抗辩式与耦合式犯罪构成论体系比较研究"(10BFX033)的最终成果。

全球结构下
中国刑法体系的构造

童德华 著

北京大学出版社
PEKING UNIVERSITY PRESS

谨以此书
纪念恩师马克昌教授

目 录

序 言 / 001

第一章 我国犯罪论体系的理论困境与研究思路 / 001
第一节 我国犯罪论体系：传统与反传统 / 001
一、传统犯罪论体系理论的形成与发展 / 001
二、对传统犯罪论体系的反对 / 006
第二节 当前我国犯罪构成论体系的理论分歧 / 008
一、我国犯罪论体系的理论分歧 / 008
二、犯罪论体系理论研究的争议点 / 018
第三节 犯罪构成论体系的研究进路与思路 / 021
一、对德国理论模式的基本评判 / 021
二、对耦合式犯罪论体系的基本评价 / 024
三、犯罪构成论体系研究的思路 / 033

第二章 犯罪证成方式的历史发展 / 037
第一节 古希腊、古罗马的犯罪证成方式 / 037
一、问题概述 / 037
二、犯罪的神话证成 / 042
三、犯罪的伦理证成 / 044
四、亚里士多德的犯罪伦理证成体系 / 049
五、古罗马的犯罪证成方式 / 051

六、结语 / 052
第二节 中世纪的犯罪证成模式 / 053
　一、问题概述 / 053
　二、神意裁判 / 054
　三、宗教裁判 / 063
第三节 现代犯罪证成方式的形成 / 073
　一、现代裁判方式的分流 / 073
　二、法官裁判模式 / 075
　三、陪审团裁判模式 / 081

第三章　现代犯罪论体系的发展 / 084

第一节 递进式犯罪论体系的发展 / 084
　一、问题概述 / 084
　二、自然主义犯罪论体系 / 089
　三、新康德主义犯罪论体系 / 091
　四、目的主义犯罪论体系 / 095
　五、目的合理主义犯罪论体系 / 098
　六、递进式犯罪体系的构造向度 / 102
　七、递进式犯罪论发展的启示 / 113
第二节 抗辩式犯罪论体系的发展 / 115
　一、经验主义的犯罪论体系 / 115
　二、实用主义犯罪论体系 / 126
　三、功利——实用主义犯罪论体系的启示 / 132
　四、抗辩式犯罪论体系的优点 / 139
第三节 耦合式犯罪论体系的发展 / 152
　一、绪言 / 152
　二、前特拉伊宁时期的苏俄犯罪构成论研究 / 153
　三、特拉伊宁犯罪构成论体系的形成基础 / 155

四、特拉伊宁体系 / 164
五、对特拉伊宁体系的评价 / 167

第四章 中国犯罪论体系构造的基础 / 172

第一节 耦合式犯罪论体系的向度 / 172
一、耦合式构造的结构性特征 / 172
二、耦合式构造的共时性向度 / 173
三、耦合式构造的历时性向度 / 175

第二节 犯罪论重构的现实维度 / 180
一、社会结构问题概述 / 180
二、风险社会的影响 / 181

第三节 犯罪论体系中的理念维度 / 183
一、法律图景 / 183
二、多元法律价值观 / 193
三、犯罪论体系的中国化 / 196

第四节 犯罪论体系重构的理论范式 / 200
一、理论范式与犯罪论体系 / 200
二、范式的基本特征 / 201
三、刑法范式的历史转换 / 203

第五节 犯罪论体系构造的科学维度 / 207
一、以真理为标准的犯罪论体系 / 207
二、犯罪构成的合理性转向 / 210
三、合理化导向的犯罪论体系 / 220

第五章 中国犯罪论体系构造的方向 / 227

第一节 犯罪论体系的程式化构造 / 227
一、耦合式模式程式化转向的必要与可能 / 227
二、程式化转向的基本方式 / 230

第二节 犯罪论的开放化构造 / 233
　一、事实共识与犯罪论体系开放的需要 / 233
　二、法律目的的论证与犯罪论体系开放的需要 / 235
第三节 犯罪论体系的论辩式构造 / 238
　一、论辩式构造的根据 / 238
　二、主体间性理论的形成与影响 / 239
　三、主体间性理论与刑法实践 / 243
　四、主体间性理论与刑法理论体系的构造 / 250
　五、中国犯罪论的论证化构造 / 255

第六章　因果关系理论的构造 / 259

第一节 大陆法系刑法因果关系理论之批判 / 259
　一、大陆法系刑法因果关系论的发展与分野 / 259
　二、条件说之批判 / 264
　三、广义相当因果关系理论之批判 / 268
　四、狭义相当因果关系理论之反思 / 274
　五、当代日本司法判例的理论根基与表现 / 279
　六、小结 / 287
第二节 英美刑法因果关系 / 287
　一、问题概述 / 287
　二、双层次原因构造的道德困境 / 288
　三、事实原因的选择困境 / 291
　四、近因标准的实践困境 / 296
第三节 中国因果关系理论 / 301
　一、问题与研究思路 / 301
　二、传统刑法因果关系论的源与流 / 303
　三、"必然性因果关系论"的范式及危机 / 325
　四、"必然性因果关系论"的叙事性问题检讨 / 334

五、新必然性因果关系论述评 / 347

　　六、超越必然性因果关系论 / 355

　第四节　刑法中的客观归属论的构造 / 355

　　一、问题概述 / 355

　　二、危险增加原理 / 360

　　三、规范的保护目的原理 / 363

　　四、从归因到归属 / 369

　第五节　客观归属论在犯罪论体系中的定位 / 370

　　一、客观归属论的体系之争 / 370

　　二、客观归属在犯罪构成中的地位 / 375

第七章　刑事责任论的构造 / 383

　第一节　刑事责任的本质与地位 / 383

　　一、刑事责任的本质 / 383

　　二、刑事责任的地位 / 385

　　三、新责任观与宽恕事由的暗合 / 390

　第二节　违法性意识理论的构造 / 392

　　一、大陆法系违法性地位研究 / 392

　　二、违法性意识在我国刑法中的地位 / 398

　　三、违法性认识问题在刑事责任中的破解 / 409

第八章　期待可能性论的构造 / 411

　第一节　大陆法系刑法学中期待可能性的地位的学说 / 411

　　一、问题概述 / 411

　　二、超责任犯罪构成要素说及其评价 / 411

　　三、责任要素说及其评价 / 422

　　四、刑罚事由说 / 431

第二节 期待可能性与我国刑法理论体系 / 437
　一、我国学者关于期待可能性的理论地位之争 / 437
　二、刑事责任要素之提倡 / 448
　三、期待可能性与刑事责任要素 / 450
　四、期待不可能事由 / 453

后　记 / 457

参考文献 / 461

序 言

从二十世纪九十年代末期至今，随着社会主义法治目标的确立，刑事法治化开始受到重视，无论在理论界还是在立法界和司法界中，一些重要的刑法原则和刑法价值都得到了确定，加之刑法学术领域的国际交流和合作增多，这些都积极地推动了刑法学研究。甚至可以说，我国刑法理论进入了繁荣发展时期。在这个时期，犯罪构成理论作为刑法理论的核心和基础，再一次成为学界高度重视和关注的"焦点"。特别是随着外国刑法理论文献被大量译介到我国，我国学者对德日递进式犯罪论体系的研究更加深入，并取得了不少可喜的成果。基于这些成果，在这个阶段，很多刑法学者认为当前犯罪论体系面临的基本问题是如何解构或重构我国犯罪论体系，即对传统犯罪构成体系进行"革命式"的改造。虽然传统的犯罪论体系存在问题已经成为学者间的共识，但它是否存在完善的空间和意义，这也是当前刑法理论上必须严肃对待的问题。今天，这种犯罪构成理论研究的热度已经降温，但是并未终结，还有学者继续保持对这个问题的研究。

大体而言，我国学者对犯罪论体系的视角不同，构想各异，这造成了不同学者之间难以进行有效的学术对话，笔者将这种现象称之为"对话性隔阂"。"对话性隔阂"表现的问题或许于实践的影响不大，但是其背后所反映的知识范式差异不容忽视。这个问题不解决，我国刑法学研究将长期处于自说自话的境地。

为了消除"对话性隔阂"，本研究以我国犯罪论体系的理论困境为进路,通过对我国传统犯罪论体系的理论分歧和主要争议点的解读,提出了犯罪论体系研究的基本思路,同时对递进式、抗辩式与耦合式犯罪构成论体系做了深入的比较研究,进一步剖析中国犯罪论体系构造的基础,展开了对犯罪论体系的理论、现实和科学维度的探究,并据此提出我国犯罪论体系构造的方向,对犯罪论体系的程式化构造、开放化构造和论辩式构造分别进行了全面的介绍和论述。本研究还重点介绍了客观归属论,对客观归属论的构成基础、构造和体系地位做了深入的分析,更对客观归属论的价值展望与实践检讨提出独到的见解。同时对刑事责任的本质、地位以及新责任观与宽恕事由的关系深入发掘,重点对违法性认识问题进行评判,对问题的破解阐明了笔者的观点。本研究最后对关于期待可能性论地位的学说进行了介绍和评价,并明确确立了期待可能性的理论地位。

与单纯建构型理论不同,本书更强调以后现代(或称为现代之后)方式来反思和处理我们当前所面临的困境,并着重解决如下几个问题:第一,注重对知识范式的转向研究。每一种理论都是根据某种范式建立起来的,在笔者看来,当前我国犯罪论体系之所以遭遇困境,根本原因是对所发生的范式危机重视不够,我们赖以构建的刑法理论体系范式,在很大程度上已经发生了转型。第二,密切关注社会结构的变化。本书引入了风险社会的观点,强调我们必须审视社会结构的变化对于刑法基本理论范式以及因果关系客观归属论的影响。一方面对当前因果关系理论的重要流派进行了谱系性的梳理,尤其是对它们进行了学术性的批判研究;另一方面对客观归属论进行建构性的观照和尽可能合理的研讨。第三,审视客观归属论判断于后现代范式的表现。对客观归属论的两种基本类型即危险制造和危险实现进行责任归属,并时刻关注危险增加论和规范的保护目的论等新理论。第四,从期待可能性与我国刑法理论体系的关系入手,通过对超责任犯罪构成要素说、责任要素说、刑罚事由说的介绍和评价,提倡将期待可能性作为刑事责任要素来把握,并据此确立了期待可能性的理论地位。在技术路径上,本书也提出了一些新的方法。

第一,笔者以耦合式结构与递进式结构为研究对象,根据它们的基本特征,将它们的共时性向度和历时性向度予以明确阐述,尤其是注意到历时性向度中作为犯罪构成理论的知识谱系的时代演变。经由这样的考察,才可以对结构的功能性认识给予"祛魅性"的回答,也才可能对于结构的建构进行发散式的思考。这两点对于当前所出现的"犯罪构成研究热",特别是对德国、日本理论的极度推崇,或者是与之针锋相对的、对我国传统理论的极力维护,具有一种不言自喻的意义。

第二,通过比较不同的犯罪证成模式、刑法结构、社会结构、犯罪构成论体系与刑事诉讼体制的关系等,分析了犯罪观念的历史发展,重新厘清犯罪证成的历史图谱。通过对犯罪论图谱的历史研究,为我们反过来更好地把握犯罪观念、分析犯罪提供某种知识上的根据。笔者的研究表明,刑法的未来发展,要适应哲学思潮的发展,要根据目的合理主义的思考方式,并突破该主张的现有认识局限。我国刑法学基本上还停留在自然主义体系阶段,针对这种现状,笔者提出了个人的一些展望:首先,要重视犯罪构成要素中的规范性或者价值性含义。其次,合理把握形式要素与实质要素的界限与一致性。最后,实现客观要素与主观要素的统一与融合。

第三,我国犯罪论体系研究的主要问题不是定性准确与否,而是欠缺对责任的合理评价,所以明确确定责任在刑法理论构造中的地位,对刑法司法是十分必要的,对于刑法理论的构造来说,也是当务之急。合理的犯罪论体系必须致力于帮助刑法解释和论证实现这一目标:基于刑法的正义要求,根据真实的事实和材料做出的符合刑法规范目的的法律论证,并且大体上可以为当前社会所接受。在此要素中,正义向往是合理性解释的结构性前提和目的性前提,经由正义理念的向往和保证,促使刑法结构和犯罪论体系的建构致力于达成一个可以妥协的结论,从而派生出可接受性这个最直观也最经得起实践检验的标准。

第四，当前我国犯罪论体系争议的焦点在于中国应该选择哪一种犯罪论体系，通过考量我国自身的刑法理论构造以及对我们意欲借鉴的理论——德日犯罪论体系和英美犯罪论体系——加以必要的评判和审慎的估量，来确定选择哪一种犯罪论体系。为了不过早介入理论纷争，避免"先入为主"的预判所造成的不合理结论，本书通过认真分析每一种犯罪论体系产生的背景、根据，梳理出每一种犯罪论体系的根本性缺陷，从而结合我国当前的法治状况，选择一种适合我国的犯罪论体系，并提出个人对完善刑法理论体系的构想。笔者论述了程式化转向的基本方式，即罪责构造理论的程式化转向，必须经由对异质性要素、开放的体系和论证模式等三个基本方式的重新设置来实现。

第五，本书以中国刑法因果关系理论的局限性分析作为问题的切入点。笔者认为，当前通说关于刑法因果关系特征的表述虽无明显理论破绽，但尽显颓势。为了更好地说明研究的旨趣，笔者通过建立"前现代性范式"和"现代之后的范式"两个概念，为后面的分析提供路径指引。本研究试图从对当前的研究困境的一般性阐述出发，力求从作为社会科学的哲学范式这一深度寻求相关理论的新资源，并期望借助一种新的理论范式，对主流性因果关系理论的方法和路径予以比较研究，进而从侧面了解客观归属为何可能替代因果关系论，以此作为对前面所提出的前提性问题的回答，促成学术界与实务界人士对客观归属理论加以必要的关注和正视，并为今后的理论分析和司法实践提供一个较为可行的理论模式。

本书在对犯罪论发展和演变的背后的法哲学理论构造进行详实论证之后，采取全球视野比较分析了不同犯罪论体系的差异并阐明了各自所存在的不足，力图在借鉴各国刑法犯罪论理论的基础上，探索出当前我国传统四要件理论所面临的理论和实践难题的解决路径。囿于研究课题范畴和篇幅结构，本书还存在以下几处有待进一

步研究的地方:

其一,本研究虽阐明了我国犯罪论体系构造的程式化和开放化构造的基本方向,但在篇幅和行文字数限制之下,就我国犯罪论体系的具体构造方式和途径等技术性问题未能进一步深入展开。我国现有犯罪论体系构造存在问题已是共识,但究竟如何走出这一困境,破除实践所面临的难题,相关论证却显得不够充分。本研究立足于全球视野,在对比分析以德日为代表的大陆法系犯罪论体系和以英美为代表的英美法系犯罪论体系,梳理我国耦合式犯罪论体系产生及发展的历时性和共时性向度之后,指出了重新对我国犯罪论体系进行构造的时空向度和现实及理念维度问题。囿于"犯罪构成论比较研究"这一研究课题,就在"现代之后的范式"之下如何进行和实现我国犯罪论体系构造的转向,也成为本研究尚未进行深入研究的"真空地带"。

其二,作为研究基础理论支撑的风险社会理论以及范式转化程式理论,如何实现与我国刑法立法以及刑事司法实践的融合,这也是需要进一步深入研究之处。特别是在刑法理论界,将风险社会理论运用到刑法领域并因此提出的"风险刑法"概念还存有较大争议。有争议之处自然就需要学者们展开学术研究,予以论证,研究中所提到和运用的风险社会理论也只能算是笔者个人在此问题上的一点启发和感想,希望能够为风险理论以及风险刑法理论的进一步研究添砖加瓦。另外,研究中所依赖的另一个重要理论——前现代性的范式危机和范式转化,在不太注重法哲学特别是真正意义上的刑法哲学研究的我国刑法学理论界,还有待学者们的进一步研究。

其三,期待可能性理论是现有犯罪论体系重构之下又一重要的理论支撑,就我国刑法学界研究的整体概况而言,该理论似乎并未得到学者们的高度重视。就本研究而言,由于体例和结构安排,对此未能展开更加详细的论述,笔者深感遗憾,同时也希冀研究中的相关介绍能够为学者们的后续挖掘抛砖引玉。

第一章 我国犯罪论体系的理论困境与研究思路

第一节 我国犯罪论体系:传统与反传统

一、传统犯罪论体系理论的形成与发展

刑法是关于犯罪及其法律后果(主要是刑罚)的法律规范。① 基于这个传统的观点,很长时期以来,刑法学体系被划分为刑法总则、犯罪论、刑罚论和刑法各论几个范畴。其中,犯罪论体系长期以来被视为刑法学理论体系中最为重要的组成部分。众所周知,我国传统犯罪论体系是1949年在学习苏联刑法学的基础上建立的。中华人民共和国成立之后,新中国刑法学进入初创时期。这一时期不仅是新中国全面学习苏联的时期,而且也是中国法学、刑法学全面学习苏联法学、刑法学的时期。20世纪50年代,在中国大陆地区,学术界掀起了一股学习苏联社会主义法制建设经验的热潮,正是在此历史背景下,新中国的刑法学者奠定了中国当代通行的犯罪构成理论,也就是传统犯罪论体系的初步框架。②

---

① 参见张明楷著:《刑法学》,法律出版社2011年版,第19页。虽然也有学者认为犯罪是关于犯罪、刑事责任和刑罚的规范,但是,刑事责任观念并未得到充分体现。
② 参见高铭暄主编:《刑法学原理》(第一卷),中国人民大学出版社1993年版,第445页;参见肖中华著:《犯罪构成及其关系》,中国人民大学出版社2000年版,第36页。

对于新中国犯罪构成理论发展的历史,刑法学界主要有四种观点:两阶段说、三阶段说、四阶段说以及五阶段说。① 但是,我们很难说清这些不同观点谁对谁错,孰优孰劣。首先,各个观点给定的政治标准不一样;其次,各个观点之间并不存在根本性的差异。因为持不同观点的学者对于我国犯罪构成理论沿革的主脉,基本态度是一致的,他们都承认我国犯罪构成经历了形成或确立、停滞以及发展这三个阶段,其他的一些阶段不过是这三个阶段基于不同政治背景而发生的较为具体的分合与演化。由于我国犯罪构成理论是围绕传统的四要件犯罪论体系(或所谓的耦合式犯罪论体系)不断展开和发展的,因此,本研究采取与我国学者王勇观点相一致的划分方法,②根据我国耦合式犯罪论体系在不同历史时期的命运,将我国犯罪构成理论的发展史划分成三个基本阶段,即确立阶段、改良阶段、改革阶段。

耦合式犯罪论体系确立于1949年至1982年期间。这个阶段可以进一步划分为犯罪论体系确立、停滞和发展三个时期。新中国成立后,建立新法权成为当时的重要任务。一方面,社会主义政权废除了国民党时期通行的一切法令和制度;另一方面,迫于当时国际和国内的紧张政治形势,新中国做出了选择,站在社会主义阵营这一边。由于上述情况,基于意识形态的考量,新中国开始全面学习苏联革命和社会主义建设经验。也正是在这种背景下,当时刚刚在苏联刑法理论体系中成型的耦合式犯罪论体系被全面引入中国刑法当中。当时我国学者的主要工作,就是将苏联的犯罪构成理论移植到我国,使耦合式犯罪构成体系在我国学界得到正式确立,之后,这种体系渐渐

---

① 参见杨兴培著:《犯罪构成原论》,中国检察出版社2004年版,第38—44页;参见何秉松著:《犯罪构成系统论》,中国法制出版社1995年版,第45—56页;参见肖中华著:《犯罪构成及其关系论》,中国人民大学出版社2000年版,第36—44页;参见宣炳昭、黄志正著:《犯罪构成与刑事责任——刑法学研究综述》,中国政法大学出版社1993年版,第13—15页。

② 参见王勇:《中国传统犯罪构成理论发展阶段初探》,载《社科纵横》2009年第8期。

发展成为我国刑法理论和司法实践的通说。不过,在学习苏联犯罪构成理论的基础上,中国刑法学者并不是简单地照搬照套苏联学者的理论成果,而是根据当时中国革命和建设的需要对耦合式犯罪构成体系进行了初步简单改造,使耦合式犯罪构成体系成为更符合中国实际、更具有中国特色的理论体系。尤其值得一提的是,中国人民大学法律系刑法教研室于1957年编写并出版的《中华人民共和国刑法总则讲义》,首次以教科书的方式勾勒出了我国犯罪构成体系的基本轮廓。该教科书提出,我国的犯罪构成,"就是我国刑法所规定的,决定某一具体行为的社会危害性及其程度而为该行为成立犯罪所必要的一系列事实特征(这些事实特征叫做犯罪构成的要件)的总和,这种总和是追究行为人的刑事责任的唯一根据"。不过,这种界定是纸上谈兵,因为当时我国除了极少数几部单行刑法之外,并无系统规定犯罪和刑罚的刑法典。这种立法现状注定我国犯罪论体系带有强烈的苏联刑法特色。在这方面,最典型的就是1958年由王作富等翻译的苏联著名刑法学家特拉伊宁的《犯罪构成的一般学说》一书。该书对犯罪构成理论从概念到体系进行了系统而深入的论述,从而"建立了作为刑法学核心和基础的社会主义犯罪构成理论"。该书对我国犯罪构成理论体系的研究具有广泛而深远的影响,时至今日,在中国犯罪论体系中还能明显发现其基本架构和色彩。遗憾的是,好景不长,刚刚兴起的(刑)法学研究很快就进入了停滞期。犯罪构成理论甚至被视为资产阶级的东西和修正主义的产品,相关研究也成为一个禁区,遭到了全面批判和彻底否定。

  1978年党的十一届三中全会的召开,确立了社会主义法制的基本目标和任务。翌年,新中国第一部刑法典正式颁布,这标志着包括刑法学在内的法学研究和法学教学全面恢复。在社会主义法制体系中,刑法无疑是最重要的部门法之一,与之相呼应,刑法的重要性也是不容否定的。而作为刑法学基础理论的犯罪构成理论自然重新受到学界的关注。1981年,杨春洗教授等出版了《刑法总论》一书,认为"犯罪构成就是按照刑法规定构成各种犯罪的诸要件的总和。它是行为人负担刑事责任的基础。"①1982年,高铭暄教授主编的高等学校法学试用教材《刑法学》出版,该书认为,"犯罪构成是我国刑法规定的,决定某一具体社会行为的危害性及其程度而为该行为构成犯罪所必须的一切客观和主观要件的总和"。这部教科书在我国刑法历史上具有无可替代的地位,对理论和实践的影响极其深远。该书所建立的四要件体系也得到绝大多数学者和实务工作者的认同,是我国刑法学界公认较为科学、合理的犯罪构成论体系,为此后的犯罪构成理论研究提供了基本框架。至此,我国在二十世纪五十年代初期移植于苏联的犯罪构成理论以官方教材的形式完成了理论上的复活。迄今,它所确立的理论体系以及基本的内容观点,都未发生根本上的变化。

二十世纪八十年代后期,社会发展出现了开放的态势。境外、国外法学思潮不断被引介到大陆地区,刑法的思想禁区不断被打破,一些学者不再满足于传统犯罪论体系,而开始对传统四要件理论的不足进行批判,并有针对性地提出了各式各样的完善建议,这导致相应的理论研究热点的出现与理论争议现状的发生。这一时期产生了大量关于犯罪构成的著作和论文。例如,1987年,樊凤林教授主编的国家"六五"规划法学重点科研项目成果《犯罪构成论》出版。1988年,曾宪信、江任天、朱继良合著出版了《犯罪构成论》,该书探索了犯罪构成理论涉及的一些主要问题。1989年,高铭暄教授主编了《中国刑法学》,对犯罪构成的概念、犯罪构成的要件做了比较全面的阐述,并再次以权威的形式正式确立了我国犯罪构成的概念与四要件理论。1991年,马克昌教授主编的《犯罪通论》一书出版,该书对犯罪构成进行了深入的专题研究。1991年,张明楷教授的《犯罪论原理》一书出版,该书指出我国犯罪构成理论中的一些缺点。1993

---

① 杨春洗著:《刑法总论》,北京大学出版社1981年版,第103页。

年,赵秉志教授主编了《刑法学通论》一书,该书在尊重传统理论的基础上,探讨了若干犯罪构成研究中的热点问题。1993年,谢望原教授发表了《关于犯罪模式论的反思与构想》一文,分析了犯罪模式的宏观和微观系统,并致力于建立犯罪构成的主体模式。

总的看来,上述作者还是维持传统犯罪论体系的基本架构。直到二十世纪九十年代末期,在刑法学术界听到的基本上还是完善或者改良传统犯罪构成理论的呼声。考虑到这个时期又是完善犯罪论体系呼声最高的时期,因此,我们将这一阶段称为我国犯罪构成理论的改良阶段。这一阶段的研究有两个特点:第一,改良阶段所面临的基本问题是如何完善传统犯罪论体系,而不是解构或者重构犯罪论体系。因而,此阶段的研究主要是围绕我国犯罪构成与犯罪概念的关系、犯罪构成的分类、犯罪构成的属性、犯罪构成要件的数量和犯罪构成要件的排列顺序与层次结构等形式问题进行的。这些理论基本上都是在坚持既有理论的基础上展开的,学者们在此阶段所作的努力仍然局限在既有犯罪论体系内部,并没有突破犯罪构成的基本体系。因此,此阶段只能称为"改良",而不是"改革"。第二,在改良阶段,学界就犯罪构成理论在一些问题上基本达成了共识,比如犯罪构成与犯罪概念的关系、犯罪构成的分类等,但是有些问题并未达成共识,如犯罪构成的属性、犯罪构成要件的数量和犯罪构成要件的排列顺序等,而且存在较大分歧。其中关于犯罪构成的属性主要有法定说、理论说、区别对待说和兼有说。[1] 关于构成要件的数量问题,有两要件、三要件、四要件和五要件之争。关于犯罪构成要件的排列顺序,除了通说坚持的从客观到主观的排列顺序外,还有观点主张从主观到客观的排列顺序。

---

[1] 参见王勇:《改良阶段的传统犯罪构成理论研究》,载赵秉志主编:《刑法论丛》,法律出版社2011年第3卷,第126—128页。

二、对传统犯罪论体系的反对

从 20 世纪 90 年代末期开始至今,随着社会主义法治目标的确立,刑事法治化受到了重视,一些重要刑法原则和刑法价值在理论界、在立法界和司法界中都得到了确定,同时,刑法学术国际交流和合作的增多也积极地推动了刑法学研究。可以说,我国刑法理论进入了繁荣发展的时期。

在这个时期,重构犯罪构成理论的论著非常之多,但从这些著作中可以看出,重构理论观点内部的分歧也很大。例如,2001 年,陈兴良教授编写的《本体刑法学》一书,提出"罪体—罪责"的犯罪构成体系。之后他在 2003 年和 2013 年版的《本体刑法学》中对犯罪构成设想加以进一步完善,主张构建"罪体—罪责—罪量"犯罪构成体系。2005 年,张文、刘艳红、甘怡群编写的《人格刑法导论》出版,创造性地提出了二元定罪机制。2007 年,周光权教授在《刑法总论》教科书中提出,犯罪成立要件分为"犯罪客观要件—犯罪主观要件—犯罪阻却事由"三个阶层。2009 年,曲新久教授在《刑法学》中采纳了"客观罪行—主观罪责—正当化事由"的双层次二元结构。2011 年,张明楷教授在第四版《刑法学》教材中主张违法和有责的两阶层犯罪构成体系。2012 年,黎宏教授在《刑法学》教材中主张对我国传统犯罪构成进行所谓的改良,重构一种两层次递进式的犯罪构成体系。这种观点的基本架构为林亚刚教授所认同,后者在 2014 年出版的《刑法学教义》中将形式犯罪构成分解为主观要素和客观要素,将实质影响犯罪构成以及责任判断的要素分解为违法性阻却、责任阻却和减轻事由。①

这一时期的重构犯罪构成理论论文更是不计其数,这是对犯罪构成论体系研究具有标志意义的事情。2009 年发生的"司考门事

---

① 参见林亚刚著:《刑法学教义(总论)》,北京大学出版社 2014 年版,自序部分。

件"值得一提。当年,司法部考试中心组织编写的司法考试指导用书中一改传统的犯罪构成体系,采用了递进式犯罪论体系。客观上讲,这种做法虽然用心良苦,但是它忽视了一个如后讲述的、在英美法系理论部分被反复重点强调的因素,即历史在理论建构中具有理性所无法替代的作用。结果不言自明,这种做法显然操之过急了,不仅时机选择不可取,所依赖的途径也太过敏感。它不仅导致备考当年司法考试的众多考生无所适从,还招致刑法学界诸多学者的声讨。事后,高铭暄教授撰写了《关于中国刑法学犯罪构成理论的思考》、《对主张以三阶层犯罪成立体系取代我国通行犯罪构成理论者的回应》和《论耦合式犯罪构成理论的合理性暨对中国刑法学体系的坚持》等系列文章,或者力挺耦合式犯罪构成体系,或者批判递进式犯罪论体系。当然,黎宏教授的《我国犯罪构成体系不必重构》、周光权教授的《犯罪构成理论关系混淆及其克服》、李洁教授的《中国通论犯罪构成理论体系评判》等文章和专著的出版,也产生了很大影响。这些成果虽然立场不同,但合力改写了犯罪构成研究的基本进程和方向。可以说,"司考门事件"的真正意义在于打开了犯罪构成理论研究百花齐放、百家争鸣的新局面,进一步活跃了犯罪构成理论研究的学术氛围。历史表明,犯罪论体系并非一朝一夕就可以建立,它还需要根据社会文明指引的方向而发展。我国传统的犯罪论体系凝聚了两代甚至三代学者的心血,经历了数十载的实践检验,其现实合理性、有效性也是显而易见的,如果不经慎重论证就加以废除,显然不妥。但是"司考门事件"对于犯罪论体系研究而言是具有极大推动作用的:第一,它反映了晚近以来所谓"四要件说"和"三要件说"之间的争议已经从理论层面上升到操作层面,从而提醒我们,在学术上应该采取更为认真、严肃的态度对待和开展犯罪构成理论体系的基础研究;第二,它表明我国刑法理论研究中长期以来没有认真对待犯罪构成研究的新成果,刑法学的传统结构多年来始终保持着高高在上的态势,对三要件的犯罪构造理论诉求采取消极态度,既不积极反对也不积极回应,这也是迫使主张"三要件说"的学者为试图取代主流理论而采取非常规手段的一个原因;第三,它表明我国犯罪构成理论研究中对话不够,批判不充分,自说自话的情况较为严重,即便是"三要件说"的主张者,对传统理论也缺乏应有的耐心和学术交流的诚意。

在晚近十年,虽然我们已经看到了一些积极的信号,但是从整体上看,犯罪论体系研究的沉闷局面依然没有得到有效改善,而且相关研究明显缺乏与整个争议问题相匹配的手段。很明显,"三要件说"和"四要件说"之间的争论,是两种不同法律方法的较量。这在理论上势必经由比较的方法展开研讨。在比较研究的过程中,我们应注意避免一些习惯性做法,否则,结果将是永远不能达成共识。现代社会是一个多元结构的社会,多元化要求在刑法研究中应当支持不同刑法制度、刑法理论和刑法方法的共生共容、协同发展。刻意追求一种方法、一个理论和一个制度的做派,违背了现代社会的发展潮流。所以,我们要有求同存异的基本情怀。我国当前的犯罪论体系研究更多是采取寻求不同理论模式差异的做法,较少研究它们的相同点,基本不探讨彼此可以相互融通的地方,这是刑法现代化要极力避免的一个"陷阱"。

第二节 当前我国犯罪构成论体系的理论分歧

一、我国犯罪论体系的理论分歧

围绕传统犯罪论体系,在当前刑法研究中出现了维持论、改良论和重构论之间"三足鼎立"的格局:第一种观点可称之为维持论,主张维持犯罪构成论体系的现状,他们认为现有的犯罪构成理论在理论上没有什么大问题,而且在实践中已经成为通说。但在理论上,坚持纯粹传统理论的学者并不多见。第二种观点可称之为改良论,就是认为我国传统的犯罪构成理论虽然存在一定的问题,但是可以通过局部的调整来加以改进。这也是当前获得大多数学者认可的一种看法。第三种观点就是重构论,即认为我国现有的犯罪构成理论存在根本性的问题,这些问题源自我国现有的犯罪构成理论本身,必须对我国的传统犯罪构成体系进行重构,而德日的递进式犯罪论体系则是较为理想的选择。

(一)犯罪论体系改良论

以高铭暄等教授为代表的学者坚持采用传统的犯罪论体系。他们认为我国犯罪论体系包括四个方面的要件:犯罪客体、犯罪客观方面、犯罪主体、犯罪主观方面。其中,犯罪客体是指我国刑法所保护而为犯罪行为所侵犯的社会关系。犯罪客观方面是指行为人所实施的危害社会的行为、结果以及行为的方法、时间、地点等。犯罪主体是指达到法定责任年龄、具有责任能力实施危害社会行为的人。犯罪主观方面是指行为人主观上具有的罪过以及特定的犯罪目的。这四个要件按照从客观到主观、从外在到内在的顺序排列。[①] 这一脉络的学者认为,我国传统犯罪论体系最符合中国司法实际,不能将其废除。当然,主张这种观点的学者并没有掩饰传统耦合式犯罪论体系的不足,他们也提出了不同的批评和改良意见。例如,有学者认为犯罪客体不能成为犯罪构成要件,也有论者指出犯罪主体不能作为犯罪构成要件。如上所述,当前我国犯罪构成理论的争议表现在,出现了多元犯罪论体系的新局面,各个学者提出了自己的观点并对不同的观点进行了评价。

特别是针对重构论的一些以案例适用来证明我国传统犯罪论体系不如德日犯罪论体系的做法,改良论者进行了积极回应,他们采取

[①] 参见高铭暄、马克昌主编:《刑法学》,中国法制出版社2007年版,第68页以下。

重构论者的相同案例进行实证分析,检讨其结论的差异性或相同性,在此基础上,他们得出结论认为:第一,在刑法基本立场相同的情况下,使用犯罪构成四要件体系分析或德日犯罪三阶层体系进行法律推理,所得出的结论基本上是相同的;第二,德日犯罪三阶层体系在出罪上,相较于犯罪构成四要件体系而言,具有很大的随意性,法官可以自由裁量出罪,这表明该体系具有违反法秩序的明显缺陷;第三,犯罪构成四要件体系不仅在入罪上非常严格,而且在出罪上也受到了较大的限制,同时它将犯罪豁免作为独立范畴进行评价,从而形成犯罪构成和犯罪豁免两个既存在相互联系又表现出相对独立性的定罪过程,体现出严格遵循法治原则的特性;第四,德日犯罪三阶层体系与犯罪构成四要件体系相比,在解决具体复杂疑难案件上其体系并无优势。因此,坚持犯罪构成的基本理论框架,并对其进行适度改造,这才是犯罪构成理论应该予以肯定的理想方向。① 也有学者从传统文化的角度,提出传统犯罪论体系与中国传统文化相契合,体现了我国独特的文化观念和价值诉求,其科学性不容置疑。② 以上看法表明改良论者的理论自信,其研究路径也值得肯定,至于结论是否成立,则需要进行更具体、更细致的评估。

(二)犯罪论体系重构论

客观上说,主张重构论的学者并不多,但是由于其中有几个学者的学术影响力极大,因此他们主张重构犯罪论的观点还是颇受关注。以下选择其中最具影响力的几个观点进行介绍。

1. 陈兴良教授的犯罪论体系

在对传统犯罪论体系进行有力批判的理论中,陈兴良教授的研究成果是独树一帜的。他不仅从多个角度对传统犯罪理论体系进行

---

① 参见欧锦雄:《复杂疑难案件下犯罪构成理论的优劣对决》,载《刑事法杂志》2011年第3期。

② 参见赵秉志、彭文华:《文化模式与犯罪构成模式》,载《法学研究》2011年第5期。

了有效的批判,还提出了一些有价值的建设性意见。继2001年出版《本体刑法学》之后,陈兴良教授又于2003年在中国政法大学出版社出版了《规范刑法学》一书。在本书中,"罪体—罪责"的体系发展为"罪体—罪责—罪量"的犯罪论体系。但是,在2003年陈兴良教授主编的由复旦大学出版社出版的《刑法学》教科书中,径直采用了德日通行的"构成要件该当性—违法性—有责性"的体系,并且在该书的第二版(2009年)中延续了这一体系。在2013版的《规范刑法学》一书中,陈兴良教授又采用了"罪体—罪责—罪量"三位一体的犯罪论体系。他将罪体作为犯罪成立的第一个要件,并认为在罪体中包括主体、行为、结果及因果关系等罪体构成要素,这些要素之间具有位阶关系,应当依次进行判断。在具备罪体构成要素的基础上,如果存在罪体排除事由,则罪体仍然应当被否认。在具备罪体的基础上,再进行罪责的判断。因此,罪责作为犯罪成立的第二个要件,包括故意、过失及动机、目的等罪责构成要素,这些要素之间同样具有位阶关系。在具备罪责的基础上,如果存在罪责排除事由,则罪责仍然应当被否认。在一般犯罪中,只要具备罪体和罪责这两个主客观要件就可以成立犯罪。但在刑法规定以情节严重或者数额较大作为犯罪成立要件的基础上,还需要进行罪量的判断,即罪量是第三个要件。但是,在他看来,罪量并非每一个犯罪的必备要件,只是选择性要件。在上述三个要件中,罪体是客观要件,罪责是主观要件,罪体可以独立于罪责而存在,罪责则必须以罪体为前提,即没有罪体即无罪责,没有罪责但可以有罪体。罪量是犯罪的数量规定,它当然以罪体与罪责为前提。①

很多学者已经注意到,德日三阶层的犯罪论体系的长处在于,递进式的认定犯罪,形成了一个层层过滤机制,符合保障人权的要

---

① 参见陈兴良著:《规范刑法学》,中国人民大学出版社2013年版,第111页。

求。① 但其也有根本性缺陷,即在构成要件符合性判断上,已经不再是当初客观、中立、形式的判断了,其中融入了价值判断、主观要素。这种发展实际上在某种程度上已经偏离了构成要件理论的初衷。此外,陈兴良教授提出的"罪体—罪责—罪量"的犯罪论体系也存在很大问题。有学者指出,在一种行为已经充足了罪体要件和罪责要件的情况下,因为不满足罪量要素而不成立犯罪,这或许体现了中国刑法立法的特色,但是,将犯罪概念的定量因素作为与"罪体—罪责"并列的犯罪成立的第三个要件,也有可能存在逻辑上和结论上的问题。因为所谓的"罪量"在传统观念中是和社会危害性相关联的因素,即便不谈这个概念,它也可用"可罚的违法性"概念进行解释。另外,这个要件的加入改变了认识的内容及其在证据法上的要求。例如,《刑法》第 264 条规定的一般情形下的盗窃罪的罪状,即"盗窃公私财物,数额较大",根据罪量要求,对该条文在主观方面的理解可能为"明知是数额较大的公私财物而盗窃",根据一般理论的理解则是"明知是公私财物而盗窃,数额较大",但是,按照"罪体—罪责—罪量"的体系,因为罪量是在罪责(从而也就是故意)之后讨论,因此罪量也就不属于故意的认识范畴,结果,在上述的案件中就无法得出合理的结论。这也显示出了将罪量作为一个独立的犯罪构成要件的缺陷所在。② 周光权教授也认为:"罪量可能是客观的构成要件要素,其功能是决定行为的法益侵害性大小。在数额、数量犯中,罪量要素没有得到满足的,构成要件要素不齐备,不能认为具有刑事违法性。所以,在罪体、罪责之外增加罪量要素,可能是不当地拔高了其地位。"③

---

① 参见付立庆:《阶层犯罪论体系的实践检验》,载《华东政法大学学报》2018 年第 6 期。

② 参见付立庆著:《犯罪构成理论:比较研究与路径选择》,法律出版社 2010 年版,第 112—113 页。

③ 周光权著:《犯罪论体系的改造》,中国法制出版社 2009 年版,第 256 页。

2. 张明楷教授的两阶层犯罪论体系

张明楷教授一贯秉持创新的理念开拓刑法理论研究，他在犯罪论研究方面亦不例外。在多年研究的基础上，他采取两阶层体系的犯罪构成论体系，即将犯罪构成分为违法构成要件与责任要件两部分。但是他的违法构成要件不等于犯罪的全部成立条件，只是成立犯罪的一个要件。违法构成要件表明行为具有法益侵害性（违法性），其中讨论违法性阻却事由；责任要件表明行为具有非难可能性（有责性），其中讨论责任阻却事由。① 具体来说，违法构成要件包括行为主体、行为、行为对象、结果和因果关系等。违法性阻却事由包括正当防卫、紧急避险和其他违法阻却事由。责任构成要件主要包括故意、过失以及目的与动机等。责任阻却事由包括责任能力、违法性认识可能性和期待可能性等。

张明楷教授的两阶层犯罪构成体系既不同于德日三阶层犯罪构成，也不同于德日当前的二元结构。当代德国"不法——责任"的二元犯罪构造，虽然在张明楷教授的体系中有明显的反映，但是，德国学者却是将"违法性"要件置于"不法"之中，并且明确区分了"不法"和"违法性"。可以说，他的犯罪论模式的选择路径从理论上看具有一定策略性，但是，基于中国司法实践现状，该犯罪论体系的可行性目前还不清晰。

3. 周光权教授的新三阶层犯罪论体系

周光权教授在《刑法总论》教科书中并未使用"构成要件该当性—违法性—责任"的犯罪成立理论体系，而是把犯罪成立要件分为犯罪客观要件—犯罪主观要件—犯罪阻却事由三个阶层。犯罪客观要件主要讨论实行行为、危害后果、因果关系与行为的时间、地点、方式等反映犯罪客观方面的构成要件要素。犯罪主观方面主要讨论犯罪的故意、过失、认识错误、无罪过的事件以及犯罪的动机、目的等构

---

① 参见张明楷著：《刑法学》，法律出版社2011年版，第105页。

成要件要素。犯罪阻却事由则研究违法性阻却事由和责任阻却事由。① 在周光权教授后来出版的专著中,其实质内容也并无显著变化,只是将新三阶层体系的第三阶层即"犯罪排除事由"改为"犯罪排除要件",使得第三阶层的名称与前两阶层的名称更为对称。②

周光权教授的体系游离于传统犯罪论和德日犯罪论体系之间,其中有两个基本问题值得进一步讨论:第一,关于犯罪的评价方法。由于犯罪阻却事由被纳入阶层体系内部作为第三阶层而加以讨论,那么,在此之前的犯罪客观方面和犯罪主观方面的判断就只能是事实的、形式上的判断。反之,如果前两阶层既是事实判断又是价值判断,既是形式判断又是实质判断,那么,其中的价值判断和实质判断的过程必然牵涉行为是否具备违法性阻却事由和责任阻却事由的内容,将导致此后的阻却犯罪成立事由形同虚设,至少判断的范围将极度萎缩,评价的意义也将大打折扣。③ 第二,关于责任和违法性的关系。毫无疑问,犯罪的客观方面并不等同于构成要件该当性的要件,也不能涵盖刑法分则所规定的全部罪状;同样,犯罪的主观要件也并不等于有责性或者责任的要件,例如,期待可能性这样的规范责任要素是无法包含在犯罪主观要件之中的。他将德日体系中的阻却违法事由和阻却责任事由统一归位到"犯罪阻却事由"之中,对之不进行进一步的划分,不仅混淆了违法事由和责任事由之间的区别,④而且和国外犯罪论体系研究的重点方向背道而驰。

4. 曲新久教授的二元双层次犯罪论体系

曲新久教授采取了客观罪行——主观罪责——正当化事由的

---

① 参见周光权著:《刑法总论》,中国人民大学出版社 2007 年版,第 104 页。
② 参见周光权著:《犯罪论体系的改造》,中国法制出版社 2009 年版,第 280 页以下。
③ 参见付立庆著:《犯罪构成理论:比较研究与路径选择》,法律出版社 2010 年版,第 121 页。
④ 参见付立庆著:《犯罪构成理论:比较研究与路径选择》,法律出版社 2010 年版,第 122—123 页。

"二元双层次"结构。他所谓的二元,是指将规范意义上的犯罪分解为客观罪行与主观罪责两大要件。罪行和罪责要件之下又进一步区分为一系列客观构成要素与主观构成要素,并将构成要件和构成要素适当地加以区分。罪行是犯罪客观方面之事实与评价的统一,其中包括实行行为、行为对象、危害结果、行为人的身份、因果关系、时间与地点等具体的客观构成要素。罪责是犯罪主观方面之事实与评价的统一,其中包括刑事责任能力、罪过、目的与动机等具体要件,统称为主观的构成要件要素。① 他所谓的双层次,是指将构成要件与正当化事由并列,即判断危害行为是否构成犯罪(犯罪构成),需要从正、反两个方面进行。他认为,二元双层次结构具有德日三阶层犯罪构成体系递进式的优点。但是,上述见解,除了存在周光权教授体系中的问题之外,还有两个缺陷应当引起重视:第一,在评价犯罪构成要件即客观罪行和主观罪责之后,接着评价正当防卫、紧急避险等排除社会危害性事由,即正当化事由的排列体系,可以看出,他是将正当防卫、紧急避险作为了形式上符合犯罪构成要件,但实质上不具有客观罪行和主观罪责的行为,那么,这种犯罪构成体系在理论结构上就会对一些具体问题难以得出妥当的结论。② 第二,它扩大了正当化事由在犯罪论体系中的地位,并未显现犯罪论发展的基本要求和规律,其实际效果并不理想。第三,它彻底放弃了责任评价,这种做法很难说符合现代刑法中责任理论的发展要求。

5. 黎宏教授的二元构成模式

黎宏教授曾撰文指出,在我国今后的犯罪构成体系研究中,应当着力在以下两个方面下工夫:一是在现有的犯罪构成体系上,贯彻客观优先的阶层递进式观念;二是树立不同意义的犯罪概念。③ 黎宏教

---

① 参见曲新久著:《刑法学》,中国政法大学出版社2009年版,序言部分、第75页。
② 参见黎宏著:《刑法学》,法律出版社2012年版,第64页。
③ 参见黎宏:《我国犯罪构成体系不必重构》,《法学研究》2006年第1期。

授明确主张将现有的耦合式犯罪构成体系进行改良,建立两层次的递进式的犯罪构成体系。他的改良方式如下:(1)将传统犯罪构成体系中的四要件区分为客观要件和主观要件两大部分。(2)将传统学说中的犯罪主体的内容拆分为行为主体和责任能力两方面的内容。其中,将与行为主体有关的内容归入客观的犯罪构成要件之中,将行为人的年龄、精神状态等和故意过失并列,归入主观的犯罪构成要件之列。(3)将正当防卫、紧急避险、正当行为等归入犯罪构成的客观要件中,将期待可能性归入到犯罪构成的主观要件之内。① 针对黎宏教授发表的《我国犯罪构成体系不必重构》的论文,张明楷教授认为其观点与传统的四要件体系有着本质的区别:首先,认为符合客观构成要件的行为侵害了法益时,就具有社会危害性,是一种意义上的犯罪,这其实是指行为的违法性;其次,认为正当防卫、紧急避险是不符合犯罪构成的行为,是将正当防卫、紧急避险当成了消极的构成要件要素;最后,将犯罪主体与犯罪主观方面当作有责性问题讨论,凸显了责任的地位。综上所述,黎宏教授的犯罪论体系不仅称不上传统犯罪论体系的改良论,而且显示出以违法与责任为核心解构传统四要件体系的趣旨,②这种体系还存在着诸如将犯罪主体的全部要素作为责任要素的不合理的问题。黎宏教授也意识到这些问题,在随后的具体改良方式中,基本上就没有完全按照"违法——责任"的两阶层来改造。但考虑到受众对传统犯罪论体系的感受,黎宏教授没有直接用德日递进式的一些概念,而是用我国平面四要件之中的话语系统来指称德日递进式的范畴区分,结果造成了概念上的错位。

6. 张文教授的二元定罪机制

张文教授等考察了刑法思潮发展史上刑事旧派与新派的对立,并基于行为构成要件理论和行为人构成要件理论的利弊分析,展开其具有特色的二元定罪机制。他们指出,"打破现行的以行为为核

---

① 参见黎宏著:《刑法学》,法律出版社2012年版,第65—66页。
② 参见张明楷著:《刑法学》,法律出版社2011年版,第104页。

心,不考虑行为人的犯罪危险性人格的定罪机制势在必行,取而代之的必然是一种新的贯穿违法性二元论的模式"。① 他们将对行为人人格态度的非难推进到定罪阶段,强调只有具备刑法规定的危害社会的行为同时又具有犯罪危险性人格的行为人才是犯罪人,主张"刑法规定的危害行为+犯罪危险性人格"的二元定罪机制。② 这种定罪模式的特点是:定罪权的启动是从客观的危害行为开始的,行为人在行为时由主观故意、过失所支配下的客观行为,综合起来都是从一方面说明该行为的社会危害性已经达到了刑法明文规定的应受刑罚惩罚的程度,这是整个定罪过程的前提和基础。在此基础上,还要进一步考察行为人人格的社会危害性是否同样达到了非动用刑罚不可的程度,即要汇总对行为人经历、前科、动机、一贯表现、犯罪手段和犯罪后表现等情况,综合地判断行为人犯罪危险性人格之有无、社会危险性之大小,前后两者综合考察,由法官作出行为人是否是真正的犯罪人,承担刑事责任与否的结论。基于此,在人格犯罪理论的理念中,定罪应该被赋予新的含义,即定罪是司法机关对被审理的行为与刑法所规定的犯罪构成之间进行相互一致的确认后,综合行为人的犯罪危险性人格之有无,作出对行为人是否系犯罪人的判定活动。③ 值得肯定的是,将排除犯罪性事由纳入到犯罪构成体系之中讨论,维持了犯罪构成作为认定犯罪成立的唯一、终局标准的地位。但是,人格刑法学的主张,可能是一个后现代的命题,这种从犯罪危险性人格上限制犯罪成立的范围,并且将刑罚的重点放在矫正而非报应上的观点,尽管在理论上值得充分重视,但是在现实层面上,则与

---

① 张文、刘艳红、甘怡群著:《人格刑法导论》,法律出版社2005年版,第223页。
② 参见张文、刘艳红、甘怡群著:《人格刑法导论》,法律出版社2005年版,第223—224页。
③ 参见张文、刘艳红、甘怡群著:《人格刑法导论》,法律出版社2005年版,第224—226页。

中国当下的司法观念、司法环境、司法技术等因素难以有效兼容。①

综上所述,当前我国犯罪论体系争议的焦点在于中国应该选择哪一种犯罪论体系。我们认为,为了不过早介入理论纷争,避免"先入为主"的预判所造成的不合理结论,学者们必须认真分析每一种犯罪论体系产生的背景、根据,梳理出每一种犯罪论体系的根本性缺陷,从而结合我国当前的法治状况,尊重事物发展的规律,选择一种适合我国的犯罪论体系。必须承认的是,各种犯罪论体系都有其优点和缺点。因此,我们不能为了推行自己主张的犯罪论体系,而对其他犯罪构成体系提出一些似是而非的批评,这将造成理论资源的巨大浪费。

二、犯罪论体系理论研究的争议点

必须承认,当前在我国刑法理论研究中,犯罪论体系和犯罪构成论作为一对密切关联的理论课题,已经进入到一个极其炙热的研究阶段。德国理论模式不仅在大陆法系国家和地区具有相当广泛的影响,②对于我国现阶段的理论研究也具有"风向标"式的意义。德国刑法模式的基本构造是"犯罪论—犯罪的法律后果论"。犯罪论是该理论的核心范畴,其基本模式现在主要采纳以行为为中心的一元论构造,将犯罪的构成要件分为三个:第一个要件是行为的构成要件符合性(或译为构成要件该当性),指行为事实是否符合犯罪的构成要件(主要看行为、结果、因果关系以及构成要件的故意和过失等)。第二个要件是违法性,即考察行为是否具有违法性,一般而言,行为符合构成要件,即具有违法性。但是,例外的违法性阻却事由也是存在的,如正当防卫、紧急避险等。第三个要件是责任或者说有责性,主

---

① 参见付立庆著:《犯罪构成理论:比较研究与路径选择》,法律出版社2010年版,第141页。

② 如其他德语圈国家、意大利、韩国以及我国台湾地区基本上就是采取德日理论模式。

要评价行为人是否具有非难可能性。一般情况下行为人有责任,但是如果行为人没有责任能力,没有故意、过失或者没有期待可能性,就没有责任。总体上看,只有当行为人的行为既符合犯罪构成要件,同时没有阻却违法和责任的事由,才构成犯罪。另外,最近的理论表明,德日犯罪论体系的前两个要件也可变形为客观不法要件,第三个要件可变形为主观要件,而形成所谓的二元结构。我国当前重构论大体也体现出这种思路和态势。

由于德国模式对于日本的影响很大,日本刑法理论对我国影响明显,所以,学界将德国模式和日本模式合并统称为德日模式的习惯由来已久。在很长一段时期内,我国学者一般认为德日犯罪论体系有如下方面的优点:第一,在逻辑上具有递进性,有助于明确要件之间的逻辑关系;第二,具有层次性,能厘定各种要件之间的界限;第三,也是最重要的,就是该体系具有高度理性,能够维护法律适用的安全性,有助于实现结果的正义性。[①]

反之,虽然耦合式犯罪论体系在我国还是有很大程度的代表性,并得到了广泛认可,但是,我国学者认为耦合式犯罪论体系存在如下几个方面的问题:第一,它是封闭的犯罪构成,而不是开放的犯罪构成;第二,它是平面耦合的犯罪构成,而不是递进式的犯罪构成;第三,它难能兼顾实质要件和形式要件的统一;第四,它重视经验分析,忽视价值评判;第五,它的逻辑体系不明确,容易导致各种要件的混淆;第六,它不能体现控诉和辩护的统一。[②]

可见,关于犯罪构成论的比较,主要集中在如下两个方面:第一,犯罪论体系的逻辑自洽性。在大多数学者看来,层层推进才具有

[①] 参见赵秉志、肖中华:《我国与大陆法系犯罪构成理论的宏观比较》,载《浙江社会科学》1999年第2期;姜伟:《犯罪构成比较研究》,载《法学研究》1989年第5期;〔德〕托马斯·李旭特:《德国犯罪理论体系问题概述》,载《政法论坛》2004年第4期。

[②] 参见赵秉志、肖中华:《我国与大陆法系犯罪构成理论的宏观比较》,载《浙江社会科学》1999年第2期;姜伟:《犯罪构成比较研究》,载《法学研究》1989年第5期;周光权:《犯罪构成理论:关系混淆及其克服》,载《政法论坛》2003年第6期。

逻辑性,不是层层推进就无逻辑可言;第二,犯罪论的科学理性。在大多数学者眼中,德日模式具有高度科学理性,有助于维护法律的安全,因此是科学的。反之,中国传统犯罪论体系重视经验,无科学理性可言,因此是不可取的。

在这场论争当中,我们不仅仅要问自己持何种立场和观点,而且还应当进一步追问支配自己观点的理论依据是什么。但笔者认为,前述考虑还是远远不够的,我们还必须考虑犯罪论体系的现实合理性和有效性。根据刑事法治的一般要求,如何正确认识犯罪、如何合理处置犯罪人,这才是现代刑法学的基本目的,因此,刑法学体系应当围绕对犯罪的认识和评价展开。这个要求是我们从一种更为宽泛的考察基础上提出来的。更为宽泛的考察,将会使我们注意到不同法系的犯罪构成问题,在此基础上,我们会发现在法治相对完善的一些国家,如德、法、意、日以及英、美等国,其刑法学的体系是完全不一样的。这个现象无疑为我们提供了一种有价值的思考:在这些国家,为什么可以通过不同的模式实现一个基本相同的目标呢?进而,当我们诉求以德日理论来替代我国刑法学构造时,显然意味着我国刑法学构造和上述诸国的差距很大,似乎完全不足以实现法治主义的目的。这一结论或疑惑又将使我们不得不关照一个最为基本和现实的问题:我国刑法学体系在实践运用中的症结是什么,德日理论是否不存在类似的问题呢?

可见,为了较全面地解答这个问题,不仅要考量我国自身的刑法理论构造,而且要对我们意欲借鉴的理论,即德日犯罪论体系和英美国家的犯罪论体系加以充分评判。特别是在有相当多的学者认为"所谓的改造自然是难得响应并贯以事实,进而注定只能成为一座座孤芳自赏的'象牙塔'"时,[1]我们自然有必要对"重构论"所推崇的外国理论模式进行审慎估量。鉴于德日理论体系受到我国一些学者的

---

① 冯亚东、胡东飞:《犯罪构成模型论》,载《中国法学会刑法学研究会 2002 年年会论文汇集》(上),第 33 页。

特别推崇,因此,本文拟以德日理论的评价为出发点,同时参考对英美刑法理论体系的评判,总结这两种体系的理论根据和实践价值,进而和我国理论体系进行比较,阐述三种体系在运用上的差别,在理论构造方式中的差异,并结合法治的要求和理论的文化特质,以及文化融合的趋势与限度,从规范主义的立场提出个人对完善刑法理论体系的一种构想。

第三节 犯罪构成论体系的研究进路与思路

一、对德国理论模式的基本评判

我们需要对德国模式的实际影响力有一个基本的预判,因为德国模式的确对日本、韩国和我国台湾地区有很大影响。但是在对德国理论做出基本预判之前,我们首先要纠正一个较为流行的错误判断,那就是迄今为止,我国还有一些学者将德国犯罪论体系等同于大陆法系的犯罪论体系。之所以要纠正这种错误认识,是因为德国模式在欧洲大陆法系并不是唯一的标准。如果我们忽视了这一事实,那么我们的研究将会步入歧途。理由如下:第一,这种看法会使我们忽视了其他大陆法系犯罪论的成果和现实,如法国适用的是典型的二元论模式,即主张以行为以及行为所表现的行为人主观方面为基础构建犯罪论体系,又被称为二元的犯罪论体系。[①] 而且该学说早期的主张者包括德国学者古斯塔夫·拉德布鲁赫(Gustav Radbruch)等人。第二,这种看法会导致我们过高地估量德国模式的理论地位。德国犯罪论体系既不能代表世界各国刑法,也不能代表大陆法系刑法,即便在欧盟内部也不具有完全的代表性。正如德国学

---

① 参见〔法〕卡斯东·斯特法尼等著:《法国刑法总论精义》,罗结珍译,中国政法大学出版社1998年版,目录部分。

者自己所指出的那样:"我认为德国的犯罪理论为迁就一种'欧洲犯罪理论'而抛弃其特征的可能性不大。恰恰是在刑法领域,难以对各国的传统进行估量,超国家的妥协还有很漫长的路要走。但是尽管德国的犯罪理论迄今为止影响巨大,也不能期待它会成为'欧洲犯罪理论'的样板……"①据此,我们可以得出这样的结论:将德国理论奉为圭臬的错误做法,将会遮蔽我们对刑法理论构造进行更为全面的认识。第三,这种看法将会限制我们的选择。如前所述,既然在欧洲大陆法系国家内部,法国模式和德国模式明显不一样,那么我们也应该问一问,为何法、德理论模式不一样,它们孰优孰劣呢? 如果认为德国模式值得我国刑法理论借鉴,那么是否表明德日模式比法国体系好? 如果不是,那么为何我们不学习法国体系呢? 正是基于这种辩证的认识,我们才不会陷入先入为主的境地,也才有可能客观公允地评判德国模式。

其次,必须关照德国模式的实践向度。我们在突出德日犯罪论的优点时,也应当冷静地认识到这种体系的缺陷或不足。其中最突出的不足就是其现实可操作性受到了限制。有德国学者承认,这种体系包含了繁琐的学理成分,过于复杂,而且难以领会。② 日本学者西原春夫教授也曾指出:"具有优点的德意志刑法学也有不足。虽然在建构确保公平的理论体系方面堪称世界第一,但是一个结论不仅需要巨大的理论体系为背景,而且需要长期的论证工作,该工作的论证需要时间,结论的整理也很繁杂。尤其处在当今社会生活变化快的时代里,与只追求结论妥当性的实用主义型的美国法相比较,有可能出现应付时代变化的偏差。"③无疑,受德意志刑法学强烈影响的

---

① 〔德〕托马斯·李旭特:《德国犯罪理论体系问题概述》,赵阳译,载《政法论坛》2004 年第 4 期。
② 参见〔德〕托马斯·李旭特:《德国犯罪理论体系问题概述》,赵阳译,载《政法论坛》2004 年第 4 期。
③ 〔日〕西原春夫:《外国法制日本与德意志刑法和刑法学——现状与未来之展望》,林亚刚译,载《法学评论》2001 年第 1 期。

日本犯罪论也有类似问题。这显然是刑法理论必须克服的一个重要问题。刑法理论和刑法实践一样,不仅要服务于维护个体正义的基本需要,而且必须兼顾维护社会正义的整体机能。可是,在刑法学界似乎存在这样一种片面的时髦,那就是:强调保护人权者比强调保护法益者更理直气壮,似乎一强调保护法益就是流露出重刑主义倾向,就表现为一种没落的观念。笔者对此不以为然,因为这种"时髦"错误地将自由和法益对立起来。尽管我们不能忽视刑法的人权保障机能,但也不能无视刑法还有法益保护的机能;尽管刑法是"犯罪人的大宪章",但也不能否定刑法同时是"善良人的大宪章";①尽管我们应当强调刑法的谦抑性,但是我们也应当重视刑法的必定性和及时性。根据犯罪的本质,如果行为人的行为违反了基本的社会伦理规范,符合刑法的犯罪构成,当然要定罪,否则刑法保护法益、维护社会伦理规范的任务就无从谈起。

可是,在刑法的实践中,我们在致力于维护人权的同时,还不能忽视国家历史的、现实的情形,不能肆意打破刑法兼顾自由和秩序的均衡关系。在刑法文明的历史发展中,我们不仅应当向刑法提出更为理想的价值目标,还要为刑法提供更切合实际的工具和手段。这样,刑法理性的价值目标和理念才能得到接受,才能得到实现。所谓,研究刑法的基本方法,不仅能最终实现我们为刑法所设定的人文关怀的目标,而且还有助于保证法治方法的连续性和实效性,避免法治倒退的危险。另外,刑法不仅是人类理性的建构,也是社会历史的结晶。因此,在理论研究中,关照刑法中的历史文化渊源的程度,或者充分实现现代与过去的交融,都将促进社会的进步,促进刑法自身的进步。在比较研究犯罪论的时候,我们务必时刻提醒自己,刑事法治建设不能指望一蹴而就,不能动辄提出"重构"或"改造"的论调,我们尤其要反对"推倒重来"的主张,切忌不能盲目以德日犯罪体

---

① 参见胡东飞:《犯罪构成模型运作论》,载《法律科学》2004 年第 3 期。

系为我国刑法理论构造的圭臬和模范。我们只有遵循因循改良的进程,一点点积累,一点点完善,一点点进步,才可能真正构建起一个较为科学合理的犯罪论体系。

二、对耦合式犯罪论体系的基本评价

(一)对耦合式犯罪构成体系之批判的辨析

耦合式犯罪论体系不可能是绝对科学的,它本身也存在这样或者那样的问题,这是在所难免的,也是很正常的,关键要看这些问题是否已经严重到妨碍了刑法充分、有效地发挥其机能的程度。当然,我国依然有很多学者认为我国的犯罪构成理论是科学的。为了说明问题,他们采取对应性分析的方法,对相关批判观点进行了反驳。[①] 对于这些批判观点本身,笔者持如下看法:

第一,批判观点的立足点存在问题。客观上说,批判论者针对传统犯罪论体系所提出的问题多少是存在的,但这并不意味着批判的观点就是正确的,因为这些批判所依赖的基础是有问题的。例如,何谓封闭的犯罪论体系?何谓开放的犯罪论体系?何谓实质要件?何谓形式要件?诸如此类,本身都是尚有待予以厘清的概念和基准,因此批判的说理性并不强。同时上述批判并没有涉及现行犯罪构成论的实践有效性问题,内容也有予以进一步分析的必要。

第二,批判观点的着眼点也存在问题。在笔者看来,以上批判见解在很大程度上不是为了解决问题,只是为了追求理论上的形式美感。对于实践而言,它远远没有切中问题的要害。或许正如肯定传统犯罪论体系的论者所言也未可知,即我国的犯罪构成与西方国家的犯罪构成相比,并没有本质的区别,除了结构稍有差异之外,也许

---

① 参见刘艳红:《我国与大陆法系犯罪论体系之比较》,载《中外法学》2004年第5期;周玉华、秦秀春:《中外犯罪构成比较研究》,载《山东公安专科学校学报》2003年第3期。

它还具有西方的犯罪构成所缺乏的优点。一方面，它可以大量节省司法资源，防止在要件缺损的案件中浪费时间和财力；另一方面，它可以发挥积极的人权机能。比如盗窃，根据美国刑法，明明是一个孩童，警察却要将他诉至法庭，在考察了他的行为符合法律的犯罪规定以后，再由律师来进行"未成年"的抗辩，然后由法庭做出无罪判决。① 这在德日模式中也一样，即关于未成年人的行为，首先要进行构成要件的符合性判断，然后进行违法性的论证，只有到责任评价时，才能终结进一步的评价。可见，与德日或者英美刑法等国的犯罪论体系相比较，我国犯罪构成理论在定罪或者定性的逻辑方面尚没有较显著的瑕疵，至少目前还没有一种理论能有力地说明这一点。

第三，关于传统犯罪论体系缺乏递进性之批判是难以成立的。对于我国传统犯罪论体系的平面性特征，不少中外学者就此做了批判。如日本大塚仁教授认为，中国刑法犯罪论体系是不妥当的，因为"把犯罪的构成要素区分为客观的东西和主观的东西，当然是可能的，但是，仅仅这样平面地区分犯罪要素，并不能正确地把握犯罪的实体。例如，像后述的主观违法要素，虽然是主观的要素，但是，应该像客观的违法性要素一样被视为违法性判断的对象，同时，像客观的责任要素，尽管是客观的事实，但是与其他的主观要素一样，应在决定可否对行为人进行责任非难时加以考虑。"这样的体系，"有忽视客观的要素和主观的要素各自内在的差异之嫌，而且，仅仅这样平板地对待犯罪的要素，既难以判断犯罪的成立与否，又难以具体地论及所成立的犯罪的轻重。"②

笔者对于大塚教授的评判，恰恰有相反的看法：首先，将中国、俄罗斯和英美刑法学的体系等同于前行为论体系是错误的，因为在前

---

① 参见周玉华、秦秀春：《中外犯罪构成比较研究》，载《山东公安专科学校学报》2003年第3期。

② 〔日〕大塚仁著：《刑法概说·总论》，冯军译，中国人民大学出版社2003年版，第107页。

行为体系中,行为不是刑法中的基本概念,而在中国、俄罗斯和英美刑法学中,"行为概念依然是贯彻全部范畴的主线","行为作为一个事实,始终是刑法评价的对象",①所以,他们属于行为论体系中的分支。其次,由于刑事责任评价和犯罪认定是分离的,依据英美刑法学的方法,在责任评价阶段存在犯罪的辩护事由,这样,就可以在犯罪成立的平面之后,深入展开对犯罪个性因素的分析,从而,刑法对犯罪的评价完全可以"脱平板化",形成更生动、更丰富、更深入的评价机制。这不仅在犯罪成立上是合理的,而且在刑事责任大小的分析上是可取的,它避免了"三段论体系"中混淆责任大小评价等缺陷。

第四,关于传统犯罪论体系的逻辑性问题的批判也不得要领。我国持"重构论"的学者一般认为,传统犯罪构成体系虽是一个整体,但是其内部的各要件之间缺乏层次,联系不明确,历史过程和逻辑过程是不统一的,这容易造成混乱。简言之,很多学者认为传统体系逻辑混乱。

但是,笔者对类似批判也不敢苟同。理由如下:首先,逻辑并不是什么原则性的问题。比如在吃饭的时候,是先吃饭还是先吃菜,每个人的习惯不同,每个地方的风俗不同,可能有些地方的人有先吃菜后吃饭的习惯,而另外一个地方的人则可能习惯边吃饭边吃菜,但无论如何,最后都是吃饱肚子;穿衣服也是这样,比如穿毛衣的时候,有的人习惯先套头后套手,而有的人习惯于先套手后套头。对于犯罪论来说也是这样,只要在大的方面没有问题,就不应当纠缠于这些细微的区别。其次,我国传统犯罪论体系还是有逻辑可循的。而且就我国犯罪构成理论来看,一般遵循"犯罪客体—犯罪客观方面—犯罪主体—犯罪的主观方面"的"发现论"顺序,或者"犯罪主体—犯罪主观方面—犯罪客观方面—犯罪客体"的"行为论"顺序。其中的基本结构大同小异。这就说明,我国犯罪构成论并非如批判者所谓是逻

---

① 参见童德华:《刑法中的行为:机能、概念与犯罪论体系》,载《法学评论》2001年第6期。

辑混乱的,反而大体上有"章"可循。再次,国外也不乏忽视逻辑的理论先例。即便我国刑法理论的确存在逻辑性问题,也不能就此认为它的问题严重到了极点。因为如果我们把上述批判套用到英美刑法的犯罪论体系中去,反而可能会怀疑上述观点所强调的逻辑是否确实有用。我们都知道,在英美法系刑法中,关于犯罪论模式和地位,没有全然一致的看法,其中既存在一般犯罪构成论和具体犯罪顺序的不同意见,也存在客观要件和主观要件不同顺序的做法。这多少说明批判者所指称的逻辑并不是关乎法律推理是否可能顺利实现的逻辑。

从技术上看,传统理论的最大挑战来自于两类案件:①

类型一:具有刑事责任能力的成年人指使达不到责任年龄的未成年人实施犯罪行为的场合。如 30 周岁的甲指示 12 周岁的乙在他人食物中投放致命性毒药致受害人死亡。这种情形在理论上一般认为甲属于间接正犯。但是实践中有的表述为教唆犯。表述为教唆犯显然是不恰当的,因为根据传统理论,有责任能力者和无责任能力者的共同行为无法构成共同犯罪,教唆是一个行为事实概念,教唆犯是一个法定的规范概念,实施教唆并不等于构成教唆犯。实施教唆行为可以构成教唆犯,但必须在共同犯罪的语境下使用;但也可以成立间接正犯,因为一般认为间接正犯属于单独正犯,与共同犯罪没有关联性,因此在此类场合,只要教唆未成年人,从规范意义上可认为行为人对未成年人不仅仅是唤起了其犯罪意思,而且对其行为进行了事实上的操纵与支配,作为间接正犯应该没有太大实践问题。

类型二:具有刑事责任能力的成年人受达不到责任年龄的未成年人的指示,帮助未成年人实施犯罪的场合。如 18 周岁的甲受 15 周岁的乙指使,为乙实施盗窃望风,最后从所得赃物 20000 元中分得 2000 元。与前一个问题相比,这类案件对传统犯罪论体系的挑战可

---

① 两类案例总结自付立庆:《阶层体系下间接正犯与教唆犯的区分标准:理论展开与实践检验》,载《华东政法大学学报》2018 年第 6 期。

能是致命性的。从常识上看,乙在整个事件中居于主导地位,但因为其行为不构成犯罪,所以不能对其进行犯罪评价,如果将全部责任归于甲,显然与罪责刑相适应原则相冲突。但是,如果根据甲在犯罪中的地位确定其行为,因为缺乏正犯的比照性,无法对甲的行为评价提供理论框架。这个理论在三要件中其实也是有问题的。根据三要件,只能在不法环节确认甲、乙的共同行为具有构成要件的符合性和违法性,但是在责任评价环节,乙依旧被排除在评价体系之外,从而根据基本构成要件最终不成立犯罪,应否定乙的行为的犯罪性。而共同犯罪一般属于修正的构成要件,在责任能力不具备的情况下,同样也无法完成对甲、乙行为的共同犯罪评价。根据共犯从属性理论,在正犯不存在的场合,依据极端从属性或者最极端的从属性理论,共犯成立范围虽然也存在争议,但依据最小限度的从属性理论和限制从属性理论,还是可以为甲的行为找到合理切入点的。因此,传统理论并非没有改造的可能。

(二) 耦合式犯罪构成论的症结

但是,也不能仅仅因为上述观点,就认为它们可以证明我国犯罪体系的优越性,并形成对其进行辩护的积极根据。恰恰相反,笔者对于全面肯定传统体系的看法也是无法认同的,因为我国犯罪论体系虽然定性的问题不大,但是在对犯罪以及犯罪人进行全面的评价时还是有着诸多不足,容易导致结论正确但结果不合理的问题。例如,"许霆案"等有影响力的案件就非常明确地显示了这样的问题。就这个问题的方式、原因及其表现来看,主要起因于以下几个方面:

1. 重要件形式特征,轻要件实质内容。从形式上看,在我国刑法中,犯罪的成立必须符合犯罪构成,即与行为和行为主体相关的主观要素和客观要素必须满足犯罪客体、犯罪客观方面、犯罪主体和犯罪主观方面等四个方面的要件。在有的学者看来,这似乎说明我国刑法中的形式和实质构成没有截然分开,它表明认定犯罪的法律模式是什么,有哪些条件,还表明了认定犯罪的大致标准。结合社会危害性理论,可见,我国犯罪构成四要件是形式和实质的统一。① 然而,笔者认为,虽然在理论上我国刑法体系是要求形式与实质相统一的,可是在现实的犯罪构成要素判断中,它更明显地体现为对形式要件予以判断的过程,这一点和德、日刑法理论中的构成要件符合性的判断具有一样的属性和机能,无论是犯罪构成还是构成要件,都是理论为司法提供的一个判定犯罪的基本框架,如果行为特征与这个框架相符合,原则上就成立犯罪。但在耦合犯罪论体系中,为了追求罪刑法定原则的明确性要求,实践中往往采取一种偏颇的方法,即仅仅从犯罪的形式要件上去把握犯罪。在我国,过去忽视犯罪的形式概念和框架,是罪刑法定原则不能被全面贯彻的根本原因;实践中过度重视犯罪的形式的要素,造成了相当多的判决丧失了对结论合理性的追求。这就从问题的一个极端发展到了另外一个极端,从而又使得我国传统犯罪构成要件显示出封闭性的特征。

2. 重事实判断,轻规范评价。在我国学者看来:犯罪构成四个方面的要件相当于犯罪成立四个部分的零部件,它可以被机械地拆卸和任意组合,而组合所依据的规则,和一加一等于二相同,是一种对因果的、自然的法则的运用。这样的犯罪论观点,更多的是一种经验生活上的感觉和一种平面上的思考。② 可是,犯罪论体系不仅是一种事实认知体系,而且还是一种规范的价值体系,我们应当将犯罪论体系视为一种特殊的社会认识论体系,即关于犯罪事实和价值的认知和选择体系。所以其中必须暗合经验和规范两个标准。美国学者普特南(Hilary Putnam)曾说过:"真理不是终极之物,真理本身还要从我们的合理可接受性标准那里获得生命,而如果我们希望发现

---

① 参见刘艳红:《我国与大陆法系犯罪论体系之比较》,载《中外法学》2004 年第 5 期。
② 参见周光权:《犯罪构成理论:关系混淆及其克服》,载《政法论坛》2003 年第 6 期。

真正隐含在科学之中的价值,这些标准是务必注意的。"①"经验世界是依赖于我们的合理可接受性标准的……我们使用合理可接受性标准来建立一幅'经验世界'的理论图景,然后,由于这幅图景的发展,我们根据这幅图景来修正我们的合理可接受性标准本身,如此不断,以致无穷。"②这个论断表明了犯罪构成合理性的评价标准不是科学的评价标准,这是值得社会科学深刻反省的。如果这个论断可以成立,那么,可以发现忽视规范分析的犯罪论是不科学的。在此意义上,我国犯罪构成理论的评价机制中就存在这方面的问题。换言之,当前犯罪论体系缺乏的是一种基于现代之后的法哲学观念上的深度思考。对于这个问题,笔者认为有两个较为流行的观点值得重视。

第一种观点认为犯罪构成或者构成要件的符合性是无价值的、无色彩的中性评价。这是一种极为流行的观点,它是深受贝林格构成要件理论影响的结果。在贝林格看来,"构成要件是完全客观的实体,是可以感知的外界的过程。"③因而,很多学者认为构成要件的符合性是无价值的判断。但是,刑法是根据一定的目的建立的法律体系,刑法学也是根据刑法的目的建立的知识体系,一定的目的是它们的共同精神支柱,所以,在适用刑法或者展开刑法理论的同时,也就是刑法精神在刑法事实世界的体验过程。即便在构成要件的形式判断中,也不仅仅是经验事实的对称性分析,还包括价值的评判。这种价值评判,在微观上存在于特定的刑法概念中,如"他人的财物"、"淫秽物"等;在宏观上,最典型的如因果关系评价,过去完全立足于

---

① 〔美〕希拉里·普特南著:《理性、真理与历史》,童世骏、李光程译,上海译文出版社1997年版,第141页。
② 〔美〕希拉里·普特南著:《理性、真理与历史》,童世骏、李光程译,上海译文出版社1997年版,第145页。
③ 马克昌主编:《近代西方刑法学说史略》,中国检察出版社1996年版,第225页。

物理法则进行经验判断,但是现在一般认为,规范性要素也是不可缺乏的,因而才出现了所谓的"法律因果关系"概念。

第二种观点认为我国刑法中存在实质的判断,它们通过社会危害性反映出来,因而它包含价值的判断。① 笔者认为这个判断是有依据的,理由是:首先,实质判断中既包含事实成分,也包含价值成分,不能说因为我国刑法中存在实质判断,就认为必然存在价值评价。反过来,要进行事实判断,就必须经过实质判断,包括价值分析。规范的构成要素能充分显示这种判断的复合性和交错性。其次,实质判断和形式判断并无严格区别,在法律实践中,它不过是一个基于司法经验累积而形成的类型转化问题。以社会危害性为例,在一定程度上它也是价值评价的结果,而不能说"四个要件都是以社会危害性为基础的",由此可见,在刑法上反映社会危害性的是构成要件的事实,而不是社会危害性决定实质的构成。如果根据法律的内容判断犯罪构成,它所需要的要件反映的只是经验世界的事实,主要属于事实性要素。即便在具体概念中存在规范判断,如规范性要素,但是在因果关系论中,如后所述,它是很典型的经验法则的结果。犯罪构成体系不可忽视规范评价,而我国模式却正好忽视了这一重要的内容和标准,其直接后果不是定罪不准确,而是在选择构成事实时缺乏明确的目的,不能有效限制客观归属的范围。

3. 重视犯罪的同质性要素,忽视行为事实中的异质性要素。根据现代性叙事方式,在犯罪认识过程中,仅仅依据法定的四个方面的一般性要素进行充足性讨论,就会陷入宏大叙事的"泥潭",而不能充分把握和分析具体的犯罪因素、特殊的犯罪情境,最终很难在相同的犯罪构成中将不同的行为人区别开来。比如盗窃,有的是因为饥饿,出于生理原因而实施的,有的是因为贪图享受而实施的,但是盗窃的动机不是犯罪构成的要素,那么在犯罪的认定中它就不能被评

---

① 参见刘艳红:《我国与大陆法系犯罪论体系之比较》,载《中外法学》2004年第5期。

价;再如杀人,有的是行为人出于报复杀人,有的是出于义愤杀人。即便是报复,也有不同原因,有的是因为他人举报自己的错误,有的是因为他人长期虐待自己。重视犯罪的一般要素,忽视行为事实中的特殊要素,还说明犯罪论体系中对于同质性要素足够重视,对异质性要素重视不够,进而也可以说它只关注确定性因素,对于不确定性因素缺乏应有的关照,这种法律思维必然导致裁判不公正问题。

4. 忽视了从犯罪一般评价到刑罚个别评价过渡的法定机制及其理论。根据"刑罚个别化"的原理,在适用刑罚时,应根据行为人的具体行为表现、在犯罪中的地位、犯罪后的表现以及行为的原因等要素进行综合评价,以决定刑罚。在这方面,英美刑法或者德日刑法的犯罪认定模式比较容易实现"刑罚的个别化"。比如在英美刑法中,行为人的行为构成杀人,这是类型性的定罪,但是,在抗辩程序中,可通过精神紧张、认识错误、被胁迫等等宽恕事由来求得法官的谅解和同情,以达到减免刑罚的目的。在德日刑法中也是一样,符合构成要件的杀人行为,也是抽象的犯罪类型,它不能显示行为人的特性,但在责任判断中,因为考虑到期待可能性以及违法意识的可能性,从而"激活"了具体犯罪的事实,便于依据具体情形确定责任大小。当然,德日理论的问题在于,在确定犯罪成立的过程中,一并讨论责任的有无和大小,似乎不太妥当。可见,犯罪中一些特殊情形能否得到犯罪构成的确认和体现,直接关系到判决是否合理。

上述问题可以通过刑事责任在我国刑法理论构造中颇为尴尬的地位体现出来。恰如有的学者指出的那样:在认定犯罪的过程中,刑事责任实际上并不是一个举足轻重的范畴,它可以说生存于犯罪与刑罚的夹缝中,地位显得无关紧要甚至变得十分卑微。因为刑事责任仅仅是犯罪构成的一个自然的结果,"行为符合犯罪构成是承担刑事责任的唯一根据",这一命题清楚地说明了这一点。而刑罚也是犯罪的结果,"有罪必罚"乃普遍原则。如果勉强要强调刑事责任的重要性,至多可以肯定的是,在理论上,刑事责任可以成为犯罪与刑罚二者的连接枢纽,能够说明有些犯罪虽然没有受到刑罚处罚但它还是有刑事责任的,仅此而已。①

综上所述,我国犯罪论体系——或者准确说是刑法理论模式的理论构造——其主要问题不是定性准确与否,而是欠缺对责任的认识,所以,明确确定责任在刑法理论构造中的地位,对刑法司法是十分必要的,对于刑法理论的构造来说,也是当务之急。

三、犯罪构成论体系研究的思路

犯罪构成论体系是刑法学重要的基础理论,过去如此,今后依然不会改变。我国当前的刑法学理论研究中所呈现的犯罪构成研究现状,实际上表明这个领域的研究是极为重要的。但是,笔者认为,在这个领域的研究中,存在着一些较为明显的不足,这些不足与犯罪论体系发展的内在制约因素休戚相关。

首先,最为明显的是对域外经验的认识和借鉴。比较性地检讨中外犯罪构成理论有明显的意义,因为在我国至少有三种结构不同的犯罪构成理论在刑法学界有着不同程度的影响:一是以苏联刑法学为蓝本而形成的耦合式犯罪论体系,这是在我国占据主导地位的犯罪论体系;二是德国刑法学中经典的递进式犯罪构成体系,②这种体系在我国已经产生了广泛而深远的影响,它不仅受到一部分学者的支持,而且陈兴良教授在新近出版的刑法教科书中业已将之付诸实践。除此之外,还有第三种理论体系,即英美刑法中的双层平衡结构或者说抗辩式犯罪论体系,这种体系虽然没有得到明确的支持,但

---

① 参见赵秉志、肖中华:《我国与大陆法系犯罪构成理论的宏观比较》,载《浙江社会科学》1999年第2期。

② 必须纠正的是,有些学者将德国犯罪论体系当成大陆法系犯罪论体系,这是不准确的,因为从法国的刑法教科书中,我们看不到德日体系的痕迹。这一现象是有意义的,它至少暗示出在刑事法治化的道路上,德国理论不是惟一的选择,这为反德国理论的学者增加了一个比较实在的理由。

是在相关的比较研究中,它经常被当成一个重要的参照为各方学者所引据。

相对而言,比较德国理论构造和我国传统理论构造更具有迫切性和针对性,因为递进式构造理论已经构成对耦合式构造理论的挑战。英美刑法的犯罪理论构造只能作为理论参照处理,其理由是:对犯罪构成问题的检视是由司法实践问题所引申出来,①其中犯罪构成理论如何引导裁判者判定犯罪是问题的核心,而大陆法系和英美法系所采取的诉讼模式有着比较明显的差别,所以犯罪构成对于两种体系下的裁判者有着不同的意义。而在我们现行的刑事司法建制下,还难以发展出一套与英美刑法犯罪构成相匹配的抗辩式司法模式,因此,这种构造在我国刑法今后不短的时期内都难以产生深远的影响。以耦合式结构与递进式结构为研究对象,必须根据它们的基本特征,将它们的共时性向度和历时性向度予以较为明确地阐述,尤其是注意到历时性向度中作为犯罪构成理论的知识谱系的时代演变。经由这样的考察,我们才可以对结构的功能性认识给予"祛魅性"的回答,也才可能对于结构的建构进行发散式的思考。这两点对于当前所出现的"犯罪构成研究热"——无论是对德日理论的极度推崇,还是与之针锋相对的、对我国传统理论的极力维护——具有一种不言自明的意义。

其次,犯罪构成之所以具有共时性向度与历时性向度,是因为犯罪构成的发展受制于两个因素:一是社会结构,二是人类社会的认识水平。而社会结构和社会的认识水平是社会发展必然对其产生影响的两大范畴。前者对犯罪论体系提出了要求,有何种社会结构,就有何种犯罪论体系的需要。后者则为犯罪论体系提供了基础,有何种程度的社会认识水平,就会有何种水准的犯罪论体系。犯罪构成论

---

① 但这并不意味着我们可以否定犯罪构成理论与立法之间的关联。对这种关联的进一步思考,可参见夏勇:《我国犯罪构成研究中的视角问题》,载《法商研究》2003年第2期。

的形成离不开社会结构和社会认识水平,犯罪论体系理论研究也离不开对社会结构和社会认识水平的分析。

为了根据需要进行研究,我们不得不使用如下一些核心术语:

第一,犯罪证成模式。自人类社会形成以来,出现了犯罪现象,犯罪概念由此出现,犯罪问题也随之产生。显然,一个行为是否构成犯罪往往需要经过某种形式的证明。[①] 而犯罪论体系作为一个理性的概念,尚不能涵盖对于犯罪的证明。如果为了更全面理解人类历史上的证明犯罪的种种方式,我们必须提出"犯罪证成模式"这个概念。因为这个概念将使我们以全新的视角看到犯罪论体系产生的特殊时代背景,以及犯罪论体系概念在犯罪证成中的作用及其局限性。

第二,刑法结构。本文将用"刑法结构"指称现代刑法学整合刑法基本规定、犯罪基本构成要件、刑事责任以及犯罪法律后果、具体犯罪之范畴的理论构造体系。显然,犯罪构成论体系是刑法结构的核心,但是,刑法结构的差异会或多或少地改变犯罪论体系的布局和结构,影响犯罪论体系的功能。因此,犯罪论体系的建构不能脱离刑法结构。

第三,合理导向。真理是现代化的前提,而实践是检验真理的唯一标准,因此,应以合理化为导向研究刑法结构(包括犯罪论体系)问题。但是,由于受过往哲学范式的影响,我们或多或少习惯于根据体系意识去思考刑法结构和犯罪构成问题,而忽视了根据社会发展和时代进步来提出有效解决问题的可行方案。因此,我们应当自觉对当代中国的社会结构、中国人的生存状况和价值需求做出必要反省,以新的刑法思维方式、刑法方法和表达方式,合理规划中国的刑法结构,实现中国法治的理想图景。[②]

---

① 参见张继成:《可能生活的证成与接受》,载《法学研究》2008年第5期。
② 参见谢地坤:《中国的哲学现状、问题和任务》,载《中国社会科学》2008年第5期。

第四,社会结构。毫无疑问,我们应当将社会结构作为决定犯罪论体系发展的首要关注因素。社会发展为犯罪论体系形成提供了必要前提,社会发展也为犯罪论体系的发展提出了新的需求。社会结构不仅决定了刑法需求,也决定了我们认识的高度。人类社会的认识水平无疑展现了社会理性的成就及其局限性,这表明认识论也能对犯罪论体系的研究提供哲学上的深度分析,因此哲学认识论的发展可以为犯罪论体系的变化提供动态的视角。另外,社会结构和认识论需要依托一定的历史背景展开。抛弃历史的做法是极不可取的。在我国刑法发展史上,这个问题已经出现过一次,绝不应当再出现第二次。

第五,犯罪构成论体系与刑事诉讼体制的关系。犯罪构成论和刑事诉讼体制的关系问题在理论上并不陌生,但是,真正深入研究其中互动关系的论著却不多见。然而,注意到递进式、抗辩式犯罪论体系跟大陆法系、英美法系分别奉行的职权主义诉讼模式及对抗模式的关系,[1]就足以让我们避免一些不必要的错误。

---

[1] 参见于改之、温登平:《比较、反思与重塑:犯罪构成理论再探》,载《法学评论》2002年第3期。

第二章 犯罪证成方式的历史发展

第一节 古希腊、古罗马的犯罪证成方式

一、问题概述

在刑法理论研究中,无论是研究犯罪还是研究犯罪构成问题,都得厘清它们之间的关系。就概念而言,问题似乎没有继续研究之必要,因为我们对于犯罪及其理论、犯罪构成论的含义还有它们之间的差别,似乎并不陌生,界定得也比较清楚。不过,这仅仅是一般意义而言的,如果深究的话,它们之间的关系还有更深层次的差别和关联。

(一)犯罪与犯罪证成的关系

犯罪证成是证明一个人的行为构成犯罪的过程和内容。犯罪证成是研究犯罪论体系时应当优先解决的问题。人类社会不同于动物世界的一个重要法则在于,动物世界中的"弱肉强食"是自然形成的法则,而具有理性和人性的人类则往往通过正当性论证来确定其法则的有效性,暴力只是保留到最后的不得已手段。在司法实践中,人类社会也就必须有效遏制司法暴力、司法滥权,并尽可能为司法活动及其结论提供有效的正当化证明,犯罪证成就是在这样的政治基础上形成的。

在过去很长一段时期,刑法学者倾向于从"实质—形式"二分的

角度处理这个问题,也就是对犯罪从实质上和形式上进行定义,并将犯罪构成作为形式犯罪概念的一种表现形式。这种分化处理的方式影响很大,以至于今天在刑法学中出现了两个影响广泛的理论进路,即"实质——形式"刑法观之争。但是,这样一种分类导致很多潜在的问题为刑法理论概念所包裹,无法得到有效释放和说明。例如,如果按照形式的观点,违法性也只能是一种形式而不是实质的评价。但是考察违法性理论在大陆法系的历史发展,我们发现情况正好相反,因为形式违法性论一度具有重要影响,但是在今天,形式违法性的判断基本上已经异化为构成要件符合性的判断,①因此在违法性的范畴中基本没有形式违法性的余地。之所以会出现这样的误解,是因为我们依据"体系意识",对于哲学上的形式和内容作了过度的解读,以至于把问题导向了一个无法消解的所谓"辩证"但并不符合现实需要的境地。在认识的结构中,笔者长期以来奉行的最基本图式是"主体——客体"图式,脱离了这一图式的认识方式似乎是无法解决问题的。但是,在认识主体对客体的认识过程中,还必须高度重视认识过程中必不可少的另外两个重要因素:一个是认识的中介因素,一个是认识的主体意向因素。

首先,语言是不可忽视的认识的中介因素。一方面我们需要语言作为沟通的媒介,另一方面,语言作为媒介也起到了指称或者表征认识对象的效果。例如在刑法中,我们通过"犯罪"这个概念,来指称或者表征那些具有严重社会危害性的、触犯了刑事法律而依法应当受到刑罚惩罚的行为。但是,语言并不能完全指称或者表征犯罪。因为在这个时候存在一个犹如罗蒂所谓的"钵中之脑"的问题。这个问题表明我们使用的语言不能真正指称或表征任何外部事物。我们的整个感觉系统、发送给神经末梢的活动信号,以及由"语言输入规则"同作为输入信号的感觉材料等相联系的、由"语言输出规则"同

---

① 参见童德华著:《外国刑法导论》,中国法制出版社 2000 年版,第 145 页。

作为输出信号的活动信号相联系的思想,不管是以语言为中介的,还是以概念为中介的,它们同特定外物之间的联系并不可靠。所以认为"钵中之脑"指称外部事物,是完全没有根据的。①

其次,应当注意到认识的意向性要素。在认识过程中,必要条件或首要条件就是认知主体的意向。② 一条蚯蚓在沙地上或许可能会扭扭曲曲"画"出一个丘吉尔的图像,但我们不会承认这是一幅画作,它纯粹只是一种巧合。因为只有人的思想具有意向性特征——它们能积极地指称客观事物;而物理的东西本身都是没有意向性的。③ 认知主体的意向性表明,在针对客体对象的认知过程中,本体的东西固然很重要,但是认识主体的意向同样起到某种决定作用。对于刑法而言,这一点同样重要。犯罪在我们关注的视野中,首先表现为它本身系刑法所确定,成为一个供我们观察和评价的本体性对象;其次,它还表现为人们对于自身命运和生活遭受不幸的一种理解,也体现为人类对生活方式的一种态度。这种态度对于一般人和犯罪人都是如此,犯罪人要通过这类行为表现自己,实现自己的目标,一般人则要借此与犯法者划清界限,以表明整个人类共同体对违法者的否定。犯罪理论是研究犯罪和刑罚的理性活动之结果。与其说犯罪是严重危害社会的违法行为,不如说犯罪是在人类的社会整体意识中被限定的、具有某种严重社会危害性的违法行为。

(二)犯罪如何证成

犯罪观念的明晰,取决于犯罪证成的态度和方法,犯罪构成理论不过是实现犯罪证成的一个重要的理论体系。而犯罪证成的态度和

---

① 参见〔美〕希拉里·普特南著:《理性、真理与历史》,童世骏、李光程译,上海译文出版社1997年版,第19页。
② 参见〔美〕希拉里·普特南著:《理性、真理与历史》,童世骏、李光程译,上海译文出版社1997年版,第7页。
③ 参见〔美〕希拉里·普特南著:《理性、真理与历史》,童世骏、李光程译,上海译文出版社1997年版,第7页。

方法却极其丰富。犯罪证成作为事实和规范之间的桥梁,要确保司法人员顺利实现从客观事实到规范事实的涵摄,其前提是对客观事实进行有效证明。当然,实体刑法中的客观事实证明和诉讼刑法中的客观事实证明并不一样。以因果关系分析为例,在刑事诉讼中,司法人员不仅要证明条件关系的存在,而且很多时候需要在数个条件关系中进行选择和取舍,取舍条件关系的背后因素往往是刑事政策,或者说法律价值。在此意义上,我们可以说犯罪理论是哲学认识论和价值论在刑法场域的结合体。人类社会发展出何等程度的认识论,就会有何等程度的犯罪论;人类社会价值论如何,就会铸就相应的刑罚理论。而犯罪构成论作为一种特殊的犯罪理论,不但体现认识论的发展成就,更重要的是它表现了我们在科学上的一种态度,这种态度决定了我们选择何种理性工具去建构认识犯罪和分析犯罪的模型。例如,在客观因素中,有些犯罪只需要行为,有些犯罪只需要造成了危险,而有些犯罪还需要造成特定的实害后果。其中道理何在,恐怕只有我们对于犯罪的态度才能给予简洁明了的解释。

其次,总结前面所说的,可以看出我们对犯罪的态度对于犯罪理论和犯罪构成论具有决定性的影响,而犯罪理论和犯罪构成论必须致力于深刻揭示一个特定时空结构中社会整体对于犯罪的态度。而犯罪理论为犯罪构成论提供了理论根据,我们可以认为犯罪构成论是犯罪理论的集中表现,反过来,犯罪理论的现状形塑了犯罪构成论,决定了犯罪构成论的发展方向。

正是基于以上认识,我们认为,应从犯罪证成的历史分析中找到一些思路。下文拟分析犯罪观念的历史发展,并重新厘清犯罪证成的历史图谱。在正式开展研究之前,必须注意的一个历史前提是:犯罪不是上帝造人时的必然"产物",它是一种特殊的历史现象,因此,犯罪的出现具有时代色彩。今天,我们用各种手段研究所谓犯罪圈的范围或者所谓的犯罪化与非犯罪化问题,同时还包括视角上的多元,如道德视角、利益视角、衡平视角或者价值视角。但是,这些都不过是一种现时的东西,它只能为我们提供当前时空结构下的一副或几幅静态的"平面图片",无法为我们提供不同时空结构中关于犯罪的不断转换的动态场景。也就是说,在规范法学中,对犯罪的研究缺乏历史这样一个相当重要的视角。历史视角的缺位,使得我们不能正确理解犯罪观念如何在人类社会出现,我们很多关于犯罪的观点的社会效用也大打折扣,在某些时候,刑法甚至偏离了以犯罪问题作为唯一焦点的根本目标。下文试图还原犯罪概念形成的独立的历史轨迹,在此基础上提出今天我们讨论犯罪化或非犯罪化问题时应当注意的若干重要的隐性问题。

  很多地区和国家的历史都表明,在古代社会,刑法和其他法律往往混合在一起,甚至也有过法律和宗教、道德共同栖息在某种规训中的情形。我们从中得出的结论是,在古代社会,刑事立法比其他立法发达。十九世纪英国著名法学家亨利·梅因(Henry Sumner Maine)曾说过:"我认为可以这样说,法典愈古老,它的刑事立法就愈详细、愈完备。"[①]我们是否可以换一种角度,认为这是因为古代人还没有来得及区分犯罪和违法、罪恶这样的概念呢?如果我们觉得这样的假设有意义的话,那么犯罪概念是在何时出现的?原因何在?毫无疑问,在西方的法治语境下,这是一个比较难以解答的问题,但它是一个值得关注和研究的有趣的问题。为了研究这个问题,我们需要做一个限定,即下文所讨论的犯罪观念或者概念应当是一个现代意义上的、通过刑法所确定的独立概念。笔者认为,不是说中国古代没有犯罪的概念,而是说犯罪作为法律体系中具有明显独立地位的概念,在中国古代刑法中是难以发现的。因此,下文讨论犯罪观念的形成和独立的最佳途径,是依循西方法治发展的历史道路。

---

① 〔英〕梅因著:《古代法》,沈景一译,商务印书馆1959年版,第207页。

二、犯罪的神话证成

在比公元前六世纪更久远的欧洲古代社会,由于现代理性尚未觉醒,神话成为人类阐述正当性的最有力方式。正如周知的观点,在上古时代出现的《荷马史诗》和赫西俄德诗歌,为我们提供了大量有关西方刑法思想起源的神话故事。在史诗和诗歌中的"命令"、"习俗"以及"惩罚"等,蕴含着与后来的刑法思想有密切关联的观念。但是,这些观念在形式上还不能被称为刑法。因为,这个时候并没有犯罪的观念。在那个时期,"纠纷"是使用较为普遍的概念。"纠纷"一语较为客观地反映了当时的社会情况。由于国家观念远未形成,所以没有通过国家形式表达的犯罪概念,一切伤害被认为是在平等主体之间发生的,对错尚无定论之前,在无强力机关贴标签的情形下,"纠纷"是一个客观、中立的概念。

后来出现了"Themis",这个词源自对神灵之间纠纷的解决。自裁判者出现后,"罪孽"是相对较为常见的概念,表达的是作奸犯科的意思。例如在上古时期,人们关于"犯罪"原因的理解有三种:第一是材质论。古希腊人将人分为五代。第一代人属于黄金一代,第二代人由白银造成,第三代人由青铜铸就,第四代人生活在肥沃的土地上,第五代人由黑铁制成。他们认为,构成人的材质不同,造成了人的"犯罪"。如第五代人,"他们彻底堕落,彻底败坏,充满痛苦和罪孽;他们日日夜夜地忧虑和苦恼,不得安宁。神祇不断给他们增添新的烦恼,而最大的烦恼却是他们自己带来的。父亲反对儿子,儿子敌视父亲,客人憎恶款待他的朋友,朋友之间也相互憎恨。人间充满怨仇,即便兄弟之间也不像从前那样坦诚相见,充满仁爱。"[①]第二是关系论。这种观点认为,"犯罪"是因神祇不睦所造成的。如在《工作

---

① 〔德〕施瓦布著:《希腊神话故事》,刘超之、艾英译,宗教文化出版社 1996 年版,第 7 页。

与时日》中,有一种"不和之神",天性残忍,挑起罪恶的战争和争斗。① 还有一种传说是,由于普罗米修斯得罪了宙斯,因此宙斯不仅要惩罚普罗米修斯本人,还通过潘多拉将盛载灾难、疾病和罪恶的盒子带到人间,即"须知在此之前,人类各部落原本生活在没有罪恶、没有劳累、没有疾病的大堤上,命运三女神给人类带来了这些灾难。"②第三是意志论。这种观点认为,人类"犯罪"是因他们背弃了神灵的意志。"由于鱼、兽和有翅膀的鸟类之间没有正义,因此他们互相吞食。但是宙斯已把正义之歌作为最好的礼品送给了人类。因为任何人只要知道正义并且讲正义,无所不见的宙斯就会给他幸福。但是,任何人如果考虑在作证时说假话,设伪誓伤害正义,或犯下不可饶恕的罪行,他这一代人以后会渐趋微贱。如果他设誓说真话,他这一代人以后便兴旺昌盛。"③在此,我们也可以看到意志自由在形成罪行中的地位,进而发现犯罪决定论的早期胚芽。当时普遍的说法认为"犯罪"是不正义的行为,它违背了神的意志。无论何种观点,人类的行径都受到神意的操纵,此时,连责任概念都没有出现,无论如何是不可能有现代意义的犯罪观念的。现代意义的犯罪要求三个基本素材:一是法律的形塑,二是有实质的社会反映,三是存在责任。

另外,法律观念的不成熟,也导致犯罪概念无法通过清晰的方式表现出来。上古时期跟法律规范有关联之处,隐喻在如下两个概念中:一个是 Themis,一个是 Dike。在语义中,themis 概指"制订法律的女神"。从法的作用角度来看,最初作为法神象征的 themis 同代表法

---

① 参见〔古希腊〕赫西俄德著:《工作与时日 神谱》,张竹明、蒋平译,商务印书馆1991年版,第1页。
② 〔古希腊〕赫西俄德著:《工作与时日 神谱》,张竹明、蒋平译,商务印书馆1991年版,第4页。
③ 〔古希腊〕赫西俄德著:《工作与时日 神谱》,张竹明、蒋平译,商务印书馆1991年版,第9页。

律、法规的"神法"概念所表达的内容是一致的。"神法"的内容包括治理天国多神的秩序,规范人类在神面前的行为举止等。根据雅典法,仅在狄克的原文 Dike 这个名词词目下的内容就包括了整个司法行为过程的几种解释:法庭对诉讼当事人的传唤;由于某人受第三者伤害而要借助法庭或法院的职权来实现和重新调整与当事人之间的法律关系;对犯罪行为进行惩罚等公正行为。① 还有学者提出:"themis 是神的法律,dike 是模仿它的世俗法律。"大体上可以说,这两个概念是当时的人对于规则在神的世界和人的世界进行区分的结果。不过,随着古代法律制度的出现和成长,"神的法律制度走向退隐之途,即使在荷马史诗中,themis 的观念也在渐渐让位于 dike。"②Themis 与 dike 表明古希腊早期还是一个没有法律意识的社会,另外,也不存在我们现代意义上的法律规范。如果可能的话,我们认为 dike 更多指称"习惯"。而指称"法律"的"nomos"则是后期希腊政治生活产生的一个伟大而著名的术语,它在荷马史诗中还不曾出现。

可见,在远古时期,因为人们对于犯罪的认识具有一种超自然的神秘主义色彩,所以相应的处理机制也具有浓厚的宗教色彩,这体现为当时的裁判者主要是祭司,而不是经过专业训练的法律人士。另外,神意报应的特色也能较为明确地显现出来。进一步说,如果人们尚不能对犯罪形成较为深刻、系统的专门认识,就不可能出现刑法这样的专门法;同时,缺乏刑法的支撑,犯罪观念也难以获得认同。

三、犯罪的伦理证成

公元前六世纪左右,古代西方历史上发生了人类文明史上的两件大事情,即哲学家的出现以及民主立法,它们加快了犯罪概念从神

---

① 参见戴启秀:《从古希腊古罗马神话看德国法律的起源与发展》,载《德国研究》2009 年第 2 期。
② 〔爱尔兰〕J. M. 凯利著:《西方法律思想简史》,王笑红译,法律出版社 2002 年版,第 7 页。

话传说和宗教规训中独立的步伐。

彼时,在开放思想的推动下,古希腊出现了这样的一批思想家,他们不再满足于用神话故事来解释自然现象,而企图用自然的原因说明自然现象。这些哲学家之所以试图用自然的原因说明自然现象,是因为他们希冀从宇宙的恒定法则中发现人类社会生活的一般法则,从而为政治制度和法律制度的有效性做出有力的证明。第一个哲学学派——米利都学派——就出现在这个时期。这种试图从自然秩序中找到人类社会秩序的想法,在其后的若干世纪里,一直支配着政治和法律的理性思考。这种自觉的思考和探索,最终开创了一个新局面,即"人们渐渐地不再把法律看成恒定不可改变的神授命令,而认为它完全是一种人为创造的东西,为权宜和便利而制定,并且可以根据人的意志而更改。同样,人们还摒弃了正义概念中的形而上特征,并开始根据人的心理特征或社会利益对其进行分析。"[①]

也是在那个时期,古希腊社会结构发生了变化,它完成了从氏族向城邦的过渡。在多数城邦中,社会结构的过渡是在平民与贵族斗争的推动下,通过一系列改革实现的。这一系列改革中的一个重要内容就是民主立法活动。古希腊最早的立法与个人立法者相联系,例如雅典的德拉古和索伦、斯巴达的莱克格斯、卡塔拉的卡伦达斯、洛克里斯的赞卢克斯等人的立法,莫不如此。但在民主城邦中,立法大多建立在人民投票的基础上。民主立法最终导致 nomos 含义扩展为法律。这个词包含了制定法和习惯。到了公元前五世纪,法律(nomoi)甚至成为希腊和其他"蛮夷"区别的标志,也成为希腊人引以为豪的资本。[②] 此时,希腊人开始以恒定和公开的形式制定规则的活动,从而开启了人类早期的"法典化"时代。早期的立法者

[①] 〔美〕E.博登海默著:《法理学:法律哲学与法律方法》,邓正来译,中国政法大学出版社1998年版,第5页。

[②] 〔爱尔兰〕约翰·莫里斯·凯利著:《西方法律思想简史》,王笑红译,法律出版社2010年版,第8—9页。

将法律规定铭刻在石碑上,向人们公布,代替了单凭特权阶层记忆的惯例。

不言而喻,哲学家的出现和民主立法对刑法具有深刻的历史影响:第一,因为犯罪是最不正义的社会表象,因此人们对于正义的理性探索必然会引发哲学家们以理性的态度思考犯罪,如后将述,事实也正是如此;第二,人类自觉的立法导致法律体系摆脱神谕规训,为后来的立法分化提供了基础,刑法的独立有助于形成独立的刑法知识体系;第三,理性思考和民主立法,导致祭司难以作为特权阶层继续把持司法审判,那么,国家就必然需要具有法律专业的人士或者运用其他专门化方式来定纷止争。这些影响必然共同促使人们以一种抛弃神秘主义的理性的方式去重新认识犯罪、认识刑罚。

事实上,在当时不仅已经出现了所谓的法律,而且法律在希腊人的生活中占据十分重要的地位。曾有一个关于希腊人法律生活的说法:"尽管自由,但不是在一切方面都自由;他们有一个叫法律的主人。他们对这个主人的畏惧甚至超过你的臣民对你的畏惧。"[①]西方学者罗米莉认为,公元前五到四世纪的文学传统中,"蕴含了一种普适法律(common law)的崇高观念,公民可以通过法律赋予他们自己秩序和自由,并从中期待秩序和自由。甚至在那时,自由就被他们定义为对法律的遵守。"[②]这些都表明法律或者崇尚法律的意识在古希腊的重要性和传统性,它无疑是希腊早期法学思想的现实基础。

随着人类知识的不断发展和形而上的哲学思想体系的成熟,"不公正"取代了"罪孽",成为一种较为正式的、包含犯罪问题的概念。在公元前五世纪左右的智者中,流行这样一种观点,认为"欠债还债就是正义",或者说"正义是欠债还债";还有的认为正义就是"把善

---

① 参见〔爱尔兰〕约翰·莫里斯·凯利著:《西方法律思想简史》,王笑红译,法律出版社2010年版,第9页。

② 参见〔爱尔兰〕约翰·莫里斯·凯利著:《西方法律思想简史》,王笑红译,法律出版社2010年版,第9页。

给予友人,把恶给予敌人";有的认为"正义是强者的利益",如此观点,不一而足。① 犯罪被认为是违背了强者利益的行为,即"每一种形式的政府都会按照统治者的利益来制定法律,民主政府制定民主的法律,独裁政府制定独裁的法律,其他也一样。他们通过立法对被统治者宣布,正义就是对统治者有益,违反这条法律就是犯罪,就要受惩罚。"②例如德谟克利特使用"德性"或者"正义"表达相关概念,他提出,行善就是做有利于他人和社会的事,尊重社会的和他人的利益,就是德性或正义。贪赃枉法、盗窃行凶、危害社会和他人,就应该被"扑灭"。③ 他还说:"可恶的不是做不公正的事情的人,而是那有意地做不公正的事情的人。"④可见,在这个时期,"不公正"是一种包含"犯罪"概念的上位概念,但是它本身还有"不道德"的含义。柏拉图或许使用了"犯罪"的概念,在他看来,人的理性就是至善,同时,由于人具有理性、生气勃勃的部分和欲望的灵魂,当生气勃勃和欲望受理性领导时,人是节制的;反之,人就会犯下罪行。⑤ 每个人都有"非法的快乐和欲望",有的人犯罪,有的人不犯罪,关键是人是否能受到法律和以理性为友的较好欲望的控制。但是,要看到,在柏拉图所记载的苏格拉底的对话中,诸如"盗窃"和"诈骗"后讨论的是"正义"或者"不正义"。所以,我们只能有限地承认柏拉图提出了"犯罪"概念,这个犯罪概念和中国古代法中的犯罪概念一样,至少在法律体系中不是独立的。

---

① 参见〔古希腊〕柏拉图著:《理想国》,郭斌和、张竹明译,商务印书馆1986年版,第6—21页。
② 〔古希腊〕柏拉图著:《柏拉图全集》(第2卷),王晓朝译,人民出版社2003年版,第290页。
③ 参见罗国杰、宋希仁编著:《西方伦理思想史》(上卷),中国人民大学出版社1985年版,第140页。
④ 转引自罗国杰、宋希仁编著:《西方伦理思想史》(上卷),中国人民大学出版社1985年版,第140页。
⑤ 参见〔美〕梯利著:《西方哲学史》,葛力译,商务印书馆1995年版,第72—73页。

毫无疑问,苏格拉底在引导古希腊人的理性生活方面具有他人无法替代的作用。苏拉格底为当时的人们树立了这样一个目标:世界背后的、最高的本质是善,人们要以善为目的,去热爱真理和德性。但最有意义的尚不在此,而是他并没有正面回答什么是真的或者是美的,他通过论辩的方式引导人们进行正确的思考,对于推动理性生活更具有现实引导作用。柏拉图后来则将苏格拉底的追求发挥到极致。他同样把善当成宇宙的最高目的,当成各种理念所追求的最终目标,但他的进步则集中体现在,他意识到知识在实现善的道路上的重要性,同时将美德和知识等同起来,认为"美德即知识"。他提出用"理念"来建构"真"的或者"正当"的概念,这无疑将理性、理念指向了善。亚里士多德同样重视实现"善",但也重视实现"善"背后的具体目的。但是考虑到政治学在科学体系中的至高地位,以及政治学(而不是法学或者刑法学)制定着"人们该做什么和不该做什么的法律",所以主张政治学的目的包含着其他科学的目的,并且这种目的是属人的善。① 他提出:"人一旦趋于完善就是最优良的动物,而一旦脱离了法律和公正就会堕落成最恶劣的动物。"②"所以,希望自己有能力学习高尚[高贵][是否应该改成(高贵)?]与公正即学习政治学的人,必须有一个良好的道德品性。"③他将美德置于人类生活的首要地位,并认为善的目的是实现德性或者美德。

　　上述历史文献也充分表明,法学至少在古希腊还没有成为独立科学,它附属于政治学和伦理规范。可以说,古希腊的刑法规范(包括犯罪概念)栖息于伦理规范之中。

---

　　① 参见〔古希腊〕亚里士多德著:《尼各马可伦理学》,廖申白译注,商务印书馆2003年版,第6页。
　　② 〔古希腊〕亚里士多德著:《亚里士多德全集》(第9卷),颜一、秦典华译,中国人民大学出版社1997年版,第7页。
　　③ 〔古希腊〕亚里士多德著:《尼各马可伦理学》,廖申白译注,商务印书馆2003年版,第10页。

四、亚里士多德的犯罪伦理证成体系

但是,在此我们不得不再次提及亚里士多德,因为他在自己的《尼各马可伦理学》中,为我们提供了一种判断德性的模式。他的德性认知模式包括行为表现的客观系统和意愿表现的主观系统,以及似乎可视为亚系统的特殊问题群。

客观系统中,他把行为分为出于意愿的行为、违反意愿的行为和混合型的行为三类。在主观系统中,他重点突出的是人的意愿。他进一步提出:"然而,如果一个人做出的行为是出于意愿的,他就是在行公正或不公正;如果那行为是违反他的意愿的,他就不是——或只在偶然性上是——在行公正或不公正。因而,一个行为是否是一个公正的或不公正的行为,取决于它是出于意愿还是违反意愿。如果它是出于意愿的,做出这个行为的人就应当受到谴责,这个行为就是不公正的行为。所以,如果缺乏这种意愿,一个行为就可能尽管不公正,却算不上不公正的行为。"出于意愿的行为,是"一个人能力范围内的、在他知情的情况下,即在并非不了解谁会受到影响、会使用什么手段、会有什么后果(例如他要打的是谁,要用的是什么武器,打的后果是什么)的情况下做出的行为",而且,在所有这些方面,所说的行为既不能出于偶然性,也不能出于强制。①

特别值得一提的是,亚里士多德除了建构了一般性的德行体系之外,还提到了考虑特殊因素的亚系统。它认为亚系统是根据特殊或者例外的需要建立起来的,"这里的原因在于,法律是一般的陈述,但有些事情不可能只靠一般陈述解决问题。所以,在需要普遍性的语言说话但是又不可能解决问题的地方,法律就要考虑通常的情况,尽管它不是意识不到可能发生错误。"他所列举的例外事例包括:

---

① 参见〔古希腊〕亚里士多德著:《尼各马可伦理学》,廖申白译注,商务印书馆2003年版,第72—73页。

无知或者错误、意外等。如"交往之中有三种伤害。当受影响的人、行为过程、手段、结果都与行为者原来认为的不一样时,伤害是出于无知的,是一个错误。"①"如果伤害时没有想到会发生的,它就是一个意外。如果伤害虽然不是没有想到的,但做出这个行为的人却没有恶意,它就是一个过失(就是说,当行为的始因不在他自身时,他是出于意外而伤了人)。如果伤害是有意的,但是没有经过事先的考虑,它就是一个不公正。"②

此外还有能和不能的问题。正因为德性或者恶在某种程度上决定于行动的能力,因此社会褒奖或者惩罚的对象只能是具有行动能力的主体,即"私人与立法者都惩罚和报复做坏事的人——除非那个人的行为是被迫的或出于他不能负责的无知的——并褒奖行为高尚[高贵](?)的人,以鼓励后者,遏止前者。"③通过这句话,我们还必须发现包含在行动能力中的"认识可能性"。在具体论述时,他专门分析了醉酒肇事的责任,以及对法的无知。亚里士多德认为在这两种情况下,行为人应当承担责任,因为"如果一个人是应当对于他的无知负责任的,我们还要因这种无知本身而惩罚他。"因此,对于醉酒对肇事者加倍量刑,他无知的原因是他喝醉,而他本可以不喝醉;对于对法无知者,"如果一个人本应当知道法律的规定、并且获知它也并不困难,却由于不知道它而犯了罪,我们也要惩罚他。"④

在有的西方学者看来,在古希腊著作中,距离自觉的法学理论最近的是亚里士多德以分析正义和平等为意旨的《尼各马可伦理学》第

---

① 〔古希腊〕亚里士多德著:《尼各马可伦理学》,廖申白译注,商务印书馆2003年版,第152页。
② 〔古希腊〕亚里士多德著:《尼各马可伦理学》,廖申白译注,商务印书馆2003年版,第153页。
③ 〔古希腊〕亚里士多德著:《尼各马可伦理学》,廖申白译注,商务印书馆2003年版,第72—73页。
④ 〔古希腊〕亚里士多德著:《尼各马可伦理学》,廖申白译注,商务印书馆2003年版,第73页。

5卷。① 在笔者看来,其贡献不止于此,亚里士多德的德行判断模式完全可以称得上是现代犯罪论体系的早期版本,这个版本有助于我们更深刻地从规范上理解犯罪。

五、古罗马的犯罪证成方式

犯罪概念不仅得益于哲学知识的发展,也有赖于刑法规范的形成和刑罚体系的独立。毫无疑问,刑法规范的出现直接树立了"犯罪"的形象,同时引导着人民对"犯罪"观念进行理解的内容和方式,从而简化了犯罪的证成途径。古罗马时期的《十二铜表法》为我们提供了较好的例证。《十二铜表法》是人类历史上已知的最早法典之一,罗马法的理论就来自这部法典。事实上,当时将法典铭刻于石碑上的做法较为普遍,因为这是一种较好地保存法律的方法,它比仅仅依靠少数人(祭司)的记忆要好得多。法典为公众所周知,它们让每个人知道应该做什么和不应该做什么。但是应该承认,此时人们还不可能完全将法典中掺杂的宗教的、民事的以及道德性质的命令排除出去。②

尽管当时的刑法并不仅仅规定犯罪,但是,它们都毫无例外地将对国家和对社会的犯罪,与对个人的侵犯区别开来。有学者称前者为犯罪(climina),后者为不法行为(delicta)。③ 在非基督教的古代法律中,对于某些行为和不法行为,往往也认为其违背了神的指示和命令而对其加以刑罚。在罗马,从早期,教会法律学就规定了通奸罪、渎神罪以及谋杀罪的刑罚。国家对不法行为的个人用单一行为来报复。结果,在共和国初期,对于妨害国家安全或损害国家利益的每一种罪行,都有立法机关制定一个单独的法令予以处罚,这就是犯罪

---

① 参见〔爱尔兰〕约翰·莫里斯·凯利著:《西方法律思想简史》,王笑红译,法律出版社2010年版,第23页。
② 参见〔英〕梅茵著:《古代法》,沈景一译,商务印书馆1959年版,第9页。
③ 参见〔英〕梅茵著:《古代法》,沈景一译,商务印书馆1959年版,第208页。

(Crimen)最古老的概念。此时,犯罪在观念上已经被设定为是一种涉及重要结果的行为。对犯罪行为,国家不再交给民事法院或宗教法院审判,而是专门对犯罪者制定了一个特别法令加以处理。

犯罪观念的出现不仅表象于特定的行为及其对象,而且也经由特定的后果从所有一般性的危害行为中分化出来。如《十二铜表法》中将盗窃罪分为显然的和非显然的两种,但为了理解这两种行为,还应注意到根据这两种罪行归类的不同而适用的显著不同的刑罚。"显然的窃盗"是指在行窃的屋子里被捕的人或者携带赃物向安全处逃避中被捕的人;如果他是一个奴隶,《十二铜表法》判处他死刑,如果他是一个自由人,《十二铜表法》判处他为财产所有人的奴隶。"非显然的窃盗"是指在上述以外的其他任何情况下被发现的人。对于这一类的罪人,旧法典只是简单地要求行为人双倍偿还所盗窃的价值。在当时,《十二铜表法》对"显然的窃盗"之非财产性处罚的严厉程度大大减轻了。但在财产性处罚方面,法律还是维持着旧的原则,就是对行为人处四倍于盗窃价值的罚金。至于"非显然的窃盗",仍维持原来的处罚。[①] 其结果如下文将要看到的那样,那就是导致罚金制度在很长一段时期内普遍存在。这也影响到我们对于犯罪的认识。

在公元前149年,古尔潘尼斯·披梭(Calpurnius Piso)颁布了一个制定法,该法名为"古尔潘尼亚贪污律",适用于有关盗用金钱的案件。它被梅因誉为"真正的犯罪法"[②]但是,这依旧不能表明犯罪概念已经正式独立出现了,因为当时的裁判方式妨碍了人们对犯罪的理性认识。

六、结语

犯罪是一个具有法律建制意义的历史概念,它从神话、伦理规范

---

① 参见〔英〕梅因著:《古代法》,沈景一译,商务印书馆1959年版,第214页。
② 参见〔英〕梅因著:《古代法》,沈景一译,商务印书馆1959年版,第216页。

和宗教规范中渐次独立出来,并开始与人类社会的理性发生了密切关系。人类社会对于犯罪问题以及刑法秩序的探索,无疑促进了法律职业的发展,而法律职业的发展反过来也使我们能以一种更为理性的方式审查犯罪,而不仅仅是凭借我们的道德热情或者宗教热诚去建构犯罪。只有如此,犯罪构成才具备了成为理论研究课题和司法裁判工具的可能性。

第二节 中世纪的犯罪证成模式

一、问题概述

受缚于特定裁判模式的裁判者需要一种有助于主体实践的体系,因为裁判模式不仅是实践体系,也是法学理论研究服务的对象之一,因此法学理论研究在很大程度上不能脱离裁判模式的限制及需要。从这个视角中,我们依稀可以看到裁判模式对于法学理论研究的决定性影响,进而意识到裁判模式和犯罪证成模式之间可能存在的内在联系。一旦裁判模式和犯罪证成模式之间的这种关联性得到确认,那么,我们就可以注意到裁判模式与犯罪构成理论体系之间的互动联系,这个关联性的见解显然有助于解释犯罪构成理论体系研究的发展路径。这意味着裁判主体需求和犯罪构成理论之间存在现实的关联性。

基于上述假设,笔者试图对裁判模式的历史演化的原因进行分析,期望从中得到某些对于犯罪构成理论具有启发意义的论证。在人类历史上,曾经有过不同的裁判模式,如神明裁判模式、宗教裁判模式、陪审团裁判模式和法官裁判模式。虽然神明裁判模式和宗教裁判模式已经成为一个历史符号,但研究它们的起源和发展依旧能为裁判模式理论提供一些重要信息。例如,在当时的历史条件下,除了共同体的强制力量之外,还有哪些因素保证神明裁判的结果的有效性;再如,宗教裁判模式和神明裁判模式的区别何在?宗教裁判模式和现代裁判模式之间是否具有历史继承关系?现代两大司法裁判模式,即陪审团裁判模式和法官裁判模式,均起源于欧洲,是什么东西赋予了它们各自的特质和不同的结构,使得它们之间并不是处于一种理论上的竞争关系?个中又有哪些因素保证它们最终的有效性?这些问题激发了笔者的思考。

笔者认为,虽然在人类历史上出现过不同的裁判模式,但是所有的裁判模式是集参与者和特定的程序、规则以及知识为一体的人际系统,它们具有相同的主体结构,即由仲裁者、原告和被告形成的三角关系。而在不同的裁判模式中,变化最明显的是裁判者,而裁判者在某种程度上又决定着裁判规则、程序的约定与预设。需要注意的是,原告和被告为何不能通过私下协议解决纠纷,而非要将纠纷提交仲裁者裁判不可呢?这里面存在一种重要的信任关系。正是基于这种不可言说的对于裁判者和裁决知识的信任,原告和被告双方才愿意将纠纷提交裁判者裁决,此外,裁判者的决议和裁断也才能够得到原告和被告双方的接受和遵从。裁判知识的发展与裁判模式的演进是如影随形的。通过对于不同历史阶段裁判模式的研究,我们将很好把握支撑这种模式的知识体系的变化,以及其背后的理论根据所涌动的理性抱负对于犯罪论体系的抉择。

二、神意裁判

神明裁判是自人类社会出现以来一直到公元十世纪都具有实际作用的裁判模式。不同的是,在古希腊时期,裁判权掌握在祭司手里,祭司被认为通晓神谕,所以祭司的话也代表了神意,祭司的裁判代表神明的裁判。但是,到了中世纪早期,情况发生了变化,当时的人们深信犯罪会触发某种社会变化,因此依赖于客观现象的变化就可以证明一个人是否有罪。这就是神意裁判。神意裁判有不同的表

现形式,其中典型者包括如下几种:

一是火的神明裁判,它适用于较高等级之人,被告人乞灵于火神,由火裁判的那些人蒙着眼或光着脚通过烧红的犁头,或用手传递燃烧的铁,如果他的伤口很好地愈合,那么就宣布他无罪。

二是水的神明裁判。这种裁判适用于普通人。被告人乞灵于水神。水的神明裁判又分为两种,一种是用冷水,一种是用热水。在冷水中,如果嫌疑犯的身体漂在水面上,这不符合水的自然过程,说明水不接受他,他就判有罪;在热水中,如果被告人裸露的胳膊和腿脚放进滚烫的水中而不受伤,那么就宣判他无罪。

三是吃食神明裁判。在这种裁判中,被告人要吃下一盎司的面包或奶酪,在他食用这些东西的时候,有人在一边祈祷:"主啊,如果这个人不正当地发誓,那就闭上他的胃,使他无法咽下这块面包(奶酪)吧。"如果他无法咽下面包或者奶酪,那么他就有罪。①

四是决斗神明裁判。即由原告方和被告方用武力方式证明案件事实和诉讼请求,旨在避免和结束暴力冲突的裁判模式,决斗裁判带有祈求神灵昭示正义之意,因此也属于神明裁判的一种。②

上述四种神明裁判的不同之处仅仅体现在实践方式上,而实践基础是一致的:首先,它们都建立在某种无法言喻的信任之上。这种神意裁判有别于上古时代的神意证成,因为上古时代是依赖祭祀的言论完成犯罪的证成,而神意裁判则是依据经验上可以感知的客观现象来完成犯罪的证成。神意裁判还与日耳曼人较早时期流行的审理和解决纠纷的公众(自由民)集会有一定关系。公众集会有赖于纠纷双方的同意和充分信任,没有这个保证,任何一方都可以质疑裁判的结果,那么裁判将毫无现实价值。在神意裁判所依赖的"信任——不信任"的基础背后,体现的是当时的人对于极端的、偶然性的命运

---

① 参见徐昕:《司法决斗考》,载《法制与社会发展》2007年第1期。
② 参见〔美〕哈罗德·J. 伯尔曼著:《法律与革命——西方法律传统的形成》,贺卫方等译,中国大百科全书出版社1993年版,第67页。

安排的相信和盲从,这足以保证神明裁判的结果最终能获得现实的有效性。以今时今日的眼光来看,无论何种神意裁判,都是一种迷信、幼稚、粗俗、不成熟、不理性、不通情达理、藐视文明和法制、依赖运气和偶然性,甚至荒谬、怪诞、病态、愚不可及的纠纷解决机制。① 因为其中很多偶然的因素都足以改变案件的走向,以吃食神明裁判为例,当事人的胃口和食量几乎会成为最关键的因素,决斗的偶然性就更明显,以至于它的弊端在当时就已经被发现了。但是,当时的人依旧奉行这些裁判方式,不是因为别的什么高深复杂的理由,而是因为这些方式是祖祖辈辈传承下来的,他们只需要信赖它就好。

其次,在它们背后存在一套完全相同的、与神灵有联系的关于刑罚的认知体系。这四种方式启示都建立在对神灵知识的迷信之上。但为何神灵会不一样呢?对此目前并无一致的意见。以决斗为例,有学者曾将决斗裁判归因于民族的尚武习性,②这显然是不够的,因为它顶多解释了一种神明裁判,而无法解释其他类型的神明裁判;它虽然可以解释一些尚武民族的决斗习性,但是对于那些不被认为具有尚武习性的民族的决斗裁判却不能给予充分的证明。还有人认为,决斗裁判是自然发生的,它对使用消极证言的法律是一种弥补手段。因为教会采用的取证方法存在弊端,现实要求原告或被告不发伪誓是相当困难的,所以贵族们才要求决斗取证。③ 这种解释依旧有问题,因为早在教会裁判之前就已经在一些地方流行决斗裁判,例如荷马史诗中就记载了大量的决斗裁判故事。好在上述分歧并不会影响我们对于这个现象的一般认识。但是,应当注意到,这种对于神灵的共同迷信方式跟以下观念有关系:

第一,报应的刑罚观念。在远古社会的大多数时期,惩罚通常是

---

① 参见徐昕:《司法决斗考》,载《法制与社会发展》2007年第1期。
② 参见徐昕:《司法决斗考》,载《法制与社会发展》2007年第1期。
③ 参见董亚娟:《论决斗与近代西方社会》,载《江汉大学学报(社会科学版)》2009年第3期。

出于本能的,施加惩罚是无须反思的,惩罚是受害人及其亲属情感的产物。但是,在智者时代,人类开始表现出反思的精神,而且在论辩中逐渐增强了反思的能力,人们开始用客观的政策理由来证成惩罚的正当性。在西方法律思想史中,柏拉图被认为是第一个理性思考惩罚的人。他认为,惩罚有两方面:校正的一面,即强迫做了错事的人修正他的行为;威慑的一面,即警示他人不要仿效恶行之人。① 既然惩罚和被害人及其亲属的情感有很大关系,在情绪的冲动下,报应的色彩无疑就会显得尤其浓厚。一直到罗马帝国早期,刑法都具有较为浓厚的报应主义色彩。

第二,共同体观念。古代报应之所以在很大程度上是以一种血亲复仇的方式体现出来的,是因为血亲复仇有效地维护了共同体的存在。人类社会的原始时期,生产力水平极其低下,单个的人是无法在自然界生存的。他必须与其他个体组成一定规模的团体,并依仗团体的力量来保护自身的存在。因而,团体的实质性存在是团体内每个成员可否生存的基础;为此,必须要根据一定有效的规则来维系每个成员与团体之间"唇亡齿寒"的关系。基于此形成了原始的团体主义意识,每个人都把团体的事视作自己的事,反过来,自己的事也是团体的事。展开来说,团体内他人的事就是自己的事,自己的事也是他人的事,由此而来,就形成了团体内所有人对于团体内某一人的行为负责这种惯例。可以说,这就是原始的血亲复仇传统。在血缘关系密切的人之间(如父与子)相互有承受权利义务的做法。恩格斯在《家庭、私有制和国家的起源》中讲道:"从氏族制度中产生了继承父亲或亲属的友谊关系和仇敌关系的义务;同样,也继承用以代替血缘复仇的杀人或伤人赎金。这种赎金,在上一代还被认为是德意志特有的制度,但现在已经证明,在成百个民族中都是这样,这是起源

---

① 参见〔爱尔兰〕约翰·莫里斯·凯利著:《西方法律思想简史》,王笑红译,法律出版社2010年版,第28页。

于氏族制度血族复仇的一种普遍较缓和的形式。"①从这段话中,我们可以推断出,原始社会末期,儿子会因父亲或一个人会因与其有密切联系的亲属的行为,代其承受某种肉体上、精神上或钱财上的负担。在血缘关系较为疏远的氏族内部成员之间也存在相类似的关系,"在野蛮阶段,本氏族人相互依靠以保障其个人权利,这是常见的现象……"②但是,氏族成员间的关系是比较微妙的。如氏族内部成员之间的侵犯行为,氏族之间的成员的相互侵犯,对此的处理规则是不一样的,那么承受责任者的范围也相应会发生变化。

　　随着社会的发展,社会结构也发生了变化,这预示着血亲复仇被较为缓和的惩罚形式所取代,刑罚的方式也会发生相应变化。历史已经告诉我们如下两个变化:第一个变化是,血亲复仇逐渐被取代。如果刑罚的适用单纯是为了报应,方式仅仅是血亲复仇,那么,报应主义的刑罚除了给予犯有罪行的人必要的恶害之外,它对受害人是没有任何实际意义的,特别是对于那些仅仅因为共同体需要而被绑架参与复仇的人而言,非但没有实际意义,而且随时会搭上自己的身家性命和财产。随着古代社会生产力的技术的发展,私有制不可避免地出现并流行起来,私有制越普及,共同体结构越松散。这导致共同体成员对于共同体传统的需要和依赖的减弱,血亲复仇的社会根基变得愈加脆弱,在这样的背景下,需要一种较为缓和的惩罚形式取代血亲复仇。第二个变化是,金钱赔偿替代了同态复仇。"以牙还牙,以眼还眼"是同态复仇的最形象表述,但是,在公元六到十世纪期间,同态复仇也逐渐被金钱赔偿所替代。当时在西欧的一些氏族之间,外来侵入既可能导致血亲复仇形式的报复,也可能导致家庭之间

---

①　《马克思恩格斯选集》(第四卷),人民出版社1972年版,第137页。
②　〔美〕路易斯·亨利·摩尔根著:《古代社会》,杨东莼译,商务印书馆1981年版,第289页。

或氏族之间谋划阻止或平息血亲复仇的谈判。① 在我们看来,谈判结果如何并不重要,重要的是谈判体现了一种时代的进步,因为血亲复仇除了徒增世仇之外,别无实际价值。而通过谈判解决问题,既能控制暴力的发展和蔓延,又能给予受害人必要的经济利益的补偿。这也反映出当时的一些地方法令中的伤害赔偿制度高度发达。如《撒里克法》(公元496年),列举了一系列金钱性处罚,要求被告支付原告。它还列举了要求犯有各种罪行的人向受害方支付金钱的处罚,这些罪行包括杀人、袭击、盗窃等。这些都是早期法的典型规定。

谈判和金钱赔偿的社会效果是十分突出的。首先,它有效地瓦解了当事人双方的私力争斗,并诱导纠纷当事人双方服从地方集会(百户区法院)的判决,而不是通过血族间的仇杀来解决纠纷,此时,受害方可以在赎金和复仇之间自行做出选择,"要么收买长矛,要么忍受长矛"。可见谈判哪怕仅仅为受害家庭和侵害家庭解决纠纷提供了一个可能的方式,这也是值得鼓励的。② 其次,赔偿在实现经济补偿的时候,还具有一种类似荣誉惩罚的效果。荣誉在古代社会是一个极为重要的东西,犯罪很多时候被认为是对他人荣誉的破坏,所以在很多时候惩罚有罪之人,就是要让他名誉受损。柏拉图谈到如何对待罪犯和他的家人时就说过:"但他的孩子和家庭如果弃绝这位父亲的道路,勇敢地弃恶从善,那么他们仍旧能够得到荣誉和好名声,就像其他行为端正的人一样。""在任何案件中,父亲的耻辱或判刑不得株连子女,除非父亲、祖父、曾祖父全部涉案。"③他主张的刑罚包括死刑、监禁、鞭笞、不体面姿势的罚坐或罚站、捆绑在圣地前

---

① 参见〔美〕哈罗德·J. 伯尔曼著:《法律与革命——西方法律传统的形成》,贺卫方等译,中国大百科全书出版社1993年版,第61页。
② 参见〔美〕哈罗德·J. 伯尔曼著:《法律与革命——西方法律传统的形成》,贺卫方等译,中国大百科全书出版社1993年版,第63页。
③ 〔古希腊〕柏拉图著:《柏拉图全集》(第3卷),王晓朝译,人民出版社2003年版,第613—615页。

面示众和罚款。① 西塞罗也提出每个人的恶行都会受到相应的惩罚：施暴受到死刑或剥夺公民权的惩罚，贪婪受到罚金的惩罚；不择手段地追求公职的荣誉则受到耻辱的惩罚。② 公元二世纪早期的罗马法学家奥卢斯·格利乌斯在讨论希腊人的惩罚理论时就业已指出惩罚有三大目标，即除校正和威慑之外，还有对受害人荣誉的维护。③ 按照现代法经济学家的解释，赔偿意味着定罪，而定罪所带来的耻辱，通过向罪犯的潜在交易人传达了一种有用的信息而伤害了罪犯，它创造的社会价值可能会被伤害所抵消。④ 所以对受害人的经济补偿还起到了恢复被害人荣誉的作用。

由此，我们可以得出这样一个结论，在古代社会，人们对于法律适用的理性所知甚少，但是朴素的共同体观念，发挥了维护家族荣誉和信仰共同敬畏之神灵的作用，从而确保共同体的内部团结和对外交往。所以，人们对于法律适用的理性要求无须太多。在当时的司法实践中，充斥着超自然的神秘主义的影响，人们对于裁判依赖的内容及其标准了解不多，也不太关注，相反，他们更为关注的是裁判的表现形式。结果，繁琐的裁判仪式往往成为吸引人们的重要内容，人们对此也是津津乐道。所以梅特兰说道："只要法律是不成文的，它就必须被戏剧化和表演。正义必须呈现出生动形象的外表，否则人们就看不到它。"⑤

---

① 参见〔古希腊〕柏拉图著：《柏拉图全集》（第3卷），王晓朝译，人民出版社2003年版，第614页。
② 参见〔古罗马〕西塞罗著：《国家篇 法律篇》，沈叔平、苏力译，商务印书馆1999年版，第238页。
③ 参见〔爱尔兰〕约翰·莫里斯·凯利著：《西方法律思想简史》，王笑红译，法律出版社2010年版，第28页。
④ 参见〔美〕理查德·A. 波斯纳著：《法律的经济分析》（上），蒋兆康译，中国大百科全书出版社1997年版，第292—297页。
⑤ 〔美〕哈罗德·J. 伯尔曼著：《法律与革命——西方法律传统的形成》，贺卫方等译，中国大百科全书出版社1993年版，第68—69页。

伯尔曼准确地指出了法律与超验价值联系和沟通的四种方式,即仪式、传统、权威和普遍性。立法、司法、法律协商和法律裁判过程中的种种仪式,也像宗教的各种仪式一样,是以一种戏剧化的方式来强化人类某种价值的庄严性。在法律和宗教里面需要这种戏剧化,它不仅是为了反映那些价值,也不仅是用来表明一种肯定它是有益于社会的价值的理智信念,而且是为了强化人们的一种信仰,并将它们作为生活终极意义之一部分。① 这恰如其分地揭示了神意裁判下裁判仪式的地位和价值。的确,仪式之所以在神意裁判模式中成为重要的内容,是因为当时人们普遍缺乏现代的理性知识和能力,司法需要通过仪式展现其威望,从而让司法裁决获得当时人们的信任并接受它。也就是说,充分信任在当时是通过一系列特殊的仪式(如保证、宣誓和人质制度)促成的。

宣誓裁判或共誓涤罪就是辅助神明裁判的重要仪式。发誓和神意裁判由此实际上构成统一仪式中的两个表现方式:在这种仪式里,诉讼的一方当事人借助魔法式的手段来制造自然或超自然的力量,以此来支持自己的诉求。这些仪式的核心是那些控制世界的神秘事物。而这恰恰是仪式被人们相信并被认为是有效的必要条件。② 在这种仪式中,当事人首先进行预先宣誓,例如向窃牛者要求赔偿金的一方发誓:"我向神起誓,他前面的这一圣物是神圣的,因此,我以完全的民俗权利并且毫无欺骗、毫无欺诈、毫无阴谋诡计地指控,我所主张并连同[被告]一道扣留的牛[手指它们]是从我这里偷走的。"然后相对的一方要起誓,否定这种主张,例如说:"我向神起誓,对于在什么地方非法牵走[原告]牛这件事,我没有教唆,也没有行动,我既不是教唆者,也不是行为者。"或者说:"作为我拥有的

---

① 参见〔美〕哈罗德·J. 伯尔曼著:《法律与宗教》,梁治平译,三联书店1991年版,第46—48页。
② 参见〔法〕罗伯特·雅各布著:《上帝·审判——中国与欧洲司法观念历史的初步比较》,李滨译,上海交通大学出版社2013年版,第16页。

牛,它是我自己的财产,而且基于民俗权利,它现在归我所有和饲养。"拘泥于这种证明的程式及其戏剧性特征,与法律几乎完全口头化这一事实相联系。

重视仪式轻视实质内容暴露出这样一个问题:在满足法律有效性需求的条件中,信仰比事实更重要,事实在司法裁判的法律建构中并不必然是基础,所以犯罪的构成标准或条件并不是很重要。犯罪构成的方式、类别等就不是立法所关心的问题,立法最关心的是行为造成的后果、行为对象,并为此提供最终的决断。所以,当时的一些立法明显表现出犯罪后果(罚金规定)的等级化和繁杂化倾向。如最早的盎格鲁—撒克逊法律汇编是大约公元 600 年颁布的《埃塞尔伯特法》。这部法律以其为各种伤害确立了非常详细的收费表而著称:失去一条腿要多少钱,一只眼睛要多少钱,如果受害者是奴隶要多少钱,如果是自由人要多少钱,如果他是教士又要多少钱。4 颗前牙每颗 6 先令,紧挨它们的每颗牙值 4 先令,其他每颗牙值 1 先令;拇指、拇指指甲和食指、中指、无名指、小拇指以及它们各自的指甲都被区别开,并为它们确定了一个单独的价格。类似的还包括伤害和骨折,骨折的部位,如颅骨、下巴骨、锁骨、胳膊骨等。再如,制定于公元 643 年的《罗撒里赦令》有 363 个条文,其中 140 个条文是关于刑罚量刑标准的。它规定了杀害不同等级的人、伤害不同等级的人、伤害不同部位的不同价目。如杀死自由人需要赔偿 1200 先令,杀死一个奴隶只需要 20 先令;自由人的小拇指值 16 先令,半自由人的小拇指值 4 先令,而奴隶的小拇指只值 2 先令。① 在这样的历史条件下,犯罪构成之类的理性认识还处于沉睡状态,甚至亚里士多德等古希腊哲学家对于法律和伦理的一些观点也没有受到世人的重视。

---

① 参见〔美〕哈罗德·J. 伯尔曼著:《法律与革命——西方法律传统的形成》,贺卫方等译,中国大百科全书出版社 1993 年版,第 68—64 页。

三、宗教裁判

在中世纪时期,宗教裁判模式逐渐替代了神意裁判模式。宗教裁判又被称为上帝裁判或者教会裁判,严格来说,宗教裁判模式也是神意裁判模式的一种,但是,宗教裁判模式在主体结构上表现出和神明裁判模式很大的差异:其一,在宗教裁判模式中,做出裁判的是教会的神职人员,而非看不见的神灵;其二,在宗教裁判模式下,裁判者必须运用成文化的裁判标准和裁判规则,而不是随意依靠偶然性极大的命运的安排;其三,虽然宗教信仰对于宗教权威在解决社会纠纷中有很大作用,①但是,宗教裁判模式建立在理性的基础而非迷信的基础上。

自加洛林时代起,神意裁判适用的检验方法逐步让位于基督教的教会裁判方式,也可以说神意裁判已经越来越接近于"上帝的审判"。在那个时期,教士们充当法庭的执事,教士们被认为是审判时必不可少的主体。实际上,教士参与审判后,就以一种多样化和具体化的方式方法不断削弱神意裁判的影响力。格里高利七世在1070年左右启动的教会改革,强化了教会的规则,并将其重新划分为世俗和精神两个领域。它的继任者并没有放弃这个目标的实现。1215年,教士被禁止参与神意审判。这意味着神意审判已经被教会所抛弃,在欧洲大地上,教会敲响了神意审判的丧钟。②

显然,宗教裁判模式的发展不可能是自发完成的,事实上,它是基督教谋求广泛而深远的权力这一雄心壮志之下的必然产物。在古罗马晚期,一些罗马人改变了信仰。他们奉行的是在犹太教的基础上产生的基督教。基督教宣扬仁慈、公正和同样爱他所有孩子的天

---

① 参见魏晓欣、李剑:《宗教权威型纠纷解决机制的运作实践》,载《甘肃政法学院学报》2015年第4期。

② 参见〔法〕罗伯特·雅各布著:《上帝·审判——中国与欧洲司法观念历史的初步比较》,李滨译,上海交通大学出版社2013年版,第42—43页。

父,并保证人类可以通过基督教来赎罪。基督教提出从罪恶世界解脱出来和将来过幸福生活的说法,直扣人心,满足了时代需求,它不仅最终获得了成千上万的信仰,而且开创了其他宗教都不曾有过的盛世。① 在欧洲中世纪的政治、经济、文化和社会的舞台上,基督教是十分重要的角色。甚至可以毫不夸张地说:"中世纪的欧洲是基督教的欧洲。"②基督教有足够的信仰力量铲除其他神灵的影响,并以一种新的方式来促使宗教主张进一步扩张,这种方式就是通过理性。

基督教的教会法是西方历史、文化和法律的核心内容之一,③教会法在中世纪的世俗社会生活中具有广泛而深远的影响。因此,研究宗教裁判模式,不可能绕过教会法。在教会法的承载形式和运行方式中无不体现出基督教对于理性的追求。

首先,教会法庭的审判官受过专门、系统的理性训练。宗教裁判的组织形式是宗教法庭,宗教法庭审判官主要是来自多明我会、方济各会及其他僧团的代表和教士。1311年维恩会议后,要求宗教法庭审判官最低年龄为40岁,并且应该成熟博学,能够维护法律权威。从1300年开始,审判官通常都是接受过大学培训,具有法学博士学位的人士。对他们的配置辅助人员的情况也体现了精心的设计,因为宗教审判官并非独自工作,所以这样一个庞大的官僚机构需要助手。这些助手分属四个范畴:每位审判官有一同僚称为会员;还有替补人员,称为专员,他们在审判中可以取代宗教法庭审判官;另外他们还配有随从,允许随从拥有武器,行使信使和总助手的职责;最后还有公证员和书记员,负责记录审判过程并保存档案。④ 审判官辅助人员的配置作为一种制度,无疑是经过深思熟虑的。我们可以称之

---

① 参见〔美〕梯利著:《西方哲学史》,葛力译,商务印书馆1995年版,第148页。
② 〔法〕马雷著:《西方大历史》,胡祖庆译,海南出版社2008年版,第139页。
③ 参见彭小瑜著:《教会法的研究——历史与理论》,商务印书馆2003年版,第1页。
④ 参见吴雯雯:《宗教裁判所的纠问式司法审判程序》,载《首都师范大学学报(社会科学版)》2005年增刊。

为理性的设计。

其次,教会法得到了理性的发展。在公元十一世纪之前,犯罪概念和侵权概念尚未分离,王室刑法与侵权法基本上也不存在,适用于世俗之人的法律主要是由教会推动发展的。教会法的理性发展体现为:其一,教会促进了部落习惯的成文化发展,早期有名的成文法(如《萨利克法》、《埃塞尔伯特法》、《罗斯真理》)都是在此背景下形成的;第二,教会立法促进了道德的法律化和法律的道德化。当时除了一些政治原因外,主要是教会的道德因素塑造了世俗法的内在精神,在《十诫》、《摩西定律》等规则中的一些明确的戒律,如改善妇女、儿童地位、对穷人和孤苦无援者提供必要的保护等内容,得到教会立法的承认。可见,教会在形式上打破了民俗法永恒不变的神话,在实质上融入了更公正、更人道的法律价值。教会立法促使世俗法发生了实质性的变化。

再次,教会重视法典汇编这样的理性活动,并开创了法律体系化的局面。在中世纪中期,和早期一样,法学理论大多来自教士而不是来自受过专门训练的法律人,教士们往往试图确立自己的论证方式,并借助这些方式明确表达这样的观点:作为创世结果,法律是上帝与人,以及人与人之间关系的广阔图景的一部分。在这一关联中,教会法的成熟也很重要,当时教会法制度对普通人生活的影响远远大于今天。问题是当时的教会法表现形式十分复杂,规定也不一致,所以在实践中产生了法典汇编的需要。

在十一世纪之前,尚无人试图将教会的所有法律汇集到一本书或若干本书中。但十一世纪之后,情况开始发生了变化。公元1012年,沃尔斯姆主教编撰了一部名为《教令集》的庞大汇编,内容包括主教权力、任圣职的人、教会、洗礼、圣餐、杀人、乱伦、修士和修女、巫术、开除教籍、伪证、斋戒、俗人、起诉者与证人、私通、病人探视、苦行以及默祷。1095年,沙特尔主教伊沃也编写了一本名为《教令集》的书,此后不久,他又出版了一本名为Panormi的书,这两本书包含了比以前更多的注释,范围更广,包括盗窃、某些类型的任意行为、占有、审判以及一系列其他事务的大量规则。如他所言,他试图将教会法统一到"一个整体之中"。法典汇编首先涉及法典本身的体系安排,所以它不可避免地触发新的法律知识的思考,而且思考的广度和深度都非常显著。大约公元1140年,教士格拉提安出版了一本名为《歧异教规之协调》的书,全书大约1400页,这本书被誉为"是西方历史上或许也是人类历史上第一部全面和系统的法律论著"。① 这本书在伊沃的基础上自成体系。它集中展现了罗马法注释学者的成果。格拉提安寻求一种有别于前任的系统化方法。他没有预期的文本——既没有使用早期教会汇编的分类法(如圣职授任、婚姻、苦行等),也没有采用罗马分类法(如人、物权、债权、继承、犯罪等)。他在第一部书中使用的分类多达101类。他系统探讨了神法与人法、习惯法与制定法、万民法与民族法之分类的法律含义,他将自然法置于神法和人法之间。据其理论,习惯法不仅必须让位于自然法,还要让位于制定法。② 考虑到当时西方大部分法律是习惯法这一事实,我们不难想见其理论的威力。可见,教会组织编撰的法典促进了我们对于法律的分类,最终,它完成了法律成文化发展的理论论证。

  教会对于法律有益的理性推动不仅体现在上述立法和司法两方面,它还表现为因其对立法和司法的理性推动,进一步深化了法学研究,并最终完成了法学知识体系的专门化建构。

  首先,教会促进了大学的出现和法学研究的独立化。公元1000年中世纪时期欧洲社会的写照是:贸易和民族间的交流欣欣向荣,行会组织发展迅猛,欧洲人口迅速增长。欧洲城市文明以一种西罗马帝国以来从未有过的样式崛起。公元1100年左右,一个名叫伊尔内

---

  ① 〔美〕哈罗德·J.伯尔曼著:《法律与革命——西方法律传统的形成》,贺卫方等译,中国大百科全书出版社1993年版,第172页。
  ② 参见〔美〕哈罗德·J.伯尔曼著:《法律与革命——西方法律传统的形成》,贺卫方等译,中国大百科全书出版社1993年版,第175页。

留斯的教师登上历史舞台,他教授的不是逻辑,而是法律。他教授的法律也与过去的不同,他引领的是对优士丁尼《学说汇纂》的研究。在此时期,教皇和皇帝的冲突达到顶峰,教皇与皇帝之间的争论,和更为恒久的世俗行政和司法需求同等程度地促进了法学知识的进展。① 但是,当时修道院所办的学校逐渐减少,只剩下城镇的教会学校还在负担教育工作。不过,越来越多的教师和学生对教会的教育方式和内容感到不满。他们开始模仿行会的组织结合起来,成立大学。在大学内部除了设校长一人之外,还设有院长三人。当时大学多半设有神学院、医学院和教会法学院。②

法学教育的开展促进了法律事业的发展。在欧洲当时最早出现的大学里面,整个法律制度都被认为是以一些特定的原理和真理为基础建立起来的。这样,西欧人第一次可以将法律作为一种独特的和系统化的知识体(一门科学)来教授。第一次对那些零散的司法裁决、规则以及制定法进行客观研究,并根据所谓的一般法学原理和真理来解释立法和司法。而那些接受过严格训练的法律人,则通过运用其学识,赋予在长期的历史中积累下来的大量法律规范以结构和逻辑性。在这个时期,西方法学界开始创设一个我们现在称之为法律科学的学科体系。

其次,教会法学家实现了古罗马法律传统和古希腊哲学精神的结合。法学研究伴随着法律知识体系的专门化和研究手段的特定化。古罗马法律传统和古希腊哲学精神的结合满足了教会法学的发展需要。古希腊尚无法律科学,在亚里士多德那里它甚至连技艺都不是,它被分解到伦理学和修辞学中。希腊哲学家们沉醉于对正义以及统治者是应当根据法律还是根据个人意志实行统治的问题。他们基本上没有认识到法律规则可以作为推理的出发点。他们对于仅

---

① 参见〔爱尔兰〕约翰·莫里斯·凯利著:《西方法律思想简史》,王笑红译,法律出版社2010年版,第103页。

② 参见〔法〕马雷著:《西方大历史》,胡祖庆译,海南出版社2008年版,第140页。

仅依据观察和推理即可获得更高的哲学真理往往抱以怀疑。所以他们不太情愿接受以法律规则和司法裁判作为体现社会正义观念的权威依据。这些规则或者司法判决只是他们在构筑自己哲学理论时愿意使用或不愿意使用的材料。所以,他们倾向于将民法问题作为个人伦理方面的事务考虑,将宪法问题作为政治问题对待。① 所以,在古希腊城邦里,始终不曾出现过肩负发展法律使命、受人崇拜的法学家阶层。虽然当时的审判由民众大会执掌,但在民众审判中,人们很少进行法律论证,更多是依据道德和政治考虑的雄辩术。而苏格拉底恰恰就是政治和道德雄辩术的牺牲者。与之相反,在古罗马很早就出现了法学家阶层,但是,这些法学家将他们的首要任务设定为提供法律建议。在法律探索中,他们讲求实际,不尚虚求,他们无意将罗马法具体性特征和希腊哲学的抽象性特征进行结合。他们还拒绝采用古希腊的教育制度,而是采用非常不正规的私人授徒方式进行法律训练。教师和学生之间基本上不讨论诸如正义、法律或法律科学问题,学生直接进入实践,面对循环往复的问题:根据已陈述的事实,应当怎么做? 在公元一至五世纪,罗马法学家提炼和发展了他们的共和时期前辈所运用过的辩证技术,却没有对其加以根本性的改造。他们偶尔才会去假设一个能包容所有法律的广泛规则。② 而十一至十二世纪的西欧法学家将希腊的辩证法推向了一个更高的抽象层次。他们试图将法律规则系统化为一个统一整体——不只是确定具体类别案件中的共同要素,而且还将这些规则综合为原则,又将原则本身综合为完整的制度,即法律的体系或法律大全。在此等情境中,法律研究逐步获得了成为独立科学所需要具备的方法论、价值

---

① 参见〔美〕哈罗德·J. 伯尔曼:《法律与革命——西方法律传统的形成》,贺卫方等译,中国大百科全书出版社 1993 年版,第 161—162 页。
② 参见〔美〕哈罗德·J. 伯尔曼:《法律与革命——西方法律传统的形成》,贺卫方等译,中国大百科全书出版社 1993 年版,第 165 页。

和社会学标准。①

由教会开启和发展的法学有效瓦解了迷信在神意裁判模式下的地位。它提出了满足事实真相的理性需要,也为事实真相的发现提出了一些可以得到经验验证的手段和与之相关的理性的规则体系。这将有助于丰富我们对于犯罪问题的认识。事实也是如此,在这个阶段,人们关于犯罪的认识发生了很大变化:

第一,犯罪被认为是对社会政治秩序或者社会的侵害。在中世纪早期,一般观点认为,犯罪属于私人之间的纠纷,是一种针对受害人及其亲属的侵犯行为,虽然它也是针对上帝的侵犯行为。因此,作为犯罪的后果的社会回应就是受害人或其亲属集团的复仇。修道院内部的规则也反映了这一情形。如根据教会刑法,僧侣犯罪之后经过秘密的忏悔和惩罚,就可以重新回到修道院。补赎、恢复荣誉以及和解,是对于所有犯罪(crimes)和罪孽(sins)的救赎所必须经过的阶段,可以替代它们的是血亲复仇、放逐法外或开除教籍。一直到十一世纪和十二世纪之前,犯罪和罪孽两词还在互换使用。一般来说,所有的犯罪都是罪孽,所有罪孽也都是犯罪。但到了十一世纪晚期和十二世纪,出现了一种新的刑法制度,它既不同于上帝的法律,也不同于世俗的法律,它体现为法学家第一次对犯罪和罪孽加以区别。这和当时的教会成功收回对于罪孽的司法管辖权的历史事实有关。罪孽是教会法上的犯罪,是对于教会法的违反。犯罪则越来越多地被视为是对社会的挑战和侵害。如在十二世纪的巴伐利亚公国,刑事案件的高级审判主要是对流血案件的审判,调解主要留给低级法院。可见,此时的刑法经历着由一个部落制度走向国家制度的转变,而只有在后一种制度里,犯罪被才被看成主要是对公共权威的

---

① 参见〔美〕哈罗德·J. 伯尔曼:《法律与革命——西方法律传统的形成》,贺卫方等译,中国大百科全书出版社1993年版,第183—199页。

侵犯。①

第二，刑罚开始获得基于理性的正当论证。基督教在宣传其教义的时候，使用了一种新的方式：它要以有效的方式论证自己主张的合理性。② 而教父们就是那些在论证中获得胜利的人。说明理性思考是基督教较为依赖一种手段。中世纪早期人们不太思考刑罚正当性的问题，但是随着法学研究的发展，人们开始思考并提出一些当时关于犯罪和刑罚的理论依据。如正义要求每一项罪孽都要通过有期限的苦难而偿付、罪和刑应相当、被违反的法律要得到恢复。特别需要注意的是，当时的经院法学家认为，虽然民事侵权和刑事违法的受害人都应得到赔偿，但是，刑事犯罪不同于民事侵权，刑事犯罪是对法律本身的一种蔑视，所以赔偿是不够的，还必须对犯罪人科以刑罚，作为其违反法律的代价。这是显然不同于以往的正义报应理论。教皇革命之后，西方人便以一般报应取代特别报应作为刑罚正当性的基础。在他们的观念中，犯罪与罪孽、惩罚与救赎之间的联系给了罪犯以特定的尊严去面对他的控告人、法官以及其他基督徒，因为所有基督徒都拥有共同的、罪孽的人性。这降低了通常伴随着正义报应理论的道德之上的因素。所以，在司法实践中可以看到这样的场景，刽子手在执行死刑时，先要跪在受刑者面前，请求后者宽恕他将要做的事情。③

第三，一些重要刑法原则以教令的方式表达出来。因为罪孽被认为是对教会法的违反，所以导致了如下规则的产生，这个规则被十二世纪的伦巴德表述为"若非已有禁令，罪孽亦不存在"（"there is no sin if there was no prohibition"）。其中值得注意的是过去时态 was

---

① 参见〔美〕哈罗德·J. 伯尔曼：《法律与革命——西方法律传统的形成》，贺卫方等译，中国大百科全书出版社 1993 年版，第 614 页。
② 参见〔美〕梯利著：《西方哲学史》，葛力译，商务印书馆 1995 年版，第 149 页。
③ 参见〔美〕哈罗德·J. 伯尔曼：《法律与革命——西方法律传统的形成》，贺卫方等译，中国大百科全书出版社 1993 年版，第 220—223 页。

的使用。它开启了西方刑事法中的一项重要原则,该原则最终表述被为罪刑法定原则(nullum crimen, nulla poena sine lege)。① 特别是到了中世纪后期,人文主义的复兴确立了人道主义在刑法研究中的根本性地位。

第四,刑法知识的基本体系已经形成。在古罗马时期以及中世纪复苏罗马法的数个世纪中,已经出现了刑法知识的基本概念,但它们是在研究具体犯罪的过程中出现的。到了十六世纪末,意大利学者开启了刑法总论研究的大门。1790年出版的《刑事法概要》堪称这方面的第一部作品。这种围绕着总论展开的研究,使得意大利获得了"刑法学摇篮"的美名。② 刑法总论研究之所以能够开展,是因为教会法学家在如下方面推动了犯罪研究:其一,有关罪孽的要件。罪孽既然被认为是针对上帝的犯罪,那么只能由上帝对它进行审判。为了便利审判,教会法学家格拉提安提出了确立罪孽的三个要件:一是它必须是一项严重的罪孽;二是罪孽必须表现为外在的行为;三是行为必须对教会产生不良后果。由此可见,人们对罪孽的认识已经达到了一定高度。如果我们把"罪孽"换成"犯罪"概念的话,那么我们就可以说,犯罪构成要件在这个时期就已经出现了。其二,与罪孽要件相关联的一系列重要的概念也陆续被提了出来。在这方面,教会法学家的贡献尤为突出。罗马刑法(包括优士丁尼时代的刑法)对于具体犯罪行为的道德特性都没有给予很大关注,它们所关注的东西,用今天的术语表达是利益和政策。而十一世纪晚期和十二世纪的教会法学家们建立了他们关于犯罪的主观方面和客观方面的学说。③ 例如关于主观事实,教会法学家界定了故意的种类以及因

---

① 参见〔美〕哈罗德·J. 伯尔曼:《法律与革命——西方法律传统的形成》,贺卫方等译,中国大百科全书出版社1993年版,第227页。
② 参见童德华著:《外国刑法导论》,中国法制出版社2010年版,第28页。
③ 参见〔美〕哈罗德·J. 伯尔曼:《法律与革命——西方法律传统的形成》,贺卫方等译,中国大百科全书出版社1993年版,第228—234页。

果关系的种类。他们将故意区分为直接故意和间接故意。他们又发展了自由意志理论。根据该理论,教会法学家发展出这样一套规则,那就是如果一个人是在精神不健全、熟睡、醉酒或认识错误的状态下做了违反法律的事情,便可以免于责任。他们基于宗教责任的研究极大地丰富了刑事责任理论。教会法学家为了将法律上的罪孽的特征与法律上的犯罪(也就是与包含在对犯罪所进行的法律审查内容中的犯罪)区别开来,发明了"Culpa"一词用以指称道义上的可谴责性。而在刑事责任内部,他们援用古罗马法学家的分类,做了更为精细的划分,提出了 imputability,culpa,dolus 等概念,它们都依据行为人意识的确切状态和行为的客观环境进行分析;关于客观事实,他们确定了行为的地位,按照有些教会法学家的观点,教会法院不应当对被告人的态度、动机因素以及性格等进行专门调查,除非这种调查对确定行为人违反教会法是必要的。基于罪孽认定客观化的要求,行为也逐渐独立出来,阿拉伯尔提出,只有外在行为才是宗教法院应当审查的东西。他们还将因果关系分为远因、近因以及介入远因等。这种分类成为当代各国法科学生学习和分析法律问题的基本方式。

总之,宗教裁判模式表现出诸多积极的现象,促使刑法证成方式在这个阶段取得了前所未有的进步。这种做法推动了教会法在世俗社会中的发展,使得教会的裁判以一种新的形式获得了有效性的支持。这种支持不是来自于人们对于超自然力量的迷信,而是来自于自己对基督教精神的认同和信赖。同时,教会方面也不是简单地运用自己所获得的政治力量来强制教会规则受到普遍的遵守,相反它为自身也积极地提供理论上的论证,中世纪时期"三位一体"理论就是这种论证的成果。特别是教会兴建大学,开展法学教育,培养了一个受过专门法律训练的职业群体。这个群体的专业知识和素养,确保他们能最大限度地排除裁判过程中的偶然因素和主观情绪。而这群人(包括前期的神职人员)也没有愧对他们所接受的苛刻、系统、专门的法律训练,他们运用自己的理性开创了独立的法学体系,提出了法律背后的深层次问题,树立了近代若干法律原则和基本精神,并打开了犯罪论体系的理性之门。另外,教会在缓和刑法严厉性方面也起到了一定作用。在教会看来,首先,刑法要根据主观条件在内的所有条件确定违法程度,这样就修正了法律纯粹威慑性的方面;其次,有罪者需要悔改和改造。教会主张减少死刑率,因为若执行了死刑,改造还怎么进行呢?早期教会的态度有着至关重要的世俗影响,"它预设了未来时代的理性主义刑法理论。"①他们理性的思考进一步促进了法律思维体系的发展,促进了法律知识的完善与发展,也最终为亲手终结和埋葬宗教裁判模式准备好了墓地。

第三节 现代犯罪证成方式的形成

一、现代裁判方式的分流

宗教裁判的长期实践证明,经由专门人员调查取证来决断案件的程序显然比神明裁判更具有合理性,这触发了十三世纪的教皇革命。1215年,英诺森三世召开第四次拉特兰大公会议,明确禁止神职人员参与神明裁判。拉特兰大公会议禁止神父们参与神意裁判引发了欧洲刑事司法的彻底变革。废除神意裁判后,欧洲大陆审判制度以罗马法为架构,相信由一个明智的人依案情来审决,而英国则把蛮族共誓涤罪的仪式转型为陪审团审判。

不久之后,社会知识的发展也出现了分流。在十三世纪和十四世纪的欧洲,出现了两个经院哲学的中心,一个是巴黎大学,一个是牛津大学。巴黎大学流行的是亚里士多德主义,其代表人物托马

---

① 〔爱尔兰〕约翰·莫里斯·凯利著:《西方法律思想简史》,王笑红译,法律出版社2010年版,第95页。

斯·阿奎那是经院哲学的集大成者,他认为真正的知识是概念的知识。牛津大学继承了十二世纪英国学者的自然传统,并有了新的发展,其代表是罗吉尔·培根,他是第一个使用"实验科学"概念的人。他认为实验科学是最有用、最重要的科学。他提出,"没有经验,就没有任何东西可被充分认识。"他还提出实验科学的实证性、工具性和实用性。他的思想在充满思辨玄学和文字争论的学术氛围中犹如空谷足音,直到十七世纪,才为世人所接受。[①] 苏格兰人司各脱提出:"个性不是质料、形式,也不是它们的复合,因为这些都是属性,个性是不同于质料、形式或它们复合的终极实在。"[②]他提出了"在每一个事物与其他事物根本不同"这个问题。同时代的威廉·奥康是新唯名论的创始人,在政治上,他维护王权,反对教权。奥康重视经验证据的科学观,认为只有自明知识或证据知识才是知识,既无逻辑又无经验证明的命题和概念都必须从知识中剔除出去。他说:"切勿浪费较多东西去做较少的东西同样可以做好的事情。"这又被形象地称为"奥康的剃刀"。奥康的观点,直指实在论所创设的普遍实质。他认为没有必要为了解释普遍概念的性质而设立与之对应的普遍实在。[③] 十四世纪下半叶,经院哲学的主流是奥康的唯名论新思潮,它体现了批判、经验的态度和探索精神。它标志着哲学开始向近代形态过渡,所以奥康开创的思潮又称为现代路线。[④] 在这种意义上,它们已经为近代刑法的诞生提供了必要的土壤。

结果,中世纪欧洲的司法裁判模式的理性和世俗化发展出两个不同进路的裁判模式:一个是陪审团裁判模式(或称英国体系),一个是法官裁判模式(或称法国体系)。有学者认为,英国与法国两个体系的划分对应于两个不同的法官模式,而这两种模式的不同取决于

---

① 参见赵敦华著:《西方哲学简史》,北京大学出版社2010年版,第172页。
② 赵敦华著:《西方哲学简史》,北京大学出版社2010年版,第176页。
③ 参见赵敦华著:《西方哲学简史》,北京大学出版社2010年版,第181页。
④ 参见赵敦华著:《西方哲学简史》,北京大学出版社2010年版,第182—183页。

法官与神之间不一样的互动关系:前一模式发源于不列颠岛,我们可以称其为圣事模式,只是因为诉讼过程中陪审团成员的发誓使他们具有了神圣性;后一种模式则可称之为欧洲大陆模式,或者神职人员模式,它使职业法官的全部信仰与理性成为诉讼的主宰力量。①

二、法官裁判模式

法官裁判在某种语境下又可称为纠问式裁判,其中"纠问"一词起源于拉丁文"Inquisitio"。这个词除了表示纠问式程序外,还有一个重要的意思就是调查。中世纪纠问式诉讼就是在封建官员或者法官调查取证的基础上发展起来的。十一到十二世纪欧洲社会的全面发展已经为法官裁判的到来做好了准备。当时欧洲政治格局极速变化、经济发展形势良好,财富持续增加,各级封建主有充足资金提供给维护治安和专司司法的职业群体。恰遇当时的司法诉讼实践也发生了很大变化:一是司法权获得令人瞩目的强化;二是司法权已有足够的力量强制诉讼当事人遵守法律规则和执行司法判决,新旧力量的消长使法官对诉讼的主导地位不再受到质疑。② 一种新的时代需求出现了,那就是司法审判应当走理性的、世俗化的发展道路。

神明裁判作为极不理性的审判方式必须被毅然抛弃,但一直到中世纪早期,人们对这些方法很少表示怀疑。十二世纪之后,随着城市的发展、大学的兴起以及对罗马法研究的不断深入,教会法庭开始有条件地采用纠问式诉讼,因为教会法庭的法官受过专门的司法训练,他们具有一定的学识,具有较高的法律修养,因此在执法中基本上能够按照法律的规定操作,并不像过去人们所想象的那样残酷与野蛮。"中世纪的纠问式诉讼是对神明裁判的反动,这里教会起到了

---

① 参见〔法〕罗伯特·雅各布著:《上帝·审判——中国与欧洲司法观念历史的初步比较》,李滨译,上海交通大学出版社2013年版,第45页。
② 参见〔法〕罗伯特·雅各布著:《上帝·审判——中国与欧洲司法观念历史的初步比较》,李滨译,上海交通大学出版社2013年版,第43—44页。

非常重要的作用……纠问式诉讼是从诉讼的角度来维护教会的统一。从诉讼程序发展史的角度来看，中世纪的纠问式诉讼是人类法律程序由野蛮走向文明的一个新起点，对近现代大陆诉讼程序法律的发展产生了巨大的影响。"①

这种以法官为主导的纠问式裁判模式显然沿袭了罗马帝国时期的弹劾式诉讼，按照弹劾式的要求，不论是否有被害人控告，国家司法机关均应依照自己的职权主动对犯罪行为进行追究和审判。在法官裁判模式中，犯罪被认为是严重破坏统治秩序的恶劣行为，应由国家予以追究。所以，刑事诉讼程序的开始和发展，主要不是取决于受害人，而是取决于掌握国家司法大权的官吏。但与弹劾式诉讼"不告不理"相反的是，在法官裁判的纠问式诉讼中实行的是"不告也理"的原则。只要有犯罪发生，即使受害人不告，国家的司法官吏也有权在其职责范围内进行追究和审判。在早期，由于没有专门的公诉机关，所以，侦查权、控诉权和审判权是结合在一起的，均由法院行使。在诉讼中，司法官吏是唯一的诉讼主体，对案件既负责侦查，又负责起诉，还负责审判。②

从神灵裁判转向法官裁判，中间经历了上帝裁判。在上帝裁判模式中，司法的主角无疑是教会的法官们，而在法官裁判模式中，主角转变成了世俗的法官。所以，在大陆法系国家，裁判模式的变化主要是裁判者的变化。而这种变化是根据教会和世俗政权之间的斗争并以世俗政权的胜利这一事实而发生的，它不过是政治权力较量的必然结果，法官裁判运行的基本规则和方法与过去并无太大差别。

在中世纪时期，教皇和国王们为了扩大自己的势力范围，不可避免地要发生冲突，因此宗教和世俗政权之间的斗争构成了欧洲中世纪政治史的重要内容。双方之间有时候相互斗争，有时候相互利用。

---

① 肖光辉：《试论西欧中世纪的纠问式诉讼》，载《外国法制史研究》2006年版。
② 参见李游、吕安青著：《走向理性的司法：外国刑事司法制度比较研究》，中国政法大学出版社2001年版，第157—158页。

而在斗争中，有时候教皇胜利，有时候国王胜利。教会法庭在某种意义上是教皇运用权力的一种手段和表现，围绕司法管辖权的争夺成为宗教和世俗政权争夺的主要内容。此种情形在德意志如此，在英国也是如此，在法国也不例外。1285年，年仅17岁的腓力登上法国王位，他是一个有远大政治和宗教抱负的人，他梦想着基督教可以从巴黎延伸至耶路撒冷。他的祖父路易也怀有这一抱负。但是，他们的性格完全不同，最终的选择也不同。路易认为法国人要效忠教皇，而腓力则将教皇视为自己实现理想的障碍。不久他就发现，自己这样一个梦想着要成为教皇的国王，在实现理想的过程中竟然遇上了一个想要成为国王的教皇卜尼法斯。腓力在位时，英法战争如火如荼，为了赢得战争，腓力发布了向牧师征税的命令。卜尼法斯与他针锋相对，于1296年颁布命令，禁止君主向牧师征税，禁止牧师向君主交税，否则将被逐出教会。这个问题虽然最终未能进一步恶化，但不久之后，他们又发生了新的冲突。如我们所知，十三世纪晚期，罗马教会将教会法视为自己的所有物，僧侣们也捍卫宗教裁判的秘密性，审判通常由主教们进行裁量。自然而然，教皇被认为是当时最出色的法学家，卜尼法斯也自认为如此。但是，欧洲人效忠的对象开始从罗马教廷转向国家。在腓力的支持下，法国的法律家们逐步成为一个有力的世俗社会阶层。1300年，教皇在罗马举行大赦年，法国人精心策划了一场阴谋活动。腓力委派他最信任的法学家纪尧姆·德诺加雷出席活动，德诺加雷一到教廷，就把教皇叫到一边，低声警告他犯有买卖圣职罪和勒索罪，以及其他一些不宜说出口的坏事，并警告说，为了基督教的名声，卜尼法斯必须停止做这些事。卜尼法斯虽然名声很差，但他还是很愤怒地要求德诺加雷在证人们面前再说一次，德诺加雷立刻又说了一遍。第二年，腓力主动加剧了他和教皇之间的紧张关系。他指控一个重要的主教实施了性犯罪和宗教犯罪，作为回应，卜尼法斯将法国国王逐出教会。到了1303年，国王和教皇之间的冲突已经没有回旋的余地。腓力起草了一个针对教皇的指控,他充满敌意和想象地罗织了诸如魔法、鸡奸、唯物主义、忽视斋戒之类的种种罪名;教皇则起草了一个正式将腓力逐出教会的赦书。最终,教皇落败,被德雷加诺逐出住所,他回到罗马后不久就去世了,这标志着教会无法挽回的失败。这场政治斗争仅仅是一个开始。自此,纠问方法被世俗的统治者所采纳,他们还熟练地运用这套体系,从创建这套体系的宗教阶层那里夺取掌握这个制度的权力。虽然直到十八世纪晚期,基督教和教会法还一直是大陆法系有重要影响的法律渊源,但是,从十五世纪开始,世俗的国王已经支配了罗马教皇的宗教裁判官,这意味着这个上帝裁判程序开始了世俗化的转型,①转型的结果就是大陆法系的法官裁判模式。

其次,中世纪持续发酵的理性思潮也对司法理性的发展起到了积极的引导作用。哪怕在中世纪初的黑暗时代,"漫漫长夜里依稀闪烁着理性的火光",②贝伦伽尔在神学中倡导辩证法。他宣称,辩证法是艺术的艺术,是理性的杰作,辩证法适合于一切事物,包括神圣的事情和信仰。他说"理性应被用于一切的地方,正因为人被赋予理性,它才是唯一按上帝形象被造物。"安瑟尔谟推广了这个方法,并以教会所认可的研究成果表明辩证法可作为解决神学问题的理性工具。安瑟尔谟把辩证法运用于当时神学家认为理性无法解释的神秘领域,特别是上帝存在、三位一体、基督的肉身和赎罪、命运与意志自由等问题。在它看来,信仰是理解的出发点,没有信仰就不会有理解,但理解不因信仰而生,而是信仰积极寻求的产物。③ 同时代经院哲学家阿贝拉强调,要使信仰没有盲目性,就有必要检查信仰;为此,他建议着手进行逻辑训练,在神学中运用逻辑方法。理性应当建

---

① 参见〔英〕萨达卡特·卡德里著:《审判的历史》,杨雄译,当代中国出版社2009年版,第39—41页。
② 赵敦华著:《西方哲学简史》,北京大学出版社2010年版,第136页。
③ 参见赵敦华著:《西方哲学简史》,北京大学出版社2010年版,第138—140页。

立在信仰之先,应当看清信仰的合理性。①

十四世纪兴起的文艺复兴运动,完成了思想领域对宗教的最后打击。文艺复兴运动复兴的主要是人文主义。当时提倡人文主义的人主要来自社会上层和中上层有产阶级。他们接受过良好的教育,大部分掌握古拉丁语和希腊语,所以他们具有从事研究和创作的经济条件和文化条件。另外,这些人多出身于官僚阶层,这有助于他们参与国事,传播人文主义主张。②"第一个人文主义者"——彼特拉克——首次把人的眼光从来世转向现世,他认为追求幸福是人的本性,"任何人现在不愿,将来也不愿成为一个不幸者,因为这是违背人的本性的。"③

再次,理性活动的氛围越来越浓厚,社会基础越来越坚实。在十四世纪以前,教育和文化大权由教会所垄断,教会也从事办学扩大影响力。④ 而十四世纪中叶在佛罗伦萨出现的具有人文主义倾向的民间文化集会,如"圣灵学院",其主要参加者是世俗人士,这不仅意味着教会对教育和文化的垄断权旁落到世俗人士手中,而且意味着大规模的理性追求的开始。十四世纪七十年代后,随着财富和权力逐步集中到少数人手中,一些人不惜举债花费巨资收集古希腊文献和文物,更多的古希腊作品也被翻译出来,这为制定完整的人文学科和建立以传授古典著作为中心的新型、世俗学校创造了条件。这可以有规模地培养不同于教会体制下的具有新气质的新人。

最终,人文主义者发出了理性的强音。以意大利学者为例,瓦拉在《论快乐》中对禁欲主义进行了批判,又对教会的恶行进行了无情

---

① 参见〔美〕梯利著:《西方哲学史》,葛力译,商务印书馆1995年版,第190页。
② 参见张椿年著:《从信仰到理性——意大利人文主义之研究》,浙江人民出版社1993年版,第26—27页。
③ 转引自张椿年著:《从信仰到理性——意大利人文主义之研究》,浙江人民出版社1993年版,第29—30页。
④ 李新华:《近代以来基督教在新疆的教育活动研究》,《暨南学报(哲学社会科学版)》2015年第5期。

鞭挞。总的看来,人文主义者重视伦理和道德。但是马基雅维利在《君主论》中说,为了政权可以不顾道德准则;他还提出要把历史作为人们行动的指南,他提倡学习古典文化,强调理性的作用是人文主义的最根本特征之一,马基雅维利将人文主义推向巅峰。① 而布鲁尼首次把历史看成人本身的活动的历史,而非天意塑造的历史。他在关于古代自然灾害的历史分析中,摒弃了所有上帝参与人间事务的记载。② 帕尔梅利明确提出社会存在是人的本质。他认为,因为只有国家和孩子才能体现人类生命的延续,所以,爱基督教的最高表现不是爱上帝,而是爱国家和孩子。③ 此时,教皇的理论甚至受到公开质疑。如英诺森三世认为:人的行动不会产生积极的效果。但意大利人文主义者蔓内蒂对此批判道:人的产物绝不如教皇所言,而是用双手和智慧所建立的许多事业,人从大自然中诞生是为了事业,人的优越和尊严就表现在事业中。④

可以说,在中世纪早期,理性只是捍卫和传播基督教的一种手段,到了文艺复兴时期,人文主义者开始将理性和信仰并列在一起。比如彼特拉克提倡学习古典著作,认为古典著作就是智慧,就是理性,这样他在上帝身边安排了另外一尊神——古典著作——的地位。⑤ 到了后来,人文主义者干脆将理性置于信仰之上。

大陆法系的法官审判模式显然是法律人精心设计的一种制度,这种制度最大限度地体现了法律人的理性及其追求,它也最大限

---

① 参见张椿年著:《从信仰到理性——意大利人文主义之研究》,浙江人民出版社1993年版,第25—40页。
② 参见张椿年著:《从信仰到理性——意大利人文主义之研究》,浙江人民出版社1993年版,第51页。
③ 参见张椿年著:《从信仰到理性——意大利人文主义之研究》,浙江人民出版社1993年版,第52页。
④ 参见张椿年著:《从信仰到理性——意大利人文主义之研究》,浙江人民出版社1993年版,第53—54页。
⑤ 参见张椿年著:《从信仰到理性——意大利人文主义之研究》,浙江人民出版社1993年版,第65页。

度地承载和发挥了法律人的理性。它所使用的规则体系是人类理性的产物，法官们是经过专门理性训练的职业人士，这些人所运用的逻辑论证方法是理性的产物。

但是，这套理性体系存在种种弊端。有学者就曾指出，十一世纪和十二世纪席卷欧洲的、对理性主义的信念，推动了大陆法系法学的发展。但是在这个时期，对理性的狂热使得法律家发展了可以将乞丐当做狼人惩罚的原则，为了保护基督教的孩子们，犹太囚徒们被当做吸血鬼。法律毫不含混的逻辑能够产生纯粹的幻想。[1] 这是今天倡导和强调刑法应朝着形式化、逻辑化方向发展的学者必须始终警惕的"理性陷阱"。

三、陪审团裁判模式

当前英国陪审团审判制度的起源已难以确证，但有一点是获得共识的，即它也与第四次拉特兰大公会议密切相关。1215年前后，在英国司法体制中已经存在陪审团审判形式，但仅限于民事诉讼中，并且只负责起诉，不负责审判。1215年，第四次拉特兰大公会议通过了禁止教士参与考验的审判的决议，致使考验这种审判方式从此禁绝。这样当一个人为了否定被指控的犯罪时，他要么采取共誓涤罪，要么决斗来证明自己的清白。但共誓涤罪主要适用于轻微罪行，对于重罪指控的唯一自证方式就是决斗。显然，不是所有的被告人都适合决斗，如老弱病残；还有些案件都无法适用决斗，如一名原告指控多人犯罪，若原告在第一轮决斗中就死亡，他指控的其他被告人就无法通过决斗证明有罪无罪。

还应当看到，禁止神明裁判势必会出现法律真空。当法律真空出现后，大陆法系的统治者尚可以求助于教皇的纠问式技巧，用教会

---

[1] 参见〔英〕萨达卡特·卡德里著：《审判的历史》，杨雄译，当代中国出版社2009年版，第51页。

规则填补法律真空。可惜的是,或许是因为法律家庞大的行会组织妨害了英格兰对罗马法的接受,①或许是因为亨利八世对罗马教会的排斥,②总之,罗马教会从未对英国王室司法产生那么大的历史影响,教会法规也从来不曾替代过英格兰的习惯和法令。所以刚开始的时候,统治者们显得无计可施。但1220年的一场审判无疑触发了他们的法律灵感。这年在威斯敏斯特发生了一场审判里,一个名叫艾丽斯的女性杀人犯不仅供认自己杀人,而且还检举了其他5个人,希望借此免于一死。因为被告人是女人,所以无法用决斗来解决问题。但是,被她指控的人愿意接受12个有财产的邻居的审判。邻居们很快宣称,5人中的一名男子是守法之人,另外4人是盗窃犯,结果那4人被绞死了。第二年夏天,7位王室法官再度到英国各地巡回审判,他们开始运用这种制度。这样由12个好人进行的审判制度就产生了。③ 还有一种说法是,1220年左右,英国法官决定让原本负责起诉的陪审团承担裁决被告人是否犯罪的职责。同时为了便利审判,法官们在原起诉陪审团的基础上增加了24名骑士,由多达36人组成的团体决定被告人是否有罪。这样就形成了刑事审判中的陪审团裁判制度。④ 直到18世纪中叶,在英格兰还有人拒绝接受陪审团审判。到了1772年,英格兰官方依然有权采用拇指夹和磨石等刑具强迫被告接受陪审团审判。

在陪审团模式下,裁判者不需要太多的理性知识,他们往往只需要凭借常识和经验。甚至于在有些时候,知识会被认为是对裁判者

---

① 参见〔德〕马克斯·韦伯著:《学术与政治》,冯克利译,三联书店1998年版,第74页。
② 参见〔英〕蒂姆·墨菲:《从历史视角看英国法治》,韦洪发译,载《法制与社会发展》2005年第5期。
③ 参见〔英〕萨达卡特·卡德里著:《审判的历史》,杨雄译,当代中国出版社2009年版,第61页。
④ 参见高鸿钧等主编:《英美法原论》(下),北京大学出版社2013年版,第990页。

的一种负担,裁判者不需要的恰恰就是知识。因此,有人认为早期的陪审团审判是"一个迷信的大杂烩",陪审团成员基本上对法律知识所知甚少,很多人甚至还是文盲。① 但是,陪审团审判的最大好处是,首先它把诉讼加以形式化,然后不断解决在诉讼程序进行中提出的各种反对意见,最终使争议简化为有关事实问题,能够通过陪审团的裁决来解决。② 另外,陪审团制度作为英美法最重要的制度之一,期间经历了一个漫长的发展过程,从功能上看,它在英国历史上曾经成功地抵御了欧洲大陆纠问式程序的入侵,并为英国的刑事审判成功地保留了古老的弹劾式特征,从而使其看上去不像大陆的纠问式程序那样骇人听闻。在美国历史上,陪审团制度成功扮演了保障自由、体现民主的角色,被利维盛赞为"正义的守护神"。③

---

① 参见〔英〕萨达卡特·卡德里著:《审判的历史》,杨雄译,当代中国出版社2009年版,第63页。
② 参见〔法〕罗伯特·雅各布著:《上帝·审判——中国与欧洲司法观念历史的初步比较》,李滨译,上海交通大学出版社2013年版,第45页。
③ 参见高鸿钧等主编:《英美法原论》(下),北京大学出版社2013年版,第991页。

第三章　现代犯罪论体系的发展

第一节　递进式犯罪论体系的发展

一、问题概述

犯罪论的体系，是知识理念和犯罪理念的结合与展开，它是根据一定的知识理论建构的各种犯罪类型中共通的一般成立要件的体系。现代人借助特殊的科学方法建立了犯罪论体系，它的主要特色在于通过对神灵等不理性因素的"祛魅"来完成并增强犯罪的理性证成。在犯罪论构造中，一般是从积极的角度构造犯罪成立的条件及其体系，但是，行为情景的复杂性使得在具体犯罪的构造中不免有特殊的事例，构成阻却犯罪成立的事由。所以，完整的犯罪论构造，不单要从积极的方面评价行为成立犯罪的各种客观和主观的要素，还应当从消极的方面认定犯罪被阻却的各类事由。不同法系和不同国家的犯罪论构造在理论上则存在差别。

在犯罪论的体系中，包含着诸多要件，这些要素相互之间具有逻辑上的密切联系，而不是简单地混为一体，所以只有以某种要件作为共通的基本元素，才能保证把这些要件有序地联系起来，进而形成犯罪论的体系。由于"无行为则无犯罪亦无刑罚"，以行为作为刑法学的支点或基本的元素，构建刑法理论的体系大厦，能保证理论上的连贯性和密接性，也有助于刑事实践中"对思想不得为非"这一法谚的贯彻，所以，现代犯罪构造体系一般是以行为为中心而构造的。

根据现代刑法的发展历史,我们可将大陆法系现代犯罪论的形成分为前行为论体系、二元论体系和行为论体系三种。

(一)前行为论体系

前行为论体系大体上出现在古典刑法学派形成的时期。在这一时期,刑法学并没有将行为当成理论体系的中心元素。其中有代表性的体系包括以下两种:①一是格罗曼体系,该体系将犯罪的条件分为主观面和客观面、事实面和意思面。违法性、未遂和既遂、根据不同场合的正犯和共犯,是犯罪的客观构成要素;而故意、过失、责任能力则是犯罪的主观构成要素。二是费尔巴哈体系,该体系将成立犯罪的条件分为"必要的条件"和"择一必要的条件",并认为外部认识的可能性、违法性属于前者,正犯和共犯、既遂和未遂、故意和过失属于后者。

(二)二元论体系

在新派刑法理论诞生之后,犯罪人的地位受到了刑法学界的重视,因此形成了以行为以及行为所表现的行为人主观状态为基础而构成的犯罪论体系,又被称为二元的犯罪论体系。该学说主张者有拉德布鲁赫、米特迈尔等人,现在该说在德日影响甚微,倒是在法国似乎还有一定影响。比如《法国刑法总论精义》的主要部分,②标题为"犯罪与犯罪人",包括三编:第一编是刑法的重大原则;第二编是犯罪的特有犯罪要件;第三编是犯罪人与刑事责任。其中第二编就犯罪成立的事实要件和心理要件加以把握,第三编内容涉及共同犯罪及共犯、对他人的行为负责以及因为正当行为、错误、精神状态等问题而不负责或责任从轻的问题。其中将共同犯罪中的问题作为共犯把握、将正当行为作为责任问题把握以及将犯罪与犯罪人并列的

---

① 参见洪福增著:《刑法理论之基础》,刑事法杂志社1977年版,第3页。
② 参见〔法〕卡斯东·斯特法尼等著:《法国刑法总论精义》,罗结珍译,中国政法大学出版社1998年版,目录部分。

方式,都表现出明显的二元构造特点。但是,这样的处置方法与行为的必要地位不相称。

(三) 行为论体系

行为论体系是由新古典刑法学派构造的体系,它是以行为为中心构建的犯罪论体系,也称一元的犯罪论体系。这种体系并不是突然出现的,它在古典学派刑法学者的思想中已经萌芽。如后面将要谈到的,黑格尔最先阐述了犯罪的行为概念,其后,他的学生阿贝格、伯那尔和考斯特林等将行为概念导入刑法学,最终使行为在刑法上渐渐占据主导地位。在十九世纪末,就出现了以因果行为概念为依据的一元论体系。如毕克迈尔将犯罪论分为"客观的构成要件"和"主观的构成要件",并将行为、结果、因果关系以及行为的违法性及违法性阻却事由置于前一范畴,将行为人的责任及责任能力列入后一范畴中,并区分"客观的不法"与"主观的归责可能性"。到新古典主义时期,H. 迈尔将犯罪行为分为"犯罪之责任面"、"犯罪之事实面"、"事实面向着责任之归属",与前述观点大体相同。我国台湾地区现在的体系以及苏联的体系,在这方面的趣旨相一致。① 后来,一方面,贝林将构成要件理论导入犯罪论体系;另一方面,M.E. 迈尔主张犯罪是充足构成要件的事实,并在构成要件符合性之内理解行为,于是,行为概念逐渐被纳入构成要件之中,并成为其重要的要素。

就哲学思潮而言,它不仅追求一种对日常性问题的思考方式,而且力求发现哲学思潮之于整个刑法学体系的影响。"犯罪理论在二十世纪的发展,绝不是一个单纯的刑法内部讨论的结果,而是有着哲学和思想史发展背景的。"②现在有相当多的中国学者刻意保持刑法学与哲学的距离,这必将导致一个结果:忽视哲学范式转换对法学

---

① 参见洪福增著:《刑法理论之基础》,刑事法杂志社1977年版,第4—5页。
② 〔德〕克劳斯·罗克辛著:《德国刑法学·总论》,王世洲译,法律出版社2005年版,第123页。

可能产生的影响。事实上,哲学思潮对刑法理论的影响一直存在。当今不同法系的犯罪构成论的基础,无不是以不同的哲学范式为理论根基的;一个法系或者国家中犯罪论的内容,也在发展着的哲学思想支配下不断发展。因此,研究任何一种犯罪论,都不能忽视作为其范式的哲学思潮。

就德国理论而言,它为我们设定了一个具体的研究目标和样本。德国刑法及其刑法理论的影响之大无须赘言,可是如若要将它奉为圭臬,并以它替换另外一种理论体系,则至少必须从理论史的角度考察它的变化,而且亦有必要揭示背后促成其确立的哲学思潮。只有立足于这样的一种谱系性的考察,我们才可能真正把握犯罪论构造的主脉,并建构性地推动它的发展及完善。

德国刑法理论体系是现代大陆法系刑法学的重要渊源之一,它是以"没有行为就没有犯罪,没有行为就没有刑罚"作为基本命题,并以行为为中心构建的。在此体系中,犯罪行为通常被定义为:符合构成要件的、违法且有责的行为,这一观念沿袭至今,并造就了德国影响最广泛的犯罪论构造,即以"构成要件的符合性—违法性—有责性"为基本要件的模式。但这一基本构造并非一成不变,当代它有向二元结构发展的趋势,即将构成要件的符合性和违法性判断结合为不法结构的判断。但是二元结构还是建立在"三要件"的基础之上。尽管其中有些差别,但是其中的差别有多大,尚待进一步研究。但有一点是明确的,即自1871年以来,根据《德意志帝国刑法典》而形成的德国犯罪论体系,受不同哲学思潮影响,构成要件的要素在犯罪论体系中的地位不断调整。德国犯罪论的历史据此被划分为五个阶段:[①](1)以自然主义为根基的体系(1900年以前);(2)以新康德主义为根基的体系(1900年至1930年);(3)以非合理主义为根基的体系(1930年至1945年);(4)以目的主义为基础的体系(1945年至

---

① 参见〔德〕贝恩德·许内曼编:《现代刑法体系的基本问题》,成文堂1990年版,第20页。

1960年);(5)强调目的合理主义的体系(1960年至1990年)。笔者认为,目的合理主义在今天的德国刑法学中也依然占据主导地位,所以基本赞同这种划分,因为这种划分体现了德国现代犯罪论的发展进程,也比较全面地展示了现代德国哲学的理论脉络,我们可以从中较为深刻地发现哲学范式之于刑法的意义、作用以及助推功能。沿着这一哲学思想的发展史考察德国犯罪论构造的演变,可以使我们意识到一个"示范性"理论模式的局限性。

下文拟根据上述理论分段进行研究,但不打算对非合理主义的犯罪论着墨过多。因为该理论形成于二十世纪三十年代之后,当时由于纳粹在德国大行其道,整体主义思潮占据了理论主导地位。这些理论家针对新康德主义的犯罪构造论,①集中从两个方面予以批判:一是认为,新康德主义体系具有不全面性,特别是以"可罚性"限制刑法中被保护的法益,其概念构成具有片面性;二是认为,新康德主义体系认识论的观点有问题,并主张作为法现象的本体,只是由文化科学的概念所构成的产物。整体主义错误地认为新康德主义体系的现实和价值的区别是自由主义刑法观的产物,进而拒绝它;而且"将责任阻却事由的强化打上'社会主义刑法的软骨化'的烙印"。为了替代新康德主义,整体主义理论采用"全体的考察方法",最终,刑法归结为非合理主义,从而否定了刑法学自身的特性。② 在这种意义上,非合理主义体系并不具备现代世界所普遍奉行的法治主义的精神,它除了佐证哲学可以影响和支配刑法学之外,在犯罪论研究中不具有积极的价值。因此,以下将围绕"构成要件符合性—违法性—有责性"这一基本的犯罪论体系,依次对其他四种体系中哲学和犯罪论的关联问题进行研究。

---

① 关于新康德主义犯罪论体系的内容,请参见后文。
② 参见〔德〕贝恩德·许内曼编:《现代刑法体系的基本问题》,成文堂1990年版,第37页。

二、自然主义犯罪论体系

有代表性的自然主义犯罪论体系,是贝林格和李斯特的古典体系。该体系的主要特点有二:[①]第一,在总体构造上,强调主、客观条件的结合,确立构成要件符合性(违法性)和责任的关系。所谓"构成要件符合性",被认为是描述外界的(或者物理上可能记述的)形态,在立法上则将它作为个别的、记述性的要素,规定在分则犯罪类型中;构成要件行为的客观方面,是由被称为"责任"的行为主观方面加以补充的。责任被认为是行为人与其行为之间的心理关系,以故意和过失的责任形态表现出来。这种构造的基础是:不法和罪责的关系,就像犯罪的外部和内部关系一样,据此,所有犯罪行为客观方面的条件,都属于构成要件的符合性和违法性,而罪责被当成犯罪所有主观因素的总和得以适用。第二,在客观层面上,在确定构成要件符合性和违法性的关系时,排斥形而上学的思辨方式和寻求终极原理的做法。在自然主义法学者看来,只有实在法才是法,它是国家确立的法律规范,法律的含义可以通过法官的固有评价解释得以认识,因此,符合构成要件的行为,其违法性和实定法是一致的,即符合构成要件的行为通常具备违法性,只有少数例外的事例才有必要作为正当化事由被规定下来。

自然主义的刑法学是截至十九世纪的实证主义的分支,其犯罪

---

① 参见〔德〕克劳斯·罗克辛著:《德国刑法学·总论》,王世洲译,法律出版社2005年版,第121页;〔德〕贝恩德·许内曼编:《现代刑法体系的基本问题》,成文堂1990年版,第21—22页;郑军男、齐玉祥:《德日犯罪论体系思维模式探究》,载《当代法学》2004年第2期;陈劲阳:《新康德主义与新古典犯罪论体系》,载《当代法学》2004年第6期。

论表现出较为明显的实证主义色彩。因为在实证主义看来,①只有通过观察经验事实与感知材料,人们才能了解和把握事物或现象的本质,从而,他们将思想性的工作也置于自然科学的精确性理解下。法律实证主义者在实在法的范围内分析法律,并且通常在法律研究中拒斥价值,犯罪论体系于是被引导到从经验上可计算、可证明的现实构成部分上。因此,也有学者认为这是基于犯罪本质论而形成的范畴论体系。② 这导致了重事实判断,轻规范评判的结果。典型的如刑法中的行为,被认为是对刑法体系中犯罪行为"自然性"的摹写,或对犯罪行为的确定,是凭借感觉上的知觉,对在物理的或者生物学的概念体系中是否存在可能记述的某种事实所进行的一致性确定。因此,法官对行为、构成要件符合性以及责任,只需要进行存在与否的事实性判断,而无须对"现实世界的自然对象"进行价值评判。在犯罪论中,只有"违法性"才可算是具有规范性的要件。

时至今日,自然主义的刑法理论依然有着重大影响。比如在因果关系论方面,条件说将一切条件视为原因,至于不同条件在规范上具有何种程度的重要性之评判,则被认为是不科学的而遭到摒弃,条件说并不因此而丧失它在实践和理论中的重要地位。

可是,自然主义刑法学赖以为凭的理论根据是存在问题的。在其引导下,法学发展为概念法学,很长时期以来陷入了"完满体系的演绎思维"中,认为这样才是科学的,甚至有些人现在依旧抱着这种观点;而且法官的现实地位没有显现出来,因为实证主义者认为法官在判决时应该受到"严格的、赤裸的法律文本"的拘束,法官的判决是

---

① 参见〔德〕罗伯特·阿列克西著:《法律论证理论——作为法律证立理论的理性论辩理论》,舒国滢译,中国法制出版社 2002 年版,第 42 页;〔德〕克劳斯·罗克辛著:《德国刑法学·总论》,王世洲译,法律出版社 2005 年版,第 123 页;〔美〕E. 博登海默著:《法理学:法律哲学与法律方法》,邓正来译,中国政法大学出版社 1999 年版,第 115—117 页。

② 参见〔日〕山中敬一著:《刑法总论 I》,成文堂 1999 年版,第 110 页。

"制定法的精确复写",法官"所需要的只是眼睛",法官只是"宣告及说出法律的嘴巴"。① 在刑法学中,从1881年李斯特《德国刑法教科书》出版以来,由于只利用了法律实证主义,自然主义刑法理论暴露出单一性的缺陷。在此尤其要注意的是自然主义犯罪论存在一个致命性的缺陷:把法和实在法混淆了,将法律中的"存在"视为"当为",从而缺乏发现"存在"和"当为"之间并不一致的问题意识,也难以为这类问题提供解决的途径,因此,自然主义者无法避免在法律判断中拒斥价值判断。可是,价值判断是任何社会科学都无法回避的课题,在刑法中更是如此。行为人的社会地位不同、行为对于结果所赋予的原因力的大小等似乎属于客观方面的问题,都基于价值评价上的差异而产生了法律规范理解中的冲突和争议。因此,实体的本体性标准并不足以解决刑法中的分歧,它最多为消弭该分歧提供了一个讨论的"平台"。退而言之,即便自然主义犯罪论体系适合于过去的年代,但是在面临现代社会所必然的文化观念多元、各种风险和危机并存的体系化社会境遇时,它就丧失了应对更为复杂的时代问题的张力。

三、新康德主义犯罪论体系

1865年,奥托·李普曼在《康德及其模仿主义者》一书中提出"回到康德去",标志着新康德主义的开始。当时德国哲学面临危机,康德哲学被视为走出危机的一条出路。黑格尔曾用绝对唯心论代替康德的先验唯心论,但黑格尔体系最后崩溃了,似乎证实了康德对于形而上学的批判:任何对理性的超验使用都是无用的,只能引起混乱、谬误和自相矛盾。黑格尔之后,在德国流行的"科学唯物主义"是对德国唯心论传统的反动,其机械性和浅薄性引起了哲学家的不

---

① 〔德〕考夫曼著:《法律哲学》,刘幸义等译,法律出版社2004年版,第72—73页。

满,似乎证实了康德对科学的看法:科学只能解释经验、现象,不能被运用于物自体和文化价值领域。① 新康德主义者在二十世纪初占据了德国几乎所有大学的哲学教授教席。新康德主义的"新"在于它对康德哲学作了修正,它坚持先验论立场。据此,真理是逻辑判断的价值,真理不但是事实判断,而且应该是这样思维的价值判断,是思想的规范。价值论是科学和文化的共同基础。②"存在并不产生当为"的传统思想在德国刑法学中复活了。新康德主义理论致力于为社会科学提供一个新的基础:现实应当与作为各个学科基础的确定的最高价值相联系,应当通过这个价值来形成和划清界限,并且应当在这个价值的视角下进行体系化。③

新康德主义为法学提供了两个基本的前提:一是德尔·韦基奥提倡的"尊重人的人格的自主性乃是正义的基础",因此,当国家命令与自然法或正义的基本要求发生不可调和的冲突时,人民有权反对国家命令;二是拉德布鲁赫"否定能从现实的观察和感觉中得出任何关于所谓'正当'的裁判"。④ 结果,"对于法律科学来说,它不得不把规范科学的目的和方法与一般经验主义科学的对象和出发点相联系,它不得不以手段和目的去完成一种制度,它不是像伦理道德那样从一种既定的目的出发,为实现其目的而以科学上的自由去探究其必要手段,而是去与现行法律的偶然事实相联系……"⑤

---

① 参见赵敦华著:《现代西方哲学新编》,北京大学出版社2010年版,第38页。
② 参见赵敦华著:《现代西方哲学新编》,北京大学出版社2010年版,第38页。
③ 参见〔德〕克劳斯·罗克辛著:《德国刑法学·总论》,王世洲译,法律出版社2005年版,第123页。
④ 〔美〕E. 博登海默著:《法理学:法律哲学与法律方法》,中国政法大学出版社1999年版,第175—176页。
⑤ 〔德〕拉德布鲁赫著:《法学导论》,中国大百科全书出版社1997年版,第173页。

新康德主义刑法学体系通过以下理论改造,完成了其范式的转向:①一是将犯罪构成体系发展为四个基本阶段,即:行为、构成要件的符合性、违法性和责任,并将行为的客观方面归属于构成要件,主观方面归属于责任。它对自然主义刑法体系中的一些因素有所限制,但在本质上并不伤及以自然主义为基础的要素之间的界限,故意和过失依旧归类为责任要素。二是赋予违法性要素以实在内容。在贝林格-李斯特的体系中,违法性本来纯粹是形式的,但根据"实质违法性"原理,实质违法性被定义为"侵害社会的态度",违法性阻却事由被认为是"为了正当目的的正当手段",或者是"超过损害利益的原理",许多在立法上本来难以解决的违法性问题,此时都可通过实质违法性的理论获得解释。比如,1927年3月11日,德国帝国法院在对中止怀孕的孕妇以救济目的所作的判决中,承认法益和义务衡量的正当化事由,该判例显示了新方法与自然主义的违法性观念的诀别。而且,刑法立法例中区别正当化的紧急避险和阻却责任的紧急避险,也表现出规范性的含义。三是心理责任论发展并过渡为规范责任论。根据自然主义的心理责任论,不存在行为人对自己的行为提供责任阻却的余地,理论上也无法理解有认识的过失的责任性质,在新康德主义视角下不可欠缺的价值标准在心理责任论中没有受到必要重视。例如,根据弗兰克提出的"非难的可能性",责任要素具有不同的性质,无责任能力、无故意(过失),在以前被误解为正当化的事由或者阻却处罚事由,成为与责任阻却事由共通的体系,但根据和存在论不同的观点,在规范责任的概念中,基于期待不可能性的观念,发展出超法规的责任阻却事由。这具有明显的反实证主义倾

---

① 参见〔德〕贝恩德·许内曼编:《现代刑法体系的基本问题》,成文堂1990年版,第27—32页;〔德〕汉斯·海因里希·耶赛克·托马斯·魏根特著:《德国刑法教科书·总论》,徐久生译,中国法制出版社2001年版,第253—258页;〔日〕山中敬一著:《刑法总论I》,成文堂1999年版,第122页;陈劲阳:《新康德主义与新古典犯罪论体系》,载《当代法学》2004年第6期。

向。四是关于构成要件要素的观念发生了变化。新康德主义试图克服概念法学的弊端,因此认为,作为文化科学的法学,和立足于感官知觉的价值目的的现实、立足于日常语言的法律概念的"半成品"没有关系,而是和基于价值标准的态度或者特殊的文化科学中的概念有关。在构成要件的领域中的"指导价值",强调的是各个构成要件所保护的法益。

可见,与自然主义的刑法学相比,新康德主义刑法学的体系和方法都具有革命性。它扭转了单纯重视事实评价的自然主义犯罪论的缺陷,而将规范或者价值的评价要素融入到犯罪论体系中;它扭转了自然主义或实证主义的风潮,让人文学科的独立风貌回归到刑法学中,使它具有自然法思想的基本特征。因此,这种体系又被称为新古典犯罪论体系。

但是,新康德主义的法学理论在犯罪论上的局限性也是明显的。新康德主义与实证主义的法学理论在方法论上具有基本共性:根据自然法,实证的法律规范来自绝对的法伦理原则,又从实证的法律规范中推出具体的法律判决;而根据规范主义的法律实证主义,具体的法律判决,同样是不考虑经验而纯演绎地、严格依据逻辑进行推导的法律材料。两者都倾向于采用法典编纂的思维,尤其是都坚持以理性主义的哲学去建造一个具有合适的、精确的知识的封闭体系。[①] 或者说,"自然法和实证主义均致力于客观主义的认识概念、实体本体论的法律概念和上述封闭体系的观念"。[②] 简言之,新康德主义的价值标准是外在于法律主体、不受其约束的客观实在。因此,在新康德主义的犯罪论体系中,价值标准在构成要件符合性的体系中可以归属到什么地方是不明确的,这是新康德主义的最大问题,它妨碍了新

[①] 参见〔德〕阿图尔·考夫曼、温弗里德·哈斯默尔主编:《当代法哲学和法律理论导论》,郑永流译,法律出版社2002年版,第121页。

[②] 〔德〕阿图尔·考夫曼、温弗里德·哈斯默尔主编:《当代法哲学和法律理论导论》,郑永流译,法律出版社2002年版,第143页。

康德主义在刑法学中的进一步发展。而且新康德主义刑法学继续沿袭自然主义的行为概念,行为被认为是有意的身体动作,不能显现行为本身的价值属性,从而隐含着该体系尚待克服的理论危机。

四、目的主义犯罪论体系

纳粹统治被推翻之后,目的主义思想开始影响犯罪论体系。目的主义犯罪论体系以现象学和本体论哲学为基础,但法哲学革新的实质冲动源自现象学。"现象学是一场哲学运动,它承认客观上存在受制于直觉认识的价值领域。"[1]根据现象学的逻辑认识论,威尔哲尔等认为,整个法被贯穿着"事情逻辑的结构",例如人的行为的结构、故意的结构、"主犯—共犯"关系的结构等,当行为等被规范时,这些结构约束着法律调整。[2]

目的主义犯罪论结构就是根据威尔哲尔的目的行为概念建立起来的。威尔哲尔认为,行为的目的性是刑法的基本理论构造,理由是:首先,决定行为特征的是行为的目的构造,即人有"基于因果知识,在一定范围内预见到自己的活动会产生的结果,为此设定各种各样的目的,有计划地操纵自己的活动以达到目的"[3]的特殊能力;其次,由于刑法的目的是法益的保护,因此应当从先前确定的禁止和命令规范出发,以行为的目的构造为犯罪论的基础,有目的地引起或者规避结果的活动、人的能力就成为刑法的直接基础。这就导致如下的诉求:应当将一个享有优先权的人类学基本概念,如人的行为,置于犯罪论的中心位置,并以行为的存在特征建立一个对立法者而言

---

[1] 〔美〕E. 博登海默著:《法理学——法律哲学与法律方法》,邓正来译,中国政法大学出版社1999年,第194页。

[2] 参见〔德〕阿图尔·考夫曼、温弗里德·哈斯默尔主编:《当代法哲学和法律理论导论》,郑永流译,法律出版社2002年版,第124页。

[3] 马克昌主编:《近代西方刑法学说史略》,中国检察出版社1996年版,第334页。

已经预先规定了逻辑结构的体系。①

　　上述基本观点在刑法理论上产生了重要影响。② 一是主观的构成要件得到了承认,作为禁止的素材的构成要件,不再局限于纯粹的客观记述,还包含人的行为的特殊构成要件的目的。进而,完全可以在构成要件中区别故意犯和过失犯。如在故意犯的场合,构成要件的故意成为主观构成要件的中心特征;另外根据犯罪的具体种类,可以以目的补充主观的不法要素,如盗窃中的非法占有目的。二是违法性的本质发生了实质变化。根据目的主义理论,"有意的身体运动"被"人的目的活动的实行"所取代,行为意思因此而实质化,构成要件包括全部的客观构成要件和以故意为核心的主观构成要件。所以,在违法性判断中,以结果无价值为内容虽然不是不可能,但通常"行为无价值"为影响人的态度的刑法目的之前提,即刑法表现为特殊的"人的不法",行为的正当化是以一定场合的主观要素(主观的正当化事由)为根基的。例如,正当防卫要根据正确的防卫意思理解。三是进一步清除了心理责任论的残迹,纯化了规范的责任论。威尔哲尔根据"期待可能性是责任的规范的要素,而故意与过失则是责任的心理的要素"的认识,提出期待可能性是全部责任的基础,故意则是行为的要素和主观的违法要素。据此,在将"实现意思"作为构成要件之后,"责任"就分化为责任能力、违法性的意识可能性以及责任阻却事由的欠缺等。四是根据目的主义对过失犯赋予了新的阐释。过失犯中,由于没有充分利用可能的目的性,从而明显构成不法。而来源于新康德主义的过失构成要件包括违反社会上必要的注

---

　　① 参见〔德〕克劳斯·罗克辛著:《德国刑法学·总论》,王世洲译,法律出版社2005年版,第123页。

　　② 参见〔德〕贝恩德·许内曼编:《现代刑法体系的基本问题》,成文堂1990年版,第39—41页;马克昌主编:《近代西方刑法学说史略》,中国检察出版社1996年版,第335—341页;〔德〕汉斯·海因里希·耶赛克、托马斯·魏根特著:《德国刑法教科书·总论》,徐久生译,中国法制出版社2001年版,第260—263页。

意义务,因此,规范的责任也完全可以在过失场合得到贯彻。换言之,行为者以个人的非难可能性为基础,没有尽到自己的个人义务。

"二战"之后,目的主义理论在德国刑法实践和理论上产生过非常大的影响,因为它采取了一个全新的理论假设:人的目的的构造是根据防止法益侵害的一般预防目的而设定的,所以,在刑法上具有促使服从法者形成和法一致的动机的决定机能。但是,这一前提并不能合理解决目的和体系之间的矛盾。该理论始终受困于一系列特别重要的问题,因此其影响在二十世纪六十年代之后就衰退了。在刑法中这些问题具体表现为以下几个方面:

第一,"目的性"概念的意义并不明显,而且存在诸多缺陷。如过失犯中的"目的"没有特别的刑法意义。在传统的目的行为论中,在过失犯场合虽没有行为的现实目的的操纵,但该场合的目的行为是存在的(例如交通事故中的回家目的)。可是这一目的在刑法上是不重要的;而且,完全没有目的的态度、方法也可以成为刑法归属的对象。比如,在不是有意但可避免的反射运动场合(例如《德国刑法典》第229条的过失伤害中基于意思具有支配可能或者避免可能的身体运动)。

第二,在认识错误的场合,目的主义坚持严格责任说,将正当化事由的事实前提条件的错误当成禁止的错误,而认为故意对它没有影响,只有当其不可避免时才否定责任。可是,德国刑法判例中采取的是限制的责任说,并将正当化事由错误分为事实前提条件的错误和法的评价错误,对后者根据《德国刑法典》第17条(禁止的错误)处理,对前者则根据第16条(事实的错误)处理。因此,由目的主义的前提出发阐释严格责任说,最初就是不可行的。①

第三,混淆了不法和责任之间的界限。依据目的性的观点,实现意思和不法意思是严格分离的,它们是限制在构成要件符合性阶段

---

① 参见〔德〕贝恩德·许内曼编:《现代刑法体系的基本问题》,成文堂1990年版,第43—44页。

还是违法性阶段,在不同层面中有不同效果。最终它导致指导"不法"和"责任"的不同价值不能被显示的结果,甚至在消极的构成要件中,在解释论上可将基于正当防卫的杀人和和杀蚊子的行为等量齐观。

另外,笔者认为,除了在认识论上比较鲜明地关照到"客观上存在受制于直觉认识的价值"之外,目的主义和新康德主义之间的体系界限其实并不明确,甚至其目的行为概念也无法取代因果行为概念。

五、目的合理主义犯罪论体系

自1970年之后,一种可称为"目的合理的"或"机能的"的新刑法体系拉开了序幕。目的合理主义理论结合了目的主义与新康德主义的理论,提出"不法是对构成行为的无价值评价,相反,罪责是对行为人的无价值评价"的论断。这一论断的理论前提是:刑法的体系性形成不是与本体的预先规定性相联系的,而只允许从刑法的目的设定性中引导出来。① 在笔者看来,刑法的目的性是由刑事政策来设定的。对此,罗克辛在1970年的《刑事政策与刑法体系》进行了较为详尽的阐述。② 他认为,刑法体系的完整得益于三个基本要素,即概念完整和明确、与现实关联、根据刑事政策的目的设定。为了保证这三点,要通过刑事政策和刑法间的体系统一性在犯罪论构成中的现实必要性,对个别的犯罪,着眼于刑事政策的机能而予以体系化。他主张:(1)构成要件对应法的明确性的中心思想,和罪刑法定主义相关联;(2)违法性和解决社会纷争的范畴相关联;(3)责任和从预防的要求出发的处罚必要性相关联。

罗克辛在价值相对主义中复苏了新康德主义的丰硕成果,认为

---

① 参见〔德〕克劳斯·罗克辛著:《德国刑法学·总论》,王世洲译,法律出版社2005年版,第124页。
② 参见〔德〕贝恩德·许内曼编:《现代刑法体系的基本问题》,成文堂1990年版,第51页。

在各个阶段的指导价值是不一样的。例如,他从构成要件和罪刑法定主义的关系出发,在正犯问题上,没有依据法官有恣意余地的主观说,认为根据"实质—客观说"的行为支配说比较妥当。在作为"解决社会纷争"层面的正当化事由,由受到限制的数个实质的整合原理共同作用表现出来,它是诸多原理的特有的"混合物",如正当防卫权中,是以法确证原理、自己保护原理、比例性原理的区别为模范的。因此,与挑拨防卫状态有关的具体问题也应可以归纳为刑事政策,同时获得体系上的解决。在责任层面,他提出了预防责任论,认为在具体场合的责任阻却,不是期待不可能性,而是在一般预防或者特殊预防上没有处罚必要性。① 而雅科布斯运用卢曼的社会体系理论认为:解释论的全部概念,是从刑法的任务出发,对内容进行充实,所以,因果关系、作为的可能性、能力、责任等概念不再是前置法的内容,而是在刑法的诸规定的关系中成立的。他不再把罪责作为较为客观的现实来看待,而是根据"在法律忠诚训练"中所需要的标准,简单地把罪责进行"归咎",而不必考虑行为人的能力。②

在目的合理主义的引导下,出现了一种"不法—罪责"的二分犯罪论体系。其中不法是判断行为人的行为是否是刑法上值得关注的违法行为,这需要一定条件为前提。这些所有前提条件的总和,便是不法。不法判断需要通过两个步骤:一是构成要件的符合性,二是违法性。这个判断步骤似乎和过去没有不同,但区别还是存在的。一是在结构上,构成要件的符合性成为积极的要素,而正当化的构成要件的前提条件则成为消极要件。二是在结论上,因为不法涵盖构成要件符合性和违法性两个要件,因此,禁止规范和容许规范遂处于同一层面上,构成要件符合性和违法性之间也无特别区分的必要,某

---

① 参见〔德〕贝恩德·许内曼编:《现代刑法体系的基本问题》,成文堂1990年版,第51—52、57页。
② 参见〔德〕格吕恩特·雅科布斯著:《行为 责任 刑法——机能性描述》,冯军译,中国政法大学出版社1997年版,第1—32页。

个行为的违法性只有在缺乏正当化事由的时候才可以成立。三是在逻辑上,在二分结构犯罪论中,是客观不法的所有条件先于主观不法的所有条件;而在三分构造中,是犯罪的主观构成要件先于客观的正当化构成要件。① 二元结构在形式上具有某种程度的历史退步——这种结构打破了构成要件符合性判断作为形式违法性以及违法性判断注重实质含义的传统。但它实际上具有进步性,因为它是哲学本体论没落后,不得不放弃过度追求犯罪构成本体性要素及其界限的必然结果。

在犯罪论结构上,目的合理主义与以往理论的区别,是由两个核心性的部分体现出来的:一个是责任论,另外一个就是客观归属论。

就责任论而言,机能责任论较为流行。除此之外,学者还借助"主体间性"思考,提出了所谓的交谈责任理论。它试图建立责任和规范的合法性二者之间的关系。根据该观点,行为人不仅是法律上受责难的(规范)接受者,还是缔结这种被他破坏的规范的主人,这种缔造规范的活动,存在于法治国的民主之中。因为在一个民主的社会中,自治而有人格的个人对于其利益可能或者应当得到怎样的协调和处理有着相应的理解,当这种理解以法律的形式明确表示出来后,就成为各种规范。当行为人作为规范的缔造者时,就和他人确立了这种理解。因此,他们之间只能以理解("交谈")的方式,与法律规范发生偏离。在民主社会,每个人都可以谋求各种规范的改变,但是,也必须诚实地注意到他人权利的存在,交往性地参与这种理解的过程。如果行为人破坏了规范,就否定了规范赖以存在的根基——诸参与者的理解。行为人不按照他人的理解行事,就是通过自己犯罪的形式表现出对他的不诚实,缺乏这种诚实,就是实质的责任。②

---

① 参见〔德〕乌尔斯·金德霍伊泽尔著:《刑法总论教科书》,蔡桂生译,北京大学出版社2015年版,第48—52页。
② 参见〔德〕乌尔斯·金德霍伊泽尔著:《刑法总论教科书》,蔡桂生译,北京大学出版社2015年版,第211页。

就客观归属论而言，罗克辛认为，这一概念使得对行为的结果归责，取决于"在行为构成的作用范围内实现了一个不可允许的危险"，并且第一次使用一个以法律评价为导向的规则性工作，来替代因果关系所具有的自然科学的范畴。而沃尔特将结果犯中的不法定义为：依据法秩序的禁止的危险制造，并基于该危险和法益侵害的发生有关系的场合。根据他的这一观点，行为无价值的典型不是不能未遂，而是有客观的危险化；而且，结果无价值不仅再次被赋予不法构成的机能，而且以纯粹的客观归属为根据，和人的不法相互独立。①

在笔者看来，仅仅看到以上变化，还不能把握目的合理主义刑法学转变的真正原因。事实上，德国刑法学之所以在1970年之后发生这种变化，与当时的整个社会思潮有密切关联。在此之前，本体论思想对人们影响甚大，正如伽达默尔指出：这种"随同十九世纪精神科学实际发展而出现的精神科学逻辑上的自我思考完全受自然科学的模式所支配。"可是，"即如果我们是以对于规律性不断深化的认识为标准去衡量精神科学，那么我们就不能正确地把握精神科学的本质。社会—历史的世界的经验是不能以自然科学的归纳程序而提升为科学的。"②或者，"人们从科学理论中获知，不能单以自然科学的标准和范畴去观察和评判世界。人们甚至发现，即便在自然科学领域，也不可能处处排除知识的主体性。"③正是基于这一发现，1970年以后的西方哲学发生了一个重要的转向：政治哲学迅速兴起。与之相联系，后现代主义从三个方面对以往的哲学思想进行了批判：一是反对将真理置于知识的金字塔顶端，主张多元化；二是反对以理性看

---

① 参见〔德〕克劳斯·罗克辛著：《德国刑法学·总论》，王世洲译，法律出版社2005年版，第124—125页；〔德〕贝恩德·许内曼编：《现代刑法体系的基本问题》，成文堂1990年版，第55—56页。

② 〔德〕汉斯·格奥尔格·伽达默尔著：《真理与方法——哲学诠释学的基本特征》（上），洪汉鼎译，上海译文出版社1999年版，第3页。

③ 〔德〕阿图尔·考夫曼、温弗里德·哈斯默尔主编：《当代法哲学和法律理论导论》，郑永流译，法律出版社2002年版，第51页。

待一切问题,提倡思想是社会存在的"函数";三是反对普遍主义,主要包括现代化与西方中心论的观点。①在这种背景下,法学面临的问题是,"限制立法和法律适用中的任意,这关涉发现法中的'不可把握性'。只要人们坚持要么选择自然法,要么选择实证主义,不考虑第三者,就不可能有一个令人满意的答案。"②这样,在刑法学中就开始尝试着放弃存在论的思维方式,转而凸现一种以人或者人类共同体为基本标准的体系。而客观归属论中的所谓"法律评价"以及预防责任论中的"一般预防"的设定,显示的就是以共同体为中心的体系性思维方式。

目的合理主义的转向是值得肯定的。不过它的体系性思维方式还是具有一定的局限性,这一点亦为这些学者所觉察。③ 但在笔者看来,这种思维方式还具有明显的保守性,它还没有摆脱存在论思维的影响,是单纯以共同体为中心,似乎与当代哲学的基本内容也不融洽。这一点今后还需要进一步研究。

六、递进式犯罪体系的构造向度

(一) 典型递进式构造的结构性特征

递进式是理论界对德国犯罪构成特征的直观描述,它的典型构造是依次对三个要件进行判断:第一层次的要件是行为的构成要件符合性(或译为构成要件该当性),主要考察行为事实是否符合犯罪的构成要件(主要看行为、结果、因果关系以及构成要件的故意和过失等)。如果行为事实符合构成要件,就进行第二层次要件即违法性

---

① 参见姚大志著:《现代之后——20世纪晚期西方哲学》,东方出版社2000年版,第4—7页。
② 〔德〕阿图尔·考夫曼、温弗里德·哈斯默尔主编:《当代法哲学和法律理论导论》,郑永流译,法律出版社2002年版,第122页。
③ 参见〔德〕克劳斯·罗克辛著:《德国刑法学·总论》,王世洲译,法律出版社2005年版,第126—132页。

判断，考察行为是否具有违法性。通常，行为符合构成要件就具有违法性，但是，例外的违法性阻却事由也是存在的，如正当防卫、紧急避险等。在违法性肯定的基础上，还要进行第三层次要件即有责性评价，主要评价行为人是否有非难可能性。一般情况下行为人有责任，但是如果行为人没有责任能力、没有故意、过失以及没有期待可能性，就没有责任。总体上看，只有当行为人的行为既符合犯罪构成要件，又没有阻却违法或责任的事由，就构成犯罪。这种理论构造在许多大陆法系国家和地区都有影响，如意大利[①]、韩国、日本以及我国台湾地区的犯罪构成基本结构都是递进式的。今天，对于我国传统犯罪构成理论形成最大冲击的异议，亦是受其启发并以其为最锐利的武器。

递进式构造的确是一个具有许多明显优点的体系，正如一些研究所显示的那样，它的诸多优点最终落脚为它是一个具有逻辑导向的动态性或者立体化效果的体系。因为，对我国与两大法系的犯罪构成要素的对应性研究说明，它们在要件、要素意义上描述犯罪规格具有相同的功能，但这种描述功能是第一层次的。区别在于，我国与这两大法系在犯罪构成上的结构有本质性的差异，前者是一种封闭型的结构，而后者是一种开放型的结构。后者具有前者所缺乏的逻辑导向功能，更有利于实现刑法的公正目标，或者实现刑法人权保障的机能。[②] 由此我们可以确信，对于犯罪构成以及刑法目的的实现而言，犯罪构成的结构方式是一个不容忽视的因素。

也许正是基于这种确信，有学者提出了一个颇具代表性的命题："判断犯罪构成理论是否科学的标准，不是看犯罪构成描述犯罪规格

[①] 在意大利刑法理论中，犯罪的构造包括典型事实、客观违法性和罪过三大部分，其基本结构和德日刑法犯罪论构造是相通的。

[②] 在这方面比较有代表性的论述请参见宗建文：《论犯罪构成的结构与功能》，载《环球法律评论》2003年秋季号；陈兴良：《论犯罪构成要件的位阶关系》，载《法学》2005年第4期；王志远著：《犯罪成立理论原理——前序性研究》，中国方正出版社2005年版，第134—142页。

的功能,而是看犯罪构成的逻辑导向功能,犯罪构成的逻辑导向功能直接关系到刑法功能的实现程度,这是一个最为基础性的认识。"①这个命题在某种意义上延续了前述观点,但它隐喻着这样一个前提:在不同的犯罪构成之间具有科学意义上的可比性,其中只有一个结构是最好的。这个前提体现出论者对于理性的自信与对科学的崇拜,所以在空间和时间两个维度之内,论者忽视了犯罪构成中存在的共时性向度与历时性向度。

就共时性向度而言,论者所持的科学性标准具有合理性无涉的性质,至少在其论述中看不到这一点。但是,社会科学的科学标准必须承认合理性,规范评价正是合理性标准的产物。规范评价之所以进入到社会科学的殿堂中来,正是因为科学的内涵发生了变化。在以往,"科学性问题通常仅仅被看成是一个'真'的问题即真理性问题,但是从对社会的认识和评价方面来看,其实它还有一面,即合理性问题。"②合理性评价使犯罪构成在谦抑性实践中受制于刑法的社会机能。递进式构造是否具备作为社会选择项的合理性条件,在实践方面还要取决于它能否适应社会现实的要求。看不到这一点,就不可能看到犯罪构成的共时性向度。

在历时性向度方面,论者对结构的逻辑导向功能的重视,使其忽视了要素本身所具有的相似的引导效果。论者是这样理解和阐述递进构造的逻辑导向的:构成要件该当性的符合是一个前提,具备这一条件是定罪活动的开始,这是罪刑法定的要求;具有了构成要件该当性即符合刑法分则对某一具体犯罪行为事实的描述,才能进入违法性的审查阶段;对具有违法性的行为才开始进行有责性判断,落实罪责。这种犯罪构成结构的三个归责阶段层次分明,给实践以明确

---

① 宗建文:《论犯罪构成的结构与功能》,载《环球法律评论》2003年秋季号。
② 欧阳康主编:《社会认识方法论》,武汉大学出版社1998年版,第51页。

的指导。① 这也是在我国最具代表性的一种看法。它的问题是过高地赋予了逻辑顺序的功能，遮蔽了要素在犯罪成立中应当被赋予的引导性机能。结果，我们可以发现，除了要素被陈示的逻辑有顺序之分外，在犯罪成立具体问题的论述上，它并没有表现出和耦合式构造的实质性差异，它们都是围绕着犯罪的本体性要素是不是存在而展开的，都属于本体性构造体系。事实上，受哲学转向影响的德国犯罪构成理论在发展中值得关注之处，是它建立了一些引导对本体性要素的确立进行论证的程式性内容。看不到犯罪构成的历时性向度，就难以把握犯罪构成理论变化的可能方向。

（二）递进式结构的共时性向度

递进式结构的共时性向度是在围绕刑法目的开展的社会实践中不断表征出来的。关于递进式构造在实现刑法目的中的作用，王志远博士有一个敏锐的判断："立体化的犯罪成立理论为正确地形成作为解释前提的观念原则提供了结构上的保证。"②上述重视逻辑导向功能的理论，也基本上能体现出这一立场；遗憾的是，他们却颠倒了刑法谦抑性精神和犯罪构造之间的关系。当我们把谦抑性作为刑法的精神或者价值时，已经预设了这样一条法律实用路径：谦抑性作为法律所致力于获得的一种品质，在实践中化身为一个观念，指导着法律的运作体系，在构造犯罪的认知模式时亦应以追求它为美德；但是，这是以谦抑性本身的存在及较高的程度为精神基础的。而在谦抑性精神比较稀缺的社会中，无论采用何种方式构造犯罪论体系，都不足以确保上述路径的通畅。个中道理很明显，犹如欣赏波提切利的《维纳斯的诞生》一样，有人看到了圣洁，而有人看到了淫秽；无论多么完美的现代犯罪构成体系，在提供给专制政体下的法官适用

---

① 参见宗建文：《论犯罪构成的结构与功能》，载《环球法律评论》2003年秋季号。
② 王志远著：《犯罪成立理论原理》，中国方正出版社2005年版，第138页。

时,他非但不可能根据现代人的初衷运用它,甚至还可能朝着与现代人的期待相反的方向使用它。可见,过高地评价犯罪构成在确保谦抑性价值实践中的地位,希望通过对犯罪认知模式的完美构造来实现谦抑性,是本末倒置的理论企图,它会遮蔽法律所处的社会政治结构和文化环境所构成的外在张力。

在以中国刑法为参照样本的建构性研究中,社会性张力被屏蔽在文本的形式推理之外,以至于递进式结构的功能没有得到较为全面的衡量。无论是陈兴良的"位阶论",还是王志远的"比武场论",或者徐建峰的"双边对话论",抑或是宗建文及其他学者所主张的类似于英美刑法的"控辩论",都在试图为被告人开辟说理的言路和空间。① 这是一个意欲解构笔者称为以法官为中心的"独角戏场论"的理论动向。与当前较为盛行的关注中国犯罪构成论中要件排列顺序的理论路径相比,这些理论可能更深刻地接近了犯罪构成中的核心性问题。然而,它们没有关照到对犯罪构成评价有影响的社会事实:在我国刑法建制中并没有形成充足的谦抑性精神基础,而且近几十年以来中国的社会结构处于一种极度不恒定的状态中,由此形成的维护社会稳定这一政治发展的重要要求,使刑法的社会保护机能始终处在法律生活的中心视阈。在这种背景下,被告人所享有的自行辩解的话语权,在巨大的社会舆论中难以形成应有的张力,而法官生存其间的社会结构对其产生的制约,以及法官自身令人不能称意的业务素养,亦使他们很难将谦抑性精神引导到司法过程之中。所以,即便我们现在使用递进式的理论构造,亦无法保证实现我们所致力追求的目标。可见,上述目前有重要意义的理论,因为没有考虑

---

① 相关论述请参见徐建峰:《对我国传统犯罪构成理论的反思与重整——取刑法谦抑精神为视角》,载《宁夏社会科学》2002 第 1 期;宗建文:《论犯罪构成的结构与功能》,载《环球法律评论》2003 年秋季号;陈兴良:《论犯罪构成要件的位阶关系》,载《法学》2005 年第 4 期;王志远著:《犯罪成立理论原理》,中国方正出版社 2005 年版,第 198—201 页。

到社会既定价值要求对于犯罪构成实践的外在影响,从而不能为递进式犯罪构成的证成给出一个有说服力的论证。

退一步说,即便我们假定递进式构造具有上述功能,也必须注意,犯罪构成的选择并不是法学家的一种理想追求,它还必须适应由社会发展和变革而产生的结构性现实要求。在这方面,递进式构造至少在今天可能与我国当下发生的社会变革是不相适应的。在现代飞速变化的世界结构中,中国的社会变革能为世界所瞩目,说明我们的变革是以一种非同寻常的速度和规模推进的。这种变革方式必然会遭遇到诸多社会问题。但在以发展作为时代主题的中国,为了继续维系发展所必要的速率和效率,国家不得不动用必要的政治和法律措施为之提供相对稳定的秩序结构,此时的刑法必须具有应对这场复杂社会变革的高效率。而递进式结构包含了繁琐的学理成分,过于复杂且难以领会,①在适应社会高度发展要求方面存在着如西原春夫教授所指出的明显缺点。中国的社会发展和变革还需要历时多久,这是一个当下不可能有答案的问题,因此,递进式构造在我国很难获得实践性的理论支持。尤其是对递进式结构的膜拜,由于难以避免沦入形式主义的窠臼,结果可能从另一种意义上给刑法的两种机能招致双重削弱:一是在定罪的要件遴选时限制犯罪的成立范围,削弱刑法的社会保护机能;二是在责任衡量时忽视犯罪的具体情由,削弱刑法的人权保障机能。

(三)递进式构造的历时性向度

在围绕经典递进式构造进行论证的过程中,我国学者普遍没有对这一构造的历史演变予以必要的关注和论述,特别是对自二十世纪七十年代以来所发生的重大变化没有给予应有的分析。因此,犯罪构造的历时性向度基本上没有引起学界重视。

---

① 参见〔德〕托马斯·李旭特:《德国犯罪理论体系问题概述》,赵阳译,载《政法论坛》2004年第4期。

哲学思想的发展与德国犯罪构造论演变的关系,可以使我们更深透地认识德国犯罪构造发展的深层原因与基本趋势。[①] 基于此,我们才可能更好地把握随着社会思想而派生出的历时性向度。

除去非合理主义理论(因为这是一种受纳粹思想所支撑的体系),值得我们关注的另外四种体系在表象层的变化是:[②]第一,犯罪构成从"客观的构成要件—违法要素"(新康德主义之前)扩展为"主客观构成要件—违法要素"(目的主义);第二,对构成要件的要素从重视经验判断(自然主义)转为重视规范判断(新康德主义之后);第三,违法性从形式判断(自然主义)转为实质判断(新康德主义),再到行为无价值的违法观(目的主义),然后是多元整合的理论观(目的合理主义);第四,责任论从心理责任论(自然主义)过渡到规范责任论(新康德主义之后),再到责任预防论(目的合理主义)。在这个理论发展的历程中,要素的地位不仅没有被忽视,反而被加强了,这表现为:第一,在具有罪刑法定主义的边界性效果的构成要件符合性部分,充实了主观要素和违法性要素,而客观归属论的地位也得以确立起来;第二是采取实质的违法观,提出了一些超法规的违法性阻却事由等要素;第三,在责任判断中增加了期待可能性要素,或者增加了一般预防和特殊预防方面的要素。

这种趋势是基于对规范性判断的重视而发生的,它反映了刑法文明发展之于犯罪构成理论的一种影响,暗合了犯罪构成理论及其

[①] 参见郑军男、齐玉祥:《德日犯罪体系思维模式探究》,载《当代法学》2004年第2期;陈劲阳:《新康德主义与新古典犯罪论体系》,载《当代法学》2004年第6期。王充:《论德国古典犯罪论体系———以贝林(Beling)的构成要件理论为对象》,载《当代法学》2005年第1期。这几位青年学者沿着这种思路进行了研究,为我们更深刻地认识犯罪构成的可能发展趋势提供了一个有积极价值的视角。

[②] 参见[德]克劳斯·罗克辛著:《德国刑法学·总论》,王世洲译,法律出版社2005年版,第121页以下;[德]贝恩德·许内曼著:《现代刑法体系的基本问题》,成文堂1990年版,第21页以下;[日]山中敬一著:《刑法总论I》,成文堂1999年版,第122页以下。

结构本身的运作特征和基本规律：犯罪构成理论的结构及其要素在司法认定犯罪中不仅具有边界性的影响力，而且具有一种引导对犯罪构成事实进行开放性或者规范性判断的功能。对此特征或者规律，在李洁教授提出"犯罪构成既是法律规定又是理论体系"，并得出"犯罪构成的法律表现与理论表现不完全同一"的结论时，就已经做了令人信服的论证。① 从而在我们构造犯罪构成理论体系时，要致力于建构一个有别于法定的犯罪构成且有助于刑法适用的体系。这些理论主张得以构建的知识谱系既不是新康德主义，也不是目的主义，而是一种经由当代哲学思想所形成的目的合理理论脉络。

自二十世纪七十年代以来，西方法学在反思现代哲学的思潮的过程中，开辟了一条探求、发现并确立正确、有效的法律规范的道路。特别是诠释学为法学指出了另一条新路径和新方式。比如，伽达默尔提出，法律诠释学"它的任务并不在于理解通用的法律条文，而是寻找合法性（Recht），也就是说对法律进行解释，从而使法治能完全渗透到现实中去。"②哈贝马斯也认为："诠释学之所以在法律理论中有一个独特地位，是因为它通过以情境主义方法把理想置入历史的传统关联之中来解决司法的合理性问题。根据这种解决方案，法官的前理解受到一种伦理传统情境之传统主题[Topoi]的影响。"③法哲学作为探讨正义的学说，要解决其两项根本性问题，即什么是正当法以及如何认识和实现正当法，④法律逻辑和方法论的目标从而发展为"发现（在人的认识允许的限度内的）'真理'，作出妥善说明理由的

---

① 参见李洁：《法律的犯罪构成与犯罪构成理论》，载《法学研究》1999年第5期。
② 〔德〕汉斯·格奥尔格·伽达默尔著：《真理与方法——哲学诠释学的基本特征》（下），洪汉鼎译，上海译文出版社1999年版，第684—685页。
③ 〔德〕哈贝马斯著：《在事实与规范之间——关于法律与民主法治国的商谈理论》，童世骏译，三联书店2003年版，第247页。
④ 参见〔德〕考夫曼著：《法律哲学》，刘幸义等译，法律出版社2004年版，第9—12页。

判断。"①正因如此,"越来越多的程序正义论得以贯彻,它们将'正确之法'视为法律发现(Rechtsfindung)过程的产物。"②最终,程式化结构的犯罪构成体系作为一种理论趋势,反映出当今法哲学发展的必然。

犯罪构成理论的基本任务从两个方面促进了程式化结构的形成。第一个是进行更充分、合理的事实判断,即根据立法的明文规定,为犯罪的认定提供一个由基本要素组成的结构体系,以便有效地对某种客观事实是否成立为法律规范中明示的构成事实进行合致性判断。比如,甲出售《维纳斯的诞生》是一个客观事实,法官能否将这个客观的事实评价为我国《刑法》第363条或者第364条的构成事实,取决于对其中一个关键要素的判断:这幅画是淫秽图片吗?经验无法为这一判断提供合理的解答,它需要司法人员在一定价值体系的导向下进行选择。而类似问题在整个法律思维和论证中都构成中心论题,注释刑法学所研讨的疑难问题无不是在进行这方面的证成性论证。我们借此可以提出一个大胆的命题:刑法判断在根本上是规范判断。这决定:犯罪构成中的事实要素不过是规范判断的对象和目标,犯罪构成理论要为这一目标的实现提供方法论上的支持。因此,刑法规范中的明定构成要素成为犯罪构成理论结构中的元素,其意义在于为法律论证预设一些基本目标和限定,而如何才能进行充分、合理论证则是在实现该目标的过程中始终需要讨论的问题。在这方面,经典递进式和我国耦合式的犯罪构造理论,均重视犯罪成立的各种本体性要素是否充足或者存在。它们之间在方法论上没有本质性的区别,耦合式构造在这一点上也没有暴露出致命性的缺陷。

第二个是进行更公正、合理的事件判断,主要是根据规范的目的

---

① 〔德〕卡尔·恩吉施著:《法律思维导论》,郑永流译,法律出版社2004年版,德文第七版作者序。

② 〔德〕阿图尔·考夫曼·温弗里德·哈斯默尔主编:《当代法哲学和法律理论导论》,郑永流译,法律出版社2002年版,第52页。

呈现出在规范中被文本所隐蔽的重要成分,从而对由各种事实所建构的事件做出社会评价。法律文本不可能完全反映规范的目的,在文本中必定还有一些为文字所隐蔽的、于规范目的的评价而言重要的因素,司法判断中必须发现并揭示这些成分。在一般情况下,由于在对事实进行规范性评价时,已经必然性地发动了存在于生活和社会观念中的价值评价体系,所以充分、合理的事实评价已经开启了公正、合理的事件判断的大门。例如,体育竞技是违法阻却事由,在世界各国(包括我国)还没有听说一个拳击选手因为在比赛时使对手受伤而受到刑事司法调查,除非他在比赛中故意咬掉对方的耳朵或者鼻子;因为已经有一个明确的社会伦理规范存在于司法人员的观念中,无论是否存在某种相关的理论结构,它都会在法律思维中发挥着类型性的评判效果。可是,正如构成事实和客观事实存在着不合致的情形一样,由于社会结构的复杂性和价值结构的多元化,法官也不可避免地会面临一个有争议的事件,比如在遭遇到以生命对生命这样特殊的紧急避险的场合时,是把它作为违法阻却行为处理还是作为责任阻却事件对待呢？类似问题可以通过立法提供具有约束性的强制规定以消除异议,如德日刑法在立法时就明确规定它是责任阻却事由还是违法阻却事由。但在法律对此没有规定的场合,法官显然需要为自己的判断提供具有可接受性的解释。这在理论上就提出一个与之相联系的任务,即要为司法裁判提供一个论证上的指导规范以促使有效结论的达成。对于这个问题的解答说明,理论结构具有构成要素本身所无法企及的一种功能,所以,它不可能存在于要素之中。如果理论结构被当成构成要素体系化的一种结果,它将不可能具有理论生命力,因为它本来的张力最终将为要素所消解。换言之,理论结构的生命力在于为进入要素体系中去提供一个论证言路,使要素体系最终具备有效性和可接受性。

  以上两种使命的结合将终结一种只重视本体性要素构造的理论体系,并使程式化结构在犯罪构成理论中的发展具有一种可能和趋势。当前德国犯罪构成理论中,一个最能明显体现程式性构造动态的内容就是客观归属论。客观归属论的基本构造是:(1)行为人的行为制造了不被容许的危险;(2)这个危险在具体的结果中实现了;(3)这个结果存在于构成要件的效力范围内(规范的保护目的)。① 只有以上条件满足了,我们才能将一个结果归属于某个行为。比如甲强奸乙,乙因为蒙羞而自杀,那么,乙的行为结果可否充足我国《刑法》第236条第6项"致使被害人重伤、死亡或者造成其他严重后果的"呢？在过去我们将这一判断委之于经验判断,考察甲的行为和结果之间是否有条件关系,或者是否有必然联系,结果一直不能予以合理的解释。而客观归属论显然不是构成要素,它亦不为这个判断提供一个绝对的标准或者结论,而是建构了一个开放的判断程式,将司法认定过程一步步引导到最终的结论面前。另外,期待可能性通常也不是法律明文规定的要素,但作为新康德主义的产物,在犯罪构成理论中被当成责任判断的要素,在一定程度上也显示出相同的程式化功能。

但是必须指出,犯罪构成作为一种确定犯罪是如何被确立起来的体系,并不能完全担当刑法的目的和任务。这个问题在犯罪成立之后就越发清晰地显现出来:那就是基于非难可能性的评价或者基于特定预防观的要求,需要对犯罪人进行个别化处理,这一过程应当是在犯罪成立之后进行的,那么它能否被嵌入到犯罪构成体系中来呢？这一点也是当下中国刑法实践所面临的一个极为棘手的实践难题。虽然德国古典犯罪构成理论向规范责任论的过渡已经反映出理论和实践均在自觉地应付这个难题,但是,直到目的合理主义刑法学,对这个问题还是没有妥善解决。笔者认为,只要在犯罪构成体系中讨论犯罪人的个别化判断问题,这个问题就不可能得到妥善解决。笔者主张应当将关于犯罪人的责任判断从犯罪构成中分化出来,同

---

① 参见〔德〕洛克信:《客观归属理论》,载《政大法学评论》1994年总第50期。

时为它提供一个和犯罪成立具有类似特征的程式化结构体系。在相同问题上,英美刑法中宽恕的辩护事由没有引起我们的重视,而宽恕辩护正好为这类问题的解决提供了一个可能的程式化路径,完全可以作为一种有价值的参照。

七、递进式犯罪论发展的启示

综上所述,可见大陆法系刑法学(包括犯罪论)的发展趋势基本是:一是研究方法由唯理理性主义转为经验理性主义,二是定罪方式由形式化向实质化扩展,三是犯罪人的主体性在刑法学中不断被显现出来。进一步我们还可以说,刑法学的历史是人的认识发展史,其中关键性的因素取决于我们如何认识犯罪和对待犯罪人。早先的自然主义以为通过形式要素的模式可以达到这一目的,是因为当时的人们所持的是过于自负的科学观和理性观。当人们发现自己的认识能力有限时,社会主体的价值意义才受到真正重视,纯形式化的刑法学幻想也随之破灭。不过,新康德主义认为价值是外置的,所以其理论是软弱的;而目的主义将价值标准内定化,虽然在体系上和前者的区别不明显,但是,它意识到问题的核心所在,使刑法学开始放弃存在论意义的思维方式,并为目的合理主义的发展开辟了道路,犯罪人的主体属性才随着社会主体的显现而在刑法学中反映出来。

以上研究表明,刑法的未来发展,要适应哲学思潮的发展,具体而言要根据目的合理主义的思考方式,并突破该主张的现有认识局限。必须注意的是,我国刑法学基本上还停留于自然主义体系阶段,其明显的论据是在因果关系问题上沿袭自然主义的科学观,主流观点认为因果关系是一种担责的必要条件;[①]在犯罪主观的构成要件

---

① 参见高铭暄、马克昌主编:《刑法学》,北京大学出版社、高等教育出版社2000年版,第81页。

上采用的是心理责任论的一套评价机制。① 针对这种现状,以下就犯罪构造的未来提出笔者个人的一些展望。

首先,要重视犯罪构成要素中的规范性或者价值性含义。在以往我们通常认为犯罪构成的要素是无价值的事实要素,这种观点现在有所变化,而认为犯罪要素是记述性与规范性的统一。但是,刑法科学总体上属于精神科学,其中的许多争议都是理论性的而不是以经验为根据的。"而法官必须尽其所能,坦率真诚而非隐晦虚假地为整个社会'发现'只有他才能理解的法规或先例后面的某些法律。"②因此,刑法应当主要关注的是要素中的规范性问题,而不是哪些要素是规范性的,哪些要素是事实性的。为此,刑法学必须发展出一种能充分阐释这些规范性要素的体系。在这一点上,现代刑法学还需要进一步的讨论和对话。

其次,合理把握形式要素与实质要素的界限与一致性。以往的德日理论过于重视形式要素,而我国理论过于重视实质要素,就罪刑法定主义的语境和解决纷繁复杂的社会矛盾的需要而言,它们都不可取。在这方面,笔者认为可采取新的罪责构造方式,将责任从犯罪论中分离出来,在犯罪论部分以不突破形式的罪刑法定的界限为主,但在责任评价阶段,无论是以行为的可能性还是一般预防为根据的责任构造,都能更好地结合目的论与价值论的优点,并克服价值相对主义的弊端。例如,采取期待可能性作为犯罪成立之后的具体评价,在原则上不突破罪刑法定的界限,同时兼顾对行为人的具体评价,其结果可能会合情合理。

再次,实现客观要素与主观要素的统一与融合。现代刑法的评价立足点是行为,行为是刑法理论构造的基本线索,是刑法实践和刑

---

① 参见童德华著:《刑法中的期待可能性论》,中国政法大学出版社2004年版,第79页。
② 〔美〕德沃金著:《法律帝国》,李常青译,中国大百科全书出版社1996年版,第128页。

法理论的基点;不过,这并不意味着刑法就可以忽视或者否定行为人的要素。可是在大陆法系刑法学中,犯罪的主观构成要素和客观构成要素并没有得到很好的融合,笔者认为这和行为的本质观有联系。在此,我们似乎应当提倡一种"规范意识显现的行为"概念。① 这种行为概念凸显了一种主体性的思考,跟本体论意义上的行为概念有着本质的区别。在这种行为概念之下,犯罪的客观方面应当由客观归属论来阐述,而不是仅仅在结果犯的场合适用该理论。如此一来,就将尽可能地把一些原来的主观性要素进行客观化处理,最大限度地避免其中可能遭遇的不确定性或认识争议。

第二节 抗辩式犯罪论体系的发展

一、经验主义的犯罪论体系

(一)英国的经验主义

犯罪论体系是依据一个国家或者地区的主流哲学思潮产生和形成的。英国哲学理论的根基早在中世纪关于"共相—个相"的论争路线中就已经初现端倪了。"共相—个相"的论争是中世纪早期开发出来的一个重要哲学话题。早在公元三世纪,这个问题就已经被提出来了。当时新柏拉图主义的代表人物波菲利提出了共相的三个话题。第一,共相是否独立存在,或者仅仅存在于理智中;第二,如果它独立,它是有形的还是无形的;第三,它们与感性的事物是相分离的还是存在于感性的事物之中,并与之一致。② 共相问题涉及是否存在

---

① 具体理由和内容请参见童德华著:《规范刑法原理》,中国人民公安大学出版社2005年,第178—184页。
② 参见赵敦华著:《西方哲学简史》,北京大学出版社2010年版,第146页。

普遍性的知识,或者说独立于经验之外的知识是否可靠。在人类历史上,围绕这个问题展开了长达数个世纪的论争,有人形象地说,十二世纪的经院学者围绕共相性质的问题展开了"比恺撒征服世界的时间还要长"的激烈的争论。① "共相—个相"话题最终形塑了现代哲学认知论的两大路线——经验主义与唯理主义。

经验主义与唯理主义的分野,在早期体现为唯名论与实在论的两大理论的分流。唯名论认为,存在的事物都是个别的,心灵之外没有一般的对象。简言之,共相并不表现个别事物之外的实在。极端的唯名论甚至认为共相只是一个名词,如果说它们是实在的,这个实在不过是"声音"而已。按照这种观点,各种犯罪都是独立的,根本不可能存在一个概念可以涵盖所有的犯罪,因此我们不可能为犯罪建构一个统一的专门的体系。历史的情况也是如此,在刑法史上,很长一段时期以来,人们都不曾想到为犯罪提供一个总体或者基本的知识体系;温和的唯名论认为共相是一般概念,是心灵对个别事物的个别性质加以概括或者抽象而得到的,概念存在于心灵之中。实在论认为共相是寄宿于心灵中的一般概念,又是这些概念所对应的外部实在,或者说共相表现普遍实在。极端的实在论认为,一般概念所对应的外部实在是与个别事物相分离的更高实在,犹如柏拉图的理念;温和的实在论认为,这种实在是存在于个别事物之中的一般本质。② 按照极端实在这种观念,具体的犯罪恰恰都是不真实的,真实的是存在于普遍之中的理论概括。唯名论和实在论的分歧形塑了经验主义和唯理主义两大哲学流派。

十六至十七世纪是英国新旧时代交替的时期。新的自然科学在英国初现端倪。英国哲学很少受经院哲学影响,相反,它重视经验和实验科学,开启了经验论新的历程。

---

① 参见赵敦华著:《西方哲学简史》,北京大学出版社2010年版,第146页。
② 参见赵敦华著:《西方哲学简史》,北京大学出版社2010年版,第146—147页。

在这个时期,弗兰西斯·培根写作了《新工具》,他批判亚里士多德开创的科学体系,他用以衡量知识的标准是实用性,因此提倡归纳法。① 培根认为过去科学和哲学之所以毫无结果是由于缺乏正确的方法,因此必须找出新方法替代旧逻辑。首先必须清楚头脑中的一切错误的意见、偏见或幻象。他把这些幻象归为四种,即种族幻象、洞穴幻象、市场幻象和剧场幻象。他指出,在认识自然的过程中,不能指望三段论,因为在日常生活和研究当中,人们习惯于运用混乱的概念,粗率地进行演绎,这导致三段论中的概念、原则和公理建立在模糊和错误的经验之上,所以必须有真正的归纳法。科学要发现的最重要原因或规律是形式,靠的就是归纳法。② 培根虽然并不是一个彻底的经验主义者,但他对于归纳法的大力推崇,在某种程度上与建立于对现实问题有效处理的英国犯罪论体系存在着密切关联。因为,归纳法排斥或者反对通过理性或者逻辑建构欧洲大陆的那种犯罪论体系。

霍布斯同培根一样,也是一个经验主义者。他认为,感觉是一切思想的源泉,我们可以从感觉、知觉或者经验进行原则分析或者从初始的、最为普遍的命题或不言自明原则获得结论(综合)。③ 洛克认为,心灵原来的状态就是一块白板,人类所有的知识都建立在经验之上,归根结底发源于经验。④ 快乐和痛苦是道德的大教师,这是理智的旨趣,不是理智的本性。每个人因遵守道德法则而得到好处,从而推崇这个法则。⑤ 他还提出,在世界上并没有天赋原则,因为一切人类都没有完全一致的原则。有时候人们说:"凡存在者存在",有时候人们会说:"一物不能同时存在而又不存在"。两个原则可能最有资

---

① 参见赵敦华著:《西方哲学简史》,北京大学出版社2010年版,第205页。
② 参见〔美〕梯利著:《西方哲学史》,葛力译,商务印书馆1995年版,第291页。
③ 参见〔美〕梯利著:《西方哲学史》,葛力译,商务印书馆1995年版,第297页。
④ 参见〔美〕梯利著:《西方哲学史》,葛力译,商务印书馆1995年版,第346页。
⑤ 参见〔美〕梯利著:《西方哲学史》,葛力译,商务印书馆1995年版,第359页。

格被称为天赋原则。它们已经成为被普遍接受的公理。但洛克却认为,这些命题非但不曾得到普遍同意,而且大部分人根本就不知道。① 他不承认理性能发现这些原则的错误。人类运用理性所发现的一定真理,都是天赋的,否则任何需要理性来发现的东西,都不能被认为是天赋的了。如果说,借着理性的运用,理解才能看到原来就印在思想中的东西,才能理解或感知它们,就像是说,眼睛要凭借理性才能发现可以见到的对象一样。要说理性能发现真理在思想中留下的烙印,就是说,理性能发现人类早就知道的东西。人们思想中原来就印有那些真理,但是在使用理性之前,他们总不能发现它们,那实际上是在说,人同时知道而又不知道它们。②

休谟也提出,人类思维的一切材料都来自外在和内在印象。印象是人对所闻所见、感觉、爱与恨、要求与希望时所产生的知觉。人的思想或观念是印象的摹本,是不明确的知觉,人不能靠先验获得知识,而知识建立在观察和经验之上。③ 经验告诉我们,一切对象常常连接在一起,习惯就使我们推论总会如此,但习惯是本能,而本能会犯错误。人不能只相信感觉,必须用理性矫正感官的证明。④

上述英国思想大师的观点一经接受,自然会加速清除唯理主义思想在英国的影响。因此,在经验主义的影响之下,一种不同于唯理主义的法律方法产生了。

首先,英国人对于流行于大陆法系的形式表示普遍的怀疑。在他们眼中,欧洲大陆的法律在法律方法上比英国法更为理论化;而欧洲大陆法系法律人喜欢推崇的法典等是一些"稀奇古怪的东西",欧洲大陆法系法律人的很大一部分灵感来自大学的氛围和大学里的理

---

① 参见〔英〕洛克著:《人类理解论》,谭善明、徐文秀编译,陕西人民出版社2007年版,第19页。
② 参见〔英〕洛克著:《人类理解论》,谭善明、徐文秀编译,陕西人民出版社2007年版,第21页。
③ 参见〔美〕梯利著:《西方哲学史》,葛力译,商务印书馆1995年版,第385—386页。
④ 参见〔美〕梯利著:《西方哲学史》,葛力译,商务印书馆1995年版,第390—391页。

论家和法学家,而不是全部来自于法官;他们信任理性和原理,而不是先例。① 但是,问题在于:第一,"法典在实践中的作用远没有它们在理论中所具有的那种包容性,一部完美、全面包容一切的法典理想越来越被大陆国家法律人视为一个不可能实现的乌托邦之梦。"② 迄今为止的历史已经令现代比较法学家更加怀疑抽象概括方法的有效性。第二,英国法律人不仅厌恶理论化的进路,而且倾向于实用主义进路,并以此为荣。麦克米兰勋爵曾毫不客气地指出,英国法的优点在于"总是对理论和原理抱有强烈的厌恶和不信任。"③沃克尔教授也委婉地说道:"对于英美法官来说,'理论'这个词不过是挡箭牌而已,相反,欧洲大陆的法官们却对理论有更多思考。"④

英国著名比较法学家阿蒂亚曾对英美法和大陆法的差别做了如下几个方面的概括:第一个方面表现在理论与实践之间,或者理论与实用主义的对比中,此外还包括法律著作经常会涉及逻辑与经验的对比,或者演绎推理与归纳推理,先验思维与经验思维的区分,并且,还有人会将合理性或理性同实用主义或实践作对比。⑤ 英美法学者普遍重视实践。第二个方面表现为权力与救济的对比。第三个方面表现为原理与先例的对比。普通法最著名的当然是它的先例制度。有人认为,坚持先例意味着对理性观点视而不见。普通法法律人不尊重原创思想。先例制度意味着,在普通法院,你只要证明从未有人提过对方的观点,就可以驳倒对方。原理与先例,关系到抽象与

---

① 参见〔英〕P. S. 阿蒂亚著:《英国法中的实用主义理论》,刘承韪、刘毅译,清华大学出版社2008年版,第2页。
② 〔英〕P. S. 阿蒂亚著:《英国法中的实用主义理论》,刘承韪、刘毅译,清华大学出版社2008年版,第2页。
③ 〔英〕P. S. 阿蒂亚著:《英国法中的实用主义理论》,刘承韪、刘毅译,清华大学出版社2008年版,第3页。
④ 〔英〕P. S. 阿蒂亚著:《英国法中的实用主义理论》,刘承韪、刘毅译,清华大学出版社2008年版,第4页。
⑤ 参见〔英〕P. S. 阿蒂亚著:《英国法中的实用主义理论》,刘承韪、刘毅译,清华大学出版社2008年版,第5页。

具体的对比,空想与脚踏实地的对比,以及普通法与衡平法的对比、依据规则与根据个案情形实现正义之间的全面对比。①

(二)边沁的犯罪证成模式

功利主义是经验论的进一步发展。英国的经验主义自休谟之后并无重大进展,但在十九世纪,自然科学获得重大突破,与此同时,要求社会民主和平等的自由主义运动兴起。一向与科学民主有密切关系的英国哲学在新的社会环境中获得了科学的发展动力,这导致了功利主义的滥觞。

早期的古典经验主义者坚持理性的社会契约论,但是剑桥学派将道德源泉归结为超验的理性,道德官能学派认为道德情感来自于人类善的本性,苏格兰常识主义认为它们来自于不证自明的常识。这些和经验并不协调。所以,十九世纪的功利主义抛弃了社会契约论,代之以"情感论",形成了功利主义的政治伦理哲学。② 边沁是功利主义的创始人,他提出"自然把人类置于两位主公——快乐与痛苦——的主宰之下。"只有它们才指示我们应当干什么,决定我们将要干什么。是非标准,因果联系,俱由其定夺。功利原理就是,按照势必增大或者减小利益有关者之幸福倾向,亦即促进或妨碍此种幸福的倾向,来赞成或非难任何一项行动。③ 根据该原理,他搭建了刑法评价的一般结构。

1. 关于行为

在行为部分,他提出刑罚与行动的有害倾向的大小有关。行动的有害性倾向越明显,刑罚要求越大。行动的总倾向在多大程度上有害取决于其后果的总和。但是刑法只应关注那些以立法者的眼光

---

① 参见〔英〕P.S.阿蒂亚著:《英国法中的实用主义理论》,刘承韪、刘毅译,清华大学出版社2008年版,第6页。

② 参见赵敦华著:《现代西方哲学新编》,北京大学出版社2010年版,第43页。

③ 参见〔英〕边沁著:《道德与立法原理导论》,时殷弘译,商务印书馆2000年版,第57页。

看来由苦乐构成,或者苦乐有影响的后果。与行动的后果有关的意图取决于两个因素:一是采取该行动本身的意图或意愿;二是对相伴或貌似相伴的环境的理解力或觉察力。对这些环境的觉察力可以有三种情况:知觉、不觉、错觉。所以说,一个行为被惩罚,应当审议如下因素:一是所采取的行动本身;二是行动时所处环境;三是可能与之相伴的意图;四是可能与之相伴的知觉、不觉或错觉。此外,还有两个因素值得注意,那就是引起行动的动机和行动所表明的一般意向。①

应当说,边沁已经对行为做了相当全面的分析。他将行动从不同方面做了极为复杂的区分:②第一,根据方式上的差别,行动可以分为积极行动(犯法行动)和消极行动(懈怠行动或自制行动)。消极行动可以分为绝对消极行动和相对消极行动。其次,行动还可以分为外在的和内在的。外在的行动指身体行动,内在行动指精神行动。例如意欲打击他人是内在的或内心的行动。此外还有一种属于上述二者结合的表述性行动,如言谈、书信、教唆等。

第二,外在行动又分为外及行动和不外及行动。外及行动会影响到有形的异体,即有行动对象且该对象不属于行动者本人,不外及行动不存在异体,行为对象是行动者自己的某个部位(如洗脸、奔跑就属于此类)。他认为,外及行为按照进程也有不同区分:一是当外及行为还没有作用于有形的异体的时候,此时是行动的开端或者初始阶段,如一个人刚举起手要打你的时候;二是一旦动作刺激了异体,它就处于终端或最后阶段,如要打你的人的手碰到了你;三是当动作已经从行动者发出,但尚未传到任何有形异体的时候,它处于其进程的中间或过渡阶段,典型的是行为者使用工具,而该工具还没有

---

① 参见〔英〕边沁著:《道德与立法原理导论》,时殷弘译,商务印书馆2000年版,第122—123页。
② 参见〔英〕边沁著:《道德与立法原理导论》,时殷弘译,商务印书馆2000年版,第123—132页。

碰到行动者之前或与之有间隔(如一个人对你扔石头或开枪的场合)。而不外及行动也存在进程上的区别。比如,一个人服毒,当他拿起毒药往嘴巴里放的时候,该动作处于开端,毒药触及口舌,该动作处于终端。

第三,瞬时的行动与持续的行动。他认为,打击是瞬时的,占有财产是持续的。持续行动有别于重复行动。由不同性质的行动在中间隔开的是重复行动,没有间隔的是持续行动。重复行动又区别于惯癖或习惯。每当一个人经常在很长的间隔期后重复某种行动,它就被说成是有瘾或成癖的。

第四,可分行动和不可分行动。不可分行动仅仅是想象,它不存在例证,里面分为物质的和运动的两种。物质的不可分行动,是单个物质微粒的动或静;运动的不可分行动则是任何实体的运动,从某个单一空间微粒移至下一个同样空间的微粒。

第五,简单行动和复杂行动。打击、饮酒是简单行动。复杂行动则是由许多简单行动构成的,它们是由某一共同设想或沟通目的的关系而结为一体,例如设宴招待、开庭审判。

当前后两项行动首位交叠时,构成一项行动的究竟是什么?或已发生的是一项行动还是多项行动?他认为这个回答取决于"该场合的具体性质以及具体问题的目的"。如一个打击伤害2根手指,是几个伤害?一个人在12点前挨打,12点后又挨打,其中有几项挨打?据他的观点,"在其中任一场合,就某些目的而言或可回答是一项,而就另一些目的而言或可回答是几项。"由此,"人们应当懂得语言的模糊性,不要用解决不了的疑问来自寻烦恼,也不要用辩不出结果的争论来彼此折磨。"①

2. 行为的环境

行为环境确定行为性质,如在某些环境中,杀死一个人可能是有

---

① 〔英〕边沁著:《道德与立法原理导论》,时殷弘译,商务印书馆2000年版,第128页。

益的,但是在某些环境中,向他人提供食物反倒是有害的。那么行为环境是什么呢？它们可以是任何客体,任何特定的客体都可以是别的什么客体的环境。

行为环境和后果一样分为有形的和无形的,有形性是个相对概念,应用于行动的后果时涉及的是痛苦和快乐,应用于行为环境时涉及后果。一项环境在同后果有可见的因果关系时是有形的,在缺乏此类可见的因果关系时则可称为无形的。

行为后果是事件,环境同事件有四种因果联系:一是导致或产生;二是衍生;三是间接联系;四是并发性影响。例如白金汉公爵维利尔斯是英王查理一世的宠臣,于1628年受伤身亡。索命者是个叫费尔顿的人,因为对这个大臣的劣政极为愤怒,便从伦敦跑到白金汉恰巧所在的朴次茅斯,闯进他的接待室,发现他正忙着和其他的人讲话,于是,费尔顿靠近去,拔出刺刀刺中公爵。在此过程中,费尔顿的帽子掉到地上,很快被发现,而带血的刀子也在追捕过程中找到了。在帽顶上发现藏着几片纸,写着一些话,表述他行刺的目的。在此事件中,环境有费尔顿拔出匕首、闯进接待室、跑到朴次茅斯、对公爵大感愤怒、查理一世任命这么一位大臣,等等。匕首带血是衍生的环境,发现地上的帽子和帽子里的字句是间接联系的环境,白金汉周围人的谈话是并发环境,因为它们及时阻止了行凶。环境还可分为定罪环境、开脱罪责的环境或减罪环境、加罪环境以及证据环境等。

3. 意图

除了行为之外,意图作为一个特殊环境,也与有害倾向有关系。意图涉及行动本身与行动后果这两个客体。"凡意图所关的"可称为"有意的","凡不是意图的载体的",就属于"无意的"。行为和结果的有意性并非一致:一个行动在初始阶段如果不是有意的,其后果就不可能是有意的;一个后果是有意的,既可以是直接有意,也可以是间接有意。直接有意是产生结果的前景构成行为人采取行动的因果链上的一环。但当结果虽在意料中并似乎可能随行动而来,产生它的前景不构成因果链条上的一环时,就是间接有意。直接结果可以是最终有意的,也可以是中间有意的。它可以全部如此,也可以部分如此。①

显然,边沁的犯罪证成模式具有与大陆法系较为相似的结构,但是和亚里士多德模式相比,它的进步并不明显,其中的经验成分也是显而易见的。

(三)英国犯罪论体系

毫无疑问,陪审团裁判模式肯定需要特定的犯罪论体系与之匹配,才能最终达到充分发挥刑法基本机能的效果。英国犯罪论体系就是在陪审团裁判模式中形成的。但是,我们还必须承认的是,英国犯罪论体系建立于经验主义之上,它具有与大陆唯理主义犯罪论体系不同的特质。

在英国,犯罪要件包括犯罪行为、心理态度以及抗辩事由三大部分。在大多数英国学者看来,定罪的基本原则是:第一,一个人导致了一个事件或因为某一个被法律禁止的事态存在而归责于他,这称为犯罪行为(actus reus);第二,行为人有与产生某一时间或事态相关的确定的心理状态。这称为心理状态(mens rea);第三,不存在例外性事由。普通法中的精神病的辩护是唯一例外。普通法中的辩护事由包括挑拨、自卫、无意识行为或强迫,被告人只需要就辩护事由的构成条件进行抗辩。② 根据现有资料,英国学者区分犯罪心理与犯罪行为的逻辑是:首先,法定的心理态度是一个对自己的行为负刑事责任的必要条件。在这一点上,有人认为,英国学者借鉴了源自于古罗马法的规定。在古罗马法中,这个规定用拉丁语表述为"actus non

---

① 参见〔英〕边沁著:《道德与立法原理导论》,时殷弘译,商务印书馆2000年版,第136—138页。

② 参见〔英〕J. C. 史密斯、B. 霍根著:《英国刑法》,马清升等译,法律出版社2000年版,第35页。

facit reum nisi mens sit rea",即"没有犯罪意图的行为不能构成犯罪"。① 在笔者看来,虽然教会法对于英国王室没有产生多大作用,但是也不能据此否定教会法对英国法律实践可能产生的影响。在教会法时代,经由对于原罪的讨论引申出"无意志自由就无责任"这一规则,这个规则中特别强调的就是心理事实对于犯罪的决定性影响。所以我们也可以认为英国人强调心理态度其实还继承了教会法中的传统。其次,为了便于解释,他们一般又将心理要素和其他要素分开,传统上,心理要素成为犯意(mens rea),其他要素成为犯罪行为(actus reus)。只有当适当的犯意存在时,犯罪行为才构成犯罪。没有必要的犯意而实施的行为不是犯罪。② 这样就产生了一种新的需要,即需要一个概念来指称心理之外的其他要素。最终,犯罪行为被界定为是除了主观因素之外的一切犯罪要件,因此它不仅仅指行为,还包括事实状态。行为包括作为和不作为,行为结果和与结果发生有关系的情节也是必须考虑的。但是,有时候,被害人特殊的心理态度(而不是行为人的心理态度)也是犯罪行为的一部分。比如,要证明D犯有强奸罪,必须证明受害人P不同意性交。这是犯罪行为的另一个"实质要素"。③

另外,仅仅有犯罪心理和犯罪行为对于犯罪成立的评价还是不充分的,犯罪的成立还需要经过辩护事由的评价。只不过关于辩护事由与犯罪心理和犯罪行为的关系存在一些分歧。如威廉姆斯认为:"犯罪行为……包括无任何正当理由或可得宽恕,而无论这种正当理由或可得宽恕是由创制犯罪的成文法规定的还是由法院根据

---

① 〔英〕J. C. 史密斯、B. 霍根著:《英国刑法》,马清升等译,法律出版社2000年版,第36页。
② 参见〔英〕J. C. 史密斯、B. 霍根著:《英国刑法》,马清升等译,法律出版社2000年版,第36页。
③ 参见〔英〕J. C. 史密斯、B. 霍根著:《英国刑法》,马清升等译,法律出版社2000年版,第37—39页。

一般情形适用的。"但是兰哈姆认为:"就分析而言,我们可以认为犯罪由三部分组成:犯罪行为、犯意、(否定因素)缺乏有效辩护。"即威廉姆斯将辩护事由作为消极的犯罪客观或者主观条件,而兰哈姆则将其作为阻却犯罪或者责任的条件。以在正当防卫的情况下开枪杀人不构成犯罪的有效抗辩为例,威廉姆斯认为这是因为行为人没有犯罪行为或犯意;但兰哈姆认为尽管有犯罪行为或犯意,但因为存在有效辩护,所以行为不构成犯罪。威廉姆斯的看法受到一般人的赞同,因为:第一,将法律要求和允许的行为看成是犯罪行为好像不可思议;第二,要区别法定要素与辩护要素有实际困难。① 但这是否会影响到英国刑事司法实践的效果呢? 从现有的报道和经验来看,答案是否定的———一方面,我们很少看到有关英国刑事审判的负面报道;另一方面,英国被普遍性地当成法治建设的标杆之国。

二、实用主义犯罪论体系

(一)美国的实用主义

十九世纪的法国历史学家托克维尔写道:"在文明世界中,没有一个国家像美国那样不重视哲学。美国人没有自己的哲学派别,并且对欧洲那些四分五裂的学派也很少关心,他们甚至不大知道那些派别的名称。"② 直到二十世纪初,美国人才有了第一个产生于本土的哲学流派——实用主义。此前美国的哲学舶来于欧陆。实用主义和实践主义(practicalism)反对形而上学,把它从云端高处拉下到经验低层。皮尔士提出:虽然"在观念问题上,大家宁愿廉价而平庸的东西",但是,廉价而平庸的东西并不是不精确、不严格的,而是符合

---

① 参见〔英〕J. C. 史密斯、B. 霍根著:《英国刑法》,马清升等译,法律出版社2000年版,第40页。

② 赵敦华著:《现代西方哲学新编》,北京大学出版社2010年版,第51页。

逻辑和科学的事物。① 他试图将平凡经验升华到形而上学的高度。实用主义风格在美国审判中具有广泛而深厚的影响。美国法律实用主义并非衍生于哲学实用主义,其源头可能是十九世纪对自然法的信仰以及随之而来的对宗教信仰的丧失,特别是和科学在认识世界和改造世界方面取得了很大成功,科学世界观得以迅速崛起。② 美国实用主义的观点和方法很多,但它们背离了强调概念、先验以及逻辑严密性的哲学主流方法论。它们在本质上属于经验主义,但是它们倡导的是更为激进的经验主义,根据命题的可观察性后果而不是根据其逻辑经历来评判命题。换言之,它们提倡把科学方法扩展到所有研究领域。③

受皮尔士影响,威廉·詹姆士将心理因素加入到真理理论中。他认为真理是生活的先决条件,但真理并不是静止的观念或者判断,真理是一个过程,一个事件,在此过程中,人们通过真的思想获得了真理的对象,最终使得"观念与实在相符合"。例如一个人在森林迷路了,他发现了牛走的痕迹,他随着这一似乎是牛的痕迹走。如果他对了,他就得救了,否则他就饿死在树林中。他的基本结论是"观念之为真,因为它有用"或者说"观念之有用,因为它为真"。④

法律实用主义的代表霍姆斯对法律和公共政策持非教义的、思想开放的、实验主义的进路。霍姆斯有一个看法是:在疑难案件中,法官制定法律,参考司法决定的可能的社会和经济后果;法官对这些后果的直觉,而不是常规司法意见中展示的抽象道德原则和正

---

① 参见赵敦华著:《现代西方哲学新编》,北京大学出版社2010年版,第53页。
② 参见〔美〕理查德·波斯纳著:《法官如何思考》,苏力译,北京大学出版社2009年版,第213页。
③ 参见〔美〕理查德·波斯纳著:《法官如何思考》,苏力译,北京大学出版社2009年版,第211页。
④ 赵敦华著:《现代西方哲学新编》,北京大学出版社2010年版,第55—56页。

式法律分析,推动了法律变化,并使法律成了今天这个样子。①

霍姆斯的思想对于美国哲学实用主义产生了很大影响。美国实用主义大师约翰·杜威就受到霍姆斯法律实用主义的影响,他提出法官和律师不要把法律决定当做是从给定的规则中演绎出来的,而要将视角转向法律决定的后果,并相应塑造法律。杜威提倡的是一种向前看的、经验的甚至是政治的进路,与传统的法律思想家向后看的三段论进路完全不同。②

杜威在二十世纪五十年代去世后,实用主义一度受到冷落,但 20 年后,理查德·罗蒂再次复兴了美国的实用主义。他提出了一个重要概念——"钵中之脑"——认为在表征过程中,必要条件或首要条件是意向。③ 换言之,思想是具有意向性特征的东西,思想能指称客观事物;但是客观的东西却缺乏"意向性",尽管思想的意向性要通过心灵对于客观事物的运用而得到。④ 所以,被使用的语言并不能真实地指称或表征任何外部事物。整个感觉系统、发送给神经末梢的活动信号,以及由"语言输入规则"同作为输入信号的感觉材料等相联系的、由"语言输出规则"同作为输出信号的活动信号相联系的思想,不管是以语言为中介,还是以概念为中介,同特定外物没有什么联系。认为"钵中之脑"指称外部事物,那是没有任何科学根据的。⑤ 事实上是存在着的某种范式建构了这种联系。例如我们相信

---

① 参见〔美〕理查德·波斯纳著:《法官如何思考》,苏力译,北京大学出版社 2009 年版,第 212 页。
② 参见〔美〕理查德·波斯纳著:《法官如何思考》,苏力译,北京大学出版社 2009 年版,第 212 页。
③ 参见〔美〕希拉里·普特南著:《理性、真理与历史》,童世骏、李光程译,上海译文出版社 1997 年版,第 7 页。
④ 参见〔美〕希拉里·普特南著:《理性、真理与历史》,童世骏、李光程译,上海译文出版社 1997 年版,第 7 页。
⑤ 参见〔美〕希拉里·普特南著:《理性、真理与历史》,童世骏、李光程译,上海译文出版社 1997 年版,第 19 页。

桌子上有水，预设我们所用的"水"一词实际指称水，其实是我们依赖于某些"范式"的实际性质，依赖于我们同这些范式的直接或间接的因果关系。① 而那种认为真理是某个真实存在的嫡系的客观摹写的观念，经过康德等人的批判，早已经土崩瓦解了。② 罗蒂展现了对现代性根据进行反思的新思路，其中关于中介因素和"语言输出规则"足以提醒我们，在犯罪论中应当关照语言学发展在犯罪证成模式中的地位。

和流行的观念不同，普特南认为科学不是"价值中性"的。③ 他说，当我们说科学试图构造一个真实的世界图景时，这个陈述本身是一个真陈述，科学的目标只有通过隐含在科学之内的合理的可接受性标准才能获得实质内容。与本体论世界相反，经验世界是依赖于我们的合理可接受性标准的，因此我们的方法要依赖于我们的世界图景。但是在另外一方面，经验世界对于我们的合理可接受标准也存在依赖。我们即使要有一个经验世界，也必须有合理的可接受标准。④ 但是，他并不认为合理的可接受性本身仅仅是主观的。和罗蒂一样，普特南提出了现代性转向中的问题，但他揭示了从真理到合理转向的一般原因，这为现代之后法哲学"主体间性"理论提供了一套特别的哲学根据。

虽然科学观对于实用主义具有推动意义，但随着科学的兴起，人们开始意识到，许多问题并不能用精密科学的方法来解决，意识形态

---

① 参见〔美〕希拉里·普特南著：《理性、真理与历史》，童世骏、李光程译，上海译文出版社1997年版，第48页。
② 参见〔美〕希拉里·普特南著：《理性、真理与历史》，童世骏、李光程译，上海译文出版社1997年版，第139页。
③ 参见〔美〕希拉里·普特南著：《理性、真理与历史》，童世骏、李光程译，上海译文出版社1997年版，第145页。
④ 参见〔美〕希拉里·普特南著：《理性、真理与历史》，童世骏、李光程译，上海译文出版社1997年版，第145页。

问题和道德问题是最明显的例子。① 例如对神圣王权的信仰,来自于信仰一个人格上帝和来世而来的安慰,相信一贯正确的教会和神定的社会秩序中的人所得到的安慰,这一点明显地说明了信仰的重要性。简言之,自恋的自我满足和社会调节是产生这种信仰的真正决定因素。②

(二) 美国实用主义犯罪论体系

我们经常将英国法和美国法置于同等地位加以评价,所以在很多时候我们习惯于称普通法系为英美法系。当然,其中的差异还是存在的。这主要体现为美国受到启蒙运动的影响,在十八到十九世纪经历了和欧洲一样的发展转型,也就是将立法中心从法院转向了立法机关,从而在总体上使得三权分立的政治格局表现得更为显著。所以在美国也一度尝试着开展了法律编纂运动。但是,美国法律编纂运动的效果并不尽如人意,也没有彻底清除普通法的影响。一个明显的现象就是,一些州虽然通过并颁布了所谓的"接受"法令,接受了普通法上的犯罪,使得这些犯罪成为该州刑法的一部分。但在法律解释中也保留了普通法的效力,除非制定法有相反的界定。③ 所以,从历史的角度来说,美国刑法渊源于英国;而从法的起源上来说,美国和英国一样,都属于法官造法。就美国国内法律的布局及其发展来看,美国最初的十三个州和后来的很多州也都采用了英国法作为自己的法律。可见美国刑事司法和英国刑事司法具有密切的难解难分的血缘关系。美国也采取陪审团审理具有重大争议的刑事案件,因此,美国刑法中的犯罪论体系和英国刑法中的犯罪论体系基本

---

① 参见〔美〕希拉里·普特南著:《理性、真理与历史》,童世骏、李光程译,上海译文出版社1997年版,第161页。
② 参见〔美〕希拉里·普特南著:《理性、真理与历史》,童世骏、李光程译,上海译文出版社1997年版,第168页。
③ 参见〔美〕约书亚·德雷斯勒著:《美国刑法精解》,王秀梅等译,北京大学出版社2009年版,第26页。

相同，也分为三个部分：第一是犯罪行为；第二是心理态度；第三是抗辩事由。

但是，美国犯罪构成论体系在理论上也表现出和英国犯罪论体系的细微区别：首先是确定犯罪行为的时机。在美国刑法中先要确定行为。之所以先确定犯罪行为，是因为美国法律界秉持了刑法只惩罚行为而不惩罚思想这个重要原则。美国实用主义的刑法学者对此的解释是：第一，从实践角度看，难以区分"变幻莫测的白日梦和能给社会造成威胁隐患的特定意图"；第二，在一个崇尚个人自由的社会，刑法的适用应该限制在已经发生或受到严重威胁的情形之中，而不是简单地为了"净化思想和改造品格"；第三，拒绝惩罚单纯的思想是建立在报应主义的原理之上的，惩罚只有犯罪意图而没有犯罪行为的人，在道德上站不住脚。[①] 可见，虽然做法一样，但是其背后的精神已经具有强烈的美国气息。美国刑法对于犯罪心理的要求比较迟缓，美国在很长时间并不要求犯罪成立时需要心理状态。因为在英国古代法中，刑事责任仅仅建立在证明实施了犯罪行为的基础上，行为人在造成了社会禁止危害时的心理状态与此无关。但到十三世纪时，英国法院开始要求证明被指控的犯罪人具备一个犯罪的心理状态。[②] 最终受英国法的影响，美国学者意识到："'犯罪心理'的要求有助于促进我们成为有道德的人的意义和价值。"美国法庭也提出："只有造成的危害是由犯罪心理引起时，这种危害才能构成犯罪。这一概念不是地区性或短暂性的，它在成熟的法律制度中是一个普遍和持久的概念。"[③] 由此，犯罪心理开始成为美国犯罪构成的要件。但直到二十世纪之后，犯罪心理的概念才开始深深植入美国刑法中。

[①] 参见〔美〕约书亚·德雷斯勒著：《美国刑法精解》，王秀梅等译，北京大学出版社2009年版，第76—77页。

[②] 参见〔美〕约书亚·德雷斯勒著：《美国刑法精解》，王秀梅等译，北京大学出版社2009年版，第106页。

[③] 〔美〕约书亚·德雷斯勒著：《美国刑法精解》，王秀梅等译，北京大学出版社2009年版，第106页。

但是实用主义存在明显的理论缺陷,这也导致在美国刑法实践中,一些犯罪构成要素的认定和区分往往会面临困境,其中最困难的是犯罪心理。弗莱彻就注意到:"没有什么比拉丁文'mens rea'含义更模糊的术语了,它一度困扰着英美法系的刑法。"同时霍姆斯也说:"犯罪心理最棘手的问题就在于无法准确理解什么是犯罪心理。"它"如同变色蜥蜴一样,因为变色蜥蜴在不同的环境中表现出不同的颜色。"①

三、功利——实用主义犯罪论体系的启示

如前所言,重视逻辑还是重视经验成为大陆法系和英美法系理论的一道分水岭。总体而言,大陆法系学者崇尚逻辑,多对递进式犯罪论体系情有独钟;而英美法系对于逻辑总体上怀有疑问,偏重经验,因而根据实践流程总结出抗辩式犯罪论体系。崇尚德国理论、重视逻辑的思路在我国当前的犯罪论研究中表现出较为强劲的势头。据此,我们可以对这种偏重逻辑、忽视经验和实用的观点,在如下方面加以调整:

(一)逻辑与经验

不重视逻辑并不意味着可以抛弃逻辑。在英美法系中,的确有些学者不看好逻辑的价值。海斯伯利勋爵就说过:"每个案件都只对它实际判决的问题有约束力。我觉得,并不能将适用于依逻辑推演而得出来的主张中……法律根本就不总是讲究逻辑的。"②有的学者甚至将对逻辑的蔑视视为英国法的一个优点。雷久思教授有言:"总体来说,(他说)英国律师和学者认为不讲逻辑几乎是一个优点,并且

---

① 〔美〕约书亚·德雷斯勒著:《美国刑法精解》,王秀梅等译,北京大学出版社 2009 年版,第 107 页。

② 〔英〕P.S. 阿蒂亚著:《英国法中的实用主义理论》,刘承韪、刘毅译,清华大学出版社 2008 年版,第 7 页。

将这一优点直接归功于他们的法律;'讲究逻辑'是一个古怪的大陆法实践,注重常识的英国人是不会冒险沉溺于'讲究逻辑'这样的大陆法实践的。"①但这并不等于所有的学者都否定逻辑的重要性。霍姆斯说过:"法律的生命不在于逻辑,而在于经验。"②也有些人将此理解为他抛弃了逻辑,事实却并非如此。霍姆斯在自己的论断中并没有抛弃逻辑,而是为逻辑的存在保留了一定的立足之地。就如有的学者所说:"霍姆斯关于法律'经验'与'逻辑'的名言,其精义在于,普通法的发展主要得益于经验而不是逻辑;在法律适用中,当经验与逻辑发生冲突时,逻辑服从经验而不是相反……"③麦克米兰勋爵也坦言:"你的权威地位并不必然有助于英格兰法的合理化。""只要你愿意,你完全可以包容和认可非逻辑性(illogicality),英国法有这样的宽容(tolerance)、度量(magnanimity)和倾向(readiness)。也正是英国思想的此种典型特征,才使得英国一直保持自己的影响和力量。"④特别应注意的是,对于经验和常识的高度信赖以及对逻辑和理性的不太重视,反而促使英美法学者以一种不是十分复杂、过分体系化的犯罪论体系去解析犯罪构成的逻辑结构。在英美刑法理论中,很难看到完全一致的犯罪论体系。在笔者所掌握的文献中,可以看到不同的模式,例如:⑤

1. Loewy 模式,他在具体犯罪之后讨论其构成部分,依次从以下

---

① 〔英〕P. S. 阿蒂亚著:《英国法中的实用主义理论》,刘承韪、刘毅译,清华大学出版社 2008 年版,第 8 页。
② 〔英〕P. S. 阿蒂亚著:《英国法中的实用主义理论》,刘承韪、刘毅译,清华大学出版社 2008 年版,第 7 页。
③ 高鸿钧等主编:《英美法原论》(上),北京大学出版社 2013 年版,第265 页。
④ 〔英〕P. S. 阿蒂亚著:《英国法中的实用主义理论》,刘承韪、刘毅译,清华大学出版社 2008 年版,第 8 页。
⑤ 依次参见 A. H. Loewy, *Criminal Law in a nutshell*, West Publishing, 1975;Jonathan Herring & Marise Cremona, *Criminal Law*, Macmilllan Press Ltd, 1998(2nd);Steven L. Emanuel, *Criminal Law* (3d Edition), Emanuel Publishing Corp, 1992; Nicola Padfield,*Criminal Law*, Butterworths, 2000,目录部分。

内容展开论述:(1)犯罪意图,(2)犯罪行为,(3)犯罪未遂,(4)共谋,(5)辩护事由。

2. Herring & Cremona 模式,他们将犯罪成立的一般条件分为:(1)客观要件,(2)心理要件,(3)因果关系,(4)严格责任和代理责任,(5)具体犯罪,(6)辩护事由,(7)犯罪中的共犯关系,(7)不完整罪。

3. Emanuel 模式,他将犯罪的构成分如下内容依次论述:(1)犯罪行为,(2)犯罪心理态度,(3)心理和行为与结果之间的一致性,(4)因果关系,(5)责任,(6)辩护事由,(7)犯罪未遂,(8)共谋,(9)同谋和唆使,(10)具体犯罪。

4. Padfield 模式,他将犯罪的构成依次分为:(1)犯罪行为,(2)犯罪心理状态,(3)能力耗弱的状态,(4)一般辩护事由,(5)共谋,(6)不完整犯罪,(7)具体犯罪。

可见,英美法系刑法学者对犯罪构成论的模式和地位,全然没有一致的做法,其中既存在一般犯罪构成论和具体犯罪的顺序的不同意见,也存在客观要件和主观要件顺序的意见,但从总体上看,英美法系刑法理论遵循的是抗辩式,即"犯罪—辩护事由"的次序,从控诉和辩护两方面来完成对犯罪的确定,即一个符合犯罪要件的行为,尚不得被认为是犯罪,还必须看它是否具有辩护的事由以及辩护事由的性质。我们也可以这样理解:(1)犯罪的构成包括行为事实(行为、因果关系等)和心理态度,在心理态度中,除了法律有明确规定的四种罪过外,还补充性地包括严格责任和代理责任两种情形。(2)犯罪的辩护事由,主要是在诉讼中提起的作为犯罪不成立以及免除或减轻罪责的事由,包括正当化事由和宽恕事由。

当然,他们自然会依照裁判的程序和要求提出在不同审判环节需要审查的事实和内容,这就是抗辩式体系的现实基础。最终理性与经验的对决并未分出胜负,就如抗辩式体系和递进式体系同样有效一样。

(二)理性与逻辑

犯罪论体系的建构既不可能完全依赖理性和逻辑,也无法摒弃经验和常识。一方面,在现代法律生活中,完全不顾逻辑的建制是不可想象的事态。德夫林勋爵曾公允地说:"普通法包含了很多非逻辑的东西,尤其在表面上更是如此。但是如果完全不讲逻辑,任何法律系统都不可能有效运转。"[1]但是,很多时候,我们依靠一些基本常识完成了逻辑推理。逻辑推理能力并不是只有接受过严格法律训练的人才具有的一种能力,普通人也具有逻辑思维能力。而且普通人的逻辑推理能力未必比受过法律训练之人的逻辑推理能力差很多;另一方面,建立逻辑推理的大、小前提在很多时候是没有经过逻辑推理的,而这些大、小前提的形成对于最终的结论至关重要。很多时候大、小前提是依赖非逻辑的方式立证出来的。再次,背后还有所谓法律良知的问题。在此意义上,一味强调逻辑而忽视目的导向,是一种漫无目的的做法。当然在恶的观念下,逻辑推理也可能异化出一种非合理的结果。据此,讲究逻辑的确不应成为法律自诩的生存技能。

(三)常识与实效

在犯罪论体系的建构过程中,有必要为常识和经验保留一定的空间。我们都承认,经典普通法理论的内容可以简单归纳为三个核心概念,即:习惯、理性和历史。[2] 这个概括十分精准。的确,历史不仅是经典普通法理论中最核心的词语,而且还是普通法的生命所在。

首先,普通法的法律渊源直接表现了历史和习惯。普通法尊崇先例是尊重习惯的最充分体现。由于习惯形成于实践,要受实践的

---

[1] 〔英〕P. S. 阿蒂亚著:《英国法中的实用主义理论》,刘承韪、刘毅译,清华大学出版社2008年版,第8—9页。

[2] 参见高鸿钧等主编:《英美法原论》(上),北京大学出版社2013年版,第51页。

不断检验。① 所以,先例是经历史检验而得来的,可见没有经历历史的沉淀,就不会有普通法;离开了历史,普通法在时间维度上也就失去了存在的基础。② 正是在历史的长河中,普通法才能将社会生活中逐步形成的规则提炼为法律规则,这些法律规则也只有经由漫长、持续不间断的历史发展,才能被法律人发现并且固定下来。而所谓理论权威甚至政治权威对于法律规则的建构全然无效。只有理解这种事实,我们才能更深刻地领会经典的普通法理论的如下观点:普通法来源于社会生活,是民众生活习惯、规则的长期积淀,它反映的不是某个人或某些人的意志,而是整个英格兰社会长久的生活规律,是对英格兰社会现实的长期历史记录。③ 可以说,历史和习惯是相互依存于英美法中的两个灵魂。历史提炼和发展了习惯,习惯展现了历史的演变。

其次,经验也可以上升为理性。经验主义支撑的英国法并不代表它无理性可言。柯克说:"理性是法律的生命,而普通法不是别的,它本身就是理性。"④普通法本身被视为某些为民众所分享的价值信条的体现或对这些信条的表述,是有关理性和美好的观念。普斯特玛认为,普通法原则不是由理性赋予的效力,而是一个理性推理过程的产物。⑤ 普通法理论认为,普通法不是因符合某些外在的标准而变得理性或符合理性;而是它本身就是理性,是对理性、公正、合理性、善好观念的表述和体现;或者退一步说,即使它不是理性本身,那

---

① 参见高鸿钧等主编:《英美法原论》(上),北京大学出版社2013年版,第62页。
② 参见高鸿钧等主编:《英美法原论》(上),北京大学出版社2013年版,第51页。
③ 参见高鸿钧等主编:《英美法原论》(上),北京大学出版社2013年版,第51页。
④ 高鸿钧等主编:《英美法原论》(上),北京大学出版社2013年版,第54页。
⑤ 参见高鸿钧等主编:《英美法原论》(上),北京大学出版社2013年版,第55页。

也是对理性的表述。① 十七世纪以来,英国理性主义主要表现为经验主义,其发展颇具特色。十七世纪的主要代表有培根、霍布斯、洛克,十八世纪的代表有贝克莱、休谟,到十九世纪以后,其代表人物有斯宾塞、达尔文、高尔顿,这些哲学家继承了大陆理性主义的传统,发展了英国文化,所以有学者将他们归入理性主义,说"他们的思想维护了英国理性主义的哲学传统。"②

再次,常识并不等于非理性,但常识中存在理性的朴素因子。在我们的人生中,每个人一般会经历两种完全不同的生活:一种是所谓的感性生活,一种是所谓的理性生活。如果说理性和感性是对立的话,那么理性和感性的分类本身就不全面。而英国学者将所谓的感性生活和理性生活分为:冲动生活(a life of impulse)和反思生活(a life of reflection)。前一种生活是通过事物和社会情感表现的,后一种生活则是体现在宗教、科学和摹仿性艺术中的。一般而言,假如理性的生活能够臻于完美,理智将立刻成为普遍的实践方式,并获得持续不断的回报。这样,一切反思活动都能应用于行动,而一切行动也都会获得美满的结果。③ 我们也倾向于认为,真理自然是存在的,真理拒斥现实或精神的存在。我们还将真理等同于冷静的理智,后者的唯一任务就是不带任何立场、感情以及传递活动而获取一切真理。④

正因如此,因为在英国学者眼中,理性和习惯也具有密切联系,他们甚至提出了"常识理性"这样的概念。当理性给予兴趣本身一种更好形式时,它由此巩固并繁衍了自身,也有可能保证自身最终

---

① 参见高鸿钧等主编:《英美法原论》(上),北京大学出版社2013年版,第55页。
② 曾跃霞、郑传芹:《英国哲学的经验主义传统》,载《武当学刊》1997年第3期。
③ 参见〔美〕乔治·桑塔亚纳著:《常识中的理性》,张沛译,北京大学出版社2008年版,第4页。
④ 参见〔美〕乔治·桑塔亚纳著:《常识中的理性》,张沛译,北京大学出版社2008年版,第20页。

得到满足。赋予这种形式的质料始终是非理性的;这样理性就和所有的优秀事物一样,是一种隶属的、相对的东西,它有待一种自然的存在来占有或赋予。当确定的兴趣受到认可,事物的价值标准由此得到衡量,同时行为也与这种衡量协调运作,理性就诞生了,而一个精神的世界亦随之崛起。①

最后,犯罪论体系的建构必须注意其社会实效。总体上说,人类的观念是感性的、琐碎的,它们难免要随着人类头脑中的一些偶然的想法而不断变化,而且除了个人的感知和经验之外并不表象任何东西。有时候,激情也会支配我们,并产生巨大魅力。因此,在我们的法律生活中,丝丝入扣的语言、热烈奔放的神话和沉湎于无限的形而上学观点,在展现出惊人的力量。② 但是我们如果把理智视为必需的因素,就是十分不理性的。首先是因为在人类社会中经常可以发现,一些人可能会因具有较充裕的理智而能够愉快地享受理性带来的成果,但也有一些人却往往因为自己拥有太多的理智带来的思维张力而焦躁不安;其次是因为我们必不可免地要遭遇到种种非理性事情,当各式各样的理论致力于发现事物中的理性而忽略这些非理性的东西时,这个时候是十分危险的。③ 为此,理论研究完全需要运用功利主义理论,把苦乐系于观念之上,从而使之成为可以预测行动的要素。在这个方面,可能有无数种方法摆在我们面前供我们选择,但理智方法只不过是其中的一种,经验却是英国人最为倚重的一种方法。它也是促使经验朝向理性所迈出的重要一步。④ 再如犯

---

① 参见〔美〕乔治·桑塔亚纳著:《常识中的理性》,张沛译,北京大学出版社2008年版,第36页。
② 参见〔美〕乔治·桑塔亚纳著:《常识中的理性》,张沛译,北京大学出版社2008年版,第41页。
③ 参见〔美〕乔治·桑塔亚纳著:《常识中的理性》,张沛译,北京大学出版社2008年版,第180页。
④ 参见〔美〕乔治·桑塔亚纳著:《常识中的理性》,张沛译,北京大学出版社2008年版,第45页。

罪类型之间界限此类的标准问题,在大陆法系国家或许是一个重要的技术性问题,在英美法系国家或者地区,这个问题虽然同样很重要,可是,它获得了较为妥善的解决。这在很大程度上得益于英美刑法实践获得了一种与大陆法系完全不一致的哲学范式——实用主义哲学——的支持。这个哲学范式标注着"实用"二字,因此,它肯定务求以贴切现实需要的方法来解决问题。

当前世界文化彼此交融,相互学习的趋势日益明显。以美国实用主义为例,它不仅在美国很有市场,连欧洲著名的哲学家哈贝马斯也成为忠实的追随者。哈贝马斯承认美国实用主义给他启发很大。哈贝马斯的"交往理性"和"商谈理论"构成现代之后的法律理论范式,不得不承认美国实用主义在解决现代社会复杂问题中的贡献。正视这种贡献将迫使我们拓展犯罪论的研究视野,不要一味只关注德日理论在形式上的"美感"。哈贝马斯对于实用主义的重视,本身也是值得我们注意的,因为哈贝马斯的"商谈理论"构建了现代之后的政治学和法学范式,前述德国犯罪论变化和交谈责任论就有"商谈理论"的影子。科学促进了实用主义的发展,也给予实用主义特别的科学论证,这至少可以得出如下几个结论:第一,犯罪论体系不能以逻辑性作为唯一科学标准,社会有效性也是检验犯罪论体系的一个重要向度;第二,常识本身隐含着逻辑性,因此不能将常识和经验与逻辑性和理性对立起来,恰恰相反,应当挖掘存在于常识和经验中的理性;第三,德国犯罪论体系选择并不是我们唯一的选择,我们还可以选择英美犯罪论体系,也可以在英美和德国之间开创一种新的理论体系。

四、抗辩式犯罪论体系的优点

(一)抗辩式犯罪论体系的结构性特征

经过上述论证,我们可以为抗辩式犯罪论体系总结出如下几个明显的特征:

第一,裁判依据的具有历史延续性。裁判的依据主要是裁判者做出裁决的法律渊源。在这一点上英国法和大陆法系有很明显的区别。在大陆法系国家和地区,法律是主权者意志的体现,当然其中不可避免地也包含了法学家的意志。因为大陆法系认为人的意志具有确定性,可以较为全面地表达社会需求。但是,普通法却否认这种人为意志的确定性。因此,与大陆法不同,普通法没有将自己的权威和合理性建立在"意志"的基础上,而是诉诸历史。它们相信,真正合理的东西,应该是历史积淀并经过实践反复检验而留存下来的,而不是某个人或某些人临时意志的产物。① 在普通法系国家或者地区,除了为数不多的法律史学者之外,作为普通法实践之主体的法官、律师、法学家和民众很少有通过历史考证来求得法律之真义的。在他们看来,继承历史的主要方式不是历史学家的考证和叙述,而是民众和法律人对社会实践的参与及对过去经验的尊重和继承,遵循先例是其最好的体现。② 这种制度的好处也是值得重视的,因为普通法是法官之法,加之普通法法官事实上已经构成了一个具有很强独立性的职业共同体,因此不管国王退位、下台还是死亡,也无论王朝如何更迭,经历普通法传统洗礼的普通法职业阶层总是能一脉相承地延续下来。结果因为普通法职业共同体的地位很稳固,所以普通法就基本上没有遭遇过类似于法典那样的断裂式变化。③ 从而使得普通法彰显出法典所意想不到的稳定性和连续性。

第二,裁判结构具有开放性。普通法的开放性不仅体现在犯罪构成体系上,而且通过裁判模式也得到情景化和具体化的表现,这就是陪审制。陪审制由若干名陪审团成员组成,他们往往没有接受过

---

① 参见高鸿钧等主编:《英美法原论》(上),北京大学出版社2013年版,第68页。
② 参见高鸿钧等主编:《英美法原论》(上),北京大学出版社2013年版,第67页。
③ 参见高鸿钧等主编:《英美法原论》(上),北京大学出版社2013年版,第69—70页。

专门的法律训练,缺乏专门知识。这在大陆法系是十分明显的问题,但在英美法系,这反而成为一个优点,因为他们对于证据和事实的把握在很大程度上取决于常识,克服了所谓法律精英的固有毛病,从而保证了结果的可接受性。陪审团实际成为普通的法律受众的缩影,他们做出的裁决一般会受到普通民众的认可。在此意义上,我们可以说陪审制实际上是沟通平民(普通民众)和精英(普通法法官)之间的一座桥梁,使得作为精英的法官们能够了解普通民众的法律智慧。普通法既是普通法法官的法律,也是民众的法律,是"草根和精英结合的产物"。①

第三,裁判方法具有高度的实用性。在裁判方法上,英国法与大陆法系的构造在深层次上有所区别,而不仅仅是表面上互有不同。这种差异促使英国法最终不得不选择具有较强实用性的裁判方法。这种深层次的区别可以归纳如下:普通法实践方法的主要武器是经验,而不是逻辑推理。英国著名法律史学家黑尔坚持认为,普通法是"长期经验"的结晶,因而是"公正和优良"之法。英国法的历史性体现了重视经验的特征;与之相反,大陆法系主要是"理性建构的产物"。它更重视系统性和逻辑性,一切与逻辑相悖的法律制度和规则,都被斥之为非理性。② 正因如此,普通法建立在习惯这样一个极其重要的支柱之上。加之裁判陪审团式的裁判模式,导致裁判面向公众开放,英国法发展出一套较为实用的方法便成为必然。一方面,英国法律人排斥与厌恶一般理论和抽象教义,这也成为英国法特征之一。③ 结果,在英国裁判中,经常出现这样的场景:绝大多数法官并不信赖任何权威的法学著作,也不像美国同行那样,在判决中引用

---

① 高鸿钧等主编:《英美法原论》(上),北京大学出版社2013年版,第72页。
② 参见高鸿钧等主编:《英美法原论》(上),北京大学出版社2013年版,第164—265页。
③ 参见高鸿钧等主编:《英美法原论》(上),北京大学出版社2013年版,第273页。

学术观点。① 另一方面,普通民众担任审判员,他们又没有太多法律知识,所以他们只能接受常识。常识是依赖于经验的,不需要过多不必要的论证,所以其裁判方法极其实用。英美刑法学理论结构便是对此最好的注解。

第四,裁判结果具有高度的社会适应性。裁判的开放性和裁判方法的实用性,使得英国法俨然具备了后代社会所强调的对话与论证架构,其裁判结果也更容易获得普通民众的接受和认可,而"获得民众认可"被认为是理解普通法主观历史观的关键。② 其中的道理和其他特征也是一致的,因为对普通法的接受建立在这样一种对其理性和历史恰适性的共同观念之上:不仅每个人都相信这些规则是合理的,是良善和智慧的体现,而且他们都相信其他人也都是这样认为的。民众和规则之间的关系并非单向的,民众在认可规则的同时,其精神气质、生活方式、思维模式、心理预期等也受到规则的形塑和影响。③ 结果,普通法具有高度的社会适应性,它可以适应不同时代、不同空间、不同文化传统。今天我们可以看到,英国法律事实上也产生了和法国法律一样的影响,在美国、澳大利亚等国得到了普及。其中最值得我们重视的是,普通法并不是以自己既有的规则来取代殖民地本土的规则,而是将此二者都作为自己解决当地案件的"资料来源",吸取各自的所长,抛弃各自不合理或不适应当地情况的部分,重新冶炼出一套适合当地且合理的、新的普通法规则。④

经验主义从理性主义中分流出来,虽然对于理想犯罪构成理论

---

① 参见高鸿钧等主编:《英美法原论》(上),北京大学出版社2013年版,第273页。
② 参见高鸿钧等主编:《英美法原论》(上),北京大学出版社2013年版,第61页。
③ 参见高鸿钧等主编:《英美法原论》(上),北京大学出版社2013年版,第62—63页。
④ 参见高鸿钧等主编:《英美法原论》(上),北京大学出版社2013年版,第73页。

体系的建构乏善可陈,缺少积极意义,但是它对于历史的尊重、对于传统的遵循、对于常识的尊崇,极大限度地束缚了法律思想的任意妄为,有效避免了理性主义者大开刑法杀戒所制造的骇人听闻的血腥事件。对于理性主义者法学家而言,他们不仅要牢记"法国大革命"的历史教训,还要切记在十一世纪和十二世纪所发生的将乞丐当成狼人、将犹太囚徒们当成吸血鬼的历史教训。

(二)抗辩式犯罪论体系的类型化特征

英美刑法抗辩式犯罪论体系不仅在结构上具有值得我们学习的地方,在具体判断事由的体系中还表现出明显类型化特征。这个特征经由抗辩事由得到了直观表现。

1. 抗辩事由概述

陪审团裁判模式中的英美刑事审判凸显了抗辩事由在犯罪构成中的地位。在英美刑法理论中,一个人只有同时具备了行为和心理态度两个方面的基本要件,才能承担刑事责任。前者属于客观或者外在的犯罪要件;后者属于主观或者内在的犯罪要件。但是,这两方面的要件只是必要而非充分,因为最终刑事责任的认定还必须排除特定的免责事由或者正当条件,①即不存在刑事抗辩事由(criminal defenses)。

一般而言,刑事抗辩事由包括正当化事由(justification)和宽恕事由(excuse)。既然是两种事由,那么它们在内涵上、外延上以及在刑法中的机能显然是不同的,但现实问题在于,"就目前的法律现状而言,任何试图将辩护理由分为正当性辩护理由或可宽恕性辩护理由的尝试都是不成熟的。"②由于辩护事由难以区分的观点可见于当前颇为全面和优秀的一部英国刑法译本,所以它难免引起一些误

---

① 参见 George Mousourakis, *Criminal Responsibility and Partial Excuses*, Athenaeum, 1998, p. 5。

② 〔英〕J. C. 史密斯、B. 霍根著:《英国刑法》,李贵方译校,法律出版社 2000 年版,第 217 页。

解,让人误以为在英美刑法中不存在正当化事由和宽恕事由的区别。其实不然,上述观点只是一家之言;因为在英美刑法理论中,还是有相当学者主张将两种辩护事由区别开来的。

2. 刑事抗辩事由的区别

普通法在实践中从很早就意识到要区别两种事由,这一点在杀人罪中有明显的表现。① 在理论上,弗兰西斯·培根是英国最早论述正当化事由和宽恕事由区别的学者。在研究他所谓的"保护生命之必要"问题时,他举了三个例子:当行为人极其饥饿而盗窃时;或者当囚犯乘监狱发生火灾而逃走时;或者当两个落难者在海中争夺一个浮板,一个将另一个推下水时。培根认为第一个和第三个属于可宽恕的辩护事由,第二个则属于正当化的辩护事由。② 可惜的是,他没有提出足够充分的理由来论证如何区别这两种抗辩事由。在现代英美刑法理论中,大多数观点也是将正当化事由和宽恕事由进行区分的。如"在考虑辩护时,它能有效地分为正当化事由和宽恕事由。正当化的要求就是表明行为在所有环境中都是被允许的。它不一定是道德上被赞同的行为,但必须是法律所许可的。正当化事由不否定受害人有问题,但是表明有抵消性的环境使得行为有正当可能……另一方面,宽恕事由要求承认行为是不正当的,但是认为在当时条件下,被告不应当受到有关的刑事责难,行为是可谅解和可宽恕的。"③我国学者储槐植教授也认为,正当理由相当于大陆刑法的违法阻却事由;宽恕事由相当于大陆刑法的责任阻却事由。④ 这些见解,从不同的侧面说明,刑事中的正当化事由和宽恕事由存在着区

---

① 参见 George Mousourakis, *Criminal Responsibility and Partial Excuses*, Athenaeum,1998, pp. 14–15。

② 参见 George Mousourakis, *Criminal Responsibility and Partial Excuses*, Athenaeum, 1998, p. 15。

③ Jonathan Herring & Marise Cremona, *Criminal Law*, Macmilllan Press Ltd, 1998 (2nd), p. 269.

④ 参见储槐植著:《美国刑法》,北京大学出版社 1996 年版,第 89—90 页。

别。综观英美学者的观点,要区别两种辩护事由的主要原因,体现在如下几个方面:

第一,区分两类事由是由刑法的目的和价值决定的。由于刑法不仅惩罚犯罪之人,而且强调和突出社会价值及其期待,所以,它应该分别确定行为的道义特征和将特定的人从刑事责任和惩罚下解脱出来的道义基础。在这方面,提出正当化事由就说明同意或者至少允许相关的行为。这样也有助于向社会提出明确的指导性规范,因为将一个辩护事由贴上宽恕的标签时,表明行为人尽管免于责难,但其行为是非法的,应当尽可能避免发生。如果不能正确认识正当化事由和宽恕事由的这种区别,就会给社会传递混乱或者矛盾的信息。

第二,两类事由在本质上会产生不同的法律效果。首先,司法效果不同,在以胁迫和缺乏主观状态为宽恕事由时,一个帮助他人实施犯罪的行为人可能被判为从犯,而在相同案件中的主犯则可能被宽恕。相反,当所有情形一致时,如果主犯的正当化事由被认可了,所有的从犯就应当免于刑事责任;另外还如,不能以暴力抵制司法判决或者国家的权力行为,但国家法律的执行,有时候委之于第三人,那么第三人的行为就是正当的,不能受到暴力抵制。假如一个人用暴力抗拒第三人的合法逮捕,就是不正当的,因为这可能削弱更大的利益。然而,由于宽恕事由并不否定行为的非法特征,所以,一个人可以用暴力对一个可宽恕的侵犯者进行打击。其次,涉及民事的效果不同。一个辩护事由是正当的还是可宽恕的,在涉及经济赔偿时会产生明显不同的后果,宽恕事由不免于赔偿责任,而正当化事由可能不存在向受害者赔偿的问题。最后,区别两者具有帮助完善或者改革刑事立法的效果,[1]因为立法可以将一些比较成熟的辩护事由以法

---

[1] 参见 George Mousourakis, *Criminal Responsibility and Partial Excuses*, Athenaeum, 1998, pp. 13–14; Nicola Padfield, *Criminal Law*, Butterworths, 2000, p. 91; Jonathan Herring & Marise Cremona, *Criminal Law*, Macmilllan Press Ltd, 1998 (2nd), pp. 270–271。

规的形式确定下来,从而克服运用上的严重分歧。由此可见,区别的做法对于实践是必要的。

第三,两类事由适用的前提不同。正当化事由和宽恕事由理论的核心,是禁止性规范和归属性规范的区别。在英美刑法中,刑法规范分为禁止性规范和归属性规范。禁止性规范强调社会成员的一般义务,但在特定条件下,一般义务也应有例外,必须允许存在修正性的规范。作为正当化事由的道义基础的观点,无论是实用主义理论还是非实用主义理论,都反映了这种实践需求。实用主义理论,以罪恶减少原理(principle of lesser evil)为基础,认为在利益不可避免发生冲突的情形下,保护较大利益的行为是正当的,尽管它在一定意义上是有害的,但在当时的条件下,预防更大危害或者保护更优越的社会利益要优先考虑。丧失理论(the forfeiture theory)认为,对不法行为者施加危害是正当的,因为不法行为者放弃了自己的权利。自卫常常以此作为理由。非实用主义理论则认为,如果一个人为了保护自己被认定的权利,就有必要对未经授权的侵犯施加一定危害,因此,预防侵犯有道义上的权利或者许可。① 上述观点都是为正当化事由寻求合法的根据,即认为正当化事由不是非法的,所以,正当化事由是针对一般违反禁止规范的行为,为了在特殊前提下修正为合法行为而提出来。而归属性规范不是修正禁止规范的,它用于对在特定情形下实施的尽管有危害的行为,给予和通常情形下发生的行为不一样的评价,是对那些虽然触犯了法律禁令的行为人,提供法律宽恕基础的特殊规范。与正当化事由不同的是,归属性规范的角色不是引导行为,而是容许在将道义谴责作为法律惩罚先决条件的例

---

① 参见 George Mousourakis, *Criminal Responsibility and Partial Excuses*, *Athenaeum*, 1998, pp. 8–10。

外。① 宽恕也可被视为"对人性脆弱的退让"。②

第四，两类事由的评价对象不同。正当化事由与行为的客观特征有关，而宽恕事由与行为人的主观状态有关。所以，保罗·罗宾逊教授曾简洁明了地说："行为是正当的，行为人是可宽恕的。"③当然，需要指出的是，以宽恕事由为基础的辩护，并非单纯依靠主观认识，它也是以客观要件为基础的。什么是可宽恕的行为环境，通常是由裁判者根据为社会所接受的道德标准和共同认识来决定。不过，法律有一些最起码的限制。比如，在运用胁迫性辩护时，英国法律规定行为人必须当时面临突然而至的死亡或者伤害威胁。

第五，两类事由评价的结果不同。正当化事由与行为的客观评价有关，导致正当化事由的条件被认为与错误的或者不法的行为之前提不同，所以，一个通常被视为犯罪的行为，在正当化事由下，可以被认为是合法的，或者至少也是法律所许可的。而合法的宽恕用于将一个具有刑事责任的人解脱出来，即便他承认自己有犯意。

当然，上述理论只是关于两种辩护事由的抽象原则，而究竟如何从实践上彻底把握它们之间的界限，还是存在一定难度的。其主要障碍是，在道义论述中，授权的行为范围包括那些应当受到赞同和鼓励的行为，以及那些由于人性和环境的相互作用引起的不可避免的结果因而可以谅解的行为。在实践中还有一些重叠现象。比如，判决确定被告防卫过当，那么，被告在正当性辩护失败之后，可以转而寻求部分的宽恕或者部分的正当，前者的理由是当时很难正确估计防卫所需要的力度，后者的理由是防卫不法侵犯的事实足以减轻客

---

① 参见 George Mousourakis, *Criminal Responsibility and Partial Excuses*, Athenaeum, 1998, p. 7。

② 参见 Nicola Padfield, *Criminal Law*, Butterworths, 2000, p. 91。

③ Jonathan Herring & Marise Cremona, *Criminal* Law, Macmilllan Press Ltd, 1998 (2nd), p. 269.

观责任。①

3. 英美法系的刑事抗辩事由与大陆法系刑法的犯罪阻却事由

虽然在实践上存在一些疑难,但是一般认为典型的正当化事由包括自卫和保护他人、保护财产和预防犯罪,这和大陆法系国家的违法性阻却事由的确很相似,但是,大陆法系的违法性阻却事由分为正当行为和紧急行为。前者包括法令行为、业务行为以及其他正当行为(如为社会认可的承诺行为);后者分为正当防卫和紧急避险。此外自救行为和义务冲突属于紧急行为。② 所以,大陆法系的正当化事由内容似乎反倒更为具体,种类更多。

有人认为,有些错误和意外事件不应当作为宽恕事由;有人则提出,如亚里士多德所指出,基于错误的行为应当被当成无意识的,同没有意识或者强迫的行为是无意识的一样。所以,如同无意识行为的辩护一样,应该说错误和意外事件阻却道义和法律责任,因为它们通过否定必要的心理要素否定了被指称的不合法则行为是事实问题。当 A 由于意外射中了 B 使之死亡,A 没有实施杀人行为,因为相关理论要求行为人必须意识到他在干什么。③ 错误在大陆法系刑法中也是责任要素,但是错误以及意外事件可以阻却犯罪是不争的事实,在这一点上,二者应该说是有差别的。它在责任能力方面的表现也是这样的。这或许可以用来解释在美国为何要强制将犯罪的精神病人送往精神病院治疗。在胁迫和必要事由中,行为人主张意志缺陷,说明他认识到自己的所为和意图,但是在当时别无选择,这也是没有选择自由的例证。胁迫和必要的主要区别则是:胁迫的威胁来自于他人;必要的威胁不是来自于人。

---

① 参见 George Mousourakis, *Criminal Responsibility and Partial Excuses*, Athenaeum, 1998, p. 26-27。

② 参见〔日〕大谷实著:《刑法学讲义(总论)》,成文堂 1994 年版,第 256 页。

③ 参见 George Mousourakis, *Criminal Responsibility and Partial Excuses*, Athenaeum, 1998, p. 12。

那么,是否可以认为宽恕事由和责任阻却事由没有联系呢?笔者认为,尽管有一些差别,但是它不能否定宽恕事由和责任阻却事由的相通之处。对此,昆士兰大学乔治教授有比较充分的论说。他认为:在大陆刑法的心理责任论中,只求对于条文形式要件的充足,而忽视不法的不同条件,所以难以寻求上述两者之间的共同点。但是自规范责任论之后,除了考虑心理要素,还要评价行为人的能力和控制行为的可能,因此,可以在此基础上认识宽恕事由和责任阻却事由的共同点。他还认为德国刑法的正当防卫必要分为正当化必要和宽恕的必要。① 这反映出英美刑法理论也在试图和大陆法系刑法理论进行沟通。不过,将正当防卫和必要结合在一起,则与将必要当成宽恕事由的主张相矛盾。规范责任论与心理责任论的主要区别是期待可能性,对此,乔治教授没有明确指出来。

笔者认为,期待可能性正是辩护事由与犯罪阻却事由的契合点。因为正当防卫、紧急避险、责任能力等事由,可以说是以期待可能性思想为前提确立的,而那些没有为成文法所确定的超法规的责任阻却事由,例如胁迫、必要以及错误等情形,都能通过运用期待可能性理论予以合理解决。

我国刑法在总体上属于大陆法系,但是在具体制度上则有独到特点。就犯罪阻却事由而言,立法上包括意外事件、正当防卫、紧急避险以及无责任能力,所以,迄今为止,我们在评价具体犯罪时,还是以心理责任论为理论指导,缺乏对规范问题的评价,刑法判决不能充分实现罪责刑相一致的要求,所以很有必要引用期待可能性理论。而大陆法系期待可能性理论也存在类型化问题,因此,司法实践中借鉴英美法系的刑事抗辩事由,尤其是宽恕事由,具有明显的现实意义。

---

① 参见 George Mousourakis, *Criminal Responsibility and Partial Excuses*, Athenaeum,1998,p. 21-23。

(三) 抗辩式犯罪论体系的可取之处

虽然英美刑法理论体系很杂乱，但是，刑事抗辩事由居于行为事实和心理态度之后，并与之构成抗辩式的体系，这是不争的事实。所以在英美刑法司法中对犯罪的认识和评价，就体现出积极和消极两个层次的犯罪构成。由于社会的复杂性和法律规定的局限性，刑法不能以固定的规范形式对一个行为的性质进行评价，在许多场合，鉴于时间、地点和周围环境的差异性，兼之人们对客观因素认识程度的差异性，形成同类型行为的行为人在不同场合的行为起因的不同。这种犯罪的原因或者根源的不一样，要求刑法评价具有一定的"灵活性"。所以，在犯罪的构成上，形成了积极犯罪构成和消极犯罪构成，后者是对前者的一种修正，是合理化机制在刑法中的体现。在大陆法系刑法中，也有消极的构成事实。不过，两者的区别在于：

第一，大陆法系的消极构成事实由静态的规范决定，不具有开放性；而英美刑法的消极构成事实是在具体的场合讨论的，具有开放性。由于不具有开放性，大陆刑法中存在许多超法规的正当化事由，如果严格从形式上看，这些超法规的事由破坏了刑法的安定性。以体育竞技为例，在我国刑法中，找不到其合法化的形式依据，只得从实质的理由中寻求其合法性根据。这虽然没有不当之处，但问题往往不在于体育竞技刑法中的期待可能性论这样明显的合法场合，而是在一些游走于合法与非法"边缘"的行为类型中［例如因为饥饿而盗窃他人财物（恰巧财物数额较大）］。对此如果处理不当，刑法的人权保障机能就会受到限制。

第二，英美刑法的辩护事由具有积极的社会反应性。在大陆法系刑事司法中，对于犯罪的积极和消极构成事实通常由起诉方进行，辩护方另外还要进行消极构成事实的调查，因此，对消极的构成事实的调查在理论上有重复性。这一方面造成事实上的冲突，一方面也浪费了司法资源，降低了司法效率。但在英美刑法司法中，起诉方调查积极的构成事实，辩护一方对消极构成事实进行调查，两者相互衔接,分工比较明确,因此司法效率也得以提高。

另外在理论上可以考虑的是,由于强调辩护事实,因此辩护方的辩护权也能得到充分保障,从而辩护律师的地位就真正得到体现,这对于我国应该尤其具有现实意义。

第三,辩护事由分类的可取性。辩护事由的地位为展开抗辩提供了坚实的基础,从而丰富了辩护事由的类型。这在一定程度上促使辩护事由的类型化。其中尤其值得我们注意的就是辩护事由分为正当化事由和宽恕事由的意义。区别两类辩护事由,其现实意义主要在于:一是向社会传递不同的司法信息;二是产生不同的刑事司法效果;三是引起不同的民事的效果;四是有助于完善或者改革刑事立法。此外,还应当注意的是,它体现了犯罪认识的层次性和递进性。

区别两类辩护事由造成的法律现象是:一个行为可能不是犯罪;或者这个行为是犯罪,但不受处罚。前者体现的是行为定性问题,后者体现的是行为程度问题,通俗而言,就是有无犯罪和犯罪的程度两个层面的问题。这样的结构,在德日等国刑法体系中是不存在的。德日刑法体系的犯罪构成就是积极和消极的构成事实,但是,消极的构成事实被融合到积极的犯罪构成中,沿着"构成要件的符合性—违法性—有责性"的顺序而被吸收,其中一部分最终可能被忽视,因此,其"三段论"的构成要件将责任大小的评价和犯罪定性的评价混淆了。另外,作为消极的构成事实与积极构成事实的抗辩,英美刑法的辩护事实就在犯罪积极成立的层面之后,深入展开对犯罪个性因素的分析,从而刑法对犯罪的评价完全可以"脱平板化",并形成更生动、更丰富、更深入的评价机制。在最终的责任认定上,后者较为可取。①

第四,宽恕事由的可取之处。辩护事由的分类,使宽恕事由得到了重视。如前文所论,不同法系的刑法对于正当化的事由都有自己的消解途径和方法,但是,由于有些国家的刑法将犯罪的定性和程度

---

① 参见 Nicola Padfield, *Criminal Law*, Butterworths, 2000, p. 91.

评价混淆了,导致行为在刑法上值得期待的可能性大小的问题没有受到必要的重视,因此可能出现不合理的结论。

而宽恕事由是刑法在必要场合"对人性脆弱的退让",①体现出刑法自身的道义谴责的根据。另外,它将一个具有刑事责任的人解脱出来,在他对环境、可能的结果等事实有错误认识、不能意识到或者不能控制自己的所作所为、受到特定的胁迫等场合,免除其刑事责任,同时又不否定他的错误。即"宽恕的要求承认行为是不正当的,但是认为在当时条件下,被告不应当受到有关的刑事责难,行为是可谅解和可宽恕的。"②其合理之处就在于对行为人的行为原因予以客观的评价。

在此特别提及的是,我国一些司法裁判难以令人信服,或者使一般公众对犯罪人产生同情心理,说明判决中有不合理的地方。其中的原因包括:由于观念上的误解,刑法理论不重视犯罪的原因论;基于理论上的缺陷,刑法不能发挥犯罪原因的"个别化"机能。如果借鉴宽恕事由,充分考虑犯罪的原因,在我国当前的社会环境中,应当能产生良好的社会效应,从而有助于刑法发挥它在和谐社会构建中的独到机能。

第三节 耦合式犯罪论体系的发展

一、绪言

俄罗斯犯罪构成论起源于德国古典刑法理论,在苏联时期发生

---

① 参见 Jonathan Herring & Marise Cremona, *Criminal Law*, Macmilllan Press Ltd, 1998(2nd), p. 269.
② 参见童德华著:《刑法中的期待可能性论》,中国政法大学出版社 2004,第 312 页;周光权著:《刑法学的向度》,中国政法大学出版社 2004 年版,第 7 页。

了重大转变,特别是在以特拉伊宁为代表的苏联刑法学者的推动下,形成一个独特的理论体系。我国有学者将俄罗斯的犯罪构成理论与其芭蕾舞艺术相提并论。认为"这些被移植物在俄罗斯人的精心培育下,扎根生长并结出富有俄罗斯特色的艳丽花朵。"①这一体系一直延续至今,依然得到了当今俄罗斯刑法学者的继承,并在新的时代思潮影响下获得了进一步发展。今天,俄罗斯刑法理论(包括犯罪构成论)在我国面临着"去苏俄化"的"声讨",无疑,这种"声讨"总会有许多理由,但是,它们是否具有全面否定俄罗斯刑法理论的客观基础呢?为了解决这个问题,恐怕我们还需要重新考证俄罗斯犯罪构成的理论发展史。下文以特拉伊宁的犯罪构成论为基点,将俄罗斯犯罪构成论的发展划分为三个历史时期,即:前特拉伊宁时期、特拉伊宁时期和后特拉伊宁时期,并依据犯罪构成论背后的社会结构和理论范式对其进行历史的评价和现实的评判。

二、前特拉伊宁时期的苏俄犯罪构成论研究

1861年,俄国发生了农奴制改革。这是俄国历史上的重要时刻,它标志着俄国由沙皇专制制度转向资产阶级君主制。在社会转型中,受十九世纪西欧资本主义发展的影响,沙皇俄国开始了司法改革。1881年,沙皇政府以1810年《法国刑法典》为蓝本起草刑法典。在一定程度上推动了俄国刑法理论的发展。当时有许多俄国刑法学者在德国学成回国,带回了德国当时的刑法理论,如费尔巴哈等人关于犯罪成立的观点。但当时出版的俄国刑法论著也表明,大多数学者接受了费尔巴哈的观点,②以至于宾丁、贝林(格)等人的犯罪构成学说未能在俄罗斯得到发展。在苏维埃革命胜利前夕,俄、德理论对

---

① 薛瑞麟著:《俄罗斯刑法研究》,中国政法大学出版社2000年版,第115页。
② 参见赵秉志、王志祥:《中国犯罪构成理论的发展历程与未来走向》,载《刑法论坛》2009年第3卷。

"犯罪构成"的视角并不一致,德国始终把它理解为"法律构成",将它与刑法规范的处理等同起来;"俄国刑法在解释刑事法律总则的制度时重视的不是犯罪构成,而是作为刑事责任的犯罪。"①

另外,俄国刑法研究中没有对犯罪构成问题的专门书籍或专题研究。其时著名的俄国刑法学者,如塞尔盖耶夫、塔甘采夫(或塔干采夫)、波兹内舍夫和普斯多罗斯列夫等教授,在他们编写的教科书中,对犯罪构成均着墨不多,涅米洛夫斯基教授1918年出版的刑法教科书甚至没有提及犯罪构成的一般学说。当时的俄国刑法学者一般把犯罪构成作为主、客观因素的总和予以论述。如别洛格里茨·科特里亚列夫教授在1883年到1903年期间使用的讲义中指出:所谓犯罪构成,就是那些形成犯罪概念本身的、外部和内部的突出的特征或条件的总和。在此之前,季斯甲科夫斯基也持类似看法。著名学者塔甘采夫教授也提出:"不言而喻,在从法律上研究犯罪行为时,不能仅限于行为本身,而忽略了对犯罪人人身的研究;犯罪人的特征和品质,决定着归罪的条件,并影响到量刑,譬如在再犯、未成年等情况下……但是,不难看出,这种犯罪人人身之所以属于刑法研究的范围,只是因为它表现在犯罪行为中,而且正因为它表现在这种行为中。"②

在这种思想的主导下,在当时,刑法学者关于犯罪构成的要素也大致一样。如塔甘采夫1874年提出犯罪构成的要素包括:行为人、犯罪人行为所指向的事物(犯罪客体)、从内部与外部研究的犯罪行为本身;基斯佳科夫斯基1875年主张犯罪构成包括主体、客体、主体的内在活动和外在活动、活动的结果等要素。③

---

① 〔俄〕Н.Ф.库兹涅佐娃、И.М.佳日科娃主编:《俄罗斯刑法教程·总论》(上),黄道秀译,中国法制出版社2002年版,第172—173页。
② 〔苏〕A.H.特拉伊宁著:《犯罪构成的一般学说》,薛秉忠、卢佑先、王作富、沈其昌译校,中国人民大学出版社1958年版,第17页。
③ 参见〔俄〕Н.Ф.库兹涅佐娃、И.М.佳日科娃主编:《俄罗斯刑法教程·总论》(上),黄道秀译,中国法制出版社2002年版,第174—175页。

苏维埃革命政权建立初期,犯罪构成理论尚没有得到全面研究。1922年出台的刑法典,促进了刑法理论研究。但在法典颁布之初,刑法学界的重点工作是围绕法典编写刑法教义性质的教材。故此,在1948年出版的供法学院和法律系使用的刑法教科书,仅仅以不多的篇幅叙述了犯罪构成的一般学说。在1952年出版的教科书中,虽然第二章专门讨论了"犯罪构成",但在特拉伊宁看来,它们并不全面,甚至有些地方是不确切的。在苏维埃政权建立初期,犯罪构成体系依然体现着俄国时代的面貌。比如,皮昂特科夫斯基在1928年提出,共同犯罪构成的要素包括:犯罪主体、犯罪客体、犯罪主体行为主观方面的特征、犯罪主体行为客观方面的特征;1939年由莫斯科大学集体编写的刑法教科书也提出了一个类似的犯罪构成定义:"犯罪构成是构成该犯罪的要件(要素)的总和。"①

从上述材料可以看出,20世纪上半叶,苏俄刑法认为犯罪构成是构成犯罪的要素及其要件的体系或总和,并没有认为犯罪构成是"立法模式"或"科学抽象"的规范法学派解释。② 但在20世纪50年代后,这种看法被打破了。

三、特拉伊宁犯罪构成论体系的形成基础

(一)特拉伊宁体系的社会基础

特拉伊宁体系具有鲜明的时代特色和政治色彩,这与苏维埃政权和苏联社会面临的问题密切相关。早在1918年,第六次全俄苏维埃代表大会就指出:"俄国的工人阶级在革命斗争一年以来,奠定了俄罗斯社会主义共和国的法律基础,为了继续发展与巩固俄国工农

---

① 〔俄〕Н.Ф.库兹涅佐娃、И.М.佳日科娃主编:《俄罗斯刑法教程·总论》(上),黄道秀译,中国法制出版社2002年版,第175页。
② 参见〔俄〕Н.Ф.库兹涅佐娃、И.М.佳日科娃主编:《俄罗斯刑法教程·总论》(上),黄道秀译,中国法制出版社2002年版,第175页。

政权,必须确切地遵守这些法律。"在苏联共产党第二十次代表大会关于苏联共产党中央委员会总结报告的决议中,"代表大会完全赞同苏联共产党中央委员会在加强苏维埃法制、在严格维护苏联宪法所保障的公民权利方面所实行的措施,并且责成各级党组织和苏维埃机关警惕地捍卫法制,坚决和严厉地制止一切目无法纪、胡作非为和破坏社会主义法制的现象。"①为了保证上述目标的实现,对于严重违反苏维埃法律的人,自然有必要采用刑事制裁。可见,苏维埃当时的法制任务主要体现在两个方面,即对敌斗争和保障人民权益。

从苏维埃成立到二十世纪五十年代,苏联始终处于紧张的社会结构和背景下。十月革命之后,苏维埃政权的法制工作刚刚起步,当时苏俄刑法学者承担着实践和理论上的双重任务,即研究如何解决实践中存在的与革命敌人进行斗争的问题,以及如何在理论上对刑法与马克思主义的关系进行论证。苏俄在革命胜利之后,在当时的世界结构中开始遭到其他强国的包围和孤立,东西方对立的苗头在这个时期已经初露端倪。由于苏维埃政权并不稳固,需要强化国家的权力来展开同一切敌对分子的斗争,因此,此时的刑法必须运用一套具有相当灵活性的理论体系以确保这一目标的实现。后来的卫国战争,使苏联的无产阶级政权经历了严酷的考验。这段时期,"社会主义法制始终是同苏维埃国家的敌人作斗争的可靠的工具",促进了社会秩序和纪律的巩固。②

但是,当时的苏联学者也很重视刑法保障人权的机制及其实现途径。在苏维埃革命政府建立之初,没有制定刑法典,此时,刑事审判者是通过政府发布的命令来解决现实生活中的具体问题,特别是对敌斗争的问题;刑法学者的中心工作则是如何学习马克思主义,如

---

① 〔苏〕A. H. 特拉伊宁著:《犯罪构成的一般学说》,薛秉忠、卢佑先、王作富、沈其昌译校,中国人民大学出版社1958年版,第1页。
② 参见〔苏〕A. H. 特拉伊宁著:《犯罪构成的一般学说》,薛秉忠、卢佑先、王作富、沈其昌译校,中国人民大学出版社1958年版,第4页。

何将马克思主义理论与刑法理论相结合。① 1922 年颁布的《苏俄刑法典》是世界上第一部社会主义国家刑法典。这部刑法的一个意义在于,它用法定的方式确立了法制的原则和实现途径,在"法制—刑法—犯罪构成"之间形成了某种联系。即"刑法典赋予苏维埃社会主义刑法以完整的体系。建立正确的犯罪构成及对这些犯罪适用具体刑罚的苏维埃刑法分则完整体系等事实是非常重要的……""犯罪构成等一切因素都编在刑法典的分则中。"② 从理论上看,在苏联犯罪构成理论中,洋溢着"法制原则"的理念:"苏维埃刑法中之犯罪构成学说,可以直接归结出来社会主义法制的原则。掌握犯罪构成学说的知识和在实践中应用这些知识,也就是说,正确地对犯罪者追究刑事责任,以避免在裁判中发生错误;这就是,在司法机关的实践中,实际上来实行真正的法制原则。"③"如果毫无根据地使公民负刑事责任,或者对显然实施了一定犯罪行为的公民不提起刑事追诉,这都是难以容忍的破坏社会主义法制的行为。"④"对被告人所犯的罪行正确定罪,是审判—检察机关工作中遵守社会主义法制的基础。法院和检察机关的工作质量,主要取决于正确地确定犯罪构成。"⑤ 总之,"在苏维埃国家里,犯罪构成是刑事责任的唯一根据。"⑥ 即:如果在行为人的行为中具备犯罪构成,就有适用刑罚的根据;如果缺乏犯

---

① 参见〔日〕上野达彦:《苏维埃犯罪构成要件论发展史》,康树华译,《国外法学》1979 年 9 月期。
② 〔苏〕贝斯特洛娃著:《苏维埃刑法总论》,中央人民政府法制委员会 1954 年印,第 17 页。
③ 〔苏〕贝斯特洛娃著:《苏维埃刑法总论》,中央人民政府法制委员会 1954 年印,第 11 页。
④ 〔苏〕B. M. 契柯瓦则主编:《苏维埃刑法总则》(中),中央人民政府法制委员会编译室、中国人民大学刑法教研室合译,中国人民大学 1955 年出版,第 41 页。
⑤ 〔苏〕A. A. 皮昂特科夫斯基著:《审判—检察机关实践中的刑法总则问题》,薛秉忠译,法律出版社 1957 年版,第 37 页。
⑥ 〔苏〕A. H. 特拉伊宁著:《犯罪构成的一般学说》,薛秉忠、卢佑先、王作富、沈其昌译校,中国人民大学出版社 1958 年版,第 1 页。

罪构成,就应免除刑事责任。

(二)特拉伊宁体系的思想根基

苏联犯罪构成论是在马克思主义哲学之上建立的。这无疑是当时社会情势发展的产物。从特拉伊宁的经历我们可以看到,他在大学读书期间就投身布尔什维克运动,虽曾三度被沙皇政府逮捕,但依然积极参加革命。革命成功后,投身社会主义法学教育和研究,努力使自己成为一个"彻底的马克思主义者",并努力使自己的刑法著作成为"按照马克思主义的体系详细地写作刑法的一种尝试"。① 特拉伊宁认为:"马克思主义的方法,为正确解决犯罪构成学说的另一个问题——关于犯罪构成的客观结构和主观结构的问题——提供了一把钥匙。"自然,马克思、恩格斯关于犯罪及其构成的论述,成为特拉伊宁体系的主要理论渊源。马克思、恩格斯虽未对犯罪构成进行系统阐述,但他们认为犯罪构成是构成犯罪"所必需的条件",包括人的行为、危害社会的行为、特定"品质"的人和犯罪意图等。② 这是一个包含主、客观因素的典型体系。

从客观结构来说,特拉伊宁提出,"社会主义的刑法,是以犯罪的阶级性和犯罪内容的历史变易性为出发点的",因此,"在社会主义的刑法体系中,犯罪构成的学说应当以犯罪阶级性的一般学说和它的实质定义与形式定义为基础"。所以,犯罪构成首先应当考虑危害社会的行为。就主观结构而言,人的任何一种行为(包括犯罪行为),不可能没有主观的特征。同一类行为,如甲持刀杀人和乙持刀杀人,是各不相同的,不能说有纯粹的、无主观色彩的行为,犯罪构成也不可能建立在不带主观色彩的、纯粹的行为基础上。"主体和他的行为永远是不可分割地联系着的"。行为与行为主体不可分割,表现为行为

---

① 〔日〕上野达彦:《苏维埃犯罪构成要件论发展史》,康树华译,载《国外法学》1979年9月期。

② 参见周振想:《马克思恩格斯论犯罪构成》,载《西北政法学院学报》1986年第3期。

不同于身体的动作,在犯罪构成中,并不存在不带一定主观特征的"纯粹的"行为。即不可能有不具有主观因素的犯罪构成。① 相信这不仅在当时的苏联,在其他国家和地区的刑法中都能找到相关例证,如目的犯的规定。所以,"在社会主义的刑法体系中,对人身的这种深刻的考虑,并不意味而且也不可能意味'主体'与'行为'的脱离;并不意味而且也不可能意味对犯罪的客观方面的评价过低。社会主义的刑法,不是建立在客观因素与主观因素的脱离或对立的基础上,而是以辩证地结合对主体和其他的行为的评价为基础的。"②

(三) 特拉伊宁体系的知识基础

特拉伊宁认为,首先,古典刑法学者虽然是"刑法中进步倾向的拥护者",但是,他们"不仅把阶级斗争和犯罪的阶级性的问题置于刑法科学的范围之外,而且连作为实际生活现象的犯罪的问题也置于刑法科学的范围之外",他们虽然维护罪刑法定原则,但却不回答什么是作为实际生活现象的犯罪问题,如费尔巴哈在 1813 年草拟的《巴伐利亚法典》第 27 条规定:"当违法行为包含依法属于某罪概念的全部要件时,就认为它是犯罪。"这样的话,犯罪构成的问题似乎代替了确定犯罪是社会实际现象的问题。另外,古典学派刑法学者的观点存在诸多今天看来也不合理的地方,无论是费尔巴哈还是斯鸠贝尔,都不允许在无罪过的情况下负刑事责任,但是他们都将罪过置于犯罪构成之外。特拉伊宁认为其主要原因就是:古典学者根据最大限度的"客观的"来确定犯罪构成的尝试,充分反映了为统治阶级利益服务的法权体系的一切特点。③ 其次,新派刑法学者,即刑事人

---

① 参见〔苏〕A. H. 特拉伊宁著:《犯罪构成的一般学说》,薛秉忠、卢佑先、王作富、沈其昌译校,中国人民大学出版社 1958 年版,第 43—44 页。

② 〔苏〕A. H. 特拉伊宁著:《犯罪构成的一般学说》,薛秉忠、卢佑先、王作富、沈其昌译校,中国人民大学出版社 1958 年版,第 46 页。

③ 参见〔苏〕A. H. 特拉伊宁著:《犯罪构成的一般学说》,薛秉忠、卢佑先、王作富、沈其昌译校,中国人民大学出版社 1958 年版,第 15—21 页。

类学派和社会学派学者,他们是"资产阶级法制基础急剧的破坏过程"的代表人,虽然从行为转到主体是其刑法思想的特质,但"这两派都反映出帝国主义时代特征的极端反动性",因为在他们的理论中,犯罪行为丧失了决定性的意义,不再是犯罪的"核心"。其中,刑事人类学派容许对没有实施具体犯罪的人适用刑事制裁,"犯罪构成的问题,自然也就不会引起人类学者的注意了";而刑事社会学派将犯罪人的社会危险性提到首要地位,以此替代行为,"这样一来,对具体犯罪行为确定刑事责任的要求,也就应当让位于对'行为人的危险状态、固有特性'的估价了。"结果,扩大了"法院的权限"。① "二战"时德国学者的观点,无疑加深并放大了苏联学者对德国刑法理论不彻底性和虚伪性的看法,意识形态思维取代了学术思维,以至于他们认为:古典学派的客观结构和新派的主观结构一样,"是阶级斗争发展的不同阶段在刑法方面反映的特殊形式"。② 再次,"二战"后,德国学者维立采里将判断对象转向"犯罪目的的意志",偏离了问题的方向。而当时占据主流地位的学说是社会防卫理论。特拉伊宁认为这是人类学派改头换面之后的理论。③

(四)特拉伊宁体系的知识基础——苏联同时代的研究

到二十世纪五十年代之后,刑法教材的编写和出版达到一定程度,犯罪构成问题的重要性逐渐凸显出来,苏联犯罪构成的研究现状有了很大改观。1951年古梁斯基的《苏维埃刑法理论中关于犯罪构成学说的几个问题》、1952年哈萨洛夫的《关于犯罪构成概念的问题》、1954年采列捷里和马卡什维里的《关于犯罪构成概念的问题》、

---

① 〔苏〕A.H. 特拉伊宁著:《犯罪构成的一般学说》,薛秉忠、卢佑先、王作富、沈其昌译校,中国人民大学出版社1958年版,第21—27页。
② 〔苏〕A.H. 特拉伊宁著:《犯罪构成的一般学说》,薛秉忠、卢佑先、王作富、沈其昌译校,中国人民大学出版社1958年版,第27页。
③ 参见〔苏〕A.H. 特拉伊宁著:《犯罪构成的一般学说》,薛秉忠、卢佑先、王作富、沈其昌译校,中国人民大学出版社1958年版,33—37页。

1955年契柯瓦则的《苏维埃刑法中犯罪构成的概念和意义》等文章,对犯罪构成的基本概念进行了有意义的研究。1955年之后出版的赫尔琴桑的《苏维埃刑法中的犯罪概念》、皮昂特科夫斯基和孟沙金教授关于刑法分则的著作等作品中,对于犯罪构成问题也有部分研究。可以说,犯罪构成问题在这个时候受到了很大重视。这些研究也为特拉伊宁犯罪构成论体系的形成打下了很好的发展基础。

当时普遍的观点是,为了正确定罪,必须了解犯罪构成。而犯罪构成是什么,则开始有了争议。1948年皮昂特科夫斯基主编的《刑法总则》指出:"形成某一犯罪行为的诸特征的总合就叫做犯罪构成。"这个概念在当时是苏维埃刑法教科书中的通说。对此定义,古梁斯基认为其中有三个问题:一是它没有强调犯罪构成的时代性和具体的阶级内容;二是"特征"不能"形成"犯罪;三是并非所有"特征"对于犯罪构成都是有意义的。因此,"依我们的观点来看,在苏维埃刑法中,犯罪构成的内容所包含的仅仅是那些关于犯罪行为和犯罪人,而且决定着行为的社会危害性和人身的社会危害性的特征。"持有类似观点的还有特拉伊宁和塞尔格叶娃。特拉伊宁说过:"……没一个犯罪的构成,就是这种实际特征的列举,依立法者观点看来,这些特征总合起来就是决定着某种行为的社会危害性质……"塞尔格叶娃也提出:"犯罪构成乃是行为的一系列特征,共同决定这个行为具有使其必须被列为犯罪并受到惩罚的危害社会的程度。"①

鉴于此,后来的学者在犯罪构成中加入了"立法"和"科学"元素。如贝斯特洛娃认为:"……刑法分则之刑事法律的条文中所规定的这些犯罪之要件。这些要件经常形成一定之总合,这种总合即所

---

① 〔苏〕B. п. 古梁斯基:《苏维埃刑法理论中关于犯罪构成学说的几个问题》,载中国人民大学刑法教研室编译:《苏维埃刑法论文选译》(第1辑),中国人民大学出版社1955年版。

谓犯罪构成。"①同时,"所有犯罪的构成,也就是各个要件相互密切交织的总合,而不是它们偶然机械地凑合在一起的东西。"②苏维埃刑法中犯罪构成分为四个基本的要件(或因素),即犯罪客体、犯罪的客观要件、犯罪的主体和犯罪的主观要件。"犯罪构成的每个要件都反映出作为危害社会之作为或不作为的犯罪之特征。"③如犯罪的客体,就是犯罪所触犯的物,例如人身、财产和与此类似的东西;犯罪的客观要件就是人的社会危险性行为和其危险结果;犯罪主体,就是因自己的危害行为引起刑事诉讼的人;犯罪的主观要件,就是犯罪的主体对其危害的行为,及这种活动所引起的后果的有意识态度。④

哈萨洛夫也提出,皮昂特科夫斯基关于犯罪构成的定义的问题,首先在于它的抽象性,缺乏对所确定的对象做阶级上和政治上的评述,没有反映出犯罪是对社会主义国家利益和苏维埃法权秩序所实施的一种危害社会的、有罪的侵权行为。"每个具体的犯罪都是由许多各不相同的特征(即所谓案情)来说明的,但绝不是所有的这些特征都决定侵犯行为的社会危害性,甚至也不是所有的以某种方式说明侵犯行为的社会危害性的特征都具有犯罪构成特征的意义。""这种定义并没有反映出犯罪构成在政治上重要的和实际上必须具有的特征,即构成的合法性。""认为犯罪不仅是危害社会的行为,而且是违法行为,这就表现出对苏维埃刑法和社会主义审判来说最为重要的社会主义法制原则。""因此,对于犯罪构成的定义应规定如下:犯罪构成就是那些根据苏维埃法律用来说明对社会主义国家利

---

① 〔苏〕贝斯特洛娃著:《苏维埃刑法总论》,中央人民政府法制委员会1954年印,第12页。
② 〔苏〕贝斯特洛娃著:《苏维埃刑法总论》,中央人民政府法制委员会1954年印,第12页。
③ 〔苏〕贝斯特洛娃著:《苏维埃刑法总论》,中央人民政府法制委员会1954年印,第13页。
④ 参见〔苏〕贝斯特洛娃著:《苏维埃刑法总论》,中央人民政府法制委员会1954年印,第14—15页。

益所实施的危害社会行为是具体的犯罪行为,并作为其刑事责任基础的特征的总和。"①

另外,也有学者认为,"依苏维埃刑事立法说明一定行为,即犯罪行为,亦即危害苏维埃制度基础或社会主义法权秩序之危险行为的要件的总和,即谓之犯罪构成。"②他认为一切犯罪构成都包含以下"特征":犯罪客体、犯罪构成客观方面、犯罪主体、犯罪构成主观方面。③如果将这个论述和上文其他学者的观点进行比较,我们会发现,当时的苏维埃刑法文献在提到犯罪构成时,有时候使用犯罪构成"因素",有时候使用犯罪构成的"特征",可见相关刑法术语有待厘定。对此,古梁斯基提出,"因素"是指某种复杂整体的组成部分;"特征"是能够帮助决定和认识某种事物的标记、符号和特点,它们大不一样,"因此,在关于犯罪(而不是关于犯罪构成)的学说中,应当将犯罪的'因素'(或通俗一些称之为'组成部分')这一概念和犯罪构成的'特征'区别开来,任何一个犯罪都是各个因素——客体、客观方面、主体和主观方面——所组成的。"④应当说,后来的学者接受了这一观点,普遍将犯罪构成理解为是有关"要件"或"要素"的总和。皮昂特科夫斯基后来也认为,"犯罪构成,是苏维埃刑法上描述某种犯罪,即描述危害苏维埃制度的基础或社会主义的法律秩序的行为的诸要件的总和。"⑤另外,皮昂特科夫斯基甚至将违法性和社会危

---

① 〔苏〕A.B.哈萨洛夫:《关于犯罪构成概念的问题》,载中国人民大学刑法教研室编译:《苏维埃刑法论文选译》(第1辑),中国人民大学出版社1955年版。
② 〔苏〕B.M.契柯瓦则主编:《苏维埃刑法总则》(中),中央人民政府法制委员会编译室、中国人民大学刑法教研室合译,中国人民大学1955年出版,第39页。
③ 参见〔苏〕B.M.契柯瓦则主编:《苏维埃刑法总则》(中),中央人民政府法制委员会编译室、中国人民大学刑法教研室合译,中国人民大学1955年出版,第44页。
④ 〔苏〕B.n.古梁斯基:《苏维埃刑法理论中关于犯罪构成学说的几个问题》,载中国人民大学刑法教研室编译:《苏维埃刑法论文选译》(第1辑),中国人民大学出版社1955年版。
⑤ 〔苏〕A.A.皮昂特科夫斯基著:《审判—检察机关实践中的刑法总则问题》,薛秉忠译,法律出版社1957年版,第39页。

害性等量齐观,他说:"任何一种犯罪,都是一定的危害社会的行为。因此,行为的社会危害性,是每个犯罪构成的必要特征、它(行为的社会危害性——译者注)在法律上(ПPавовое)表现为行为的违法性,即表现在行为人所实施的行为与苏维埃法律的某些规范的矛盾中。"①

四、特拉伊宁体系

历史造就了特拉伊宁,与他高度重视犯罪构成理论也不无关系。特拉伊宁指出,在实践中,犯罪构成被视为"社会主义刑法的极重要问题之一";在理论上,犯罪构成的一般学说被认为在社会主义刑法理论中占有"核心地位"。它涉及犯罪学说中的一切问题,也和罪过、共同犯罪、预备和未遂有关,分则体系问题的解决同犯罪构成的结构也有直接的联系。在审判和侦查机关面前的首要问题和基本问题,就是被告人的行为中有无犯罪构成的问题。"由此可见,刑法理论上、刑法立法上以及刑事审判上的一系列问题,都是同犯罪构成的一般学说这个问题有机地联系着的。"②

特拉伊宁提出:"犯罪构成乃是苏维埃法律认为决定具体的、危害社会主义国家的作为(或不作为)为犯罪的一切客观要件和主观要件(因素)的总和。"③特拉伊宁的犯罪构成论具有代表性,其基本观点如下:

(1)犯罪与犯罪构成,是彼此有别又有联系的概念。不能认为犯罪的定义是对犯罪的"一般政治评价",而犯罪构成则是犯罪"在法

---

① 〔苏〕A. A. 皮昂特科夫斯基著:《审判—检察机关实践中的刑法总则问题》,薛秉忠译,法律出版社 1957 年版,第 40 页。
② 〔苏〕A. H. 特拉伊宁著:《犯罪构成的一般学说》,薛秉忠、卢佑先、王作富、沈其昌译校,中国人民大学出版社 1958 年版,第 4 页。
③ 〔苏〕A. H. 特拉伊宁著:《犯罪构成的一般学说》,薛秉忠、卢佑先、王作富、沈其昌译校,中国人民大学出版社 1958 年版,第 48—49 页。

权上的概念"。犯罪构成是那些决定社会主义国家具有社会危害性的、具体的作为或不作为犯罪的一切主、客观要件的总和,它一方面是犯罪的一般的类的定义,另一方面也是犯罪构成的一般的类的定义。立法表明,犯罪和犯罪构成这两个概念,都充满着深刻的政治意义和法律意义。①

(2)责任能力(包括年龄)并不是犯罪构成的因素,也不是刑事责任的根据。责任能力是刑事责任的主观前提,刑罚惩罚犯罪人并不是因为他行为时心理健康,而是在他心理健康的条件下来惩罚。②

(3)犯罪构成事实是从广泛的、实际上不可胜数的事实中被挑选出来的,挑选犯罪构成要件的标准由整个犯罪构成在刑法中的作用所决定。由于行为的社会危害性是决定犯罪构成的基本的、本质的属性,它表现在犯罪构成的全部因素的总和中,因此,社会危害性的意义比犯罪构成的一个因素的意义要大得多,"社会危害性不能是犯罪构成的一个因素"。契柯瓦则和当时东德的列克沙斯也持相似看法。契柯瓦则说:"社会危害性和违法性不是犯罪构成的个别要件,它们说明构成的全部要件的总和。"列克沙斯认为:"社会危害性乃是全部事实的统一。"③犯罪构成因素,是由法律赋予刑法意义,并因而列入分则规范罪状中的那些事实,才是犯罪的因素。据此,犯罪构成的要件是"决定苏维埃法律所规定的犯罪对社会主义国家有社会危害性并决定其程度的全部事实特征中的每一个特征"。④

---

① 参见〔苏〕A. H. 特拉伊宁著:《犯罪构成的一般学说》,薛秉忠、卢佑先、王作富、沈其昌译校,中国人民大学出版社1958年版,第50—59页。
② 参见〔苏〕A. H. 特拉伊宁著:《犯罪构成的一般学说》,薛秉忠、卢佑先、王作富、沈其昌译校,中国人民大学出版社1958年版,第60—62页。
③ 〔苏〕A. H. 特拉伊宁著:《犯罪构成的一般学说》,薛秉忠、卢佑先、王作富、沈其昌译校,中国人民大学出版社1958年版,第66—67页。
④ 〔苏〕A. H. 特拉伊宁著:《犯罪构成的一般学说》,薛秉忠、卢佑先、王作富、沈其昌译校,中国人民大学出版社1958年版,第68—69页。

(4)犯罪构成按照不同标准进行分类。①

表1 按照社会危害程度的大小分类

社会危害性较小的犯罪构成	基本的犯罪构成	社会危害性较大的犯罪构成

表2 按照结构分类

简单的犯罪构成		复杂的犯罪构成			
叙述的构成	空白的构成	选择的构成	包含两个行为的构成	包含两个罪过的构成	包含两个客体的构成

(5)犯罪构成的要件分为四类:一是表明犯罪客体的构成因素,包括犯罪客体或侵犯的客体;二是表明客观方面的构成因素,其中,必要构成因素包括行为、结果、因果关系;选择构成因素包括侵害对象、侵害的方法、侵害的时间和地点、侵害的环境等;三是表明犯罪主体的构成因素,主体主要研究身份问题;四是表明犯罪主观方面的构成因素,罪过(故意与过失)、动机和目的。可见,特拉伊宁对于"犯罪客体"和"表明犯罪客体的构成因素"等概念的区别做了明确阐述。②

(6)犯罪构成是刑事责任的唯一根据。它体现为:罪过和因果关系,作为犯罪构成中的两个密切联系的因素,具有在构成的范围内作为刑事责任的根据的意义。③

---

① 参见〔苏〕A.H.特拉伊宁著:《犯罪构成的一般学说》,薛秉忠、卢佑先、王作富、沈其昌译校,中国人民大学出版社1958年版,第97页。
② 参见〔苏〕A.H.特拉伊宁著:《犯罪构成的一般学说》,薛秉忠、卢佑先、王作富、沈其昌译校,中国人民大学出版社1958年版,第100页。
③ 参见〔苏〕A.H.特拉伊宁著:《犯罪构成的一般学说》,薛秉忠、卢佑先、王作富、沈其昌译校,中国人民大学出版社1958年版,第192页。

五、对特拉伊宁体系的评价

特拉伊宁在 1957 年出版了《犯罪构成的一般学说》一书,这是具有划时代意义的作品,它系统地提出了苏联犯罪构成的基本体系和内容,后来深远地影响了社会主义国家的犯罪构成体系,正如后面我们将看到的,它同样决定性地影响了中华人民共和国的犯罪构成理论研究。正因如此,俄罗斯学者说:"苏维埃刑法理论中,犯罪构成论在特拉伊宁的著作中得到最基础的研究。"①日本学者也说:"我们认为,苏维埃刑法理论对于犯罪构成要件论的研究,是在特拉伊宁的理论提出以后正式展开的。"②可以说,在积极推动苏联犯罪构成论研究的学者中,集大成者当属特拉伊宁,我们所谓的苏联犯罪构成论体系,可以更具体地称之为"特拉伊宁体系"。

但是,无论是在特拉伊宁时代还是今天,我们都应当看到特拉伊宁体系在形成过程中存在的问题,以及体系内的一些问题:

第一,和当时的大多数苏联学者一样,特拉伊宁对于西方犯罪构成理论的发展现状有一种源于政治需要的误解。在二十世纪五十年代左右,也就是苏联犯罪构成理论发展的巅峰时期,相当多的苏联刑法学者存在这样一种认识:"在资产阶级刑法学中,关于犯罪构成的一般学说一直无人问津。"③如贝斯特洛娃等人都曾说道,在当时德国刑法教科书中,很少阐述犯罪构成一般学说,一般寥寥几行;在英美刑法教材中,对犯罪构成问题同样没有叙述。他们认为其原因是:大多数资产阶级刑法学家把很大注意力放在刑罚学说上,而对犯罪

---

① 〔俄〕Н. Ф. 库兹涅佐娃、И. М. 佳日科娃主编:《俄罗斯刑法教程·总论》(上),黄道秀译,中国法制出版社 2002 年版,第 173 页。
② 〔日〕上野达彦:《苏维埃犯罪构成要件论发展史》,康树华译,载《国外法学》1979 年 9 月期。
③ 〔苏〕А. Н. 特拉伊宁著:《犯罪构成的一般学说》,薛秉忠、卢佑先、王作富、沈其昌译校,中国人民大学出版社 1958 年版,第 4 页。

的一般学说很少注意。"犯罪学说和犯罪构成学说的一般问题得不到研究,在资产阶级刑法学说史上并不是一种偶然的事情,之所以有这种现象是因为资本主义国家对犯罪构成进行阶级选择的缘故。对犯罪和犯罪构成的一般学说不加研究,更能使资产阶级审判上的这个重要措施避开广大社会人士的注意。"① 而苏联刑法学者认为,犯罪和刑罚虽均为刑法中的中心概念,但是,"无论从实际上或是从逻辑上来看,犯罪都是先于刑罚的,这就是说,在刑罚的问题提出以前,应该先有犯罪的行为。实际上,整个刑罚制度,是作为一种同已经实施的罪行作斗争的方法的制度,而起着辅助作用。"② 这种经验和认识促使苏联学者选择性地重视犯罪构成学说研究。对此,他们也相当自豪,"犯罪构成意义的增长,是社会主义法制巩固过程的表现之一。因此,犯罪构成学说的研究工作,正是在社会主义刑法中才有巨大的理论上和实践上的意义。"③ 事实上,当时德日等国家的犯罪构成理论不仅受到了重视,而且获得了较为长足的发展。可惜的是,对于这一现象,在当时的苏联仅为少数学者所承认。比如,布拉伊宁就认为,犯罪构成要件是资产阶级刑法学说非常注意的问题之一,只是对犯罪构成要件一般概念的研究,较之犯罪构成因素一般理论的研究显得不够。

第二,特拉伊宁对于西方犯罪构成理论的研究成果有一种基于理论范式选择的不客观评价。在分析自古典刑法学派以来的德国等国犯罪构成论的发展时,提出犯罪构成论非但没有获得进步,而且由于"阶级性",反而出现了倒退的迹象。对此,布拉伊宁反问:如果像特拉伊宁那样,认为资产阶级刑法理论从研究犯罪问题到阶级性问

---

① 〔苏〕A. H. 特拉伊宁著:《犯罪构成的一般学说》,薛秉忠、卢佑先、王作富、沈其昌译校,中国人民大学出版社1958年版,第6页。
② 〔苏〕A. H. 特拉伊宁著:《犯罪构成的一般学说》,薛秉忠、卢佑先、王作富、沈其昌译校,中国人民大学出版社1958年版,第5—6页。
③ 〔苏〕A. H. 特拉伊宁著:《犯罪构成的一般学说》,薛秉忠、卢佑先、王作富、沈其昌译校,中国人民大学出版社1958年版,第42页。

题都有倒退,那么资产阶级学者对鲜明表现阶级性的刑罚论给予高度重视该当如何解释呢?①

第三,特拉伊宁认为犯罪既是客观实际,又是犯罪的法律定性,被认为是"出尔反尔"。如库德里亚夫采夫在1960年的作品中写道:"立法者制定的当然不是构成,而是比较充分地描述犯罪构成要件的刑法规范。这些要件本身是不以人的意志为转移而客观存在着,它们实际上是该具体犯罪所固有的,而立法者的任务在于查明并在法律中最准确和最深刻地规定这些要件。"当代也有学者指出,"在现实中,只能说客观危害社会的行为的事实构成。立法者在刑法规范的处理中描述它的要件之后,它才成为犯罪构成的。犯罪构成和犯罪本身同时既是事实现象又是法律范畴。"另外,特拉伊宁主张犯罪构成是"立法模式"和"科学抽象"的观点前后矛盾。例如,任何人在任何时候都不能说犯罪的客体不是法律关系和个人、社会、国家受保护利益这种现实的社会法律现象,而是什么"立法模式"或者"科学抽象"。②

在苏联时期,特拉伊宁的犯罪构成学说影响巨大。在二十世纪七十年代末,苏联刑法学者指出:"每个具体的犯罪构成都包含有犯罪主体和犯罪主观方面,以及犯罪客体和犯罪的客观方面要件的总和。犯罪构成的一切要件互相联系;每一个要件都是有机统一体的一个组成部分。"③与三十年前的特拉伊宁体系相比,苏联犯罪构成体系基本上别无二致。苏联解体后,俄罗斯成为"新生的民主国家",其社会结构与苏联时代有明显区别,政治、社会和哲学思潮也发生了巨变。从二十世纪八十年代之后,苏维埃历史被重新评价,苏维

---

① 参见〔日〕上野达彦:《苏维埃犯罪构成要件论发展史》,康树华译,载《国外法学》1979年9月期。

② 参见〔俄〕Н.Ф.库兹涅佐娃、И.М.佳日科娃主编:《俄罗斯刑法教程·总论》(上),黄道秀译,中国法制出版社2002年版,第176—177页。

③ 〔俄〕Н.А.别利亚耶夫、М.Л.科瓦廖夫主编:《苏维埃刑法总论》,马改秀、张广贤译,群众出版社1987年版,第78页。

埃刑法史(自然也包括犯罪构成)也不例外。其中一些学者对于苏维埃刑法予以了严厉批判,甚至有人说苏联刑法学者变成了"被无耻地称为'社会主义法制'的法律狂热的奴颜婢膝的注释者"。不过,绝大多数学者对此类观点并不以为然,认为它们既无论据,又诽谤了几代苏维埃法学家。他们认为:"正是由于苏维埃法学家的理论认识,新的1996年《俄罗斯联邦刑法典》才得以被称为迄今为止世界上最优秀的刑法典之一。这部法典吸收了全人类的思想、法制原则、人道原则、公正原则,吸收了古典刑法学派和新古典刑法学派的先进传统。世界应该因苏联学者开创性的国际刑法著作及其在对主要战争罪犯的纽伦堡审判和东京审判中的适用而感谢他们。"[1]

按照当代学者库兹涅佐娃等的看法,犯罪构成是"构成危害社会行为的客观和主观必要要素的体系"。[2] 这一点和之前并没有明显分野。但是,在这个体系内部,实际上已经有了很大区别。这一犯罪构成概念具有以下特点:第一,符合刑法典和刑事诉讼法典;第二,反映犯罪构成的现实性,即行为的构成;第三,强调构成所包含的不是犯罪所有要素或要件,而是必要的和足以认定行为是犯罪和认定构成是刑事责任根据的那些要素和要件;第四,构成反映犯罪构成的四个分体系。[3] 那些整体上构成行为之所以成立犯罪而具有的最起码和必要的社会危害性的要素,就是犯罪构成的必要要素,它们是:(1)犯罪客体,包括社会关系和社会利益;(2)犯罪的客观方面,包括行为、实施犯罪的地点、方法、环境、工具等;(3)犯罪主体,即自然人的责任能力和特定身份;(4)主观方面,包括罪过(故意和过失)、动

---

[1] 〔俄〕Н.Ф.库兹涅佐娃、И.М.佳日科娃主编:《俄罗斯刑法教程·总论》(上),黄道秀译,中国法制出版社2002年版,第10页。

[2] 〔俄〕Н.Ф.库兹涅佐娃、И.М.佳日科娃主编:《俄罗斯刑法教程·总论》(上),黄道秀译,中国法制出版社2002年版,第170页。

[3] 参见〔俄〕Н.Ф.库兹涅佐娃、И.М.佳日科娃主编:《俄罗斯刑法教程·总论》(上),黄道秀译,中国法制出版社2002年版,第177—178页。

机、目的、情绪状态等。①

但是,我们至此应当指出两点:首先,特拉伊宁体系的基本结构还是得到了继承,其后的俄罗斯犯罪构成变化不大;其次,从十九世纪后半叶至二十世纪初,大多数俄罗斯学者将犯罪构成视为成立犯罪的主客观要件的总和。科特里亚列夫斯基在1903年的教科书中写道:"所谓犯罪构成,就是那些形成犯罪概念本身的、外部和内部的突出的特征或条件的总和"。所谓"外部和内部的突出的特征或条件",我们一般习惯于用主、客观因素进行指称。在苏维埃时期,刑法学者也继承了犯罪构成是犯罪主客观要素总和这一基本思想。②

在二十世纪二十年代就大体成型的"主体—客体—主观方面—客观方面"的犯罪构成体系,基本上可适合当时的斗争需要。另外,由于肃反的范围被人为地错误扩大化了,刑法更多是作为政治斗争的一种手段被使用的,所以,犯罪构成理论没有受到真正意义上的对待。这两种社会实践的合流进一步使刑法的谦抑性精神基本上被放弃了。而在"二战"结束后,虽然法制建设在社会主义国家开始受到重视,但由于政治意识形态的对立波及法律以及法学,为了显示社会主义国家的刑法学(包括犯罪构成理论)与资本主义刑法学的差别,苏联刑法学沿着以往的路径形成了以特拉伊宁学说为代表的理论体系。这一体系也影响了社会主义阵营其他国家的刑法学。关于该体系的向度问题,我们将在下文结合我国的实际需要进行阐述。

---

① 参见〔俄〕H.Ф.库兹涅佐娃、И.M.佳日科娃主编:《俄罗斯刑法教程·总论》(上),黄道秀译,中国法制出版社2002年版,第178—180页。
② 参见薛瑞麟著:《俄罗斯刑法研究》,中国政法大学出版社2000年版,第115—116页。

第四章　中国犯罪论体系构造的基础

第一节　耦合式犯罪论体系的向度

一、耦合式构造的结构性特征

基于特殊的时代原因,我国传统犯罪论体系沿袭了苏联犯罪论体系的基本结构。我国犯罪构成包括四个方面的要件:(1)犯罪客体要件;(2)犯罪客观方面的要件;(3)犯罪主体要件;(4)犯罪主观方面的要件。其特征在于:一个行为只要同时符合或者齐备这四个方面的要件,就成立犯罪;如果缺少其中任何一个方面的要件,犯罪便无存在的余地;而且这四个方面的要件在具体判断时无所谓逻辑顺序,不存在先后之分。① 至于正当防卫、紧急避险和无罪过事由等犯罪阻却事由,则由于是一种法定的事实,从而在犯罪构成之后获得理论上的附属性地位,对它的实质判断在犯罪是否构成时就已经进行完毕。这种传统的犯罪构成理论,被比较形象地归类为"耦合式"(或"齐合填充式")理论体系。

如前所述,耦合式理论构造被认为具有若干不足,这些意见是否

---

① 参见赵秉志、肖中华:《我国与大陆法系犯罪构成理论的宏观比较》,载《浙江社会科学》1999 年第 2 期;陈兴良:《论犯罪构成要件的位阶关系》,载《法学》2005 年第 4 期。文中认为这些要素虽然在排列上有先后顺序,但在实践上很难发现它们的真正意义。

成立在理论上实际上都是可以争讨的。① 但正如前面的分析已经表明的,我们首先必须揭示出耦合式构造中存在的共时性和历时性向度。

我国传统的犯罪构成理论取材于苏联刑法学,虽然结合中国的实际情况做了一些修正,但是并没有摆脱苏联刑法学所确立的基本框架。② 因此,为了发掘该结构中的两种向度,我们有必要沿着苏联刑法理论变革的路线渗透到它的知识谱系中去,考察这个理论体系是在何种社会结构和社会背景下得以适用的,这个理论结构背后的知识谱系是如何形成的,又是如何发展的。同时我们还必须注意这样一个问题:耦合式结构是否适应了它的知识谱系的发展?

二、耦合式构造的共时性向度

作为耦合式结构原型的苏联犯罪构成理论,是在特殊的社会背景之下形成并得以实践的。新中国建立之初的社会背景使中国刑法学面临着两种使命:

一是针对当时的社会问题研究刑法问题。在建国初期,主要研究同反革命犯罪、贪污腐败等经济犯罪做斗争的刑事策略,因为这些犯罪在当时具有颠覆新中国尚不稳定的政权基础的危害性,所以在运动式的"三反"、"五反"和镇压反革命运动的形式下,刑法以及当时还没有定型的刑法学很难从谦抑性的价值层面,对当时的斗争进行有效的运用和反思。从1957年后期到1965年,由于轻视法制的

---

① 参见姜伟:《犯罪构成比较研究》,载《法学研究》1989年第5期;赵秉志、肖中华:《我国与大陆法系犯罪构成理论的宏观比较》,载《浙江社会科学》1999年第2期;周光权:《犯罪构成理论:关系混淆及其克服》,《政法论坛》2003年第6期;刘艳红:《我国与大陆法系犯罪论体系之比较》,载《中外法学》2004年第5期;童德华著:《规范刑法原理》,中国人民公安大学出版社2005年版,第21—27页。其中就争议的焦点提出了相对的辩护性论证。

② 本文所指的"框架"不是逻辑结构性的框架,它包含更丰富的含义,如基本结构、叙事方法以及理论范式,等等。

思想抬头,刑法学研究开始停滞,当时的许多刑法理论无人问津,各教学单位编写的刑法教材,大多是为了配合当时的政治运动需要,强调刑法的政治性。

二是受当时意识形态的影响,一方面要废止1949年之前经由德国刑法学影响而形成的刑法理论体系,另一方面要建立社会主义的刑法理论体系。考虑到当时"苏联社会主义的犯罪构成理论,经过半个世纪的发展也趋于完备。在那样的历史条件下,我们不能,而且也不应该置这些法律文化于不顾,而从零开始,建立自己'特有'的犯罪构成理论。"所以,"以苏联的犯罪构成理论为蓝本,来建立我国的犯罪构成理论,是历史的必然。"①这样,我们选择了一个以特拉伊宁犯罪构成理论为基本样本的耦合式构造。

但是,更值得我们重视的是,耦合式构造不仅是在以上关系紧张的社会结构中产生的,而且自成型以来就一直是在关系紧张的社会结构中被适用的。自二十世纪七十年代末开始,中国的社会结构发生了很大的变化,改革、开放和发展自此至今都是我国社会变化的主流,一些社会矛盾在社会的发展中逐渐丧失其基础,但更多、更复杂的社会问题却不断产生了。它们大体上表现为:一是社会治安形势令人担忧,恶性事件也开始发生,而且恶性事件的规模有不断扩大的趋势,其组织性和手段多样性更加难以对付;二是腐败问题较为严重,腐败的窝案、串案多,腐败在高级领导干部中也不鲜见,人民群众对此意见很大;三是安全事故频繁发生,通过新技术进行的犯罪,如电信诈骗,防不胜防;四是经济犯罪日益猖獗。另外还有黑社会性质的组织犯罪、渎职犯罪、环境犯罪等都呈抬头趋势,这些犯罪与人民群众的福祉密切相关,都有可能导致社会的混乱。同时,周边形势与国际形势也不容乐观。这些情形一方面在我国形成了进一步发展和开放的社会要求,另一方面改革和发展需要一个稳定的社会环境,发

---

① 高铭暄主编:《刑法学原理》(第1卷),中国人民大学出版社1993年版,第455页。

展与稳定成为政治行动中相互交织的主流。在这样的紧张关系中,刑法的主要机能是有效惩治发展中产生的犯罪问题。作为应对这些问题的刑法手段,运动式的方式被普遍接受并贯彻,如多次严打除黑、惩治商业贿赂、加强安全事故处罚等。结果,耦合式构造在实践中没有太多的机会接受谦抑性精神的熏陶和指导,或者说,我们的社会没有赋予这一构造以一个较为宽松的实践环境。正是在这个意义上,笔者不接受这样一个观点:递进式(其实是古典的)构造在定罪中具有实现谦抑价值的功能,而耦合式构造正好不具有这种功能。

以上论述只是意欲表明,耦合式结构和递进式构造之间的结构性差异并不是根本性的。但这不构成对耦合式结构的赞成理由,相反,从理论推理上看,对耦合式构造的批评也不是全然没有道理或者根据的,这说明它在谦抑性实践中具有功能性缺损的特点。这些问题的要害有二:一是在理论表象层面上只体现出积极的构成要素,而遮蔽了消极性要素的存在,结果,这套体系不能积极引导法官以及其他司法者对犯罪人做出有利的评价,从而难以在刑法建制中塑造较为浓厚的谦抑性氛围;二是这个结构只能反映出本体性要素是否充足的评价,可能导致重事实、轻规范的评价机制,最终,它将不注重对确保合理性评价的结构的构建。这种功能性缺损在定罪的时候表现还不是很明显,但在对犯罪人进行个别化的责任评价时却异常明显。英美刑法中的宽恕事由在责任评价中更是发挥着积极的作用;德国理论将责任评价置于犯罪构成中虽有不足,但是还存在引导责任判断的要素;而我国刑法理论中却缺乏真实有效的责任评价要素,是否及如何减轻犯罪人的罪责完全依仗于法官的经验直觉,而期待可能性这类有助于引导法官进行非难可能性判断的内容,则通常由于无明文规定而不为理论关注,亦不为法官考量。

三、耦合式构造的历时性向度

和递进式构造的理论背景相比,耦合式构造的知识谱系要简单明确得多,它是以马克思主义经典哲学原理为根据而建立起来的。马克思主义哲学对苏联刑法学的影响不言而喻。在1929年写作《刑法总论》时,特拉伊宁就试图使他的著作成为"按照马克思主义体系详细地写作刑法的一种尝试"。① 在我国今天的犯罪构成理论中,马克思经典哲学原理依旧是我们在论述中的基本依据。② 不过,"马克思主义哲学的基本原理及其具体内容是在实践中不断发展的,马克思主义的立场观点方法,如唯物论与辩证法相统一的观点和方法、理论和实践相统一的观点和方法等,都要随着实践的发展在内容上不断更新……"③为此,我们也必须根据理论发展观来对耦合式犯罪构成的理论谱系进行切片式的研究,特别是有必要考察马克思主义哲学经典理论与当时的哲学思潮及犯罪理论之间的关系。据此考察为我们提供了两个有意义的线索:

一是德国早期古典学派的刑法理论与马克思主义经典哲学理论之间存在一个可以联系的结构。在这方面,我们有必要注意到苏联刑法理论(包括犯罪理论)受到了德国早期古典学派的影响。在沙俄时期,彼得大帝就推动制定了一系列学习西方的改革性法律。④ 这与当时俄国学习德国法是分不开的。在苏俄革命之前,俄国有大量学者到德国留学,其犯罪理论受德国早期刑事古典学派的犯罪构成学说影响很深。不过,宾丁和贝林格等人的学术观点在俄国最终没有得到发展,在俄国很早就产生了至今仍然奉行的

---

① 转引自肖中华著:《犯罪构成及其关系论》,中国人民大学出版社2000年版,第29页。

② 参见赵秉志、魏昌东:《中国刑法哲学的产生和发展》,载《法制与社会发展》2005年第2期。文中对马克思主义哲学对我国刑法学的影响做了比较详细的论述。

③ 王玲:《马克思主义哲学在当代的历史地位及其走向》,载《理论探索》2004年第2期。

④ 参见〔俄〕Н.Ф.库兹涅佐娃、И.М.佳日科娃主编:《俄罗斯刑法教程(总论)·上卷》,黄道秀译,中国法制出版社2002年版,第22页。

犯罪构成四要件理论。① 之所以出现这种情形,原因之一在于,贝林格和宾丁等人的理论形成于苏俄革命胜利前后,当时的政治环境使得他们的学术观点不可能受到正确对待。而俄国的四要件学说也极可能渊源于德国刑法,因为俄国在学习早期古典刑事学派的刑法理论时,不可避免地要受到影响,而早期古典学派就是根据行为和行为人的主观方面和客观方面来建构犯罪论的。主客观相统一原则是马克思主义哲学中的一个重要理论,它极有可能启发并促使当时的苏联学者以马克思主义的辩证法思想重新武装早期古典学派的理论体系。

二是马克思主义经典哲学是在吸收当时其他哲学思想精髓的基础上形成和发展起来的。正如我国有的学者提出的,"历史上的卢梭、伏尔泰、霍克海默、阿多诺、马克思、毛泽东等,都是他们所处时代的充满理性之光的启蒙者和杰出知识分子"②,进一步说,"从十八世纪启蒙运动之作为西方现代化的重要转折点来看,启蒙者在建立所谓自由、民主、科学、公正等文明价值格局及注重理性的精神中,就几乎包含了西方早期现代化的全部因素。"③这样的一种现代性观念体现出对理性、科学以及客观真理的绝对信仰,使当时的人们确信可以通过理性和科学发现客观真理。在早期马克思主义经典理论中不难发现这种时代性的追求和理想。当时德国刑法学中的自然主义理论亦受十九世纪实证主义影响,认为只有通过观察经验事实与感觉材料,人们才能了解和把握事物或现象的本质,从而,他们也将思想性的工作置于自然科学的精确性理想下。法律实证主义者在实在法的

---

① 参见赵微:《中俄犯罪构成理论比较》,载陈明华、郎胜、吴振兴主编:《犯罪构成与犯罪成立基本理论研究》,中国政法大学出版社2003年版,第144页。
② 骆徽:《对启蒙的现代性与后现代性的反思》,载《南京师大学报(社会科学版)》2006年第1期。
③ 骆徽:《对启蒙的现代性与后现代性的反思》,载《南京师大学报(社会科学版)》2006年第1期。

范围内分析法律,并且通常在法律研究中拒斥价值,犯罪论体系于是被引导到从经验上可计算的、可证明的现实构成部分上。① 在这个层面上,马克思主义和当时弥漫于刑法学中的自然主义具有了相似的理性与科学气质。可以说,德国古典犯罪构成理论和苏联犯罪构成理论共享了当时人类哲学智识的成果,虽然在结构上存在一定差异,但是它们之间的区别并不是根本性的。

根据以上所述,我们可将耦合式犯罪构造的原型归类为自然主义的刑法理论,其理论结构的基础是德国早期刑法理论,它的知识谱系是马克思主义经典原理。在二十世纪七十年代之后的世界哲学的转向中,马克思主义哲学也获得了长足的发展。马克思主义经典理论强调真理的客观性,"认为真理的客观性来自认识对象的客观性。"但当代马克思主义学者意识到,"由于人文社会科学研究者与其研究对象的内在相关性,因而他们有可能自觉或不自觉地把自己的兴趣、爱好、情感和价值取向转化为一种强烈的认知定势和理解模式而渗透到对客观的观察、理解和解释之中,并进而对其研究结果的真实性发生双向性的影响。"②从而有必要在认识主体与认识对象之间建立一个理解或者沟通的机制。无论是世界哲学还是当代马克思主义哲学的发展,都为犯罪构成理论建构出一个理解性或者沟通性的机制提供了可能。可是,耦合式构造没有如递进式构造那样保持和人文社会科学知识的趋同发展。在我国刑法学及其犯罪构成理论研究度过了相当长时间的禁区后,我国犯罪构成理论似乎还没有从以往的时代性惊悸中苏醒,以至于缺乏应对这种哲学转向的意识。至今,马克思主义经典原理还在继续支撑着耦合式构造,耦合式犯罪构成体

---

① 参见〔德〕罗伯特·阿列克西著:《法律论证理论——作为法律证立理论的理性论辩理论》,舒国滢译,中国法制出版社2002年版,第42页;〔德〕克劳斯·罗克辛著:《德国刑法学·总论》,王世洲译,法律出版社2005年版,第123页;〔美〕E.博登海默著:《法理学:法律哲学与法律方法》,邓正来译,中国政法大学出版社1999年版,第115—117页。

② 欧阳康主编:《社会认识方法论》,武汉大学出版社1998年版,第49页。

系还在沿袭着二十世纪五十年代的基本结构。

耦合式犯罪构成理论以自然主义的法哲学思想为理论依据,是今天最明显反映自然主义犯罪构成特征的一种构造。由德国古典学派所奠基的自然主义犯罪构成体系,具有如前文所述的两个主要特征。前述特征使法官在运用这种犯罪构成理论体系判断犯罪的时候,往往采取以下方法:第一,重视事实要素,忽视规范要素。因此,也有学者认为这是基于犯罪本质论而形成的范畴论体系。① 这导致了重事实判断,轻规范评判的结果。第二,对超法规的犯罪阻却事由不重视。实证主义者将实证法和法等同起来,认为法官在判决时应该受到"严格的、赤裸的法律文本"的拘束,法官的判决是"制定法的精确复写",法官"所需要的只是眼睛",法官只是"宣告及说出法律的嘴巴"。② 因此,违法性和构成要件的符合性通常具有一致性。第三,采取心理责任论。对于规范性要素的忽视,必然在责任判断上摒弃非难可能性的判断,进而行为人只要具备故意或者过失的心理态度就具备责任要素。而这样一种特质的刑法思维方法在我国犯罪构成论中有着极为明显的写照:我国犯罪构成理论重视事实判断、轻视规范评价,在责任评价时采取的还是心理责任论。③ 另外就违法性判断与构成要件在形式上的充足性判断而言,我国刑法学的通说是行为只要符合犯罪构成就成立犯罪,所以事实判断和法律判断在我国犯罪构成论中是一体的。结果,便是和德国古典理论一样只重视本体性要素及其结构,而不重视程式性要素的结构化。它在实践中一方面不能为法官做开放式的判断提供有效的引导,另一方面不能为法官的合理性判断提供充足的论证理由和论证方式。

---

① 参见〔日〕山中敬一著:《刑法总论Ⅰ》,成文堂1999年版,第110页。
② 参见〔德〕考夫曼著:《法律哲学》,刘幸义等译,法律出版社2004年版,第72—73页。
③ 具体理由请参见童德华著:《规范刑法原理》,中国人民公安大学出版社2005年版,第240页。

第二节 犯罪论重构的现实维度

一、社会结构问题概述

刑法是一门具有极高实践性的法律科学,刑法的发展受制于一定的社会结构,研究刑法不能不关注社会结构。根据哈贝马斯的如下说法:"社会理想"、"社会模式"、"社会图象"已成为用来表示一个社会时代的范式性法律观的公认说法。"它们的含义都是人们对自己社会形态的一些默认图景,它们为立法和司法的实践提供视角——或者一般地说,为实现自由和平等的公民的联合体这个规划而提供导向。"①基于这种认识,关注风险社会问题是十分必要的。因为风险社会为当今社会的法律体系提供了一个全新的图景,因此,"只要这一转变发生,就会出现一种实质的社会变迁,它将使我们远离原先的思考和行动模式",故此,我们既定的法律目标和法律方法自然将发生相应的变化。作为面向风险社会的刑法变革的前提,它要完成向一种全新的范式转变。这种范式的转变首先表现为刑法认知观的转变。

风险社会理论颠覆了在传统社会被奉为圭臬的"生产观"、"进步观"和"科学理性观"等世界观。首先,"生产"作为现代性的实现基础,不仅在创造财富与进步,还在系统、全面地创造矛盾与问题。其次,"进步"随着工业与科技的不断成功,本身却日益走向异化。以科学理性为支撑的"进步"取代了上帝,成为人们不假思索的"一种现代性的世俗宗教"。结果,"进步"产生了有组织地不负责的社会景况。其三,"科学理性观"作为传统现代性的重要深层次的知识根据,以表面的"全知全能"掩饰了"片面垄断",全面制造了现代社会

---

① 〔德〕哈贝马斯著:《在事实与规范之间——关于法律与民主法治国的商谈理论》,童世骏译,三联书店 2003 年版,第 488—489 页。

的问题。社会发展采取"技术统治模型",社会成为经济社会,国家成为技术国家,工业理性和技术使这个行星上的所有生命形式处于风险之中。①

二、风险社会的影响

风险社会理论是一个在现代之后颇具影响力的理论,首先,它对于前现代性的三个观念进行了深刻反省,在思想根基上是以现代之后的哲学认知理论为先导的。哲学在现代化过程中发现,一方面在自然科学领域不可能处处排除知识的主体性;另一方面不能单以自然科学的标准和范畴去观察和评判世界。② 问题在于,自十九世纪之后所发展的社会科学在很大程度上受到了自然科学模式的支配,③因此,包括法学在内的社会科学应当采取何种方法去抵制以往的那种四处弥漫的科学情结,成为当今社会科学的首要课题。

其次,风险社会理论促使法律治理范式的转向。在前现代性社会,追求财富与权力是时代的关键词,财富分配以及不平等的改善与合法化是这种社会的核心政治问题。这蕴含着现代政治理念中的两个关键要素:一是技术理念;二是法治理念。在传统社会被奉为圭臬的三大世界观,归根结底是以科学技术为支撑的。正如贝克所言,当代正统的理论和政治学也仍然把进步的观念和有益的技术发展联系在一起,把我们相信我们面对的危险在十九世纪仍然能被克服的信念、危险评估的科学模式和工业安危观念联系在一起。④ 这构成了现

---

① 参见陈忠、黄承愈:《风险社会:知识与实在——贝克"风险社会理论"的"知识问题"与"历史超越"》,载《马克思主义研究》2006年第7期。

② 参见〔德〕阿图尔·考夫曼、温弗里德·哈斯默尔主编:《当代法哲学和法律理论导论》,郑永流译,法律出版社2002年版,第51页。

③ 相关论述请参见〔德〕汉斯·格奥尔格·伽达默尔著:《真理与方法——哲学诠释学的基本特征》(上),洪汉鼎译,上海译文出版社1999年版,第3页。

④ 参见〔德〕乌尔里希·贝克:《风险社会政治学》,刘宁宁、沈天霄编译,载《马克思主义与现实》2005年第3期。

代政治理念中的技术理念。虽然崇尚科学技术有助于社会整体对于财富与权力的诉求,但是这种诉求的实现需要依赖法治理念来予以保障,因为法治手段被普遍认为是解决社会正义问题的有效手段。

再次,现代哲学认知观的进步在导致科学神话破灭的同时,首先触发的反思点就是现代政治理念中的技术理念。由于风险社会中不确定性的增加,不但瓦解了确认和感知风险、总结因果联系和分配补偿的传统模式,而且还导致现代官僚政治、国家、经济和科学的功能和合法性受到质疑。在工业社会能够计算的风险,在风险社会中变得无法计算和预测。比之传统社会中的责任和因果关系的可确定性,风险社会因为风险的不确定性,所产生的伤害、责任及因果关系会失去这种确定和保证。如何缓解和分配风险已经成为核心政治问题,且迫在眉睫,而传统社会的财富和权力问题则丧失了以往的重要性。

最后,对技术理念的反思就集中体现到对"技术统治模式"的反省上来了。自启蒙时期以来,人类社会进步的希望被片面地寄托在科学、技术的发展之上。今天,认为科学可以为我们创造美好生活的幻想已经开始破灭了,许多人将这种追求转换为期望依靠科学技术和科学权威去应对和控制风险社会中的问题。这是把十九世纪的想法用于二十世纪后期的尝试,它注定要失败。如贝克所说,"在风险时代,社会变成了一个实验室,没有人对实验的结果负责。"迷信科学权威的想法,"不仅仅是对科学的完全误解,而且也是对风险概念的完全误解。取消科学的权威不是失败而是成功。可以说,在这个世纪,科学越成功,就越反映出其自身的确定性方面的局限性,它们就更多地成为反思性的人为不确定性的源泉。科学在可能性范围内发挥作用,这并不排除最坏的情况。在确认和管理风险方面确实如此。在风险冲突中,政治家们不再能依赖科学专家。"①结果,在人类社会

---

① 参见〔德〕乌尔里希·贝克:《风险社会政治学》,刘宁宁、沈天霄编译,载《马克思主义与现实》2005年第3期。

中出现了一种有别于传统的决策方式。如在二十世纪七十年代之前,西方政治决策系统的座右铭就是:"只要有技术,就可以解决问题。"当时的决策十分推崇所谓价值中立的科学方法。但是这种方法不仅对道德责任采取了不道德的回避,并且具有逻辑和哲学上的错误,是一种"专家的暴政"。在此基础上,决策的科学合理性开始转向为社会合理性,政策分析理论的任务是帮助有关人员在具体的问题上、具体的环境中以及具体的组织内做出最好的政策,这才是政策科学应该担当的角色。决策模式是为了提出政策辩论的逻辑,用来形成一个完整的政策辩论框架。作为一种辩论的方法,它并不是提供正确的或者错误的答案,其主要的作用是推导出为什么一项政策会比另外一项政策更好。作为一种政策分析工具,它的目的是激起辩论以及形成一种开放式的交流,在一个反复质询的过程中形成一种"学习性的对话"。在当前,社会转向所带来的理论危机导致理论界难以拿出一个较为妥当的重构刑法结构的方案。为此,我们需要对风险社会以及它带来的范式危机加以必要的关注,特别是对其中制约我们重构中国刑法理论结构的一些基本观念予以澄清。

第三节 犯罪论体系中的理念维度

一、法律图景

(一)我国的法治愿景

刑法理论结构(下文简称刑法结构,包括犯罪论体系)不是完全由立法所展现的刑法总则、分则的构造和体系,而是根据刑法的相关规定所提供的一个犯罪证成模式,刑法结构是认识模型和价值模型的结合体。中国刑法结构(包括犯罪论体系)要不断完善和发展。至于中国刑法结构究竟应该如何完善和发展,自然是见仁见智。当然,我们也要看到,刑法是国家的基本法律之一,刑法学研究自然不能脱离刑事法律实践和法律需要,并且还应当自觉推动刑事法治建设的顺利进行和发展。为此,重构中国刑法结构的刑法研究应当奠基于这样一个基本立场:尊崇法治传统,符合法治内涵,顺应法治潮流,弘扬法治精神。

法治观对于犯罪论研究有价值指导作用,因为有学者将我国犯罪论体系的问题归咎为苏俄知识,或者将我国刑事法治不健全归咎于我国传统的犯罪论体系。那么,什么是指引我国刑法结构发展的正确法治观呢?

在传统意义上,法治起源于古希腊。早在2000多年前,柏拉图就在总结个人经验和教训的基础上提出了在现实政治生活中要实行法治的主张。在早期作品《理想国》中,柏拉图推崇贤人政治,提倡建立哲学王国家。但到晚年,在经历了一系列政治失败教训之后,柏拉图改弦易辙,在《政治家》《法律篇》等作品中正视理想国贤人政治的不现实性,一改法律从属于美德的看法,提出了法治的必要性。他认为人类必须有法律并且遵守法律,否则他们的生活将像野兽一样。因此他提出,就现实而言,法律是文明的永恒要素,如一条金色的纽带,成为治国安邦的核心方式,引导人们走向幸福和谐的生活。这样,柏拉图晚年突出了法律的神圣性、权威性、合法性,确立了现实国家的法律维度,确立了法治原则。后来,亚里士多德进一步阐述法治的内涵,并第一个明确规定了法治的含义。他认为法治应包含两重意义:第一,国家已成立的法律获得普遍服从;第二,已获得普遍服从的法律其本身是制定良好的法律。在他之后的许多古希腊思想家和古罗马思想家也对法治做了有意义的探索。可以说,古希腊、古罗马思想家对于法治的探索,开启了现代法治的历史之门,建立在他们的思想之上的法治信仰、理念和基本属性应当被我们当成法治建设的重要历史资源和传统。

基于上述命题,我们应当抵制将尊崇法治传统等同于尊崇中国古代法治传统的想法。有学者认为,中国古代自《尚书》开始便进入了法治时代,并使法治上升为古代社会的一项法律原则。如蔡枢衡认为,中国古代法治经历了跌宕起伏的发展:五帝时代前期虽无明文根据,通过《吕刑》记叙夏族非难苗族允许临时随意处刑,从反面不难推知黄帝、颛顼都是依法裁判,"若用后世的名词来表达,显见五帝时代前期所奉行的是罪刑法定主义"。从正面表明五帝时代后期奉行法治的记述是《尚书·舜典》:"慎徽五典,五典克从。"(意为虞舜能够依照刑法办事,对违法进行非难和裁判。)"这就充分表明当时是如何重视践行罪刑法定主义"。虽然古老的罪刑法定随着陈旧的五帝传统刑法的废除而被夏朝废弃,其新的刑法走上了当年苗族随意处罚的旧路,但商、周二代都实行罪刑法定主义,明证就是《礼记·王制》的"有旨无简不听"、《尚书·吕刑》的"无简不听,具严天威"。"这即是说,在进一步总结历史经验、修改和增订刑法的基础上,又为贯彻统治者的意志和利益于每一案件的裁判中,而要求统一司法官吏的裁判意志和行动,罪刑法定主义的重视,意味着伸张君权,抑制官权"。还有一些学者小心翼翼地指出,中国古代没有法治生存的制度空间,但从思想层面和制度层面加以区分的角度看,应当首肯"罪刑法定主义作为一种思想主张,在中国古代一直是伴随成文法的产生和发展而存在和发展的。罪刑法定主义作为一项实证法律原则在秦律和唐律中也得到一定程度的体现。"日本学者崛毅亦认为,先秦时期的罪刑法定主义思想在秦汉时期中已上升为法律原则,"我国说中国古代存有罪刑法定主义主要是从思想层面上讲的,其次才是从制度层面上讲的。"即在区分罪刑法定主义和罪刑法定原则之别的基础上展开论述。他认为"罪刑法定主义作为一种思想主张,在中国古代一直是伴随成文法的产生和发展而存在和发展",即中国古代刑法存有罪刑法定主义,但罪刑法定作为一项刑法原则,就制度层面而言,在古代法制中并未落实。①根据上述肯定论者的看法,只要强调依法办事就属于法治的表现,这未免过于牵强。

我们对罪刑法定主义的一般看法是,它渊源于对君主权力的抗制和对平民的保护,从而强调罪之法定、刑之法定。但是在中国古代强调对罪与刑予以法定的思想是基于:"圣人之为国也,壹赏,壹刑,壹教。壹赏则兵无敌,壹刑则令行,壹教则下听上。"而"所谓壹刑者,刑无等级。自卿相、将军以至大夫、庶人,有人不从王令、犯国禁,乱上制者,罪死不赦。"②刑无等级,似乎是罪刑法定思想的有利证据,但是仔细推敲,这种思想追求的是维护君主不可动摇的统治地位;而所谓的"壹刑",不过是为了确保君主对司法裁判权力的绝对控制。我们还必须看到,在中国古代的专制极权政治中,提倡实行所谓的罪刑法定主义的法家,都是极端的绝对君权论者。法家之所以主张限制各级官员的擅断权力,完全是为了加强和扩大专制君主的绝对权力。在我国古代专制极权的政治中,专制君主拥有立法、司法、行政等一切权力,因而在事实上拥有不受法律限制的罪刑擅断权力。君主的这种罪刑擅断权力是不容置疑的,在人们的观念中也不曾动摇过。既然君主的权力不受任何限制,就不能认为是罪刑法定主义。上述折中说试图将罪刑法定主义对应于思想层面,罪刑法定原则对应于制度层面,这就是说中国古代有罪刑法定的思想,而无罪刑法定的制度。这种思路应该没有问题。但是,我们论述的是在中国古代刑法中有无罪刑法定主义,其实就是从刑法的制度中理解的。在这个意义上,它最终将会走向否定说。

中国古代强调依法治国和后文将论及的西方法治具有不同的出发点,在这个意义上,不能认为在中国古代就存在法治。中国古代法缺乏现代意义上的法治的基因。首先,中国古代法中不存在现代法治的人际基础——平等。古代中国刑法,一度废除等级,是为了维护

---

① 参见徐岱:《罪刑法定与中国古代刑法》,载《法制与社会发展》2000年第1期。
② 《商君书·赏刑》。

君主权利,其后设立"八议"制度,确立了等级制度,其目的是为了有效维护皇权,不仅在统治阶级和农民之间没有平等可言,就是在统治阶级内部,皇帝和其他人之间也无平等可言,皇帝执掌着所有的权力,因此,身份刑法大量存在。其次,古代中国缺乏现代法的理念——自由。自由在中国古代政治中,是一个不曾被重视的字眼,民众为法和礼所束缚,皇帝的极权制度,严重限制了自由的思想和自由在政治中的作用。连坐、株连等制度就颇能反映自由的匮乏。再次,中国古代缺乏法治的素质——法治精神。如有的学者所说:"法家的'务法'、'法治'也丝毫不具备法治的精神",因此,"中国古代社会不仅不曾有过'法治',而且也不可能出现'法治'"。[①]

法治的内容在历史长河的不断洗礼中得到丰富和发展。今天,人们对它确定了较为固定的标准。在《牛津法律大辞典》中,法治被认为是:"一个无比重要,但未被定义、也不能随便就能被定义的概念,它意指所有的权威机构、立法、行政、司法及其他机构都要服从于某些原则。这些原则一般被看成是表达了法律的各种特性,如:正义的基本原则、道德原则、公平和合理诉讼程序的观念,它含有对个人的至高无上的价值观念和尊严的尊重。""在任何法律制度中,法治的内容是:对立法权的限制;反对滥用行政权力的保护措施;获得法律的忠告、帮助和保护大量的和平等的机会;对个人和团体各种权利和自由的正当保护;以及法律面前人人平等。在超国家的和国际的社会中,法治指对不同社会的不同传统、愿望和要求的承认,以及发展协调权利要求、解决争端和冲突、消除暴力的方法。""它不是强调政府要维护和执行法律及秩序;而是说政府本身要服从法律制度,而不能不顾法律或重新制定适应本身利益的法律。"

依据1959年的《德里宣言》,法治包含三大原则:(1)根据法治原则,立法机关的职能就在于创设和维护得以使每个人保持"人类尊

[①] 梁治平著:《寻求自然秩序中的和谐》,上海人民出版社1991年版,第60、83页。

严"的各种条件;(2)法治原则不仅要对制止行政权的滥用提供法律保障,而且要使政府有效地维护法律秩序,借以保证人们具有充分的社会和经济生活条件;(3)司法独立和律师自由是实施法治原则不可缺少的条件。

可见,法治与人治有如下几个明显区别:第一,在价值理念方面,法治是自由、平等、民主、正义等社会价值观念体系的综合体,而人治与专制、极权、特权、不平等具有亲缘性;第二,在政治方面,法治建立在民主和宪政基础上,而人治建立在专制、极权基础上,是一人或少数人之治;第三,在人性基础方面,法治对人性的假设是恶的、悲观的,而人治对人性的假设是乐观的、善的;第四,在法律权威方面,法治要求法律至高无上,任何个人、组织、团体、集团、党派都必须严格遵守、服从法律,而人治往往否定法律的至上性,强调个人权威至上。

由上可见,法治首先是民主政治的产物,在法治国家,法律必须是由民选代表组成的立法机关制定通过的;其次,法治要追求实现社会平等,保护公民的平等权;再次,法治是良治,法治应致力于发展自由,保护自由;再次,法治是程序治理。法治有其局限性,但是,法治通过程序性方案的设立,避免人治的弊端。在刑事法领域,罪刑法定是法治的基本规则,我们甚至将其上升为基本原则加以对待。除了在司法实践中应当贯彻罪刑法定之外,在刑法学研究中我们也应当遵循该原则,运用它的基本精神去丰富刑法知识,完善刑法理论。正是基于上述认识,我们才能很好解释为何在犯罪论体系极为发达的德国,在"二战"时期依然不能避免法西斯主义的滋生和蔓延,践踏人权的事实劣迹斑斑。

(二)法治精神与犯罪论体系

刑法学是规范性科学,必须根据规范性科学的特点处理刑法规范方面的应用性问题。其中最为核心的一个问题显然是:什么是犯罪,我们根据什么方式或者模式认定一个行为构成犯罪?这是发动刑罚权的事实基础。可见，必须有一种体系来帮助刑法司法完成认定犯罪和评价犯罪的任务。这套体系就是通常所说的犯罪论体系。而在犯罪论体系中居核心地位的就是犯罪构成问题。在罪刑法定主义(原则)的语境中，犯罪构成及其理论都具有重要的意义，无论是从理论范式还是从实践评判的角度考察，犯罪构成理论和罪刑法定主义都是息息相关的，犯罪构成理论的形成和发展源自罪刑法定主义的滥觞与变迁，罪刑法定主义的贯彻和落实得益于犯罪构成理论的应用与普及。当下在中国刑法学界正在兴起的犯罪构成理论研究热潮①，折射出罪刑法定主义在中国刑法实践和理论两个层面的演进中的具象化和行动化，是这两种关系在理论和实践层面互动的结果。而犯罪构成问题成为理论上的焦点，亦说明它可能存在不适应以罪刑法定主义为导向的刑事法治化发展的地方，②因此，检讨犯罪构成问题也就成为刑事法治化实践必然触及的一个理论议题。

犯罪构成涉及的问题很多，但最终都会指向作为现代刑法基本精神的刑法谦抑性。在当前从各种视角对我国传统犯罪构成理论进行的批判性研究中，都可以导出一个大致相同的结论：我国犯罪论构造被"入罪"机能所支配，而"出罪"机能较为缺失。在此意义上就产生了一个值得关注的理论预设：我国犯罪构成理论是一种缺乏谦抑精神的构造。可是，真正从谦抑性与犯罪构成的关系方面展开的更深入研究却少之又少。而且在此方面根据某个视角所提出的问题是否能构成一个有真正意义和真正价值的理论课题，也是值得深思的。

在笔者看来，在我国犯罪构成理论的反思性研究中，有相当一部分意见在很大程度上仅仅是为了追求某种理论上的形式美感，没有

---

① 自1990年以来，我国学者在犯罪构成问题的研究在不断进行。特别是2000年以来，已经有数本相关专著出版，而有关论文多达数百篇。我国刑法学界2002年曾经在西安年会上专题研讨犯罪构成问题。此后，在该领域的研究势头非但没有弱化的迹象，还有进一步发展和延续的趋势。

② 承认犯罪构成理论存在问题，事实上在学术界已经成为一种共识。

对问题的主要症结做出深入而有说服力的研究,更没有提出有关传统理论构造的致命性见解,[①]其中还存在一些如其他学者所指称的假问题。[②] 因此,在关于犯罪构成问题的研究上,我们有必要以它与刑法精神之间的关联作为对象进行研究。罪刑法定主义为这种研究提供了一个直观的前提,因为只要我们承认谦抑性是现代刑法的基本精神,那么就必须承认它与最直接体现罪刑法定主义的人权保障机能有着至为密切的关系,进而承认现代罪刑法定主义蕴涵着谦抑性价值。[③] 所以,在罪刑法定主义的语境下,谦抑性精神可以而且应当成为检验犯罪构成体系是否合理的一个标准。

但是,谦抑性并不能因为它是检验犯罪构成体系的一个合理标准而被当成唯一的标准。我们始终不能忽视的一点是,谦抑性在刑法中要受到保护社会机能的限制。根据社会保护和人权保障两种基本机能的平衡性要求,在对犯罪构成进行理论建构时,谦抑性问题必然是以合理性讨论的方式陈示出来的,而合理性讨论并不必然直接涉及"出罪"性的思考。故而,在我们指责某一犯罪论构造缺乏谦抑性品质时,要避免夸大一种基于现实合理性要求而难以进行谦抑性处理、从而不成其为谦抑性所指涉的有关问题。无限推崇谦抑性价值在犯罪构成体系中的地位并不值得称道,可取的做法要依据刑法的目的而设定。罪刑法定主义本身的内容和要求,使得它既是一种实践操作必须遵循的基本原则,又是一种适应刑法文明发展的理想追求,可以破除刑法作为一种法律实用工具的单纯性。因此,刑法司

---

① 参见童德华著:《规范刑法原理》,中国人民公安大学出版社2005年版,第19—21页。

② 参见王志远著:《犯罪成立理论原理——前序性研究》,中国方正出版社2005年版,第49页。

③ 参见王茂树:《刑法谦抑性之我参见》,载《犯罪研究》2003年第2期;莫洪宪、王树茂:《刑法谦抑主义论纲》,载《中国刑事法杂志》2004年第1期;童德华著:《外国刑法原论》,北京大学出版社2005年版,第4页。这些著作和文章都简单论述了谦抑性价值与罪刑法定的关系。

法虽受社会机能与人权保障机能之间紧张关系的束缚,却不排除在一个相对均衡的社会情势下具有适度的不均衡性,主要根据罪刑法定主义的旨趣进行有利于被告人的犯罪评价。如何有效地进行这种不均衡性的评价,就是罪刑法定主义实践为犯罪构成理论提出的一个理论问题。

根据以上犯罪构成与谦抑性之间的基本关系和要求的认识,我们可以更明确地将论题限定在犯罪构成理论之于谦抑性价值的特质方面,并在犯罪构成的结构中捕捉它与谦抑性的关系与适应性。

首先,体系的结构可以赋予犯罪构成理论一种实现谦抑性的有限功能。近年来围绕犯罪构成的研究多聚焦于结构性问题,尤其是一些倾向于采取德日犯罪构成理论的学者,对该构造的体系结构给予了高度赞赏。这些研究的确证明了结构上的不同导致谦抑性实践的差异。但是,结构上的差异是否可能使某一种犯罪构成理论在谦抑性价值的实践过程中有效地穿透社会保护机能,从而展示出谦抑性的品质呢?对于这个问题,我们至少应当注意哈贝马斯的一个说法:把法律系统同道德和政治之间的所有内在联系都消除了,"这种观点把法归结到法的运用这种特殊职能,因此误导了对法律的进一步分析。由此,法律对政治权力之产生、获得和运用的民主法治组织之间的内在关系,消失在人们的视野之外。"①这个见解的正确性在于它清晰地表明了一个基本的道理:刑法是它那个时代的刑法,它不能脱离自身所处的时代。回避法律与社会的关系,会将法律运行导向到一个故步自封的结构中去。在我国刑法理论中流传着一种将法律与道德分家的观念,也表明在此提及这个观点并非多余。犯罪构成及其理论在实践中,亦无例外地要经受它身处其间的社会结构所产生的约束和限制。对于自身所处时代的社会要求的回应,使犯罪构成在实践谦抑性价值的过程中产生了一个共时性的向度,即在

---

① 〔德〕哈贝马斯著:《在事实与规范之间——关于法律与民主法治国的商谈理论》,童世骏译,三联书店2003年版,第62页。

一个相同的时空下,犯罪构成的构造所必须具有的外在的、应用于不同社会结构的标准及其有限性。共时性向度显示出没有"我在"与"他在"区别的犯罪构成是值得怀疑的,因此,刑法及其理论在评价犯罪构成问题时,必须从横向上估量所谓的本国与他国刑法的社会结构差异。

其次,犯罪构成理论得以形成的知识谱系预设了结构在实践谦抑性时的认识限度。"犯罪理论在二十世纪的发展,绝不是一个单纯的刑法内部讨论的结果,而是有着哲学和思想史的发展背景的。"[1]在各国刑法理论中所形成的几种有明显结构性差异的犯罪构成体系,也为不同的哲学思想所支撑。而人类的智识是在不断地批判与不断地反思过程中进步的,这表明哲学思想都毫无例外地具有局限性,所以,哲学思想本身所固有的局限性决定并形成了各自所支撑的犯罪构成理论的局限性,哲学思想的发展决定并有助于相应的犯罪构成理论的发展。根据人类智识活动不断丰富和发展的定式,不可能有一种犯罪构成体系在理论上是完美的,因而,犯罪构成理论之于谦抑性实践还存在一个适应理论谱系不断发展的历时性向度,即犯罪构成的构造具有一个内在的、经由知识增量而形成的内涵及其限度。历时性向度要求从纵向上处理犯罪构成理论的现在、过去与未来的关系,没有现在和过去、现在和未来之差别的犯罪构成是不可取的。

再次,根据不同方法论建立的具有差异性的结构体系,在谦抑性的实现过程中具有不同的张力。"法学属于狭义的'理解性'学术,因此唯有发展出适于其客体的,诠释学上确实有据的思考方式,如是始能正当化其学术性主张……"[2]在拉伦茨的这个论断

---

[1] 〔德〕克劳斯·罗克辛著:《德国刑法学·总论》,王世洲译,法律出版社2005年版,第123页。
[2] 〔德〕卡尔·拉伦茨著:《法学方法论》,陈爱娥译,商务印书馆2003年版,第318页。

中，"诠释学"是否适于作为一种方法论是可商讨的，但它所指出方法论的意义是正确的。在犯罪构成问题上也是这样，结果正如储槐植教授所提出的，"犯罪论体系如果仅反映定罪结论（犯罪规格），而不反映定罪过程，那么只能突出刑法的一种功能，即打击犯罪、保卫社会。犯罪论体系应反映定罪过程。"①这使我们不得不思考结构和要素等因素在罪刑法定主义实践中的权重，特别是结构应当通过什么样的方式担当谦抑性价值的使命。在这方面，我们习惯于将中外犯罪构成要素的逻辑顺序作为对结构进行比较的对象；可是，它们之间的根本区别并不在此。亦如我们在后文将要论及的，犯罪构成的结构可以展现为两种方式：前一种方式重视犯罪中的本体性要素是不是存在，如犯罪的主观要素、客观要素、违法性阻却要素和责任阻却要素等；后一种方式重视有关犯罪中的本体性要素是如何被证明，是一种程序性思考，它和刑事诉讼法的判断是有区别的，刑事诉讼要判断的是客观事实是否存在，而它是根据一定的目的，对已经证明存在的客观事实是否属于刑法规范中的构成事实进行合致性判断。笔者将这两种结构分别归类为本体性结构和程式性结构。利用这两个概念，我们可以更深入地检讨中外犯罪构成的差异，进而洞察犯罪构成理论结构在谦抑性精神的实践道路上的一种趋势。

二、多元法律价值观

(一) 法律价值观的意义

如果我们深信客观真理，我们就会表现出对自身价值观的确信，并力图影响其他人接受我们的价值观。但现在客观真理遇到了挑战，世界万物赖以立足的基点坍塌了。打一个或许不太恰当的比喻，这意味着我们要开始接受这样一个情景：过去，我们一直生活在

---

① 储槐植著：《美国刑法》，北京大学出版社1996年版，第5页。

我们坚信其存在的"上帝"的庇护之下。有一天,一个先知突然以一种不容否定的口吻告诉我们:"上帝死了。"当此情形,我们是继续梦幻着"上帝"的庇护,还是猜疑上帝是否真的死了,抑或开始寻求一种没有上帝庇护的生活呢?本人认为,我们在自己短暂的人生中,显然无力去考证上帝是不是真的活着,虽然我们曾经有过这样的努力,但最终无不以失败而告终。因此,我们可能采取的方式或者态度是:或者继续沉溺于上帝庇护的幻象,或者开始学习并习惯于过一种不依靠上帝庇护的生活。当然,我们也可以追求一种在精神上信赖上帝、在生活实践中依靠自己的状态。但无论如何,对我们而言,最现实的生活方式是学会依靠自己而不是单纯寄希望于上帝而生活。这也是以前现代性范式和现代之后的范式之间的转型来重塑研究路径的初衷。

在法律世界,我们应当追求的公正价值标准何在呢?是采取普适性标准还是应当遵从法律价值多元化的标准呢?这个答案在现代政治哲学中已经得到了很好的回答,那就是应当保护多样化价值。提倡法律价值的多元化是因为:第一,价值多元反映了真理观的发展对于价值论多元化选择必然产生的影响。第二,承认价值观的多元化选择意味着,我们不仅要勇于追求普适性价值,也应当尊重个体性价值存在的意义。第三,价值多元决定了刑法立场选择的融通性和可变性,这就要求在犯罪论体系研究中尊重科学理性与实用理性的兼容。

(二)多元价值的影响

由于真理观和真理标准的变化,我们应当以理性考量非理性之事实。当代马克思主义哲学并不回避这个问题,而且在正视该问题时给予了积极的理论建构。"社会认识科学化的重要功能是促进人类社会的健全和协调发展,因此,社会认识和社会科学不仅应当是描述性的,而且应当是规范性的。它们不仅要尽可能客观真实地描述人文社会运动的历史和现实是怎样的,而且应尽可能准确合理地发掘和展示其价值和意义是怎样的,在此基础上对社会发展的未来作出具体的规划和预见,提出理想的社会模型,并以之引导和规范人们的现实活动模式,使之成为趋向未来理想目标的积极力量。"①这样一来,规范评价就进入到社会科学的殿堂中来了,科学的内涵也因此发生了变化:在以往,"科学性问题通常仅仅被看成一个'真'的问题即真理性问题,从对社会的认识和评价方面来看,其实它还有一面,即合理性问题。"②合理性被作为社会科学的一个重要的、具体的因素被发掘出来。前现代性范式将科学性和真理性进行等价思考,简单说,就是只重视事实上的考察,而不重视价值上的评价;即便该范式并不主张采取这种判断方法,但往往也会导致这样的局面。这种方法论是不科学的。可见,伴随着科学认识观的深化与发展,哲学已经发生了转向。作为哲学转向重要议题之一的合理性问题,马克思主义哲学和西方哲学获得了同步发展。正如著名哲学家苏丹曾经指出:"二十世纪哲学最棘手的问题之一是合理性问题。"③自二十世纪七十年代之后,合理性成为当代世界哲学的主题之一。合理性包含的内容极为丰富,远远不是真理性所能包容的,它"在语言学上指概念清楚、明确、无歧义,使模糊性和不确定性最小化;在逻辑学上指命题或陈述内在连贯、一致、自洽、无矛盾;在认识论上,指一种知识得到经验的支持并与已证明为真的理论相一致;在方法论上指方法的有效性和可操作性;在本体论上指一定世界观符合现代科学的最新成就;在价值论上指目标的必要性和可行性;在实践论上指方案的可功效性;在评价论上指对人评价的公正性等。"④可见,"合理性是一个评价概念,它不是考察对象如何,而是评价对象怎么样的应然和可否,并表明评价者对它的取舍态度。正因为它是一个评价概

---

① 欧阳康主编:《社会认识方法论》,武汉大学出版社1998年版,第51页。
② 欧阳康主编:《社会认识方法论》,武汉大学出版社1998年版,第51页。
③ 转引自欧阳康主编:《社会认识方法论》,武汉大学出版社1998年版,第52页。
④ 欧阳康主编:《社会认识方法论》,武汉大学出版社1998年版,第52页。

念，与一定主体的评价标准相关联，因而又具有较大的相对性。""评价的合理性是个相对概念，是相对合理性。"①

价值选择对于犯罪论体系的构造是极其关键的，对此，我国学者也有明确认识："尽管所构建的犯罪构成理论体系是不同的，但构建体系所使用的却是相同或者大体相同的体系建筑材料……其判断标准就应当在价值层面。"②毫无疑问，刑法的运行关涉到社会安宁、国民安全、被害人利益、被告人权益等，因此犯罪构成必须遵循刑法的两个基本立场，一个是社会的保护，一个是自由的保障。多元价值事实上也否定了犯罪构成论体系单一化选择的路径，因为犯罪构成体系的立场和使命明显受缚于社会的发展及其价值目标，那么，应当有适应自由刑法的犯罪论体系，也应当有适应安全刑法的犯罪论体系，还应当有适应自由与安全双重需求的犯罪论体系。

三、犯罪论体系的中国化

(一) 中国法治与犯罪论体系

尊崇法治的传统，并不意味着刑法学可以脱离中国的现实社会境遇和未来的社会趋势。中国的现实境遇和未来社会趋势决定了刑法结构不仅不可以放弃中国的传统文化和现代文化，而且还应成为中国刑法在全球化结构中重视"中国"特色的现实基础。中国现代法制化建设经历了艰难曲折的历史道路，客观而言，在总的趋势上它无法脱离中国社会发展在不同时期的现实需要，也不能脱离这些需要，否则就会遭遇挫折。

在新中国建国时期，实现平等是考验新政权的重要任务。以毛泽东同志为主要代表的第一代中央领导集体，将马克思主义法治思

---

① 欧阳康主编：《社会认识方法论》，武汉大学出版社1998年版，第52页。
② 李洁、王勇：《中国犯罪构成理论建构的理性体系与价值前提》，载《吉林大学社会科学学报》2008年第6期。

想的基本原理与新中国的政权与法制建设相结合,提出并实施"民主建国"。1954年9月制定第一部《中华人民共和国宪法》,作为新中国社会主义法制建设的起步,为这一阶段新中国的政权与法制建设奠定了基础。但是,由于后来脱离现实的需要,导致法律虚无主义大行其道,结果使国家和人民群众深受无秩序、无法制的毒害。"文革"结束后,出于维护社会秩序、拨乱反正的需要,国家必须运用法律治理社会。以邓小平为主要代表的第二代中央领导集体创造性地阐释了一系列具体而明确的法治思想,提出了社会主义法制建设"有法可依、有法必依、执法必严、违法必究"的十六字方针。从党的十一届三中全会开始,特别是1982年新宪法的颁布实施,我国进入了实施依法治国方略的理论准备和初步实践阶段,迎来了社会主义民主与法制建设的春天。但是在这个时期,我们对于法治的理解还停留在法制的层面上,人文主义色彩不浓厚,社会本位主义过强。随着市场经济建设和改革开放,法治建设极为迫切。以江泽民为主要代表的第三代中央领导集体,正式确定"依法治国,建设社会主义法治国家"的治国方略,将"中华人民共和国实行依法治国,建设社会主义法治国家"载入宪法,从"法制国家"到"法治国家",尽管只有一字只差,但反映了我们党治国方略的质的飞跃,标志着我们不仅要加强法律制度建设,而且在治国方式上要坚定不移地沿着法治之路前进。法治建设促进了改革和开放,改革开放取得了巨大成绩,与此同时也出现了许多新问题。在此情形下,需要自上而下地培育全民的法治意识。2007年,中共中央总书记胡锦涛在中国共产党的十七大报告中指出,"坚持依法治国基本方略,树立社会主义法治理念",由此提出了"社会主义法治理念"这一重要命题。"社会主义法治理念"是继党的十五大提出"依法治国"之后,民主法治建设领域一个具有战略性号召力的新概念,也成为十七大报告的亮点之一。树立社会主义法治理念,标志着我们党对"法"的理解与追求又跃上了一个层面,同时也标志着中国特色民主法治建设将步入一个新时代。

中国现代化的发展为社会主义法治理念赋予了新的时代内涵。当前,社会主义法治理念的基本内涵包括:(1)依法治国;(2)执法为民;(3)公平正义;(4)服务大局;(5)党的领导五个方面。2006年4月11日,中央政法委书记罗干在中央政法委举办的社会主义法治理念研讨班上,对这五个方面的内涵及其相互关系进行了阐述。他指出:以依法治国为核心内容,以执法为民为本质要求,以公平正义为价值追求,以服务大局为重要使命,以党的领导为根本保证。这五个方面的有机统一,深刻而准确地抓住了社会主义法治建设的灵魂和关键,也反映出法治建设的中国特色。这是每一个具有文化传承自觉和担当的中国法律学人应当注意的我国现实的法治愿景。

(二)中国刑法结构的地方性

探讨中国刑法在全球结构中的发展模式,首先要探求指导刑法实践朝着现代化方向发展的理论,其次要探求刑法实践本身国际化发展的目标和路径,因此研究必然要以中国刑法学、外国刑法学和国际刑法学为基本视阈,同时在方法上还要以比较法学为参照,并根据二十世纪七十年代之后的全球社会结构变化,以当代政治哲学和法哲学为研究的基本依托。

在全球化背景下讨论刑法的发展,受各国政治、经济和文化等不均衡性因素的影响,中外(西)存在着较大的差距。在欧洲刑法学界,一方面受西方中心主义的影响,有相当一部分研究明显地表现出向非西方世界推销西方价值理念的态度,流露出了西方文明的优越感,在国际刑法中就集中体现了这样的一种意识。但另一方面,也有越来越多的研究开始体现出反西方中心主义的色彩,它们主张刑法文明的"共容发展观"。可是,对于各国刑法如何在"共容"状态下被平等对待且不断朝着刑法文明的共同方向发展,它们并没有提出一个明晰的方案。

事实上,犯罪构成论体系作为行为事实与心理事实高度结合的组织体系,在不同国家和地区的犯罪构造中别无二致,因此,涉及犯罪构成的认识应该说观念重于技术,操作重于结构。① 国内刑法学界很重视中国刑法发展的研究,在近年来出版了一些刑法现代化或国际化的专著和论文。但是当前的研究重心多局限在一些较为具体的司法实践问题上,缺乏对刑法理论和刑法立法中具有重大意义的根本性问题的现实拷问。大体上,存在三个方面的显著不足:

一是全球性视野有待拓展。一方面是国内刑法和国际刑法没有得到整合性的研究,虽然注意到对于国际刑法制度的研究,但缺少根据国际刑法理念考察国内刑法现实问题的意识;另一方面只重视西方刑法的国内化移植,强调对西方刑法的学习,但对西方刑法在不同历史时期和全球结构中的局限性缺乏普遍的批评性研究,西方刑法及其理论被视为中国刑法的当然"圭臬",考虑中国刑法的国际化的思想就更为稀缺。

二是当下意识不够。由于中国刑法发展的研究重心局限在一些司法实践问题上,同时因为文化的原因,我们更重视对于日本刑法而不是欧洲刑法的学习,所以刑法发展朝着推理技术和解释技术的方向进行。这种发展虽然在一定程度上促进了刑法理论和实践的进步,但是因为它对新的社会结构(如风险社会)认识不足,缺乏对哲学思潮转向所引发的刑法发展前景的认同,所以在强化实证主义法学方法论的同时,使刑法冷淡了法律中的根本性问题——正义以及正义如何在刑法中实现——从而距离当下中国刑法的现实需要及其未来发展甚远。

三是缺乏自我认同。在向西方学习的过程中,西方的人道、宽容、谦抑等观念被塑造为中国刑法的理念,但是,相当多的研究忽视了在中国的背景下对于这些理念的不同体认。同时,当前的研究缺乏自己在全球性结构中的"理想图景",缺乏对于什么是我们真正需要的法律观的思考,而一些中国文化中具有深远意义的理念没有受

---

① 参见杨兴培:《中国刑法学对域外犯罪的借鉴与发展选择》,载《华东政法大学学报》2009年第1期。

到刑法学界的重视。比如,"和谐"理念对于国际刑法建构的意义、"宽严相济"刑事政策对于国际刑事政策的可能贡献。

针对以上问题,下文意图突破中国刑法传统的单向发展模式,打破以欧洲刑法为中心的西方刑法和国际刑法较为封闭的固有模式,并提出一套推动国际刑法、区际刑法和中国刑法朝着文明化与和谐化道路发展的对话式模式。"我们中国完全可以在借鉴和吸收域外犯罪构成理论体系和犯罪构成规格模型之后,博采众长,走自己的路,形成中国自己的犯罪构成理论体系和构建自己的犯罪构成规格模型,以服务于我国的刑事司法实践。"[①]其现实意义还在于根据中国在当今世界的崛起态势,为中国刑法在国际刑法、世界刑法舞台上做出更大贡献提供理论依据和决策方案。

第四节 犯罪论体系重构的理论范式

一、理论范式与犯罪论体系

当前的犯罪构成论研究呈现出"繁华"景象,观点争论多,所持理由不一而足,使得犯罪构成论何去何从似乎处在"十字路口"。对此现象,我们可以提出很多问题,其中一个不可忽视且具有重大决定意义的问题是:不同观点各自的理论根据是什么,这些理论根据是否根基于不同的思想根基或者研究方法?对此,笔者试图根据对刑法理论范式的思考来解答这一重要问题。因为每一种理论都是根据某种范式建立起来的,所以对于不同理论的分析和取舍,可能有必要触及它们之间最根本的构成因子,即它们的理论范式。理论范式在科学研究中具有思维定向和调节作用,它为科学研究提供了一套科学信

---

① 杨兴培:《中国刑法学对域外犯罪的借鉴与发展选择》,载《华东政法大学学报》2009年第1期。

念、基本原理、命题和具体的操作方法所构成的研究框架,这种框架对科学研究起着引导和规范作用。进一步来说,研究者选择不同的理论范式会形成不同的研究前景,因为受不同范式支配的研究主体及其共同体具有不同的研究框架和研究视角,会遵循不同的研究原则,采用不同的研究程序和方法,获得不同的研究经验。① 对于当下的中国犯罪构成论研究而言,从理论范式及其转向的角度分析其发展走向极为必要,因为"范式"可以促使我们更好地理解研究者的理论根基、研究经验等一系列对于犯罪论体系的认知和评价具有决定性影响的元素,从而看清不同体系的拥护者之间的真实差异何在。另外,"范式转换"也将为犯罪构成论的发展和选择提供更经得起检验、更具有说服力的思路。

二、范式的基本特征

所谓范式,是一种应用极其宽泛但内容并不一致的概念。它首先由美国哲学家T. S. 库恩提出来。在库恩看来,一个范式或者一组范式具有"这个团体的成员所共有的在释疑当中、能使他们在问题选择中、在解决问题的进化过程中观点趋于一致的那种力量"。② 虽然"范式"这一概念是库恩整个科学观的中心,并且在其代表作《科学革命的结构》中得到了系统的阐述,但据其他学者统计,库恩至少以21种不同的意思来使用"范式"概念。③ 因此,要检讨和准确定义"范式"的含义,将是一件吃力不讨好的事情。下文并不打算给"范式"进行明确的界定,当然,既然笔者提出了"范式"问题,完全回避对

---

① 参见杨楹著:《精神的脉络——思维方式的历史研究》,福建人民出版社2001年版,第90—91页。
② 〔美〕托马斯·库恩:《对批评的答复》,《批判与知识的增长》,周寄中译,华夏出版社1987年版,第364页。
③ 参见〔英〕玛格丽特·玛斯特曼:《范式的本质》,载《批判与知识的增长》,周寄中译,华夏出版社1987年版,第77—83页。

"范式"的界定也是不可能的。考虑到"范式"概念的本义,结合刑法学作为人文科学的特质,同时为了避免直接卷入理论纠葛之旋涡,下文依旧拟在库恩的本义上提出"范式",并且对其加以必要限制。在笔者看来,范式具有以下几个基本特征:

其一,作为本义,范式是以一种或者多种以往科学成就为基础的研究,某一科学共同体公认它在一定时期里作为进一步研究的基础。它具备两个特征:一是足以前所未有地把那些进行种种竞争的研究者吸引到自己周围,成为一个团结一致的团体;二是为重新组成的这个科学工作者团体的继续研究,开拓广阔的天地,提供各种各样的问题。① 在这个意义上,刑法学中的范式至少是刑法学者普遍认同的科学成就。

其二,范式与理论模式有区别。范式在范围上要比理论模式广,而且其思路也先于理论模式。因此,范式往往又是对理论模式的基础性素材进行构造和使用时起规训作用的"科学共同体的共认的信念"。② 可见,刑法学中的范式是一种共享的精神性、规范性的意识和信念,该信念为不同的或者相互冲突的刑法理论所共同信奉,且往往是不经质疑的。进一步可见,范式并不表现为刑法理论或者刑法思想,相反,它支撑着刑法理论或刑法思想,是先于刑法理论或思想的作为社会学、伦理学等其他科学的理论和思想。

其三,范式引导着我们的思维。正如邓正来教授所说,"范式"的这种影响力有时候是人们所意识到的,而在更多的时候则是人们不曾意识到的。但值得我们注意的是,"范式"的影响不仅在于引导人们去思考什么,而更在于引导人们不去思考什么。③ 在刑法中,这

---

① 参见〔英〕玛格丽特·玛斯特曼:《范式的本质》,载《批判与知识的增长》,周寄中译,华夏出版社1987年版,第84—85页。
② 参见〔美〕托马斯·库恩:《对批评的答复》,载《批判与知识的增长》,周寄中译,华夏出版社1987年版,第336页。
③ 参见邓正来:《中国法学向何处去?——建构"中国法律理想图景"时代的论纲(上)》,载《政法论坛》2005年第1期。

一点表现得很明显。比如,在犯罪构成论研究中,为什么不同法系、不同国家的学者的理论结构存在差异?为什么某国家的一个学者没有如另一个国家的学者那样建构某一种犯罪构成体系呢?或者说,为什么某个国家的一个学者在主张 A 法系的犯罪构成论体系的时候,不主张 B 法系的犯罪构成论体系呢?答案是:支配各国、各地区、各个时代的学者思考的范式是不一样的,因此在他们之间产生了对于刑法结构的思维定向的差异。

其四,范式不是单一的,而且在一个学科中也不存在单一的范式。在这个意义上,范式是发展的。当范式已经转换了,而由此所支配的理论模式尚未发生相应变化时,这就形成了所谓的"范式危机"。在刑法中,刑法理论背后的范式具有多重性,其中也隐含着可能的"范式危机",这也是我们在对刑法理论进行评价时必须始终重视的因素。事实上,刑法学的发展已经较为直观地向我们传递了这一信息。例如发生在二十世纪初的刑法新旧学派之争,表现了"意思自由论"和"意思决定论"两种不同范式对于刑法及刑法学塑造的分歧。这无时无刻不提醒着我们应当重视范式危机和范式转换。而今,类似的刑法范式危机是否已经出现,刑法范式是否已经转换?它又是如何或将如何转换?这些都是很有意义的问题。

三、刑法范式的历史转换

在我们关注范式危机和范式转换时,不能害怕它们引起的思想混淆和理论混杂,而要看到它们对科学研究产生的"正能量"。范式总是与科学研究和科学发展不可分割地联系在一起的,科学发展的深层本质在于范式转换,范式转换推动着科学发展。[①] 对此,刑法和刑法学的发展概莫能外。

[①] 参见杨楹著:《精神的脉络——思维方式的历史研究》,福建人民出版社 2001 年版,第 90—91、92 页。

西方刑法的发展至少经历过如下几次范式危机和范式转换：第一是神学范式，就是借助超自然的神灵观念解释犯罪现象，施加处罚，这种范式缺乏科学证据，在科学主义思潮盛行的时代，这种范式不仅没有存在的余地，而且受到嘲笑和贬斥；第二是人文范式，这种范式摆脱了神灵思想的束缚，倡导刑法必须保障自由、发展自由，维护人的权利。但是，它因为缺乏科学实证的依据，所以现在也不能成为刑法的范式；第三是现代范式。现代范式继承了人文范式的核心价值，并依据自然科学的观点给予其较为充分的论证。因此，现代范式是当前刑法学的基本范式。但当前的范式危机存在于"现代性范式"之中，现代范式有由前现代向现代之后范式转向的必要。这一点从早前关于"现代法学"和"后现代法学"的划分中就可见一斑。毋庸置疑，现代刑法是建立在现代性范式之上的，但是，当下的刑法和早先的现代刑法是否还立足于同样的范式指导之下呢？围绕"现代性"的含义及其划分，似乎为我们揭示出了个中玄机。

现代性始于文艺复兴和启蒙运动，它与资本主义、科学技术的进步以及工业化共同生长，并交织为可以成为进步思想的意识形态。因此，现代性是一个由特定的时空意义和观念价值形成的概念。但值得注意的是，现代性中的进步思想，"它表明世界只能是现在或期望的这个样子，不可能是另外一种样子。它肯定了世界的现代性发展，也否定了世界其他发展的可能。"[①]"现代主义"一词的创造是一场美学运动，归功于一位尼加拉瓜诗人，他在危地马拉的一家文学刊物上发表文章，谈到了他在秘鲁接触的一些文学作品。鲁本·达里奥（Ruben Dario）于1890年开启了一股有自觉意识的，名为现代主义（modernismo）的文学潮流。他借鉴了一连串的法国文学流派——浪漫派、巴那斯派、象征派——提出了脱离西班牙的"文化独立宣言"，在十九世纪九十年代的文学追随者当中发起了一场摆脱受过去

[①] 陈志英著：《西方现代性语境下的主权理论研究》，中国社会科学出版社2007年版，第50页。

西班牙文学束缚的解放运动。在英语中,直到二十世纪中叶,"现代主义"才成为一般用语。

"后现代主义"观念最早也是出现在二十世纪三十年代的西班牙语世界,比它在英国和美国的出现早了一代人的时间。最早使用后现代主义这个术语的人是乌纳穆诺和奥尔特加的朋友弗雷德里科·德·奥尼斯(Federico de Onis)。他用这个词描述现代主义内部一股保守的逆流:回避难以遏制的抒情性挑战,抑制情感,极力追求细节和反讽式幽默,它最独到的特色在于能够全新而真实地表现女性。德·奥尼斯把这个他认为是昙花一现的模式与其后继者"极端现代主义"(uhramodernismo)进行了对比,在一系列正在创作具有普遍接受性的"地道的当代诗歌"的先锋派当中,极端现代主义强化了现代主义的激进冲动,将它推到了一个新的高度。①

所谓现代性,涉及各种经济的、政治的、社会的以及文化的转型,是文化精神维度上的现代意识,主要指一种思想观念与行为方式(思想观念包括理性、人类解放、自由、平等之类的价值观念;行为方式则包括与这些价值观念相应的制度方式以及人的行为方式),它主要体现为以数学和物理学为基础的现代科学理论,同时也表现为由启蒙主义引发的哲学思维中存在着的理性精神和历史意识。

本研究所称的"前现代性范式",是"现代性范式"早期的一种表现,它是与"现代之后的范式"相对应的。关于"现代之后",或可理解为"后现代"。笔者在此同意并采纳哈贝马斯的这一看法——"现代性是一项未竟的事业"②。因此,笔者依旧将"现代之后的范式"作为一种"现代性范式",只不过它是特别用来强调和区别"前现代性范式"。

---

① 参见〔英〕安德森著:《后现代性的起源》,紫辰、合章译,中国社会科学出版社2008年版,第1—3页。

② 参见姚大志著:《现代之后——20世纪晚期西方哲学》,东方出版社2000年版,序言2及455—463页。

之所以做这样的划分,是因为笔者意识到,晚近以来,我们赖以构建的刑法理论体系的范式,在很大的程度上已经发生了转型,可是,我们的刑法理论界对于这一现象并没有自觉地予以关照,致使刑法学正处于一种我们所谓的"范式危机"之中。单就刑法因果关系理论而言,它是前现代性范式的产物,可是,当前现代性范式已经不再被认同,而是逐渐被抛弃或者被发展,我们实际已经处在现代之后的范式考量之下。此时,如果我们的刑法因果关系论者还依旧抱守昔日的经义,显然是不可取的。正是基于这样一个粗浅的认识,本研究划分了两种意义的现代性范式,意欲通过这种路径来分析当前理论争鸣的实质,论证各种理论流派可能共同存在的局限性,解释因果关系论的最终去向,诠释相关问题的解决思路。

当前刑法学之所以发生了范式危机,是因为它采用启蒙思想所提供的"前现代性范式",并以此为主要根据,展开刑法研究的叙事结构。启蒙思想的实质是:其一,试图获得世界的永恒真理;其二,希望实现普遍的人类解放;其三,凸显人的历史地位。[①] 这种思想和后来奉科学为万能的科学主义暗合,相辅相成。当刑法因果关系论被提出来的时候,正是科学主义盛行的时期,当时的人们试图运用自然科学中的因果关系论来确定行为和结果之间的事实联系。可是,行为和结果之间的联系之确证,并不仅仅是一种事实性联系的证明,它还包含着某种必要的社会规范评价。在这个层面上,刑法因果关系论极有可能误导我们的思维,使我们向着与理论任务相反的方向寻求评价的素材并给出最终结论。这种情形固然比较严重,不过如果它真的是建立在科学基础之上的话,其结论至少还有科学根据可言。在一个科学意识较为浓厚的社会,依据科学根据所获得的科学结论也是可以为世人所接受的,这无疑就为其结论的正当性和可接受性提供了坚强的事实根据,在很大程度上,将会缓解因为社会规范评价

[①] 参见姚大志著:《现代之后——20世纪晚期西方哲学》,东方出版社2000年版,第2—3页。

的缺位所导致的因道德冲突而形成的紧张关系。可是如下将述,现在这一切都改观了,它迫使我们必须接受另外一种范式。

我们现在所面临的课题是,"人们从科学理论中获知,不能单以自然科学的标准和范畴去观察和评判世界。人们甚至发现,即便在自然科学领域,也不可能处处排除知识的主体性。"[1]此时,一种"现代之后的范式"形成了:"理解的主体也共同进入认识之中,在道德规范中只有一种相互主观性的真理,而没有客观真理。"[2]换言之,我们过去长期信赖的某种"真的"东西实际上并不是客观存在的,现在我们确信为"真的"东西的可接受性和效用性,在很大程度上取决于认识主体之间是否能达成共识。

第五节 犯罪论体系构造的科学维度

一、以真理为标准的犯罪论体系

在法治建设中,发现法律事实是法律人的重要任务。如果回顾法律的发展历史,我们发现,在法治的发展道路上,法律如何获得效力有一个从信仰到理性的过程。在理性被树立和被张扬的时期,法律事实成为确定法律效力的重要条件。这和启蒙思想有很大关联。启蒙思想的实质是:第一,试图获得世界的永恒真理。"在启蒙理想中,真理是全部科学围绕的中心,是知识金字塔的最高点,是思想统一性的标志。"[3]第二,希望实现普遍的人类解放;第三,凸显人的历

---

[1] 〔德〕阿图尔·考夫曼、温弗里德·哈斯默尔主编:《当代法哲学和法律理论导论》,郑永流译,法律出版社2002年版,第51页。
[2] 〔德〕考夫曼著:《法律哲学》,刘幸义等译,法律出版社2004年版,第83页。
[3] 姚大志著:《现代之后——20世纪晚期西方哲学》,东方出版社2000年版,第5页。

史地位。①

启蒙时期的思想借助当时的科学进步发展为一种科学理念,在科学理念的指导下,人类对客观真理绝对崇拜。因为这种观念认为,"科学性与真理性具有等价的意义,科学研究就是追求真理。"②据此观点,一旦我们科学地发现了某种联系或者规律,就意味着我们掌握了真理,从而被赋予一种改造世界的力量,最终,"真理被树立为标准也就获得了霸权"。③ 因此,人们喜欢用"必然性"、"内在的"、"本质的"、"规律的"等概念。"内在的"、"本质的"、"规律的"等概念都是追求真理的结果。启蒙时期的科学理念表现出当时人们自信人类能够揭示客观世界的真理。这种自信源于两个根据:其一,人是理性的;其二,人的理性足以使人能够回答自然和社会中的一切问题,就如贝克莱提出的,得出可靠的推论,可以满足求知的欲望。④

事实上,上述认识和自信也铸就了当时启蒙时期最为关键的两个思想节点:

一是启蒙。所谓启蒙,是使人们脱离未成熟状态,把人们从迷信或偏见中解放出来,也是获得了勇气的个人运用理性反思并且走出传统束缚的过程,即启蒙高扬理性的旗帜。在此意义上,有一些学者提出:"历史上的卢梭、伏尔泰、霍克海默、阿多诺、马克思、毛泽东等,都是他们所处时代的充满理性之光的启蒙者和杰出知识分

---

① 参见姚大志著:《现代之后——20世纪晚期西方哲学》,东方出版社2000年版,第2—3页。
② 欧阳康主编:《社会认识方法论》,武汉大学出版社1998年版,第47页。
③ 姚大志著:《现代之后——20世纪晚期西方哲学》,东方出版社2000年版,第5页。
④ 参见〔美〕梯利著、伍德增补:《西方哲学史》,葛力译,商务印书馆1999年版,第373页。

子。"①由此我们可以认为,马克思主义、毛泽东思想具有历史发展性。当今的哲学表明,人在社会活动中难以完全理性地思考,从而,社会认识和评价难免有非理性色彩,所以,当代法哲学在追求理性时,应不忘以理性的态度考量非理性的事由。如某些学者所说:"我知道在我的科学认识上,我有意尽力试着将这种主观的价值判断客观化及中立化,但就我所知,我无法完全做到。我认为联邦法院的法官们也完全不可能做到。""当联邦法院的法官们宣称中立于任何评价之外时,我们就必须推定这些法官并不喜欢将他们的评价与政治确信反思地包括在他们的裁判中考量。"②因而,在理性主义的认识论中,是否承认及如何对待非理性,是前、后现代性范式的一个区别。

二是追求现代性。如上所述,十八世纪启蒙运动是西方现代化的重要转折点,启蒙运动者建立所谓自由、民主、科学、公正等文明价值格局及注重理性的精神中,就几乎包含了西方早期现代化的全部因素。③可见,启蒙时期的现代性观念体现出对理性、科学以及客观真理的绝对信仰。"马克思主义强调真理的客观性,认为真理的客观性来自认识对象的客观性。"④这似乎增强了上述观念的正确性。这种情况亦如伽达默尔曾提出的,"随同十九世纪精神科学实际发展而出现的精神科学逻辑上的自我思考完全受自然科学的模式支配。"⑤这样一种指导性理论的范式,构成了启蒙时期的现代性范式(本文称之为前现代性范式)。获得永恒真理是启蒙的基本理想之

---

① 骆徽:《对启蒙的现代性与后现代性的反思》,载《南京师大学报(社会科学版)》2006年第1期。
② 〔德〕考夫曼著:《法律哲学》,刘幸义等译,法律出版社2004年版,第76页。
③ 参见骆徽:《对启蒙的现代性与后现代性的反思》,载《南京师大学报(社会科学版)》2006年第1期。
④ 欧阳康主编:《社会认识方法论》,武汉大学出版社1998年版,第49页。
⑤ 〔德〕汉斯·格奥尔格·伽达默尔著:《真理与方法——哲学诠释学的基本特征》(上),洪汉鼎译,上海译文出版社1999年版,第3页。

一、科学和理性是获得永恒真理的基本方法。

根据真理标准而形成犯罪论体系,首先表明,犯罪论体系是一种科学工具,经过发达科学训练的法律经由这种科学工具得出的结论是科学的,也是不容置疑的,由此确保裁判的有效性和权威性。其次,在现代法律人看来,经由犯罪论体系得出的结论,具有逻辑上的充分保障,通过了严格的理性分析,因此它是可靠的。这样,法律人通过犯罪论体系的建立,给自己和未经法律训练之人划分明显的界限,并试图将常识和非理性排除在法律行动建制之外。

二、犯罪构成的合理性转向

但正如德国哲学家哈贝马斯所说,"现代性是一项未竟的事业"。① 晚近以来,前现代性范式已经不再被认同,它逐渐被抛弃或者被发展了。传统真理标准的变化给现代之后的法哲学带来一个重要变化,即认识模式的变化,从"主—客体模式"到"主体间模式"。前者重视和追求的是认知主体能否对认识客体进行全面、客观的表象和评价,后者则认为认知主体不可能对认识对象进行全面、客观的表象和评价,因此对认识对象的结论在很大程度上取决于认识主体之间的合意和共识。在此观念支配下,事实发现与其说是对事实的描述,不如说是事实的共识;事实的可信度不再取决于对事实描述的全面性、精准性和客观性,而取决于获得事实共识的能力。

总之,人们从科学理论中获知,不能单以自然科学的标准和范畴,去观察和评判世界。人们甚至发现,即便在自然科学领域,也不可能处处排除知识的主体性。② 马克思主义哲学也认为,"由于人文社会科学研究者与其研究对象的内在相关性,因而他们有可能自觉

---

① 姚大志著:《现代之后——20世纪晚期西方哲学》,东方出版社2000年版,序言2及第455—463页。

② 参见〔德〕阿图尔·考夫曼、温弗里德·哈斯默尔主编:《当代法哲学和法律理论导论》,郑永流译,法律出版社2002年版,第51页。

或不自觉地把自己的兴趣、爱好、情感和价值取向转化为一种强烈的认知定势和理解模式而渗透到对于客观的观察、理解和解释之中,并进而对其研究结果的真实性发生双向性的影响。"[1]这就需要在认识主体与认识对象之间建立一个理解或者沟通的机制,而不是将认识对象简单地陈示于认识主体之前。我们现在已经处在现代之后的范式的支配之下。在现代之后的范式支配下,"理解的主体也共同进入认识之中,在道德规范中只有一种相互主观性的真理,而没有客观真理。"[2]换言之,过去我们长期信赖的某种"真的"东西实际上并不是客观存在的,现在我们确信为"真的"东西的可接受性和效用性,在很大程度上取决于认识主体之间是否能达成共识。

根据当代法哲学观念,法学进入现代之后出现了新的要求,其中值得注意的有三:第一,从实证法、自然法这两条重视本体问题的现代法律思维向重视对话的第三条现代之后的法学思想转向;第二,正视法律漏洞,不再一味认为法律没有漏洞,从而不仅允许法官解释法律,而且接受法官造法的思想;第三,承认现代社会已经步入风险社会,并基于风险社会的特质,重视不确定性问题,放弃僵化的自由刑法观,转向倡导机能的自由刑法观或者安全刑法观。

风险社会理论为真理观的转变提供了一个极为有力的佐证。乌尔里希·贝克和吉登斯等人发起及推动的风险社会理论,成为综合政治学、社会学、经济学的基础理论。在风险社会理论中,贝克首先界定了风险社会中"风险"的含义,"风险的概念直接与反思性现代化的概念相关。风险可以被界定为系统地处理现代化自身引致的危险和不安全感的方式。风险,与早期的危险相对,是对现代化的威胁力量以及现代化引致的怀疑的全球化相关的后果。"[3]与传统工业社

---

① 欧阳康主编:《社会认识方法论》,武汉大学出版社1998年版,第49页。
② 〔德〕考夫曼著:《法律哲学》,刘幸义等译,法律出版社2004年版,第83页。
③ 〔德〕乌尔里希·贝克著:《风险社会》,何博闻译,译林出版社2003年版,第19页。

会存在的危险相比,风险社会中的风险具有以下特征:(1)风险的人为性。与传统工业社会的危险多来自于外部自然力量的侵袭不同,风险社会中的风险是现代化的风险,"它们是工业化的一种大规模产品,而且系统地随着它的全球化而加剧。"①(2)风险的难以计算性。在风险社会语境下,标准的计算基础并不适合这些现代威胁的基本维度,"在风险社会中,不明的和无法预料的后果成为历史和社会的主宰力量。"②(3)风险的全球性及不可避免性。在风险社会中,一国的环境污染会随着生态循环而进入他国领域,同时,"风险在它的扩散中展示了一种社会性的'飞去来器效应',即使是富裕和有权势的人也不会逃脱它们。"③总之,对不确定问题的关注成为风险社会理论与以往理论的主要区别。我们可以说,在风险社会,大量存在的不确定性因素暴露出人类理性的局限性,我们对于人类是否能探寻宇宙世界及其秩序的本质也不再自信。对理性局限性的认识以及自信心的不足,颠覆了我们对于世界本质的认识,颠覆了我们自我信念的认识,颠覆了我们关于自然和社会认识方法的选择。

对于不确定问题是否应当关注,已经在刑法学界引起了安全刑法观和自由刑法观的争议。

自由刑法观认为,在风险社会要求加强社会管理和控制的背景下,强调公民的自由权利更为重要,因为在风险社会中以安全为由侵犯公民自由的可能性大大增加。如果国家权力凭借风险控制的正当理由不断蚕食公民自由,那么对自由的过分剥夺会导致整个刑法被

---

① 〔德〕乌尔里希·贝克著:《风险社会》,何博闻译,译林出版社2003年版,第18—19页。
② 〔德〕乌尔里希·贝克著:《风险社会》,何博闻译,译林出版社2003年版,第20页。
③ 〔德〕乌尔里希·贝克著:《风险社会》,何博闻译,译林出版社2003年版,第39页。

毁弃。① 也有学者提出,自由仍应是最重要的价值,虽然我们面临风险社会的冲击,但以保护公民自由权利为己任的罪责刑法并未过时,因为罪责刑法体现了刑法的法治原则,代表着刑法的本质目的。同时,面对风险社会带来的诸多问题,应当在坚持罪责刑法的框架内发展刑法。刑法对风险的提前介入应坚持刑法的谦抑性精神,对风险进行甄别,将公认的、具有严重危险的风险进行规制,而把为了社会的发展必须容忍的风险排除在外。②

安全刑法观认为,刑法应当根据社会状况的变动而变动,应通过对危险的禁止来实现安全,把安全刑法作为保证风险社会稳定的基本前提。③ 因此,我国也有学者认为,传统的罪责刑法观面对法益侵害所做出的只是一种事后应对,无法满足风险社会中人们对安全价值的需要,在面对风险社会的挑战时往往显得苍白无力,因此传统的罪责刑法观需要进行重构。④ 甚至有学者提出,刑法从传统的罪责刑法向风险社会的安全刑法转向是社会发展的必然。⑤

还有一种折中的观点,认为在对秩序(或称为安全)、公平、自由这三者进行平衡、调和之时,须结合社会的实际需求有所侧重:在危机、混乱和不稳定时期,安全可能被更多地关注,自由和平等则可能受到限制和削弱;而在和平稳定时期,自由和平等则可能受到更密切地关注。在当今风险社会中,对安全的追求毫无疑问更加迫切,因此

---

① 参见王钧、冀莹:《危害性原则的崩溃与安全刑法的兴起——兼评伯纳德·哈考特与劳东燕的"崩溃论"》,载《中国刑事法杂志》2009年第9期。

② 参见康伟:《对风险社会刑法思想的辩证思考》,载《河北学刊》2009年第11期。

③ 参见〔德〕乌尔斯·金德霍伊泽尔:《安全刑法:风险社会的刑法危险》,刘国良编译,载《马克思主义与现实》2005年第3期。

④ 参见郝艳兵:《风险社会下的刑法价值观念及其立法实践》,载《中国刑事法杂志》2009年第7期。

⑤ 赵书鸿:《风险社会的刑法保护》,载《人民检察》2008年第1期。

在价值序列中应被施以更多的关注。① 显然,这种观点在风险社会的语境下最终倒向安全刑法观。

对于上述争议观点,我们认为都有待商榷。因为在上述论争中,不同论者将传统社会和风险社会完全对立起来,而没有注意到风险社会和传统社会并立的社会结构特征。德国学者乌尔里希·贝克在其风险社会理论中向我们展示的是这样一幅社会景象:"现在,人为的不确定性意味着风险成为我们生活中不可避免的一部分,每个人都面临着未知的和几乎不能预测的风险。风险变成了'没人知道'的另一个词。我们不再选择冒险,我们已为其所害。我们生活在暗礁中——一个随机的风险社会中,没人能够逃脱。我们的社会由于随机风险变得令人迷惑。"② 按照其意思,风险社会和传统社会并不是完全排斥的,它只是在某些方面表现得与传统有差别。换言之,我们也可以认为风险社会中保持着某些传统社会的特质,面临着传统社会的问题。因此,即便按照这样一种法律思想,即"一个旨在实现正义的法律制度,会试图在自由、平等和安全方面创设一种切实可行的综合体及和谐体"③,也应当充分照顾到社会不均衡发展所形成的对于自由、平等和安全的不同需要。这一顾虑对于我国尤其必要。

在传统社会,不平等和不自由是人类社会面临的最为突出的问题;而在风险社会,共同分担风险责任则成为社会的主要难题。对于这些问题,中国和西方社会面临着不同的现实难题。自近代以来,西方启蒙思想家为了反抗封建刑法的罪刑擅断以及对公民个人自由和权利的漠视,提出了自由、平等、人权的口号,此后各国刑法的制定皆

---

① 参见郝艳兵:《风险社会下的刑法价值观念及其立法实践》,载《中国刑事法杂志》2009年第7期。

② 〔德〕乌尔里希·贝克:《风险社会政治学》,刘宁宁、沈天霄编译,载《马克思主义与现实》2005年第3期。

③ 〔美〕E. 博登海默著:《法理学:法律哲学与法律方法》,邓正来译,中国政法大学出版社1999年版,第297页。

围绕保障人权、限制国家公权力而展开。可以说,人权保障的思想已深入人心,保障自由的罪责刑法观具有很大影响。但在今天,追求安全的需要日渐凸显,特别在美国"9·11"恐怖袭击事件之后,"自由给安全让路"成为美国公众普遍认同的口号。在这一社会背景之下,对安全价值的追求成为风险社会下刑法优先的价值选择。① 但就当下中国而言,片面提倡自由刑法或者安全刑法的观点都是有害无益的,因为当下中国刑法同时承受着发展人权与自由以及有效维护社会快速发展的双重需要。因此,一方面,保障公民自由权利的思想还有待深入,保障公民个人权利的制度还有待完善,强化对个人自由权利、幸福和尊严的全面保障十分必要;另一方面,中国的超常规发展注定了刑法还必须高度重视社会安全的需要。随着近些年来沱江水污染、太湖蓝藻、闹市飙车、三聚氰胺奶粉等危及公众安全的事件的发生,人们愈加发觉自己生活在一个充满风险的世界里。而在社会多种因素的纠葛中,刑法的自由保障机能与维护安全的社会保护机能的冲突显得极为明显。可是,面临风险社会中风险人为化、风险发生的不确定性、风险影响后果的严重性与延续性等特点,无视风险观念对传统刑法观的冲击是不明智的,但是将风险绝对化,忽视风险积极意义与消极意义并存的特质,将刑法对社会的规制效能作为拯救风险社会唯一稻草的观点也是偏颇的。面对风险的冲击,固守传统的罪责刑法而将其封闭化,是脱离社会实际的,必然致使刑法理论与快速发展变化的社会现实脱节。因此,自由刑法与安全刑法都是必要的。虽然刑法的人权保障机能及其社会保护机能存在冲突,但二者并非完全对立。我们努力的方向是将刑法的这两种机能进行调和,它们在调整不同方面的社会需要时各有侧重,以使其适应不断发展变化的社会整体需要。

传统观点认为,刑法解释在刑事司法中具有极为重要的意义,因

---

① 参见康伟:《对风险社会刑法思想的辩证思考》,《河北学刊》2009年第11期。

为在解决法律问题时,法官是透过法律,并借"法律解释及其续造"来寻找答案的。① 考虑到任何一个司法裁判最终都必须接受作为法之最高价值的正义性考量,所以,刑法解释必须始终以正义性为目的。可是,如果注意到"在比利牛斯山那边是对的事,在山的这边则是错的"②这一客观情形,我们就难免对于正义能否实现感到忐忑不安,因为正义随时可能沦为"强者对弱者的利益"。为此,对刑法解释而言,我们不仅要重塑一个更为切实的目标,而且还要为这个目标的实现建构一套可行的方案。正是基于这一考虑,刑法解释中的根本性理念和行动指南是且仅能是:合理性诉求。

合理性诉求之所以成为关注的论题,和刑法解释论的理论范式及其转型不无关系。人的思想受一定理论范式的支配,因此范式讨论在一定程度上具有反思性的效果。对刑法解释的范式及其转换的关注,使我们对法律的理解不再受缚于那种纯粹直觉性的背景知识;而关于正确范式性法律观的争议,往往也是法学界的一个明确议题。③ 就一切社会解释的目的来看,必须注意到现代社会知识的范式转型,以及隐含其中的从真实性判准到合理性判准的诉求。

受早期科学主义的影响,在社会科学中一度认为:"科学性与真理性具有等价的意义,科学研究就是追求真理。"④在社会实践中,似乎只要我们科学地发现了某种联系或者规律,就意味着我们掌握了真理,从而就获得了一种改造世界的力量。因此,"真理被树立为标准也就获得了霸权"⑤,其现实写照是:真实性被奉为一切行动的根

---

① 参见〔德〕卡尔·拉伦茨著:《法学方法论》,陈爱娥译,商务印书馆2003年版,第10页。
② 〔德〕考夫曼著:《法律哲学》,刘幸义等译,法律出版社2004年版,第87页。
③ 参见〔德〕哈贝马斯著:《在事实与规范之间——关于法律与民主法治国的商谈理论》,童世骏译,三联书店2003年版,第486—487页。
④ 欧阳康主编:《社会认识方法论》,武汉大学出版社1998年版,第47页。
⑤ 姚大志著:《现代之后——20世纪晚期西方哲学》,东方出版社2000年版,第5页。

本理由,以至于十九世纪的社会科学,包括法学,完全受到自然科学模式的支配,而"科学性问题通常仅仅被看成一个'真'的问题即真理性问题"。①

可是随着哲学社会科学的发展,人们发现,"社会认识和社会科学不仅应当是描述性的,而且应当是规范性的。它们不仅要尽可能客观真实地描述人文社会运动的历史和现实是如何的,而且应当尽可能准确合理地发掘和展示其价值和意义是怎样的,在此基础上对社会发展的未来应作出具体的规划和预见,提出理想社会模型,并以之引导和规范人们的现实活动模式,使之成为趋向未来理想目标的积极力量。"②社会知识和行为的判准,除了真实性之外,"其实它还有一面,即合理性问题。"③对于合理性问题的思考,著名哲学家苏丹所指出,成为"二十世纪哲学最棘手的问题之一"④。为此,我们可以洞见到在现代理论范式的转型中隐含着的这一转向:从真实性诉求到合理性诉求。

这种转向在法学中受到了高度重视且得到了充分体现。在十九世纪以及二十世纪之初的法学,囿于传统理论范式的支配,陷入了"完满体系的演绎思维"中,⑤法解释学通常被认为是一项简单的逻辑推理,法官被认为是具有足够的理性去正确反映理解的对象。但是,正如我们今天所看到的,"理解一直同时是客观和主观的,理解者带着客观与主观进入'理解视界',他不是纯粹消极地反映要被理解的现象,而是构建被理解的现象。"因此,在法解释中忽视解释者本身

---

① 转引自欧阳康主编:《社会认识方法论》,武汉大学出版社1998年版,第52页。
② 欧阳康主编:《社会认识方法论》,武汉大学出版社1998年版,第51页。
③ 欧阳康主编:《社会认识方法论》,武汉大学出版社1998年版,第51页。
④ 转引自欧阳康主编:《社会认识方法论》,武汉大学出版社1998年版,第52页。
⑤ 参见〔德〕考夫曼著:《法律哲学》,刘幸义等译,法律出版社2004年版,第72—73页。

的主体性因素"去寻找法的'客观正确性'是徒劳的"。① 所以,当今的法解释承认社会认识中的事实和价值双重判断。特别是经由社会科学合理性观念的确立发现,法律的约束力并不能完全取决于对象的"真实性",而是"来自法律的实证性与合法性的主张的结合",②结果正如我们在检讨一个刑法判决是否正义时那样,一方面因为对于裁判事实的决断受制于包含真实性的合理性,另一方面因为正义自身的多样性,它的最终标准并不取决于判决是否合乎正义的理念,而是取决于它在现实境遇中是否具有合理性。此时,合理性诉求成为法解释学中的根本性问题。

基于此,我们必须注意到,我国刑法解释在总体上还是以真实性为其基本判准,欠缺合理性诉求的意向:如果仔细推敲刑法学中的解释教义,不仅很难看到合理性诉求的身影,而且会发现它还是根据真实性诉求构造出来的。比如,刑法解释从方法论上通常分为文理解释和论理解释,论理解释中又包括扩张解释和缩小解释。根据"规范目的是一切解释的重要目标"的论见,③上述刑法解释的分类是十分值得怀疑的:所谓的文理解释,即对于法律条文字面含义的解释,由于被认为与目的无关,因此在严格意义上并不存在;而扩大解释和缩小解释,究竟是解释方法还是解释后果,似乎还有讨论的必要。假定它们被认为是解释方法,那么这种解释方法本身的实践意义是值得反省的,因为它并没有明确应当采取何种方式去扩大或者缩小解释对象的外延。如果进一步分析其他所谓的体系解释、目的解释,它们多以探求立法原意和现实要求为要务,所持的还是一种"主体—客

---

① 〔德〕阿图尔·考夫曼、温弗里德·哈斯默尔主编:《当代法哲学和法律理论导论》,郑永流译,法律出版社2002年版,第145—146页。

② 〔德〕哈贝马斯著:《在事实与规范之间——关于法律与民主法治国的商谈理论》,童世骏译,三联书店2003年版,第47页。

③ 参见〔德〕伯恩·魏德士著:《法理学》,丁小春、吴越译,法律出版社2003年版,第321页。

体"的图式,也是一种追求真实性判准的典型模式。

这些模式由于缺乏有关判准的合理性论证,所以往往难以承受法的正义性评价,不可能避免合理性的激烈争议。晚近以来发生的诸多刑法事件,如"孙志刚事件"、"王斌余案"、"许霆案"以及理论上关于与幼女性交的"明知"之争,在笔者看来,其根本问题无不与刑法的合理性诉求有关。

即便在今天,一种最为开放的刑法解释学观点依然在强调:时下中国刑法学方法论所面临的关键问题,不是如何建构刑法的本质、价值等本体问题,而是如何发展出一套精致的刑法解释论,即如何将具有内在的首尾一贯的逻辑体系——成文的刑法规范——通过构造诸如目的客观解释或漏洞补充或扩大解释等各种解释方法和技巧,将成文的刑法原则、制度,演化为活动的刑法秩序。① 至于这个"活动的刑法秩序"本身的目的,被论者视为一种当然的存在,从而否定了这种目的的可争辩性,最终,刑法方法和技巧是否能脱离某种价值性的引导实现刑法秩序,这一重大问题被排除在论者的关注之外。

当然,我们也不能否定刑法解释学在合理性诉求方面已经取得的一些成就。早在二十个世纪九十年代初,李希慧教授就指出,"合理原则是保证刑法解释正确性的关键原则"②。这种思想后来被齐文远教授等阐发为"刑法解释的核心原则"③。与之有异曲同工之妙的是,张明楷教授提出"对刑法的解释必须以刑法理念为指导"的观点。④ 这些学者们都敏锐地捕捉到:在解释的实践层面上,还具有一个超越于解释技术的概念在左右或者引导着解释。这种发现有助于我们更明确地确定合理性的地位;但上述理论似乎没有注意到

---

① 参见刘艳红:《走向实质解释的刑法学——刑法方法论的发端、发展与发达》,载《中国法学》2006年第5期。
② 李希慧:《论刑法解释的原则》,载《法律科学》1994年第6期。
③ 齐文远、周详:《论刑法解释的基本原则》,载《中国法学》2004年第2期。
④ 张明楷:《刑法理念与刑法解释》,载《法学杂志》2004年第4期。

一个实际的问题,即:"法律理念不是安居在一个全然和谐的价值天堂;而是处于人的世界,也因此是有限而暂时的。"①刑法解释原则或者解释理念相互之间发生冲突是很有可能的,但用什么东西去协调和解决这些冲突,却没有引起上述论者们的重视,以至于合理性原则在他们的论述中没有被凸现为一个更高位的目标,只是被作为一种等值于其他刑法原则或者理念的东西。因此,笔者认为应当明确提出,合理性不仅是刑法解释中的诉求,而且是一种根本性的诉求。

三、合理化导向的犯罪论体系

刑法解释对于合理性诉求的实现,首先在于确定它的基本观念,这是合理性理念的本体性问题。为此,我们不妨把刑法解释视为这样一个实践过程:解释主体对于法律事实经由法律文本的积极性理解和适用,从而实现刑法的最高目的,即正义;在此基础上,根据社会科学的理解和对于解释现实结构的观察,我们可把合理性理念的基本内涵描述出来。

（一）标准的合理性

正义是法律最大的目标也是最现实的标准。在合理性诉求中重谈正义向往,并非循环论证,而是根据正义观本身的优越地位确定的。首先,我们如果没有正义的向往,很可能会落到这样的地步:"我们在小事上理智而冷静,在面对大事时却像个疯子在赌博;我们零售的是理智,批发的是疯狂。"②可见法对于正义的向往,使我们在法律生活中永远保持一种清醒和克制。其次,我们倾向于认可先于实在法而存在的、自然法意义上的正义观,还因为它具有一种向善的引导功能,就如"没有了光明、指引和知识,人是无法生活的;只有具备了

---

① 〔德〕考夫曼著:《法律哲学》,刘幸义等译,法律出版社2004年版,第276页。
② 〔美〕列奥·施特劳斯著:《自然权利与历史》,彭刚译,三联书店2003年版,第4页。

对于善的知识,他才能寻找到他所需要的善……没有什么选择比这更为根本:人的指引还是神的指引。"①再次,在更为现实的层面上看,正义向往必须被接受为现代法律生活得以可能的前提。人类社会秩序之所以可以形成,大体上基于两种情由:一是自然规则,即强者依据暴力构成对弱者的事实支配系统;二是理性规则,就是人类基于自己的理性思考为自身确定秩序体系。依据后一种规则,公民必须具有团结在一个共同体秩序下生活的意愿。如哈贝马斯所言:"现代法的基础是一种以公民角色为核心、并最终来自交往行为的团结。"②这要求现代社会规则和现代法对于社会交往行为具有整合的能力。作为"种种团结之根源的"的整合能力,"仅仅是、或首先是由规范性共识——不管是事先存在的共识,还是经过努力而获得的共识——而培育的"。③笔者认为,在现代社会中,"正义"正可以理解为这种事先存在的"规范性共识"。

虽然正义具有多样性,但它并未排除我们在抽象层面上对它的追求,哪怕"强盗也有强盗的逻辑",他们也必须在解释过程中使自己的逻辑被赋予正义的光彩。在一切社会实践中,如果根本不存在对正义的向往、不存在对正义的商讨可能的话,那么,社会争端就只能诉诸战争或者暴(武)力;即便法律依旧被作为解决问题的一种选择,那这种法律也是以赤裸裸的暴力为先决条件的。当前的国际刑事法庭对于前南斯拉夫种族屠杀问题的介入以及美伊战争,在国际刑法的层面上佐证了这个前提的重要性。在普通刑法解释中,正义向往同样是重要的。比如,对于杀人者来说,他绝对不会以杀人作为行动正义的理由,但他在论争中一定要运用正义的观念来为自己的

---

① 〔美〕列奥·施特劳斯著:《自然权利与历史》,彭刚译,三联书店2003年版,第76页。
② 〔德〕哈贝马斯著:《在事实与规范之间——关于法律与民主法治国的商谈理论》,童世骏译,三联书店2003年版,第41页。
③ 参见〔德〕哈贝马斯著:《在事实与规范之间——关于法律与民主法治国的商谈理论》,童世骏译,三联书店2003年版,第41页。

行为辩解(如动机的正义性等)。此时,正义向往在无形中建构为法律解释的德性向度,它也使刑法解释可能具有合理性。

(二)结论的合理性

正义的多样性派生的实践限度是很明显的,以至于在实践中我们不得不常常采取一种相对的正义论。这促使我们还要寻求其他判准,以阐释相对的刑法解释的正义性。现代社会科学使我们注意到:"规范性判断的正确性是无法在真理的符合论的意义上来解释的,因为权利是一种社会构造,不能把它们实体化为事实。'正确性'意味着合理的、由好的理由所支持的可接受性。"[①]而具体解释的合理性的确不得不接受来自对判决和解释结果的可接受性的审查,因此,解释的可接受性成为一个更具有社会现实意义的标准。

正义之争在刑法中最直接的表现就是起诉者与被告人之间围绕法律结果的对抗。但可以看到,起诉者和被告人之间的对抗无论多么激烈,它的效果最终必须通过法官推动,法官可以采取一个在起诉方或者被诉方看来正义的解释,也可以作出一个被双方同时认为不正义的解释。在这个意义上,法官在法律解释的主体结构中具有强势地位,他的理解成为解释中的强解释;起诉者和被告人在解释中则处于弱势地位,他们的理解在解释中属于弱解释。在一个封闭的社会,弱解释在解释中甚至可能根本不被裁决考虑;而法官的解释是否或在多大程度上能被接受,取决于上诉法院法官们更强势的解释,总之,这种强势在法治国中得到了国家强制力的保证。但是,现代法治的司法裁决,绝不能仅仅寄期望于国家强制力的维护,它还应当寻求高度的说服力,使自己在无压制状态下被弱势主体接收、认可和服从。为此,法官应当致力于减少判决和解释的可争论性,提高判决和解释可接受性来谋求判决的合理性。

---

① 〔德〕哈贝马斯著:《在事实与规范之间——关于法律与民主法治国的商谈理论》,童世骏译,三联书店2003年版,第278页。

与此同时,我们还应看到,现代社会不再是一个封闭的体系,其结构具有开放性,如价值多元、便于沟通等,这在很大程度上改变了法律解释的主体构成,一种新的元素以不可抗拒的态势渗透到了法律解释体系中,即与裁判利益无关的法律受众的积极参与。或许法律受众应当被阻挡在法律解释的大门之外,但是我们却不得不承认,法律受众的积极参与,已经成为刑法解释是否能够获得社会认可的一个不可忽视的力量,在此意义之上,我们不得不承认刑法解释主体格局变化的事实,这在近年来的诸多网络热点事件中都能得到表现。在此基础上,弱势主体的弱解释有时候可借助法律受众的参与获得更为现实的效力,从而演变为强解释。如果充分考虑到法律受众的参与在很大的层面流露出了社会良知的呼唤,那么,我们不应否定社会公共的道德良知对于刑法体系必然具有的那种约束力。[1] 故此,刑法解释中的合理性,很大程度上表现为它获得了较为广泛的法律受众的接受和认可;反过来,它要求刑法解释通过获得较为广泛的法律受众的接受以获得合理性。

(三) 法律事实形成的合理性

在后现代语境中,真实性虽然丧失了原有的地位,但并不等于真实性不重要,"真实性与正确性"在法治国中依旧是一个极为重要的指示,[2] 无论在法律生活中,还是在其他社会生活中,真实性依然是推动社会行动的重要理由,依然是合理性诉求的最有力保证。

如果把解释结构分为三个层次,那么就会发现其中具有三重真实性要求:一是从客观事实到法律事实的真,二是从法律事实到法律文本的真,三是法律文本到法律行动的真。之所以作这样的划分,是

---

[1] 笔者认为,刑法(判决)必须考虑到社会的基本道德需求。对此可查阅童德华:《在理念与制度之间:当下刑法中的一个序列性问题》,载《华中科技大学法律评论》2007年第1卷;或笔者网文:《道德缺场的刑法及其补救:对王斌余们的救赎》。

[2] 参见[德]卡尔·拉伦茨著:《法学方法论》,陈爱娥译,商务印书馆2003年版,第292页。

因为在以往的刑法解释学中,真实性要求主要指向于第二层要求,即刑法文本的历史原意或者现实含义,这种"真实性"作为法律文本的目的性进行讨论,似乎更为合适。而法律事实以及从法律文本到法律行动的真,在以往被认为是一个与解释无关的问题。假定我们的智慧真的可以发现和反映客观的存在,这自然没有问题;但问题正在于,我们承认自己的理性是有限的,承认在客观事实和法律事实之间具有差距,承认法律事实和法律文本之间的问题。因此,在案件事实的发现过程中,我们不仅需要采取经验科学的方法,而且还需要采取解释方法。比如被告人被指控杀了人,但是只有被告人的供述而没有其他证据能表明死者的死亡是因被告人的行为造成的,对此,司法裁决最终是否根据"疑问有利于被告"原则并不重要,重要的是法官必须给出适用或者不适用这个原则的依据。谁能认为这个依据的说明不是刑法解释呢?① 同样,也要考虑法律文本到法律行动之间的真。大量刑罚规范使用了"可以"的字样,似乎是一个法官自由裁量的问题,但是法官解释理由的真实性对于他的解释效果也是不言而喻的。在刑法适用中,如果事实与刑法文本的真实性得到了认可,只是在前提上为刑法的进一步行动提供了理由,而不能为刑事判决的合理性提供充分的保障,因为在从法律事实向最终法律后果转化的过程中,法官还需要为自己的裁量权提供真实性的依据,没有真实性支持的裁量权只会招致权力滥用的批判。

(四)刑法规范目的的合理性

法律社会中的一切活动必须具有法律上的依据才能获得效力,因此,刑法裁判和刑法解释不能脱离相关法律文本。但是,不同法律文本的规范内容之间具有交互性,容易引起理解上的分歧。

---

① 相关司法解释请参见《最高人民法院关于审理未成年人刑事案件具体应用法律若干问题的解释》(2005年12月12日由最高人民法院审判委员会第1373次会议通过)第4条。

比如,被告人的行为造成他人死亡,若被告人强奸了受害人,受害人回家自杀了,这一行为事实究竟是符合民法还是符合刑法的调整范围呢?在刑法中它又包含在哪个具体的规范调整范围呢?这就要求司法解释必须厘定相关规范的目的,确定具体行为是否符合该规范的目的。

符合法律规范的目的可表述为合目的性,那么它能否被当成合法性加以把握呢?在刑法解释学中,合法性被当成刑法解释的一个原则,同时,它曾被理解为刑法的解释"必须符合宪法和法律的要求"。① 但这种观点没有界定"宪法和法律的要求"是一种实证法的目的或者是自然法的规范。基于这个问题,有学者试图通过形式的合法性和实质的合法性概念的区分解决问题,并把合法性原则理解为形式的合法性,即"首要的是指刑法解释要接受宪法和法律的形式规制;或者说这里的合法性表述的是一种刑法解释不能脱离法律文本而任意解释这种形式规制的观念,至于实质上是否合法,主要是一个是否合理的实质判断问题,主要与合理性原则相关。"② 可是,最基本的刑法解释问题来源于对于法律文本的理解,或者说法律解释形成于法律文本本身的不确定性,如果我们把合法性诉求于所谓的形式规制的话,这是以解释的对象作为解释的标准,显然是行不通的。在这个意义上,正如在法律解释中不存在严格意义的文理解释一样,我们似乎应当放弃在刑法解释学中所谓的"形式的解释"与"实质的解释"分类,因为刑法解释在本质上都具有目的性,所有的刑法解释学问题都是在所谓的"实质的"领域内产生的。结合"只有留意到规整的目的,才能理解法律的意义脉络及其基础的概念体系"这个观点③,所谓合目的性是指符合法律具体条文的规范目的,它也可

---

① 李希慧:《论刑法解释的原则》,载《法律科学》1994年第6期。
② 齐文远、周详:《论刑法解释的基本原则》,载《中国法学》2004年第2期。
③ 〔德〕卡尔·拉伦茨著:《法学方法论》,陈爱娥译,商务印书馆2003年版,第206页。

被理解为是合法性。此时,还需要简要交代合理性与合法性之间的关系。因为这样一来,合法性指称的就是一个客观的对象,这也产生了一个复杂的问题,即合法性可能是合理性的前提,也可能是合理性的评价对象,即一个法律规范是否合理的问题。若考虑到"规范目的是一切解释的重要目标",那么,规范的目的就是一个需要进行合理性论证的对象;可是还应注意到,在规范目的的论证基础上,我们才能进入到下一个解释环节的合理性讨论中来。比如,对于交通肇事中的"因逃逸致人死亡",在定罪之前必须先行确定交通肇事罪和故意杀人罪的规范目的。① 因此,从总体上看,合理性是在法的秩序中高于合法性的另一个概念。

根据以上的论述,笔者认为,合理的犯罪论体系必须致力于帮助刑法解释和论证实现这一目标:基于刑法的正义要求,根据真实的事实和材料做出的符合刑法规范目的的法律论证,并且它大体上可以为当前社会所接受。在此要素中,正义向往是合理性解释的结构性前提和目的性前提,经由正义理念的向往和保证,促使刑法结构和犯罪论体系的建构要致力于达成一个可以妥协的结论,从而派生出可接受性这个最直观的也是最经得起实践检验的标准。保证犯罪构成要素的全面性和客观性,以及法律规范的合目的性,主要是为合理的犯罪证成提供事实性根据和法律建制上的根据。

---

① 可参见《最高人民法院关于审理交通肇事刑事案件具体应用法律若干问题的解释》(2000年11月10日由最高人民法院审判委员会第1136次会议通过)第5条、第6条。

第五章　中国犯罪论体系构造的方向

第一节　犯罪论体系的程式化构造

一、耦合式模式程式化转向的必要与可能

通过以上研究我们可以发现:其一,耦合式和递进式两种结构是同源的,它们是十九世纪的德国哲学经由自然主义的刑法理论而产生的。进一步说,我国刑法理论在表象层上源自苏联,但是它的真正源头在德国刑法学以及德国哲学中,它们之间没有本质的差异,更不是对立的。其二,传统的耦合式构造与古典的递进式构造具有相同的哲学理念和方法论,它们都折射出那个时代的人们对于理性和科学主义过于偏激的一种崇拜与信念,只是因为遭遇到不同社会结构的影响,使这两种结构在发展上逐渐出现了分歧。其三,无论是耦合式构造还是递进式构造,各自都存在不同的共时性向度与历时性向度,这使它们的功能性出现了差别化的趋势,但在罪刑法定语境下,它们之间的根本性差异也可以通过对犯罪与责任的结构的完善而得以消除。其四,耦合式构造和递进式构造的差异,在于后者逐步发展出一些引导对本体性要素进行论证的程式化内容,而不是递进式构造具有逻辑导向功能,所以程式化结构是耦合式罪责构造完善的一个方向。因此,笔者主张根据共时性和历时性两种向度,对耦合式犯罪构成进行适当的程式化改造。这个设想的实现可能,与以下两个困境的解决有密切的联系:

一是既定刑法理论的知识谱系的创新需要。作为应对上述要求的首要行动,刑法理论要破除以诸如正当、公平、合理等高度抽象的概念作为判准的简单思路,而在复杂的、现实的法律生活中通过进一步的类型化和具象化方法,为刑法裁判的可接受性提供规则。例如,刑法司法要致力于做出一个合理的司法裁判,可是,什么样的判决才是合理的司法裁判,并不取决于我们谁也不曾见过的一些抽象的命题,而是取决于这个判决最终能否获得一种具有广泛程度的可接受性。就如哈贝马斯所说的,"规范性判断的正确性是无法在真理的符合论的意义上来解释的,因为权利是一种社会构造,不能把它们实体化为事实。'正确性'意味着合理的、由好的理由所支持的可接受性。"①为此,我们必须放弃单纯倚重本体性要素建构刑法理论的思维定式。为了实现这种诉求,当前应当清除两个要害性的障碍:

第一,立法万能的思想。虽然理论界经常提出立法总不免有所遗漏,但是在具体研究中关注立法不足、提出立法完善的论述比较多,这说明很多学者持的是立法理论的主张。而在立法实践中,立法理论大行其道。为了最大限度地使刑法规定"明确化",立法条文变得越来越具体化,结果,在越来越精密的条文之间出现了更多更繁复的空间得不到刑法规范的有效调整,刑法的社会保护机能受到明显的束缚。为了解决社会极其迫切的需要,立法机关不得不进行新一轮的刑法修订,以至于刑法典的容量在迅速膨胀。② 立法万能的思想将法官限制在通过法律规范形成的体系对判断材料的客观性进行经验性分析,而规范判断受到了明显束缚,合理性的论证方案在刑法以及刑法理论中都没有得到重视。

第二,对形式正义的过度崇拜。我国以往的刑法不重视形式要

---

① 〔德〕哈贝马斯著:《在事实与规范之间——关于法律与民主法治国的商谈理论》,童世骏译,三联书店2003年版,第278页。
② 有目共睹,1997年刑法颁布之后,我国立法机关已经通过了多个刑法修正案,对原来的刑法规定进行了大范围的修改和补充,刑法条文也更多。

素,导致了一些与罪刑法定主义相冲突的问题。在形式正义主张的影响下,很多学者都认同这种理论:"罪刑法定主义的基本理念就在于以成文法的形式严格限制和约束法官任意出入罪,这就必然要求刑法就犯罪成立的条件作出明确而严格的规定。"①这个理论除了引申出立法万能的思想之外,还在关于如何"严格限制和约束法官"的问题上产生了一个较为普遍的做法,就是对法官如何有效解释法律文本这一法律适用中的核心问题,这一现代法哲学领域所涉及的基本性论题,在理论上保持缄默,不予回答。也正是在这种意义上,法官成为法律操作的技术工匠,而不是法律家,所以一旦遇到规范性的问题,法官往往束手无策而寄希望于最高人民法院。这两个障碍与实证法思想有着必然性的关联。刑法理论以及罪责构造理论要获得有意义的发展,它就要基本上能吸收和消化当代世界哲学的普遍性成果。

二是现代刑法必须克服刑法理论中过于单纯的宏大叙事方式,并对刑法建制和社会结构等因素所形成的外在压力给予积极回应。在这个问题上,有三个现实问题是无法绕过去的:第一个是前文所述存在于我国社会结构中的问题。第二个是由于社会发展而不断派生出来的社会影响。根据日本学者山中敬一的观点,现代社会已经发展为一个"体系化的危险社会",在高度信息化的时代,一个细小的攻击就可能导致网络社会的毁灭,而且社会赖以生存的基础也有发生动摇的危险,例如核电站的事故,破坏环境、经济、交通、医疗、金融等。众所周知,危险社会的一个特征,就是细微的行为,都会招致连锁反应,带来严重损害。② 这些问题将重新塑造刑法的目的。此外,现代社会还是一个文化观念日趋多元的社会,对于一个事件的评价将很难取得一致性的结论,所以对合理性的诉求以及诉求方式的设定都将改变刑法的一贯做法。第三,在由各方参与者以及法律文

---

① 冯亚东、胡东飞:《犯罪构成模型论》,载《法学研究》2004年第1期。
② 参见〔日〕山中敬一著:《刑法总论Ⅰ》,成文堂1999年版,第48页。

本所组成的刑法建制之内,法官作为主角之一的实际情形不可否定,所以由当前社会制造出的法官素质问题是刑法理论上应当主动把握的。笔者认为,理论上值得赞成的积极而有建设性的做法,是建构一个有助于深化、提高法官素质的理论体系,使法官知道和善于运用这套理论体系应对刑法中的现实问题,而不是如当前大多数注释刑法研究所做的那样直接为法官提供一大堆结论性的参考意见。

根据以上考虑,笔者认为,刑法理论的任务不是根据刑法的规定发掘出组成规范的要素,因为规范的要素往往是明确的;而"规范目的是一切解释的重要目标"[①],正表明刑法实践面临的主要问题是,对文本之下的规范意图或者目的存在分歧性见解,而如何消弭分歧并提出一个能被接受的法律判准,保证某一个主张在刑法建制内能获得有效性的认可,是当代刑法及刑法理论应当关注的重要内容。而这个问题不可能依靠对本体性要素的陈示方式获得解决,它必须通过一个有别于诉讼法的论证过程来实现。这个论证过程的结构和方式就是刑法理论构造的元素。在此意义上,罪责构造理论应当朝着程式化的方向迈步。

二、程式化转向的基本方式

罪责构造理论的程式化转向,必须经由对异质性要素、开放的体系和论证模式等三个基本方式的重新设置来实现。论证模式是未来改革的基本方向,而开放体系是论证模式的基本特征,开放体系的实现或者论证模式的建构则依赖于对异质性要素的容纳。

(一) 开放式的体系

开放性体系是程式化结构的思维导向。在本体性体系内,犯罪构成被当成"刑法所规定的,决定某一行为的社会危害性及其程度而

[①] 〔德〕伯恩·魏德士著:《法理学》,丁小春、吴越译,法律出版社2003年版,第321页。

为该行为构成犯罪所必须具备的一切客观和主观要件的总和"。① 所以,学界将犯罪构成理论当成犯罪成立的"规格"、"标准"、"模式"等进行处理,关注作为犯罪本体性素材的要素及其逻辑。结果,就形成了一个"封闭"法律体系,即法官只对法律规定的要素进行事实判断的前提是认为法律规范是完结的,法律规范没有为法官留下自行进行开放性判断的"缺口",甚至不允许法官进行规范性的判断。例如司机甲在酒后驾驶时不小心将乙撞倒,乙送医院后死亡,如果能证明甲的行为具有以上四个方面的要件,那么甲的行为就可以构成交通肇事罪。至于乙本身是否存在交通违章的事实,以及乙在医院是否接受了正确的治疗,通常不会出现于正式的司法判断中,甚至在理论上也基本没有引起重视。而在开放的体系中,这些因素却构成决定行为人的行为是否是需要承担客观责任的危害行为的重大问题。另外,开放体系改变了对于犯罪要素的传统认识。过去我们认为这些要素是客观的、事实性的从而是无价值的,但现在我们愈来愈发现对于这些要素的确认需要依赖规范性分析,这就使犯罪论体系具有了更浓厚的开放色彩。

(二) 论辩性的模式

论辩模式是程式化结构的基本形式。程式化结构的提出是基于行为人在犯罪论中的地位受到重视,是基于我们对于合理性的诉求,是基于对法官独断的审判方式的一种拒斥,更是基于社会科学为我们提供的新的认识观。抽象地处置犯罪、抽象地对待犯罪人的做法,是基于一种本体性体系的思考,在程式化结构中是不能被采纳的。现代刑事司法要求,对于犯罪人的评价和处理,必须经由对于社会保护机能和人权保障机能的评价,经由对于行为人行为情景的具体分析。而对行为情景的具体分析,对于刑法机能的均衡性的考

---

① 高铭暄主编:《刑法学原理》(第 1 卷),中国人民大学出版社 1993 年版,第 444 页。

察,都不能是在行为人缺位的背景下进行的。而行为人的参与本身就意味着论证的开始。同时,只有接受行为人参与论证的模式,刑法的谦抑性问题才能被真正触及,刑法的判决才具有合理性和可接受性。

(三) 异质性的要素

重视异质性要素是程式化结构得以确立的前提,异质性要素是相对于同质性要素而言的。同质性要素表现为,一个犯罪构成体系之内的要素都是成立犯罪的积极要素,而缺乏阻却犯罪成立和责任评判的消极要素。由单纯同质性要素建构的罪责体系,不能为法官的判断提供发散性的引导。结果,法官所进行的客观事实判断通常具有规范判断的作用,客观事实可以不经由任何规范的评判而直接转换为法律事实,客观事实的存在在法律解释中具有直接决定行为性质的意义;进而,如果法官承认某一客观事实是存在的,就能判断某一法律要素得以充足;如果全部客观事实存在,则某一规范被适用的前提要素全部充足,法律规范就能产生效力。至于规范判断的必要性,则无从体现或者全然被遮蔽起来。而异质性要素有益于产生规范性判断的诉求,促使刑法及刑法理论关注规范性判断中的核心问题,令刑法自觉接受程式化结构的指导。我国的犯罪构成具有同质的性质:一方面,诸如正当防卫、紧急避险等异质性要素是作为犯罪构成之外的东西取得刑法中的地位的,与犯罪构成之间的关系松散而不严谨,以至于它们在整个刑法理论体系中显得很突兀;另一方面,在犯罪构成中则似乎缺乏异质性要素。另外,由于沿袭法律的规定,使超法规的违法阻却事由基本上不能得到必要的理论关注。因此,应当将违法阻却事由引入到犯罪构成体系中来。在这方面可考虑将犯罪客体作为它们的上位概念,运用这些具体事由进行违法性的评判以确定是否存在犯罪客体。

正如前面所表明的,犯罪论体系是犯罪证成的一种方式,它和刑事诉讼机制也有很密切的联系。在以往,我国有学者提出英美法系犯罪论不适合中国现实需要,是因为我国刑事审判采取的是职权主义,刑事审判强调法官在审判中的主导地位。在职权主义模式下,是否可以借鉴英美犯罪构造的经验,本身就是一个有意义的话题。当下我国刑事审判制度的改革,较大限度地引入了抗辩式色彩,抗辩式体制也受到了越来越多的大陆法系国家和地区的重视,这些无疑为论辩性模式提供了最佳的社会契机。

第二节　犯罪论的开放化构造

一、事实共识与犯罪论体系开放的需要

考虑到人的认识能力的有限性和理性认识中的非理性,以及人的前见和价值倾向,在法律事实的确定过程中,我们需要放弃寻求完全客观实在的真实性的做法,转而致力于建构一个促成对事实的共识的对话机制。不必由此而担心法律的效力被削弱,因为"法律秩序的效力建立在社会共识之上是可能的且充足的"。① 虽然有学者认为,法律效力的标准根本没有事实的共识,而是共识能力,如拉德布鲁赫就说过,"共识理论的正当化基础,不知不觉地由事实的承认"转移到"仅仅应承认"②。如果考虑到"仅仅应承认"本身也成为一种"共识",那么,根据它对于事实的承认依然是基于共识而产生的。

具体到我国的司法体制,必须放弃法官单凭自己的智识或者技术专家的"鉴定结论"形成法律事实的传统做法。③ 这并非要否定法

---

① 〔德〕卡尔·拉伦茨著:《法学方法论》,陈爱娥译,商务印书馆2003年版,第292页。
② 〔德〕考夫曼著:《法律哲学》,刘幸义等译,法律出版社2004年版,第293页。
③ 其大体做法可参见张明楷:《案件事实的认定方法》,载《法学杂志》2006年第2期。

官或者技术专家的能力,如果考虑到鉴定结论在实践中所表现出的差异性①,至少也应尊重弱势主体对于事实裁决的主张。

为了达成对事实的共识,要经由两个程序:一是真实性的证伪。对于真实性的证伪,并不属于科学的证伪主义的范畴,而仅仅来自于司法实践中对立的论辩者都力求证明对方举证中的不真实的事实。因此它一方面包括自我主张的确证,另一方面包括对于对手陈述的证伪。这个过程可能无助于对客观事实的发现,但是它至少有助于澄清或者剔除其中某些过于夸大的成分,有助于法官形成对于法律事实的认识。二是事实共识的强化。证伪提出了法律解释材料中的部分事实,也使部分事实得到了共认,但是,还有一些事实依然处于争论之中,对于法官来说,这是一个不容回避的现实难题。但也正因为这个现实的难题,使法官在整个解释格局中的地位得到了确证。法官此时可以根据自己的理解,必要时借助技术专家的帮助,提出作为一个强势主体的看法。

这个时候,我们可以看到争议是如何有效地降低,共识是怎样被推动起来的:一种可能是,法官的解释增加了某个主体的解释真实性的权重,从而形成了"少数对多数"的格局,按照"少数服从多数"的民主雏形,多数人主张的事实成为一种可获得共识的事实;另一种可能是,法官的意见对于其他主体无所谓增加权重,但是因为其他主体之间的较量,使法官的意见成为一种中立的标准。这种标准借助法官因其职业而塑造的良好形象,②发展出能够得到妥协的事实。还是以环境污染为例,在此场合,通常多数人认为行为人是环境污染的"罪魁祸首",而污染者是处于少数人地位,技术专家的意见也是含混不清的,在这个时候,法官最好的办法就是判定行为人对污染事故负

---

① 这种差异的发生有多种原因,但在本文的讨论中关注的是因为技术条件和手段而必然产生的差异。

② 因此严格说来,法官的职业素养和道德形象,也是刑法解释学不容忽视的因素。它也反映了因法官的道德形象危机致使司法裁决出现争议的一种原因。

责。这是否意味着法官可以滥用自己的这种优势呢？笔者认为这个问题可能难以避免,但是,假如法官考虑到自身的形象,考虑到法律受众的积极参与客观上形成了对于最终裁判的社会压力,那么他一般不敢滥用这种优势。因此可以说,法官的决意总体上就具有推动刑法解释的正义色彩。这样事实共识的关键问题就基本上得到了解决。

二、法律目的的论证与犯罪论体系开放的需要

在寻求刑法规范的目的的解释论中,从十九世纪后半叶起形成了主观解释论和客观解释论。主观解释者致力于发现立法者当时的原意,客观解释者致力于表现社会的现实要求。在许多学者看来,主观解释和客观解释都只有部分的道理,所以他们试图走一种中间路线,就是认为:法律解释者都希望在法律当中寻找到解决时代问题的答案,法律解释对此的最终目标只能是,在探求法律在今日法秩序中的规范性意义的同时,考虑历史上的立法者的规定意向及其具体的规范想法,而不是完全忽视它,如此才能确定法律在法秩序上的标准意义。①

但笔者认为这种中间路线是毫无意义的,因为历史的立法者的原意作为一种客观的存在,如前文所述,运用我们的智识是难以真正捕捉到的,在缺乏对历史的了解和感知的情况下,我们只能对它进行想象。比如在当下的日本刑法中的"猥亵物",很难说当时的立法者是如何感官的。另外,"历史学派忽视了这一事实:只有依据某一普遍的原则——它强加给个人以义务,来接受或屈服于塑造了他的传统或情势所蕴含的标准——特殊的或者是历史的标准才能具有权威性。"所以,"历史的标准——也即由这个毫无意义的过程抛出来的标

---

① 参见〔德〕卡尔·拉伦茨著:《法学方法论》,陈爱娥译,商务印书馆2003年版,第199页。

准,不再能够号称是由那一过程背后的神圣权利赋予了神圣性。唯一能够继续存在的标准,乃是那些纯属主观性的标准,它们除了个人的自由选择之外别无其他依据。从而,在好的与坏的选择之间的分别并无任何客观标准可言。历史主义的顶峰就是虚无主义。要使得人们在这个世界上有完完全全的家园感的努力,结果却使得人们完完全全地无家可归了。"① 因此,历史标准被证实不能担当主观解释论所作出的承诺。在此意义上,笔者认为,刑法解释隐含的是客观解释之需要,即从当下的社会客观需要中寻求规范目的的意义。对于这种需要的理解和判断,需要处理的问题是,在实现刑法目的的过程中的刑法基本机能——社会保护机能和人权保障机能之间的冲突。显然,被告人更倾向于依据刑法的人权保障机能理解规范的目的,而起诉人(特别是受害人)更倾向于从社会保护机能方面放大规范的规制范围。这也是关键问题之所在。

另外,还要考虑到文字解释中的种种特殊困难。一是解释主体并不能完全独立于解释之外。"法之发现不仅仅是一种被动的推论行为,而是一种构建行为,法之发现者一同进入行为过程……"继而,"在道德规范中只有一种相互主观性的真理,而没有客观真理。"二是理解过程中存在着先前理解的干扰,以及对于法律文本的"想象比认识重要"的这种客观或者可能的情形。② 这说明,在规范目的的发现中,"先入为主"是不可避免的。显然,是否承认这种现实对于我们选择解决问题的方法有不同的针对性。过去,我们强调避免"先入为主",如果是为了最大程度地限制它,倒无可厚非;但如果不顾事实地杜绝它,结果只能根据"客观的幻境"提出一个貌似客观实则武断的理解。

---

① 〔美〕列奥·施特劳斯著:《自然权利与历史》,彭刚译,三联书店2003年版,第18—19页。
② 参见〔德〕考夫曼著:《法律哲学》,刘幸义等译,法律出版社2004年版,第83—85、146页。

这个时候，对话式论证对于规范目的的合意就显示出十分重要的意义。这个模式和真实性论证不一样，基本包括以下程式：一是解释者先行理解和辩驳；二是可行性辩论。解释者先行理解和辩驳有些类似于真实性论证，即确立一个所谓的"真意思"。但是，在规范目的的合意性论证中的关键环节不是它，而是可行性辩论。可行性辩论触及到刑法的机能，是经由社会保护机能与人权保障机能之间的冲突而产生的。进一步我们会发现，它还可以转换为一种刑罚的报复与预防机能的评价。这时，虽然解释要应对的问题似乎很多，但是可以发现它的目的和针对性更具体也更明确，可以排除一些不必要的干扰。以"许霆案"为例，这个案件明显会产生合理性争论，因为在经济活动中银行始终是强势的，这个时候舆论的砝码自然倾向于被告人。可是，初审采取了报应刑或者一般预防刑，而没有注意到特殊预防在刑罚实践中的主导性。而本案适用一般预防性处罚缺乏有力的支持，因为基于人可能普遍存在的脆弱性，在遭遇类似情形时，许多人可能会和许霆一样，所以银行的管理是预防类似事件发生的关键环节，但初审法院对于银行的管理问题采取了视而不见的态度。这个时候，对于许霆的刑罚的报应色彩就越发显得浓厚，但是许霆的行为事实本身的界限也存在争议，如 ATM 是金融机构吗？它的行为是盗窃还是信用卡诈骗，或者仅仅属于民法上的不当得利呢？诸如此类的事实性问题都没有达成基本共识，而处罚如此之重，这势必招致法律受众的广泛关注和不满。如果审判时法官注意到规范中目的的社会可行性，注意到社会保护与人权保障两种机能之间的均衡性需要，估计是不会作这样重的判罚的。之后的判决在这个方面有了明显的改进，虽然在事实认定上还值得商榷。

第三节　犯罪论体系的论辩式构造

一、论辩式构造的根据

在二十世纪六七十年代之前的西方法学体系中,自然法思想和实证主义是最为重要的两种哲学思潮,由此派生出自然法学派和分析法学派两个主要理论流派。但自"二战"之后,随着社会变迁与时代发展,西方法哲学家们发现,"自然法以其呆板的规范体系只能在非常简单的社会构造中正常运转,可是它仍不能符合带有非常敏感特性的经济体系的现代高度综合社会的要求。另一方面,法律实证论虽然从十九世纪起创造出大量的立法作品,因为当时的立法者仍以强烈的道德意识为准则,所以当然毫无问题,然而这个先决条件已不存在于我们时代的独裁体制;不光彩的法律不再只是纯理性的范例,而是成为真实的,纯粹形式的法律概念已经失灵了。"[1]他们还发现,根据自然法和实证论建构的体系法学或概念法学,是受自然科学模式支配而形成的,但人文社会科学却不能单纯立足于自然科学基础之上。基于这些重大发现,部分西方法哲学家开始放弃古典自然法理论和古典的法律实证论,尝试着开辟第三条法学之路,以探求、发现并确立正确、有效的法律规范。

在这一背景下,自二十世纪七十年代之后,法律诠释学、法律论辩理论和一般法律原则理论先后在西方法哲学中得到发展,[2]这三种理论重视对法律文本的理解,并试图实现法律解释从"独白式"到

---

[1] 〔德〕考夫曼著:《法律哲学》,刘幸义等译,法律出版社2004年版,第41页。
[2] 这并不意味着此前没有相同的理论研究。事实上,这些理论是法学家长期思考的结果。参见〔德〕考夫曼著:《法律哲学》,刘幸义等译,法律出版社2004年版,第57页。

"对话式"的转向,它们可以为犯罪构成的论辩式提供三种思路。根据这种需要,刑法理论体系(包括犯罪论体系)应当彻底放弃基于本体思维的体系意识,而以解决现实问题为理论导向,根据司法审判的程式化逻辑予以建构。① 同时,基于民意参与的不可抗逆性,我们必须采纳一种开放而不封闭的刑法裁判体系。② 刑法理论结构开放与程式化的体系性发展要求,塑造了刑法理论体系具有论辩之功能及其需要的实践方向。那么刑法结构的论辩功能及其结构是否真的有其必要性呢?如果这种必要性存在,那么它应当如何才能在刑法理论结构和犯罪论体系中得到体现呢?本文试图根据主体间性理论对此做进一步深入的论证和探讨。

二、主体间性理论的形成与影响

一般认为,主体间性理论形成于十九世纪晚期,当时西方哲学开始从近代转向现代,其特点是认识论哲学向语言哲学的转向,或者说是主体哲学向主体间哲学的转向。③ 近代哲学以认识主体和认识客体的二元划分为前提,它为我们提供了一种从主体到客体的单向度认识模式,即"主—客体"模式。基于对十九世纪末人类特定社会历史境遇和自负的绝对理性观念的深刻反思,二十世纪的哲学家开始意识到,单向的主客体关系的价值取向以及由此形成的思维和行为方式既不可能给人类带来真正的自由和幸福,也不可能有效解决尖锐的社会冲突。从单一主体的主体性思维方式向多元主体间思维方式的转换便成为当时解决社会危机的理论诉求。在这个时期,胡塞

---

① 参见童德华:《罪责构造的向度及其程式化转向》,载《中外法学》2009年第4期。
② 参见童德华:《刑法理论体系的开放发展——基于民意的建构性论证》,载《法学评论》2014年第5期。
③ 参见高鸿:《现代西方哲学主体间性理论及其困境》,载《教学与研究》2006年第12期。

尔在现象学提出了他人与我共享的生活世界。伽达默尔提出主体间要通过对话达到双方的"视阈融合",另外海德格尔的"此在"与主体理论,萨特的个人与他人的"主奴关系"论,都表明近代认识"主—客体"模式的受到挑战。①

但是,主体间性理论在我国理论界并未受到应有的重视,尤其在法学界。因为在哲学界它也受到了有些学者的批判,如有学者认为:"'主体间性'是一个似是而非的概念。它既没有增加任何新的知识,也没有超越任何传统的、旧的知识;它不但没有使复杂的问题简单化,反倒使简单的问题复杂化。"②对此,有学者提出不同看法,认为:"主体间性既是客观性的条件,又是客观性的基础。没有主体间性就不可能有客观性。没有离开主体间性的客观性。主体间性成为客观性的一个重要因素。客观性包括了主体间性。"③

笔者认为,主体间哲学至少表现出和主体哲学不一样的理论情怀。主体间性理论说明哲学家们开始对传统主客二元对立的思维方式及其价值取向进行反思,继而取消主客二元对立的思维方式,采取自我与他者之间的非二元对立的思维模式,从认知关系转向沟通关系,在话语的商谈沟通中为自我与他者找到了平衡点。④按照主体间性理论,在认识的参与过程中重要的不再是认识对象,认识主体的主体性问题再次以新的方式得到了历史的确认。在人类历史上,对于认识主体的主体性问题的重视由来已久。早在古希腊智者时期,普罗塔哥拉就提出了"人是万物的尺度"这样著名的命题,由此破解在认识过程中专注认识对象的不足之处。在文艺复兴时期,人类关注

---

① 参见高鸿:《现代西方哲学主体间性理论及其困境》,载《教学与研究》2006年第12期。
② 俞吾金:《"主体间性"是一个似是而非的概念》,载《华东师范大学学报(哲学社会科学版)》,2002年第4期。
③ 吴国林:《主体间性与客观性》,载《科学技术与辩证法》2001年第6期。
④ 参见孙庆斌:《从自我到他者的主体间性转换——现代西方哲学的主体性理论走向》,载《理论探索》2009年第3期。

从上帝到人类自身,人文主义由此诞生,说明在人类社会和认识道路上,认识主体的重要性。即便如此,其认识结构还是设定为从认识主体出发到认识对象的理解过程。但是,主体间性理论则降低了认识对象的地位,其认识的主体不是单一主体,而是复合主体,主体间性的认识过程是认识的主体们在理解对象中获得共识的过程。事实上,到了二十世纪后期,哈贝马斯基于社会理性的观念进一步将主体间性理论推向极致。他认为,交往理性不同于实践理性,因为它不再被归诸于单个主体或国家—社会层次上的宏观主体;使交往理性成为可能的,是把诸多主体连成一体、为生活赋予结构的语言媒介。其中参与者的同意与主体间的承认相联系,并表现出准备承担来自共识的那些同意后交往有关的义务。①

哈贝马斯的交往理性理论为我们认识现代政治和法律的权威提供了新视阈:秩序的建立有赖于参与者承认规范的有效性,因为人的主体性不再是建立在理性基础之上的认知主体,而是一个与他者话语沟通的实践主体。② 主体间性理论对于哲学社会科学领域的推动价值极大。因为自然科学虽然也有赖于主体间的共识,但其程度与哲学社会科学对于主体间的共识不可同日而语。哲学社会科学整体上涉及价值、信念之类的主观活动,通常难以用经验科学获得验证。因此,正义的多样化、价值的多元化、文化的多样性、地方性知识等与形而上学、普世性相反的概念,都成为哲学社会科学领域不得不面对和接受的概念。

首先,主体间性理论解构了传统政治权威的基础。在人类社会发展程度不高的时候,社会共同体权力还具有原始民主的性质,缺乏国家所具有的政治权力的权威性。在这种情况下,社会共同体的权

---

① 参见〔德〕哈贝马斯著:《在事实与规范之间——关于法律和民主法治国的商谈理论》,童世骏译,三联书店2003年版,第5页。
② 参见孙庆斌:《从自我到他者的主体间性转换——现代西方哲学的主体性理论走向》,载《理论探索》2009年第3期。

力结构中缺乏实施规范的强制性保证,而且其强制力缺乏稳定性。在此背景下,宗教和神灵观念就显现出其潜在的社会影响力,因为神灵观念赋予权力以合法性的正义源泉。神灵授权对世俗裁判者的权威提供了合法化基础,世俗裁判者也逐渐掌控了裁决权。反过来,基于神灵观念的法律规范需要在现实中得到遵守,必须借助于世俗权威的支持,否则,一旦人们拒绝神灵观念,基于神灵观念的法律规范也难以获得现实效力。社会共同体权力的形成正好可以满足这种功能性需求,它使得基于神灵观念的法律规范具有了世俗性的约束力,不服从这种法律不仅会受到"神灵的惩罚",而且会受到来自社会共同体权力的世俗制裁。但进入现代社会之后,随着世俗化的"祛魅"。宗教的权威被彻底颠覆,神灵观念荡然无存。世俗统治者自然无法继续借助神灵观念为法律和政治权力提供合法性基础。

其次,主体间性理论为政治权威提供了新的根据。伴随着理性化的反思,道德等世俗规范的形而上学根基也发生了动摇,而传统习俗的有效性也遇到了很大争议。为了解决这个政治上的根本,我们不得不注意在政治领域发生的一些变化:第一,在现代社会中,恐吓和暴力是政治统治中应当尽可能避免使用的强制手段,基于此,政治权力要想让公民遵守法律,就必须使法律成为他们认为值得遵守的规则。第二,在现代社会中,为了赋予规范以应有权威和保证,就必须重新赋予规范以新的内容,一方面规范要继续解决法律的事实性问题,另外还必须解决法律的有效性问题。规则的有效性并不仅仅在于它在形式上具有合法性,还应在实质上具备合法性保障。第三,在现代社会中,神话和传统已经无法形成规范在实质上的合法性基础,政治精英和抽象的自然法理念也不能为此提供有力保证,这要求我们重新作出选择,其中最佳的方案是将现代规范体系的合法性基础建立在民主协商的基础之上,通过公民的自我立法,让公民既是规范的创制者,又是规范的承受者,从而使规范真正获得合法性保障,并使之成为必须遵守的规范和值得遵守的规范。第四,民主、协商立法的方式只有通过基于具有交往理性的公民的合理商谈和互动沟通,在主体间性的政治架构中才能形成。可见,规范秩序的合法性与公民对于规范的信念有直接关系。规范秩序的合法性程度越低,就越是需要其他因素的补充来稳定规范秩序。① 对规范的信念之所以是其中的一个关键因素,因为"主体间共享的信念构成了社会整合的媒介。"②

基于上述认识,哈贝马斯大力提倡从主客体范式转向主体间性范式。他提出没有主体间性就没有规则,亦无确定规则的正当性,从而开创性地发展了康德"无规则即是无理性"的命题。③ 哈贝马斯的结论是:哲学必须从近现代对主体意识的强调转向对主体间意识和交流过程的关注,关注自我与他者之间的对话与交流。在自我与他者的交流过程中,一旦出现对规范有效性的质疑,交流双方就将展开辩论和批评,以此来调整他们的语言沟通。而对规范有效性的接受或质疑,以及由此而来的辩论和批评,必须建立在符合认识主体们之间"理性交流"的基础之上,要通过"以理服人"的方式避免诉诸强制性权威。这是一个着眼于"自我"与"他者"对话沟通关系的体系,它试图避免"自我"的话语霸权。惟有如此,才能在政治中破除精英思维,更充分地将民主协商的机制纳入政治冲突的解决体系中来。

三、主体间性理论与刑法实践

法律实践无疑是理性的实践。正如哈贝马斯所言,我们已经看到,法律裁判能否在法律实践中获得权威,在很大程度上与法律的真

---

① 参见〔德〕哈贝马斯著:《在事实与规范之间——关于法律和民主法治国的商谈理论》,童世骏译,三联书店2003年版,第21—36页。
② 〔德〕哈贝马斯著:《在事实与规范之间——关于法律与民主法治国的商谈理论》,童世骏译,三联书店2003年版,第43页。
③ 参见童世骏:《没有"主体间性"就没有"规则"——哈贝马斯的规则观》,载《复旦学报(社会科学版)》2002年第5期。

实性、法律的有效性密切相关。可以毫不夸张地说，主体间性理论在现代法律生活的基本面相上具有决定性作用。

首先，主体间性理论对于现代刑事裁判结构具有建构价值。在一般情境下，法官、起诉方、辩护方是司法裁判的基本主体。起诉方和辩护方不仅在司法裁判活动中直接代表利益冲突的正反两方，还间接代表了其他关注司法裁判但没有直接参与裁判活动的广泛的法律受众，这些法律受众之所以关注司法裁判，是因为裁判结果所表达的利益分配规则对他们有或大或小的影响。除此之外，还有作为中立方的法官及其背后的相关法律受众，这部分法律受众或许是抱着"看热闹"的心态参与进来的，但其实他们在关注着司法裁判是否能确立分配的正义规则。毋庸置疑，法官与起诉方、辩护方之间在地位上是平等的，他们应使用具有平等、自由、民主色彩的交往语言进行沟通、协商。但就现代司法裁判本身来看，因为强制力不足以为裁判权威提供全面的保证，因此，所有人最关心的还是它能否落到实处、通过何种方式得到实现，这就给中立裁判者提出了更高的标准和要求。从法官的角度讲，要想裁决具有效力，就必须保证裁决具有合法性与有效性，必须经过民主、公正的对话与协商机制，才能在裁判参与者遵守规范的基础上，获得作为直接对话主体的诉讼双方的接受。只有在这种理想情境下，规范才有可能同时获得法律的约束力以及现实有效性。与此同时，从起诉和辩护者的角度讲，只要裁判活动遵循了法律论证原则和程序，并且自己是以平等、自由的主体身份参与法庭裁判活动并与对方进行辩论，自己的立场与诉求得到了充分表达，就能够接受和认可裁决的结果。①

在法律生活中，主体间性理论的优点十分明显。因为，一个社会要确保其法律得到遵守，必须同时满足两个条件：一是具备推行法律的强制力，二是使法律成为值得人们遵守的规则。法律强制执行的

---

① 参见张荷、张丽萍、詹王镇：《和而不同：哈贝马斯主体间性观照下的法庭辩论模式》，载《兰州大学学报（社会科学版）》2015年第5期。

效果远远不及法律被人们所自觉遵守。而法律能够得到自觉遵守,取决于参与者对于法律事实的接受和对法律目的的认可。无论是法律事实还是法律目的,都必须经由发现和理解的过程,按照主客体认识模式,法律事实与法律目的的发现在很大程度上取决于裁判者,在公权力过于强大以至于私权力严重萎缩的情景里,就会在裁判中形成强势理论和弱势理论,无疑,被告的辩护意见和理由毫无发挥的余地,是典型的弱势理论。强势理论和弱势理论之间是难以获得平等、充分协商的,由此必然导致法律裁判难以获得认同。这完全可以解释当前我国出现"信访不信法"的司法困境的机理。而根据主体间性哲学理论,"法之发现不仅仅是一种被动的推论行为,而是一种构建行为,法之发现者一同进入行为过程,这意味着,法不是实体的事物⋯⋯一切法具有关系特征,法是某种联系的事物,它存在于人的相互关系之中,并面对物而存在。之于这种法思维,只能存在一种'敞开的体系',在敞开的体系中,只能存在'主体间性'(Intersubjektivität),此乃不言而喻的。"①可见,裁判结构也应当建构为主体间性结构,而不是主客体结构,这样才能保证参与者对于法律事实的接受、对法律目的的认可、对司法裁判的认同。

其次,主体间性理论对于法律解释具有强劲的冲击,它不可避免地波及刑法解释。由于语言具有整合社会的合理化机能,②因此刑法裁决还必须在事实建构中面向刑法规范。这在某种程度上提升了刑法解释的地位,但其实它通过主体间性的预设终结了刑法解释的效能。对此,我国有少数刑法学者意识到主体间性理论对于刑法发展的推动价值,如有学者提出,主体间性理论变革的产物,它充分肯定了主体性对于刑法规范的意义,而现代刑法解释学之困境的解决,有

---

① 〔德〕阿图尔·考夫曼、温弗里德·哈斯默尔主编:《当代法哲学和法律理论导论》,郑永流译,法律出版社 2002 年版,第 146 页。
② 参见〔德〕哈贝马斯著:《在事实与规范之间——关于法律和民主法治国的商谈理论》,童世骏译,三联书店 2003 年版,第 51 页。

赖于一场更为彻底的方法论变革。① 还有学者提出,刑法的意义总是处于不断发展之中,这是"主—客体"模式难以说明的。② 但是,值得注意的是,当前对于主体间性理论的价值还存在两个明显的误解:

第一种误解是,将实质的刑法解释当做主体间性理论的一个样本。这种误解起因如下三个方面:第一,这种观点的立论基础不恰当,它将目的解释等同于实质解释,并与形式解释对立。在概念上,实质解释与形式解释是对应的,但是目的解释与形式解释并不必然冲突,后二者在分类上不在同一层面上。目的解释是一种解释方法问题,而形式或实质解释则是解释内容可否突破传统界限之间的分歧,严格来说,它们是有关解释的法律观念之争。第二,这种观点并未把握主体间性理论,而是继续延续主客体思维模式的旧套路。在论者看来形式的刑法解释是"从认识论而不是本体论的角度对刑法规范的射程范围、规范保护目的等进行意义诠释"。③ 的确,形式的刑法解释因为将概念和现实问题分割开来,这种做法的欠妥性在于,它忽视了认识论和本体论在本质上是不可分割的事实,主客体模式的最大困惑就在于根据本体论和认识论进行体系性思考,而不是以现实问题的解决为导向。所以这个问题也不能以本体论的回归为出发点。第三,这种观点亦未说明主体间性理论的适用途径。作者将主体的主观活动和客观认识对象对立,并试图用"刑法的规范目的"作为本体的内容,在他看来,只有刑法规范目的才能支撑目的解释。"刑法规范目的"的确可以构成一个本体性东西,但是,论者并未给出发现"刑法规范目的"的方法,他不过是为了支持目的解释论,不得不将主体间性理论作为立论的基础。包括主观解释、客观解释在

---

① 参见姜涛:《基于主体间性分析范式的刑法解释》,载《比较法研究》2015年第1期。
② 参见聂立泽、庄劲:《从"主客间性"到"主观间性"的刑法解释观》,载《法学》2011年第9期。
③ 姜涛:《基于主体间性分析范式的刑法解释》,载《比较法研究》2015年第1期。

内的目的解释都是以"主客体"认识模式为基础形成的,只要这种认识模式有缺陷,就意味着解释论存在问题。而刑法解释的实践表明,刑法的意义总是处于不断发展之中,这是"主客体"模式难以说明的。① 总之,在作者将法益梳理为刑法解释目标,将刑法规范的目标作为刑法解释的基础时,他不自觉地回到了主客体的旧路上,而当他提出本体论回归时,实际上他已经开始背离了自己所追求的目标。

第二个误解是,将解释主体的价值判断作为主体间性理论的新标准。例如,有学者提出,主体间性理论肯定了主体性对于刑法规范的意义:刑法解释是解释主体的创造性活动,作为解释对象的刑法文本不再是评判解释结论正当性的唯一标准,刑法解释的正当性与解释主体的价值判断密切相关。正是解释主体的价值判断,使刑法解释在法正义的目标引导下走向了实质化,从追求刑法文本之含义的解释学,转向探求刑法文本之意义的解释学,这就使刑法解释的目标诉求得以凸显。② 在这个论述中,唯一可以承认的是作者意识到刑法解释是一个创造性活动。但是,论者试图抛弃刑法文本的做法与主体间性理论相去甚远。因为语言在理性交往中具有很重要的沟通作用,因此文本是主体间性理论关注的重要内容之一。但是我们既不能像论者那样将"刑法文本"作为"本体论"的东西,也不能如他所言将"刑法文本之意义"作为"规范论"的东西。因为刑法文本只是认识的一个方面,或者说是认识的出发点或先导,而不是作为本体论的对象;同样,"刑法文本之意义"亦非认识内容。因为刑法文本的意义不是认识的客体,刑法文本的意义既不是蕴含在法律文本之中的客观内容,也不是存在于法律参与者的意识之中的主观东西,它是在法

---

① 参见聂立泽、庄劲:《从"主客间性"到"主观间性"的刑法解释观》,载《法学》2011年第9期。

② 参见姜涛:《基于主体间性分析范式的刑法解释》,载《比较法研究》2015年第1期。

律参与者对刑法文本的解释中而阐发的规范。①

再次,主体间性理论在构建主体间性的裁判结构、削弱刑法解释地位的同时,强化了刑法论证的必要。理由如下:第一,司法裁判的合法性与有效性必须接受法律受众的认同,因此裁判过程中应重视提高裁判参与者之间形成合意的可能性。正如德国学者乌尔弗里德·诺伊曼在强调法律诠释学时所言:"合意与主体间性,论证与反思并非诠释学思维的专利,但不同于分析法理论,法律诠释学想把这些要素与文本协调起来。相反,分析理论须将文本意义与主体间的理解割裂开来,因为它想只依据一般的语义学规则,去决定文本的意义,诠释学思维则可能使文本纳入到一个主体间建构'正确的'判断的过程之中。"②这说明合意在很大程度上取决于主体间性结构是否能够得到实现。第二,后现代哲学对于现代理性的反思而破除科学、客观、确定诸如此类的概念在认识上的绝对地位,法律精英的地位也被撼动。对于法律精英的怀疑和不信任直接导致裁判过程中的民主泛化现象,民意渗透到司法中已经成为不能拒绝的事实,片面强调"司法独立"于司法威信的树立并无些许助益,因为真正的问题正在于民众对于司法精英关于法律事实和目的的认识过程存在疑问,"司法独立"所建构的封闭裁判模式只能加剧民众对于司法精英的不信任。为了有效破局,司法精英对于和广大民众的参与应该采取欢迎态度,毕竟民众的积极参与说明他们对于司法还是信任的。当然,欢迎绝非迎合民众的口味和要求,而在于更清晰地向非司法专业参与者阐述法律规则。在此过程中,司法人员不可避免会遭遇质疑,显然,我们不能将这些质疑一概斥之为"无知"或"愚昧"的论调,相反,对于每一个质疑都应表示必要和充分的尊重,只有这样,我们才

---

① 参见聂立泽、庄劲:《从"主客间性"到"主观间性"的刑法解释观》,载《法学》2011年第9期。

② 〔德〕阿图尔·考夫曼、温弗里德·哈斯默尔主编:《当代法哲学和法律理论导论》,郑永流译,法律出版社2002年版,第150—151页。

能更充分认识法律规则的合理性,更普遍地传播法律规则,更有力地证成法律规则。以此为前提,司法才有机会获得更多更广泛的认同。第三,司法人员对于非司法人员的质疑进行必要的回应,已经具备了平等对话的形式,这在事实上降低了刑法解释的地位,为法律论证的导入提供了机会。法律论证只有在主体间性的结构中才有可能,而且其理想的条件:一是参与论证的主体都真正希望以和平方式解决争议;二是确保对所有参与者的利益与意见给予同等程度的重视与尊重;三是参与论证者必须为论证提供充足的理由;四是参与论证者要使用同样的语言表达方式。①

近年来,在我国出现了一些有重大影响的刑法案件,它们一次又一次触发了民众与法律精英们关于民意是否可以影响司法的争议。但这丝毫没有减少民意对司法的影响,相反,民意的影响似乎越来越大。客观上看,民意对于司法的怀疑并非毫无道理,近年来国家反腐的司法成就,也侧面证实了民众当初对于一些司法裁决所认定的事实的质疑。另外,时不时出现的一些严重脱离生活常识、法律常识的法院解答极大削弱了司法公信力。在民众眼中,当前司法裁判者的道德水准、职业水准大打折扣,形势不容乐观。这个问题可以归结为哈贝马斯所说的"法律的道德空心化问题",它表明以司法解释为技术基础的司法活动已经丧失了理性和良知的必要支持,刑法解释的实践功能已经难以为继。它要求在法律实践的道德考量中,摆脱个体的自我中心或种族自我中心的视角,应当平等地尊重每个人,对所有人的利益作平等考虑。② 综上,在刑法实践中所缺乏的正是主体间性理论所致力解决的几个核心问题:第一,刑法作为法律参与者参与活动的同一语言平台,必须根据主体间性的方式进行理解,他能引导

---

① 参见张荷、张丽萍、詹王镇:《和而不同:哈贝马斯主体间性观照下的法庭辩论模式》,载《兰州大学学报(社会科学版)》2015 年第 5 期。

② 参见〔德〕哈贝马斯著:《在事实与规范之间——关于法律和民主法治国的商谈理论》,童世骏译,三联书店 2003 年版,第 121 页。

民众用司法的思维而不是简单的谩骂来认真对待司法问题,也为司法人员和民众的理性交往和对话提供最基础的沟通工具。第二,刑法所涉及的法律事实和法律目的,必须根据主体间性的裁判结构予以解决。而主体间性的认知模式提出了法律论证的要求。当前对于司法的不信任是每个法律人必须正视的问题,不信任起源于独断的解释,因此,不能继续用独断的解释来解决。司法裁决要想获得民众的支持,必先获得民众的认可和理解,毫无疑问,法律论证对于事实的判定和目的的诠释,都有助于在符合主体间形成共识。共识才是树立司法权威要解决的关键问题。第三,理性的法律人往往怀着极大的自负,从本人的经验和理想出发去把握法律中的所谓"实在"问题,这是所有法律解释的基本目标。但是,理性的有限性要求自己尊重他人的理解,这样他人也会尊重自己的理解,这是一种理解主体之间的互动活动,它能极大限度地对法律纠纷予以证实或者证伪,为法律共识提供程式化保证。而单一向度的刑法解释无法满足主体间的利益、价值以及道德要求,因此应适时运用法律论证方式弥补刑法解释的不足。

四、主体间性理论与刑法理论体系的构造

犯罪论是刑法学的核心范畴,它直接决定了刑法能以何种手段与方式形成法律事实,并多大可能地体现法律事实与法律目的的一致性,因此,刑法正义能否实现在很大程度上取决于刑法理论体系构造是否科学、合理。主体间性理论为此提供了新的契机。

首先,主体间性理论致力于开拓论辩式犯罪构成论体系。我国的犯罪构成论体系和以德国为代表的大陆法系构成要件理论,其首要的任务是将犯罪要素分为客观要素和主观要素,如行为、结果、故意、目的等,并以一种实在性的事实材料的填充,进行事实与规范之间的合致性或符合性判断,从而完成基本犯罪构成的事实性分析。这种模式建立在启蒙时期的科学知识之上,它试图以一种获得"实在

性"保障的法律事实和目的为基础,但要注意该思维背后的缺陷。启蒙思想的实质追求有三:其一,试图获得世界的永恒真理,其二,希望实现普遍的人类解放,其三,凸显人的历史地位。① 这种思想和后来奉科学为万能的科学主义暗合,相辅相成。在犯罪论构造中,刑法因果关系论最能说明这种历史起源。因为刑法因果关系概念是对科学研究因果关系概念的简单转换,当刑法因果关系概念被提出来的时候,正是科学主义盛行的时期,人们试图运用自然科学中的因果关系论来确定行为和结果之间的事实联系。在当时,人们运用科学有效地涤荡了宗教神秘主义对于法律的影响,使得科学与理性获得广泛尊重,从而基于科学的法律获得了世人的信赖。可见,在启蒙思想的背后存在"科学—真理—权威"的逻辑关系,它促使科学理性成为现代法律生活的原动力,它为司法裁判提供"真"的事实,从而确保司法裁判得以经受经验和质疑。换言之,现代法律权威是以科学为基础建立的。

现实难题在于科学手段难以发现永恒真理。人们发现很多时候价值判断对于客观认识也有影响,它又如何能使人获得普遍解放呢?眼下科学理性的思想已经很难左右人们的认识和行动,科学理性为司法裁判提供的事实的"真实性"就不免受到质疑。可见,由于科学基础受到普遍质疑,现代法律的权威性也受到了削弱。还是以刑法因果关系为例。因为行为和结果之间的联系之确证,存在较多可能的争议(如行为和结果之间的条件关系)往往无法得到科学证明。比如,受害人遭到打击,诱发先天疾病发作而死亡的,到底是伤害行为导致了死亡结果还是伤害行为诱发了死亡结果? 可见,行为和结果之间的联系并不仅仅是一种事实性联系的证明,它还包含着某种必要的社会规范评价。在规范评价的层面上,刑法因果关系论极有可能误导我们的思维,使我们向着与问题导向相反的方向寻求评价的

---

① 参见姚大志著:《现代之后——20世纪晚期西方哲学》,东方出版社2000年版,第2—3页。

素材并给出最终结论。这种情形固然比较严重，不过如果它真的是建立在科学基础之上的话，其结论至少还有所谓的科学根据可言。在一个科学意识较为浓厚的社会，依据科学根据所获得的科学结论也是可以为世人所接受的，这无疑就为其结论的正当性和可接受性提供了坚强的事实根据，在很大程度上，将会缓解因为社会规范评价的缺位所导致的因道德冲突而形成的紧张关系。可是现在这一切都改变了，我们面临的课题是，"人们从科学理论中获知，不能单以自然科学的标准和范畴，去观察和评判世界。人们甚至发现，即便在自然科学领域，也不可能处处排除知识的主体性。"①这样，在一种"现代之后的范式"的推动下，出现了新的主张和要求，那就是"理解的主体也共同进入认识之中，在道德规范中只有一种相互主观性的真理，而没有客观真理。"②换言之，过去人们长期认为是"真的"的某种东西，在之后的语境下，它实际上并不是客观存在的，而不过是现在我们确信为"真的"东西的可接受性和效用性，在很大程度上取决于认识主体之间是否能达成共识。所以，在构成要件的充足性判断中，要赋予起诉和辩护双方对构成要件事实加以质疑和审查的环节。为此，构成要件在如下方面应当有所突破。

一方面，明确消极的构成要件，通过参与者的证伪消除非合理怀疑的事实，在无法证伪的情况下强化合理事实的证成，进而首先确保构成要件的基本要素得到认可。消极的构成要件以证伪的方式强化构成要件之要素，可以保证和法律性论证的加强。例如，过去倾向于将承诺作为违法性阻却事由，但是，现在有一种做法是将其作为消极的构成要件。③

---

① 〔德〕阿图尔·考夫曼、温弗里德·哈斯默尔主编：《当代法哲学和法律理论导论》，郑永流译，法律出版社2002年版，第51页。
② 〔德〕考夫曼著：《法律哲学》，刘幸义等译，法律出版社2004年版，第83页。
③ 参见〔韩〕金日秀、徐辅鹤著：《韩国刑法总论》，武汉大学出版社2008年版，第244页；〔德〕乌尔斯·金德霍伊泽尔著：《刑法总论教科书》，蔡桂生译，北京大学出版社2015年版，第116—117页。

另一方面，重视客观归属理论。过去的因果关系只面向类型事实，而客观归属理论首先面向风险社会，承认不确定问题；其次，它分层次的类型思维也值得关注；最后，在第三个环节的判断中，提出了规范目的及其范围的判断。因此，其语言转向的特色很明显，意义也很突出。例如，刑法关于强奸罪的规定中将"强奸致人重伤或者死亡"作为加重刑罚的事由。而受害人强奸后自杀是否属于这个应加重刑罚的事由，就不再是一个事实问题，它首先在于我们对于该刑法规范的目的及其范围的理解，类似问题还有很多。

其次，主体间性理论与赋予正当化阻却事由充分的论辩空间。必须承认，在法理上，无论是我国耦合式犯罪论体系，还是大陆法系递进式犯罪论体系以及英美法系的抗辩式犯罪论体系，都为正当化论辩提供了必要的空间。它们之间唯一的区别在于法定的正当化事由范围不一样，由此导致超法规的正当化事由的范围也不一致。应当注意的问题是，在过去我们通常认为，行为符合构成要件一般就具有违法性，因此违法性判断是一种例外性判断。[①] 但是，现实生活极其复杂，行为人对于自己的行为的违法性很可能存在一种我们惯常所谓的"错误认识"。按照主体间性理论，我们只能认为行为人的认识是和我们不一致的认识，它是否"错误"最终取决于对它的论辩能否得到其他参与者的认可。在此意义上，我们不能将涉及违法性的辩护作为例外对待，为此，就应当为正当化辩论提供更广泛的空间和更务实的机制。在我国刑事裁判中，被告人承认所指控的行为事实但对行为定性有异议时，对行为的不法性质展开专门论辩的机制尚不充分。因为按照程序要求，由于行为人有异议，就无法按照简易程序进行审理，也难以按照普通程序进行简易审理，按照普通程序，就可能会将大部分审判时间用于证据陈示和事实说明中去，结果正当性论辩时间不充分。这也是导致被告人难以接受裁判的原因。

---

① 参见〔韩〕金日秀、徐辅鹤著：《韩国刑法总论》，武汉大学出版社2008年版，第98页。

再次,主体间性理论凸显刑事责任独立评价的现实要求。"责任"概念在所有国家和地区的刑法中都是不可缺少的,但是,何谓责任、责任如何评价、责任有何意义,这些问题存在很大的理论分歧。哈特在《责任》一文中,通过一个虚构的沉船事件来说明责任的多重含义。哈特用角色责任、因果责任、法律上应负的责任和能力责任四种责任表明这个概念的多义性。但是,纵观各种责任概念,正如哈特指出的那样,在适用法律时,最关键的责任问题是,我们要惩罚的那些人,在行动时应有肉体的和精神的正常能力做法律所要求的事情,并有充分的机会行使他们的能力。被告人缺乏正常能力,或正常能力受损或丧失,构成减轻或者免除处罚的理由之一。① 这样一种最狭义的责任概念的含义和内容也受到哲学认识论的影响。法律的历史表明,在启蒙精神和自然科学的影响下,古典刑法学接受的是心理责任观念,②但是今天,在德国刑法学中出现了所谓的交谈责任理论,该理论提出行为人不仅是法律上受责难的(规范)接受者,还是缔结这种被他破坏的规范的主人,这种缔造规范的活动,存在于法治国的民主之中。因为在一个民主的社会中,自治而有人格的个体对于它的利益可能或者应当得到怎样的协调和处理有着自己的理解,当这种理解以法律的形式明确表达出来之后,就形成各种规范。在民主政治中,行为人是规范的缔造者,和他人确立了基于规范的理解。因此,行为人和他人之间只能以理解或交谈之方式偏离于法律规范。另外,在民主社会,每个人都有可能企图改变规范,但是,他必须注意到他人权利的存在,应以理性交往的方式参与理解的过程。如果行为人破坏了规范,就否定了规范赖以存在的根基——复合参与者的理解。行为人不按照他人的理解行事,实施了犯罪行为,就表现出对

---

① 参见参见张文显著:《二十世纪西方法哲学思潮研究》,法律出版社 1996 年版,第 470—476 页。
② 参见[德]贝恩德·许乃曼编:《现代刑法体系的基本问题》,中山研一、浅田和茂监译,成文堂 1990 年版,第 21 页。

他人的不诚实,缺乏这种诚实,就是实质的责任。① 就所谓的交谈责任论而言,它是基于机能责任论,同时借助于"主体间性"的思考,试图建立责任和规范的双重合法性关系的架构。可惜的是,在德国和日本的刑法理论中,除了考虑到期待可能性问题之外,理论上并没有对于责任建构出一种有助于对话和论辩的体制。反观英美法系,与期待可能性理论有关的宽恕事由多达数种,包括胁迫、无意识、醉酒等。② 而在我国,作为刑法立法中的刑事责任被刑法教义学所忽视,成为一个可有可无的理论范畴,这是需要认真对待的"理论软肋"。

最后,主体间性理论有助于完善量刑说理制度。说理制度的建立,旨在恢复裁判者和被裁决者之间的信任关系,并以一种合理性商谈的方式增加裁判的效力。在刑罚裁量过程中,对于自首、立功等法定量刑情节事实认定与法律目的一致性可能存在怀疑,因此,对这些情节的证伪与证实之间的论辩也是裁判者应当予以考虑的内容。因此,裁判说理制度要落到实处,避免自说自话,应充分关注受裁决者的诉求,并对其予以积极回应。

五、中国犯罪论的论证化构造

主体间性理论作为一种新的理论范式,已经引起了西方法学界(包括刑法学界)的高度重视,我国少数学者也注意到它对于刑法适用的影响。如前所述,在刑法学理论体系的构造中,西方已经有一些学者正试图按照这种理论的一般观点给刑法学添注新的元素。毋庸讳言,当前的研究还处于探索阶段,我们在很大程度上还停留在主客体的理论范式之上。这也意味着主体间性理论对于刑法的影响还有

---

① 参见〔德〕乌尔斯·金德霍伊泽尔著:《刑法总论教科书》,蔡桂生译,北京大学出版社2015年版,第211页。

② 参见童德华:《刑法中的期待可能性论》,法律出版社2015年版,第94—97页。

很大的研究空间。本文不过简要分析了主体间性理论对于法律论证的影响,并基于这种影响进而考虑其对刑法和犯罪论构造可能形成的改观。囿于现在对于主体间性理论的认识和讨论还有待深入,因此后续研究是十分必要的。就当前中国法学研究特别是部门法的知识谱系而言,凸显理论之间的内在联系,由此挖掘它们的理论价值,其中的意义远远大于对这些理论分别进行的批判研究。因此,本文最后就以上理论共通的一些合理要素做一个简要的总结,期望在理论上能更多地挖掘它们的价值。

借用"图式"概念,本文认为当前对话理论的共通图式在于以下方面:第一,"事实—文本"图式。以上理论都是围绕如何在法律实践中发现法律文本的正确含义而展开,如普特南所说:"我们称为'语言'或'心灵'的要素如此深深地渗入我们所谓的'实在'中,以致把我们自己表达为'独立于语言'的某物的'描述者'的方案从一开始就受到致命的损害。"[①]这说明,法律解释不再是一种以客观事实为对象的阐释,它已经发生了从客观事实到文本(或者语言)的转向。这种转向至少意识到许多法律争议来自于对法律文本的理解,较之实体本体论的方法论,的确有可取之处。第二,"多元—团结"图式。这些理论来自于一个文化多元的社会克服法律争议的需要。无论是诠释学的"前理解",还是论辩理论的"团结"观念,或者德沃金的"整体性"美德,都以多元文化观的存在为客观前提,为了避免多元文化可能导致社会涣散的危险,特别是法律实践中由于价值评价不一可能出现的分歧,有必要强调法律获得有效性共识,即为多元的观点提供实现"团结"的法律手段。这一社会根据在评价的时候是不可或缺的。第三,"封闭—开放"图式。以上理论无一例外地指出自然法或者实证主义法体系下法律"封闭性"的问题,事实也是如此。无论是判例法还是成文法,在封闭的法律体系中寻求逻辑自洽的法律解释

---

① 〔美〕理查德·罗蒂著:《真理与进步》,杨玉成译,华夏出版社2003年版,第50页。

方法,是不足以适应社会现实要求的。法律解释不可避免地要以开放的方式,对历史和现实、客观与主观等标准采取反思与平衡的考虑,由此肯定无法回避"法官造法"的问题。而正视问题比遮蔽问题显然更可取。

上述理论显然已经不能容许因果关系论,原因如前文所述,因果论是以寻求"真"的本体理论为基础的。而客观归属作为一种思考问题的程式化理论,它已经超越了本体思维方式,致力于在开放的法律体系中寻求一种可以被接受的合理结论。在较为复杂的公害犯罪案件中,两者的差异尤其明显。例如甲工厂生产化工产品,随意排放工业污水,而自从工厂开业之后,在当地居民中陆续发生一些相同病症,此时,我们要问甲工厂是否应当承担客观的责任?依照传统的以因果关系思维为基础建构的刑法理论,其判断逻辑为:

P1:某种病症是污染行为造成的后果时,行为人承担客观责任
P2:当地居民的病症是甲工厂排放污水的结果
P :甲工厂要承担客观责任

问题是,现代科学技术往往对于行为和结果之间的因果关系难以给予"真"的明确答案,即P2无法得到有效证明,如此一来,我们不得不否定甲的行为和结果之间的因果关系,那么,环境污染事故将难以遏制。为此,我们将不得不放弃这种思路,转而寻求另外思路,即以客观归属为基础构建的刑法理论,其判断逻辑为:

P1:行为人应当对于自己的污染所难以排除的结果承担客观责任
P2:当地居民的病症是甲工厂排放污水无法排除的结果
P :甲工厂要承担客观责任

显然,两者的差别源自于大前提的设定。前一种大前提属于无目的的前提;后一种大前提是具有目的的,它隐含着这样的要求:某一行为只要具有通常的污染可能性,并且有证据表明行为并没有按照法律规定进行操作,那么基于保护环境的需要,就应当认为行为人

的行为发生在规范的保护目的范围内,从而将污染结果归属于行为人。这种思路首先摒弃了"主客体图式",表现出评价的目标从对事实的"真"的认识转移到从事实到文本的关联方面。这种转移体现出现代社会对于风险责任的合理分配的需要,也是维系社会发展的结果。当然,由于在归属中要考虑社会发展的要求,使得刑法体系不再是逻辑的推理,它包含着从客观事实到法律规范的涵摄。法律规范如何能涵摄客观事实,显然是一个需要合理性论证的东西,由此,刑法必须面向不同群体开放。

结合中国的实际情况,正如有的学者所言:"但显然,我们没有能够像罗克辛那样,把刑事政策的刑罚目的考量转化为刑事立法,没有将特殊预防和一般预防具体化为司法实践当中能够用以评判案件的标准。这种理论与实践的脱节、政策与法律的脱节、价值与规范的脱节的现状,足以说明我们借鉴客观归责理论的必要性,这种必要性通过大众关心的邓玉娇案件彰显出来。客观归责理论与邓玉娇案件的内在通联,实质上是法学家的正义理性与大众善良情感之间的默契,通过法学家的正义理性,刑法规范包容了道德同情心。从西方现代刑法及其理论轨迹来看,对于犯罪嫌疑人、刑事被告人和犯罪分子,逐渐采取了更为宽容的姿态。除了客观归责,还有期待可能性、恢复性司法、刑事和解等等。这样的取向与构建和谐社会目标下的我国当前社会十分合拍。"[①]

---

① 夏勇:《邓玉娇案件与罗克辛的客观归责理论》,载《北方法学》2009年第5期。

第六章 因果关系理论的构造

第一节 大陆法系刑法因果关系理论之批判

一、大陆法系刑法因果关系论的发展与分野

因果关系"乃指行为与结果间必要之原因与结果之连锁关系"。① 即对结果犯而言,结果必须与行为具有因果上的关联,才能成立犯罪,行为人方承担基本犯罪的刑事责任。否则,结果与行为之间没有原因与结果的关联,行为人可能不负刑事责任。而在理论上探求刑法上因果之间的联系的理论,就是因果关系论。

在古代刑法中,因果关系没有被独立研究,直到十九世纪中叶,因果关系问题也不过是在个别犯罪(如杀人、伤害等场合)中加以考察。② 在刑法理论上展开近代因果关系论的,首推布黎(V. Buri),他在1860年的论文《共犯与犯罪庇护的理论》中展开了条件说,其中条件关系被当成判断因果关系的基础。但是由于条件说的固有缺陷,学者们尝试着从其他途径寻求克服条件说弊端的理论。1871年,巴尔(V. Bar)在《法律、特别刑法中的因果关系理论》一文中,用法律意义的因果关系限制自然意义的因果关系,从而促成了原

---

① 林山田著:《刑法通论》,三民书局1985年版,第83页。
② 参见马克昌著:《比较刑法原理——外国刑法学总论》,武汉大学出版社2002年版,第203页。

因说。1872年宾丁提出了优势条件说。毕克迈尔在1885年提出了最有力条件说。其后,克里斯根据巴尔的观点提出了主观的相当因果关系论,卢梅林主张客观的因果关系论,特莱格在1904年提出了折中的因果关系论。这些理论不断丰富和完善了因果关系理论。但在二十世纪七十年代,德国学者罗克辛系统提出客观归属论,导致了德国传统因果关系理论大厦的倾覆。

在刑法理论史上,一度出现否定研究因果关系必要性的观点。此说最早由德国学者M.E.迈尔明确提出来,后来为日本学者泷川幸辰所拥护。泷川教授说:"意志的表现,限于符合构成要件的结果发生的因果关系,这才是重要的。在其意义、范围中,刑法上的因果关系论是不必要的,它与全条件的等价值说是一样的。但是,所有的学说从来不认同全条件的等价值说,它们有根本差别。因果关系不必要的立场,触及了从来的因果关系论不能解决的结果加重犯、因果关系中断的说明。"①但在具体的司法实践中,不研究因果联系,就不能认识行为的客观责任,这一点在世界各国刑法中都得到了承认。所以,因果关系不要论是不正确的。

基于上述理由,今天绝大多数学者还是承认刑法中因果关系论的重要性和必要性,只是各自主张殊异。在肯定因果关系的理论中,主张条件说者有之,主张原因说者有之,主张各种相当因果关系说者亦有之。但是,"原因说在一定程度上限制了基于条件说的过于广泛的因果关系的范围,这一点可以看出来它的学说史的意义。然而,原因说是特别强烈地受着十九世纪后半叶支配欧洲思想界的自然科学考察方法影响的学说。对结果如何是优势、有力、最终的条件,从而判定是不是结果的原因之际,自然科学之力的强弱成为标准,这个情况是明显的。然而,如前所述,刑法上的因果关系不是物理意义的因果关系,因为是根据社会的观点导致的,所以不应根据自

---

① 转引自〔日〕冈野光雄著:《刑法中的因果关系理论》,成文堂1980年第2版,第52页。

然科学之力的强弱判定,也不能判定。原因说也可以说本来处于由下面所说的相当因果关系说所克服的命运吧!原因说随着相当因果关系说的抬头,完全消失形影,以后直至现在,一个人也不能发现其主张者而成为过去的理论。"[①]所以,现在刑法中的因果关系理论,主要是条件说和相当因果关系论,其中条件说是司法判例中的主要理论根基,而相当因果关系论在理论上较为流行。

需要指出的是,相当因果关系论以条件说为基础,认为刑法上的因果关系是论理的因果关系,但不是一切论理的因果关系都是刑法上的因果关系。作为刑法上的因果关系,必须是立足于社会经验法则的考虑,具有相当性的论理的因果关系。也就是对于数个条件,要依据一般人的经验、智识加以判断,只有具备发生结果的相当性的,才是刑法上的原因。比如,甲在超速驾驶的时候,将乙撞成重伤,乙在医院就诊时,因被医生误诊而死亡。那么究竟是甲的行为还是医生的误诊是乙死亡的原因呢?这就要考察两个行为和死亡之间"相当性"的联系。这是今天的理论通说,从理论上看,其出发点是不容置疑的。但是究竟如何判断"相当性",在该说内部产生了许多分歧,具体有三种不同的见解:一是克里斯提出的主观的相当因果关系论,二是卢梅林主张的客观的因果关系论,三是特莱格倡导的折中的因果关系论。但是,这种关于"相当性"分歧的传统观点,只反映了部分的内容,并未揭示"相当性"的全部分歧,因此,有必要重新认识"相当性"概念的来由和分野。

事实上,作为该理论最初的观点,德国学者克里斯认为相当性的判断包括:(1)判断"客观可能性"(概率、危险)是否较高;(2)从行为的时点出发进行事后预测,或者说进行客观的事后预测,这具有事前判断的含义;(3)用认识或者预见可能性标准限定判断的要素,这成为后来的判断核心。在日本,从来的相当因果关系论对前述(2)和

[①] 转引自马克昌著:《比较刑法原理——外国刑法学总论》,武汉大学出版社2002年版,第208页。

(3)的要素都是正面回答的,但对客观可能性是否较高,却宁可忠实于民法的相当因果关系说来进行具体判断和把握。此外,刑法中关于第三个问题,即判断要素的限定标准,向来存在着争议;而且,相对于"法律的"因果关系,相当因果关系说更重视"事实的"因果关系,这也是日本理论的特点。结果无价值论者强调物理的联系,其相当因果关系也以"事实的因果关系"论为特色,作为"免罪符"而被采用。① 但是,事实的因果关系不足以确定行为的责任,对此还必须进行刑法的评价,②必须从其他基础和标准中寻求"相当性"的判断方法。所以,到二十世纪七十年代以后,相当因果关系说开始采用"广义的相当性"和"狭义的相当性"的分类,以期弥补传统理论的不足,这在当今日本刑法学界是很流行的方法。

现在的刑法理论一般将相当因果关系分为两种形态:③(1)行为本身具有相当性(广义的相当性=行为的危险性),即行为当时既存的事实,例如受害者的异常体质,对因果关系有影响的事实。围绕行为本身的相当性的判断基础,理论上产生了通常所说的主观相当因果关系说、客观相当因果关系说和折中相当因果关系说之争。(2)因果过程具有相当性(狭义的相当性=危险实现),即行为实行后介入了其他因素(介入情形),且该介入因素影响因果关系。此时,行为的危险性具有判断因果过程起点的涵义。比如甲将乙伤害之后,乙在医院就诊时医生误诊,后来乙死亡了;关于甲的行为是否是乙死亡的原因,过去的理论通常立足于甲行为时的情形,考虑甲是否具有引起死亡的相当性;但是现在的观点认为,还有必要将医生的误诊作为介入的因素加以考虑,判断在伤害和死亡之间的相当联系。由此可

---

① 参见〔日〕山中敬一:《自客观归属论的立场》,载日本《刑法杂志》第37卷第3期。
② 参见〔日〕大谷实著:《刑法讲义总论》,成文堂1996年补定4版,第175页。
③ 参见〔日〕曾根威彦:《自相当因果关系说的立场》,载日本《刑法杂志》第37卷第3期。

见,现在对相当性的判断内容,较之过去更为丰富了。

不过,也有理论对上述广义和狭义的相当性二分法提出了如下质疑:其一,在行为时的因素和行为后介入的因素之间,缺乏区别的确切根据,其区别是极其不确定的;其二,在相当因果关系的两类事例中,除因果过程的相当性之外,行为的相当性的意义也存在问题。①

笔者认为,这种疑问不构成对二分法的否定。对第一种质疑来说,行为时的因素和行为后介入的因素之间的区别,的确是不容易的,不过,以行为对客体作用的时点为标准,并非不能区分两者。例如,劝说他人乘坐安装定时炸弹的飞机的行为,由于在一定时刻危险没有显现出来,如果以炸弹对受害人作用的时点为基础,就成为行为时的因素;再如A使B负伤,此后,B被送往医院,在途经一座破落的桥时,落水溺死。其中桥的破落事实,虽然在行为时是存在的,但对客体的作用是在后面的因果经过中,则属于行为后的介入因素。对第二种质疑来说,如后所述,行为的危险性程度高,虽然能确定其相当性,但是最后也可能否定其相当的因果关系;相反,行为的危险性程度低,行为的相当性被认为不存在时,由于预见可能的因素是行为后介入的,也可以肯定相当因果关系。但是,仅仅行为的因素就足以把握行为的相当性。而且,第二种形态是判断行为的危险是否能实现结果,具有将作为实现对象的危险当成特定的"行为危险性"的意义。② 因此,关于相当因果关系的分类并不成为太大的问题。

但是,我们可以发现,第二种质疑其实揭露了传统理论的缺陷。如关于判断行为相当性的标准,在传统理论内部,有主观相当因果关系说、客观相当因果关系说、折中相当因果关系说三种学说的对立。

---

① 参见〔日〕曾根威彦:《自相当因果关系说的立场》,载日本《刑法杂志》第37卷第3期。

② 参见〔日〕曾根威彦:《自相当因果关系说的立场》,载日本《刑法杂志》第37卷第3期。

但由于主观的相当因果关系说认为,应以行为人行为时所认识或可能认识的事情为基础,判断有没有因果关系。比如甲殴打患有白血病的乙,致使乙出血死亡,由于甲不能认识对方的特异体质,就要否定殴打和死亡之间的因果关系。把一般人能够认识但行为人没有认识的事情排除在评价的范围之外,致使因果关系的评价范围过于狭窄;①相反,将一般人不能认识而行为人可以认识的事情进行个别考虑,也会导致不合理的责任评价。这些都暴露了主观说的不足。

基于上述理解,笔者觉得,关于相当因果关系的判断层次和判断方法,现在主要是从两个方面,即判断广义的因果关系(行为的相当性)和狭义的因果关系(因果过程的相当性)分别展开的。因此,条件说、广义的相当因果关系论和狭义的相当因果关系论是下文研究的重点。

二、条件说之批判

(一) 单纯的条件说

单纯的条件说认为,在理论上可以发生结果的条件,都是结果的原因。即只要有"如无前者,就无后者"的条件关系时,就可以肯定行为对于结果的原因力。所以此说又被称为"条件即原因说"。又由于它将一切条件视为原因,不问其中的价值大小区别而同等视之,故又被称为"同等说"或"等价说"。德国在帝国最高法院时代,就一贯采用条件理论,后来的联邦法院也沿用这套理论,而且理论上为绝大多数学者所主张。② 日本判例的主导理论也是条件说,而且部分学者,如草野豹一郎、齐藤金作、冈野光雄等,也采纳条件说。

---

① 参见〔日〕大塚仁著:《刑法概说·总论》,冯军译,中国人民大学出版社 2003 年版,第 163 页。

② 参见〔德〕汉斯·海因里希·耶赛克等著:《德国刑法教科书·总论》,徐久生译,中国法制出版社 2001 年版,第 340 页。

条件说运用的是"排除法",即没有该行为也有相同结果的发生,结果不能避免,则行为对结果没有"支配力",就不能将结果归属于行为。其中值得肯定的有两点:其一,条件关系存在的判断,是逻辑上的结合关系的判断,而不是以行为是否为惹起结果的"动因"的"形而上学的因果概念"为基础的,因此,它无论对于作为还是不作为均能适用,即和将事态的推移加以积极变更的作为一样,消极地不变更事态的不作为,当"没有该不作为就没有结果的发生"时,条件关系也能被肯定。其二,条件关系的判断,是以哲学或者自然科学的因果概念为依据,即原因和结果的必然结合并非神秘的存在,它指在有同样的先行条件时也会发生同样的结果,那么,这样的"恒常的结合关系"就成为因果关系。① 这往往比较直观,便于认识。

条件说的问题在于:(1)条件关系如何确定。判断条件关系的"排除法",并不能完全适用于司法实践,因为运用"排除法"的前提,是人们必须事先就知道究竟条件具备何等的原因力,即知道这些条件如何作为原因而发挥作用,否则,条件理论就根本无法运作,②而由于事实关系不明确,以至于不能肯定条件关系的场合并不少见。(2)即便条件关系可以确定的时候,也会出现实际判断上的不合理之处,具体表现为:第一,它扩大了刑法的考察范围。第二,条件说的评价是片面的。条件关系的公式,本来是确定自然科学、物理学的因果关系的标准,但在刑法中,还有必要进行规范性的评价。

(二)修正的条件说

为了避免条件说的不妥当结论,条件说的论者提出了以下补充性意见,从而形成了一些新的观点,包括因果关系中断论、溯及禁止论以及主观限制论等。

---

① 参见〔日〕町野朔:《因果关系论》,载中山研一等编著:《现代刑法讲座·刑法的基础理论》(第1卷),成文堂1977年版。
② 参见〔意〕杜里奥·帕多瓦尼著:《意大利刑法学原理》,陈忠林译,法律出版社1998年版,第125页。

1. 因果关系中断论

因果关系中断论认为，在因果关系进行中，自然的事实或者出于自由意志并且故意的他人的行为介入的时候，原来的因果关系被中断，先前行为和介入之后的结果断绝因果关系，后行者的行为与介入后的结果之间发生因果关系。例如，A 将 X 伤害，X 在被运往医院途中，因为交通事故而死亡的场合。其中 A 与 X 死亡的因果关系，因为 B 制造的交通事故而中断。

但是，关于何种条件可以成为因果关系中断的原因，中断论是有不同主张的：一种意见认为，只有责任能力者基于自由意志的故意行为介入，才能中断原来的因果关系，否则，先行行为与结果之间的因果关系并不中断；另一种观点认为，无论介入的是人的行为还是自然现象，只要是独立的，就足以中断先行行为和最后结果之间的因果关系。① 就第一种观点看，如果排除自然现象，显然就会得出不合理的结论。比如，前述 X 若是因为医院的意外火灾而死亡时，认为不能中断 A 的行为和最终结果之间的因果关系，从而 A 要承担故意杀人或者至少是故意伤害致人死亡的责任，似乎都不尽合理。相对而言，后一种观点比较可取，但是也绝非没有问题。例如，假定能确定 X 所受伤害，根据当时医院的水平，根本不能免于死亡，碰巧医院起火而死亡，此时，中断 A 的行为和死亡之间的因果关系，还缺乏十分充足的理由。可见，中断论的前提是不明朗的。

中断论在适用上也会导致矛盾。如大塚仁教授所说，刑法上的因果关系，本来应该是存在或者不存在，认为进行了的因果关系发生中断，是不妥当的。比如，A 将 X 从高楼上推下去，X 肯定死亡，而在 X 坠落过程中，B 开枪打死了 X，如果就此认为 A 不承担故意杀人既遂的责任，相信是不能为社会观念所容的，因为如果认为在这些情形中肯定因果关系是不合适的，那就不外乎是在根据与条件说不同层

---

① 参见马克昌著：《比较刑法原理——外国刑法学总论》，武汉大学出版社 2002 年版，第 205—206 页。

次的标准进行判定。中断论以条件说为基础,却在承认条件关系的情形中否定因果关系,也即自己放弃了条件说,陷入自我矛盾的境地。另一方面,中断论的意图在于找出区别正犯与共犯的标准,但是,因为根据因果关系的存否来区别正犯和共犯,这一点是明显不当的。① 鉴于这种缘由,中断论被放弃是理所当然的。

2. 溯及禁止论

为了避免因果关系中断论的弊端,弗兰克提出了溯及禁止论,认为"先行于自由而且有意识地(具有故意、有责地)指向引起结果的条件,不是原因"。但是,和因果关系中断论比较起来,其中的区别并非有实质上的不同。②

3. 主观限制的理论

这种学说试图用故意、过失限制因果关系。例如,A 意图杀 X,在路上用枪伏击 X。在 A 射击时,X 因为休克死亡。A 预想的因果过程和实际的因果过程有明显差异,有因果关系的错误,不是故意。德国的理论中认为,当 A 在射击 X 时,击中 Y 致其死亡的时候,也是因果关系的错误。否定对 Y 死亡的故意,而将方法错误作为因果关系的错误一并解决。

但是如果认为存在条件关系就存在刑法因果关系,作为故意的内容,完全能预计到由自己的行为能导致具有条件关系的结果发生,如果从构成要件的理论看,则不论什么样的条件关系经过,都是符合构成要件的因果关系。认识到符合构成要件的事实,以及符合构成要件事实的实现,不能说没有故意。那么,根据上述例子,希望 X 在坐飞机时死亡,A 劝 X 乘坐飞机,X 接受建议,并果真在飞行时死亡的。或者希望 X 在森林中被雷电击死,A 劝 X 到森林中行走,X

---

① 参见〔日〕大塚仁著:《刑法概说·总论》,冯军译,中国人民大学出版社 2003 年版,第 161 页。

② 参见〔日〕大塚仁著:《刑法概说·总论》,冯军译,中国人民大学出版社 2003 年版,第 161—162 页。

接受建议,在森林中果真被雷电打死。由于因果关系是基于 A 所意识的条件关系,限于条件说,不能说是因果关系错误。条件说论者认为,在这种场合,A 不过是希望,而不是意欲 X 死亡,所以,A 没有杀害 X 的故意。在相当因果关系具有的结果发生时,仅仅"意欲",即具有条件关系的结果发生的想法,还不能说是意欲。① 但是,这样对"意欲"和"希望"进行区别,不仅无助于澄清问题,还会造成刑法理论范畴的混淆。

综上所述,无论是传统的条件说,还是修正的条件说,都不能完全给因果关系的司法适用提供机能性的标准,其中某些必要的因素还有待进一步发现和认识。

三、广义相当因果关系理论之批判

广义相当因果关系论包括主观的相当因果关系论、客观相当因果关系论和折中相当因果关系论。由于前述原因,现代很少有人主张主观的相当因果关系论,较为流行的是后两种理论。

(一)客观的相当因果关系说

该说为平野龙一教授等采纳,而且最近在日本理论上,从结果无价值论的立场出发,客观的相当因果关系说主张越来越有力。② 客观的相当因果关系说,立足于裁判之时,以行为当时存在的客观事实以及行为当时一般人可以预见在行为后会发生的事实为基础,判断因果关系。即基于一般人认识的事实,在一般人看来,如果行为和结果发生之间没有相当性,就没有刑法上的因果关系。但是,在该场合的一般人,在折中说看来不是"外行"的一般人,而是"认识深刻的一般

---

① 参见〔日〕平野龙一著:《犯罪论的诸问题(上)总论》,有斐阁1981年版,第38—40页。
② 参见〔日〕大塚仁著:《刑法概说·总论》,冯军译,中国人民大学出版社2003年版,第164页。

人"或"科学的一般人"。例如,X是血友病人,不相关的一般人是不可能意识到的,而在医学上很容易知道。所以,A伤害X并致其死亡的,因果关系是存在的。不过,A是没有过失的。此外,A如果不知道X是血友病人,以杀害X的意思朝其胸部开枪,打在X的脚上,X由于是血友病人而死亡的,由于有相当的因果关系,所以成立杀人的既遂。

客观的相当因果关系说,完全以行为时存在的事实为相当性判断的基础,但是,关于判断的基础,归根结底认为应当以"认识深刻的一般人"或"科学的一般人"有认识为限,在判断的基础和判断的方法之间采取不同的原理。这是不太妥当的。所以,关于行为时存在的事实,只是程度的限定。例如,心脏很不好,突然发病死亡,在外行看来,即使不知道心脏好不好,如果知道医生诊断有心脏病时,必须以这个事实为前提,进行相当性的判断。但是,在医生诊断之前,突然因为心脏病死亡,此时,不能说有相当因果关系。再比如,甲知道飞机上有炸弹,使被害人乙乘该飞机,可以杀人罪处罚。但是,如果甲只是希望飞机坠毁,而受害人乙乘机的时候,碰巧飞机上有炸弹,就不能肯定因果关系,因为此时行为人表象的因果关系不是相当因果关系。

在上述理论的基础上,可进一步依据具体法定符合说限制故意,但假如采取抽象法定符合说,就会产生若干问题。例如,抢劫犯A和B,A用手枪向受害人X射击,X用手枪应战,B中弹身亡。在该场合,如果采取条件说,不仅有因果关系,而且还可以认为存在相当的因果关系。根据有些抽象符合说论者的观点,A对B的死亡,以过失为限,可以确认符合犯罪的构成要件,并成立杀人既遂。相对于基于相当因果关系所进行的限制,更进一步的限制是必要的,但是,如果既有过失,又有故意,这种观点略为可笑。① 而如果采取具体法定

---

① 参见〔日〕平野龙一著:《犯罪论的诸问题(上)总论》,有斐阁1981年版,第42页。

符合说,就不能认为有关于 B 的杀人罪。意图杀 X 而凑巧 X 死亡的时候,如果采取先前广义的客观相当因果关系说,则有相当因果关系,也可以认为存在关于 X 的杀人既遂。

最后,关于相当性判断中的假定判断的场合。例如,A 以杀害的意图用枪射击 X,在 X 送往医院的途中,X 因为 B 制造的交通事故而死亡,但是,即便不发生交通事故,X 也不能及时被运送到医院,他最终不免于死亡;还有高空坠落的事例中,A 将 X 从高层建筑物上推下去,在坠落中,B 用枪射击 X,在 X 坠地之前,X 就死亡,而假如 B 不射击,X 也要死亡。在交通事故中,B 的行为在相当性的判断范围之内,因此,由于 X 提前死亡,也不一定成立杀人未遂,但是,即便没有交通事故,没有 B 的行为,X 不久也要死亡,这些介入的事例构成条件关系时,可以认为既遂。它意味着,在条件关系的存否判断之际,假定的判断是不被接受的,而在相当性的判断时,假定的判断却是允许的。①

关于客观相当因果关系,最常见的批判是:连一般人都不能预测的、行为人虽然也曾经没有认识的特别事情加以考虑,在这一点上,客观说有脱离相当因果关系说的本来趣旨之嫌,其立场虽然以可能客观地理解因果关系为目的,但是,因为过于不当地扩大了判断的基础,所以,其得出的结论实际上与条件说没有大的差异。② 此外,如佐久间修所指责的,近年来,客观说将结果的避免可能性称为"狭义的相当性",并将其用作限定客观的相当因果关系的道具,那么在具体的结论上是否妥当呢?③

---

① 参见〔日〕平野龙一著:《犯罪论的诸问题(上)总论》,有斐阁 1981 年版,第 42 页。
② 参见〔日〕大谷实著:《刑法讲义总论》,成文堂 1996 年补定 4 版,第 176 页;大塚仁著:《刑法概说·总论》,冯军译,中国人民大学出版社 2003 年版,第 163 页。
③ 参见〔日〕佐久间修著:《刑法讲义·总论》,成文堂 1997 年版,第 93 页。

(二) 折中的相当因果关系说

在日本,折中的相当因果关系说在理论上是有力的见解,例如团藤重光教授认为:"'立足于行为之时(行为者的立场),以一般人在通常情形下能知道或者能预见、并且以行为人在具体情形下能知道或能预见的特别情形为基础'的存在'经验上通常'的场合,有因果关系。"①比如在甲殴打有特异体质的乙致其死亡时,如果一般人不能认识乙的特异体质,甲也没有认识,作为经验上的判断对象,就要考虑殴打通常健康的人是否可能导致死亡;如果相同的行为样态通常不可能导致死亡,就认为行为和结果之间没有相当性的因果关系。采纳这种学说的学者甚多。

但如果采取折中说,在司法实践中有一些问题是无法回避的:②第一,折中说会产生和主观说一样的结论。如果采取折中的因果关系论,那么,判断是否存在因果关系时,最终要取决于行为人的主观认识。即对知道者,可能有因果关系;对不知者,就没有因果关系。这样一来,刑法上的"因果关系"概念,就成为行为人自由选择的结果。比如甲知道X患白血病,唆使不知道隐情的乙殴打X,X由于异常出血而死亡。结果要承认乙的行为和X死亡之间没有因果关系,但甲的行为与之有因果关系。大谷实教授的解释是,对甲来说,死亡结果不是偶然的,对乙来说却是偶然的,所以要对他们进行不同的处理。③笔者认为,刑法虽然是在社会中产生的,如将一般生活中的因果关系概念用于刑法场合,由于它们之间的性质是完全不

---

① 〔日〕平野龙一著:《犯罪论的诸问题(上)总论》,有斐阁1981年版,第35页。

② 参见〔日〕平野龙一著:《犯罪论的诸问题(上)总论》,有斐阁1981年版,第36—38页;〔日〕大谷实著:《刑法讲义总论》,成文堂1996年补定4版,第177—178页;〔日〕大塚仁著:《刑法概说·总论》,冯军译,中国人民大学出版社2003年版,第164页;马克昌著:《比较刑法原理——外国刑法学总论》,武汉大学出版社2002年版,第210页。

③ 参见〔日〕大谷实著:《刑法讲义总论》,成文堂1996年补定4版,第177—178页。

同的,往往不是十分适当的做法。而且依据刑法的要求,首先要求有明确的客观事实(作为其成分的因果关系是否存在也必须是明确的);其次,为了确定由谁承担责任,还有必要检讨主观要素,就如团藤重光所说:"必须意识到各种构成要件是有责类型……从构成要件符合性的见地出发,为了进一步对此加以限定,就不得不考虑如上所述的行为者的主观要素。"①但是,将构成要件分为违法类型的构成要件和有责类型的构成要件,另外认为因果关系中行为者的主观认识也是责任要素,则因果关系概念自身就将违法和有责混淆了,终究不能区分违法类型和有责类型。进一步说,如果认为有责类型的要素仅仅是故意或过失,那么,在因果关系中考虑的行为者的主观要素,贯彻到底就应当是故意或者过失。如此看来,折中说和传统的将构成要件视为违法有责类型的见解是不一致的。

第二,以行为人主观认识作为判断客观因果关系是否存在的基础,是不妥当的。折中说之所以考虑行为人所认识的因素,其理由是:仅仅根据"一般人或者通常人可能知道的事实",就会产生狭义的理解。但有论者认为,刑法不能将社会通念中的偶然结果作为追究行为人责任的根据。从一般预防和特别预防的目的出发,即使对于一般人来说是偶然的结果,但对行为人来说也可能是必然时,就要承认刑法上的因果关系。相当因果关系论的效果,是从条件关系的结果中排除行为人不能支配的偶然结果。如果行为人能认识、预见特殊情形,并且有支配可能性,就可和一般人能认识或者预见的情形同等对待,并无不妥。② 根据这些解释,A 使 X 受伤,X 是血友病患者,出血不止而死亡的该场合,假设通常人 B 在伤害的现场,看到 A 伤害 X,但不知道 X 是血友病患者,通常人或者一般人,如 B 一样,对 X 的血友病情不可能知道,在相当性的因果关系判断中应当被考虑,则 A 的行为和 X 的死亡之间没有相当因果关系;或者,假如 A 对

---

① 〔日〕平野龙一著:《犯罪论的诸问题(上)总论》,有斐阁1981年版,第36页。
② 参见〔日〕大谷实著:《刑法讲义总论》,成文堂1996年补定4版,第177页。

于 X 的病情有认识，就如同一般人能认识、预见的情形一样，就要肯定其中的因果关系。这样一来，出现了两种不同的结论。就前种理由而言，又会限制因果关系的范围。例如，A 知道 X 患血友病，意图利用这一点杀 X 而使之受伤的场合，可以确认 A 的行为和 X 死亡之间的因果关系，但不能对 A 作为杀人处罚。在这一点上，后一种理论又认为应当判断行为人具体所知道的事实，这扩大了因果关系的范围，但悖逆了该说的基本要求，仍旧陷入和主观说相同结论的诘难中。

第三，判断基础过于狭窄。受行为者主观认识所左右的因果关系，存在着上述疑问。即便不考虑它们，还有判断基础的问题。折中的相当因果关系判断时，"成为前提事实"的仅仅附加考虑"行为人特别知道的事实"，基于该事实的相当性的判断，必定是经验性的判断，但这种经验应当依据一般人或者通常人的立场，而不必考虑行为人特别知道的法则性。例如，行为人是医生，知道让受害人喝某种药会导致其生理机能的某种严重损伤，在他让受害人喝这种药的时候，一般人对于药的效果并不知道，在这种场合，显然不能以伤害罪处罚医生。但是，这个结论肯定是不妥当的。可见，区别前提事实和法则性的判断，对前者要追加考虑行为者特别知道的事实，对后者不加考虑，并不是合理的。如果结合具体的问题，足以发现它会产生的奇怪结论。例如，A 和 B 共同伤害 X，X 是血友病患者，因伤害死亡。如果 A 知道 X 是血友病患者，而 B 不知道，B 的伤害和 X 的死亡之间就没有因果关系，对他只能以伤害罪论处，而 A 则构成杀人既遂。即便在 A 教唆 B 的场合，由于 B 的行为和 X 的死亡之间没有因果关系，B 也只是构成伤害罪，A 则是基本杀人罪的间接正犯。但是，这是将没有因果关系的行为当成有因果关系所得出的结论。

第四，在结果加重犯的场合不能发挥理论上的限制效果。在过去，认为结果加重犯的基本犯罪是故意的，因此对于结果加重犯的判断，折中说能起到比较严格的限制效果，但是现在都承认结果加重犯的基本犯罪也包括过失的形式,而且德国的立法也是承认的。这样一来,基于因果关系的限定就再也没有必要了。威尔哲尔甚至认为,折中说的任务已经完成了。① 这样理解的话,那么在前例中,B由于不知道X是血友病患者,由于其主观态度是意外而非过失,不追究其伤害致死的罪责比较好,最终的责任就因人而异了。结果,刑法还是以条件说为基本前提。

四、狭义相当因果关系理论之反思

(一)狭义的相当性判断方法

为了保证因果关系相当性判断有充实的基础,现在很多学者开始对狭义的相当性——因果过程的相当性——进行研究,就是要一并讨论介入情形和先行行为对于因果关系认定的影响。其主要方法是从介入情形(因素)是否可预见以及它的作用大小展开的,即当介入因素的预见可能性存在时,先行行为和结果之间一般有因果关系;如介入因素是不能预见的,则要将介入因素从判断基础中排除,进行相当性判断。另外,当介入因素的作用大时,依据有无预见可能性决定有无相当性,预见可能性判断和相当性判断就是一致的。在介入因素作用小的场合,预见可能性判断和相当性判断并非一致,即在该场合,由于不能肯定介入因素的预见可能性,就不一定完全否定相当性。②

介入因素的可能性判断,要以该行为为前提,因为介入因素是由行为导致的"被诱发的事实",所以对其预见可能的因素的介入,在一般预测可能的范围内是可以得到肯定的。例如,A没有履行必要

---

① 参见〔日〕平野龙一著:《犯罪论的诸问题(上)总论》,有斐阁1981年版,第38页。

② 参见〔日〕曾根威彦:《自相当因果关系说的立场》,载日本《刑法杂志》第37卷第3期。

的监督责任,导致被监督者由于意外而死亡的。即使被监督者有不恰当的介入行为,这也是由被告人的行为诱发的,所以,监督者和被监督者之间的因果关系得以肯定。由于该场合的介入因素是诱发事实,尽管行为和结果之间是否能肯定直接因果关系依然有问题,但还是可以将预见的可能作为判断的基础。

相反,假如介入的因素是所谓行为因果系列的其他因果系列,两者只是偶然结合导致结果发生的场合,由于通常不能预见这种介入因素,就要把它从判断基础中排除掉。例如,A 将 X 打伤之后,X 奄奄一息,后来不知道被谁再次殴打,加重原来的伤害而死亡的,假如后来偶然经过的第三者施加暴行作为介入因素通常是不能预见的,则其行为和结果之间的相当因果关系就要被否定。

(二)关于狭义相当性判断的评价

那么,在因果关系判断之际,究竟是否该考虑行为后介入的因素呢?这在我国和外国都有反论,有的学者认为,如果把行为后介入的因素设定为判断的基础,则脱离了判断的基础,是将过程当成过程的判断方法。但是从结论上看,该方法肯定了对介入因素的预见可能性,事实上,只有将它当成判断的基础,并立足于这个基础之上,才可以肯定通常的相当因果关系。因此,将介入因素设定为和行为时同样的因果关系的判断基础,对因果关系论而言还是必要的。另外,通过对狭义相当性的分析,也进一步说明,考不考虑行为后的介入因素,对于客观的归责具有不同的意义。而为了客观评价行为人的行为,自然有必要考虑这些因素。所以,狭义相当性的判断,丰富了传统相当因果关系论的内涵,在一定程度上扩大了相当性的判断基础,而且使相当因果关系论的焦点从广义相当性向狭义相当性移行,刑法的判断从危险的制造而转向危险的实现,[1]这当然有值得肯

---

[1] 参见〔日〕伊东研佑:《"相当因果关系说的危机"之义及"客观的归属论"试论》,载日本《现代刑事法》1999 年第 4 号。

定的地方。

但是,狭义的相当性的判断,或者被制造的危险是否实现了结果的判断,实际上已经摆脱了当初的相当因果关系论的思想,从而暴露了相当因果关系说的危机。相当因果关系在判断因果过程的相当性时,较之传统的相当因果关系理论或者仅仅就行为的相当性进行判断的做法,不外乎有两种不同的途径:第一种途径,通过更为严密的事实性、物理性和经验性分析,寻找相当性的判断标准;第二,不再囿于事实的判断标准,而去适当寻求价值性的标准。

就第一种途径而言,它难以避免的问题是:第一,决定相当性的"通常性"标准不明确,这一点和行为的相当性判断是一样的,即相当因果关系说,以"经验上的通常性"为判断理由,但是,在什么场合具有"通常",还应当通过理解界限性事例和经验性事例的关系来实现。这就导致一种新的倾向,就是将对相当因果关系的判断,求之于事例的类型化,通过分析各种各样的相当性判断基础,特别是以介入因素的种类、介入的形态为类型化的基础,试图从中探求"相当性"的特征。根据上面所述,在判断具体介入因素的时候,必须考虑是否有他人的故意行为,是否有被害者的故意行为或者是否有行为人自身的故意行为、是否有过失行为、是否存在不是人的行为而是自然现象的介入,等等。其中,"经验上的通常性"标准,过于抽象,缺乏具体作用。

第二,事实性标准是不充分的。在进行因果关系的相当性分析时,以"认识"或者"预见可能性"为基础,作为判断的要素,此后,将所有的判断还原为最终一般的"经验的通常性",所谓"经验的通常性"之判断,不过是概率、频率的判断。[①] 在具体事例中存在一系列疑问。比如,行为人故意用刀刺受害人,受害人负伤后,在被救护车送往医院的途中,因为交通事故而死亡的,这其中既有"预见可能

[①] 参见〔日〕山中敬一:《自客观归属论的立场》,载日本《刑法杂志》第 37 卷第 3 期。

性",又有先行行为的危险性,如果加上救护车的超速和救护车或事故车司机的过失等各种各样的程度不同的情形,应该如何合理分担其中的责任呢？另外,假如事故车的司机是故意介入的,又当如何评价呢？将结果当成行为人的所为,固然是重要的,但如何将结果当成行为人的所为,才是更重要的问题。例如,在有故意行为介入时,可能缺乏"经验上的通常性",而当故意行为在现象之后介入,却不能说完全是"异常"的。这说明"经验上的通常性"并不十分重要,而对介入的"他人的故意行为"在法秩序中如何评价,才是重要的。进一步说,法秩序作为归属的标准,对于故意介入的行为如何进行评价、具有什么样的意义,这些才是重要的。

价值性因素恰恰是传统相当因果关系论忽视的,并且为现代相当因果关系论者所不愿意接受的标准。在日本,从"美兵潜逃事件"以后,相当因果关系说的论者开始对这些问题进行反思,而采用"相当因果关系"的判例就不再多见了。相反,最近一系列最高法院的判例,都是从"危险"的实现来进行解释的。这种倾向,已经在柔道整复师事件后持续出现。

第三,判断方法和判断结果也存在矛盾。相当因果关系的判断以事前认识、预见的客观情形为判断基础,进行事后预测,这也是其特色之处。如此一来,事后发生的有作用可能性的事实,应当在事后预测中被当成行为的要素。例如,伤者 X 在送往医院途中从车上摔下来而死亡,或者在医院中因为火灾死亡,此时,要考虑这两种情形中的死亡结果,即从汽车上摔下来和医院起火的事实是否相当。但是,实践中回答这个问题时,必须说明中间位置的因果过程,才存在相当因果关系讨论的余地。然而,这样的问题并不能限制判断的基础,因为在此类因果过程的连续中,假如某一介入因素事后被认为不能作为判断的基础,那么先前将其视为判断基础就没有意义了。例如,从偶然事故的现场看,上述受害人 X 本来应当运往 B 医院,但是由于第三者制造的偶然交通事故,将道路堵塞了,受害人不得不被运往A医院，其后遭遇火灾而死亡；如果考虑不能预见的偶然交通事故，那么对A医院的死亡结果就不具有相当因果关系。结果，在事后的现象中现实展开的因素，在客观的事后预测中没有发挥任何效果。为了在判断基础中充分评价"客观的可能性"，还是要诉求于作为因果的事后展开的初期条件的事实，即行为当时的事后因果的展开之起因的事实。① 这意味着，相当因果关系论是从事前的立场出发，探求"行为的危险性"，又回到了过去的因果关系理论讨论的问题中。

就第二种途径看，即在相当性判断中，加入价值性分析，这是有意义的。那么，对事实的或者物理的因果关系的分析，必须以所谓的相当因果关系的"目的论化"、"机能化"为前提，即在其中增加"预防"、"社会的整合"等刑事政策的目的。但是，相当因果关系向来是从"概率论的思考"出发的，具有事实的、经验的本质特点，用"目的论"置换本来的、事实的相当因果关系论，这样的相当性分析，可用来装饰相当因果关系判断，实际上忽视了别的判断，具有"掩饰实际的判决理由的机能"，或者"掩藏具有整体概念的法的政策"，②蕴含着脱胎换骨的意义。所以正如山中敬一教授所指出的，日本相当因果关系论自身的见解，从二十世纪七十年代以来，脱离了古典的含义，跟本来相当因果关系不同的、积极采取"异质的要素"已经发生了变化。因此，总体上，尽管在形式上维持相当性的判断，但是其中的实质机能应当有所变更。这进一步揭示出相当因果关系说的危机，应该是从与事后展开的非典型因果过程有关的相当性判断中开始的，现在的日本相当因果关系说已经和从来意义的相当因果关系说貌合神离，它是否能继续称为相当因果关系论呢？③ 此外，行为相

---

① 参见〔日〕山中敬一：《自客观归属论的立场》，载日本《刑法杂志》第37卷第3期。
② 参见〔日〕山中敬一：《自客观归属论的立场》，载日本《刑法杂志》第37卷第3期。
③ 参见〔日〕山中敬一：《自客观归属论的立场》，载日本《刑法杂志》第37卷第3期。

当性和因果过程相当性的判断,在具体内容上,主要对应于危险的制造和危险的实现的判断。但是,判断危险实现,是从事前的立场出发进行事后的预测,这和概率论并没有必然关系,其中渗透着规范的保护范围的思想。① 而规范的保护目的,是后来的客观归属论的核心要素。这说明,狭义的相当性的判断,或者被制造的危险是否实现了结果的判断,实际上已经摆脱了当初的相当因果关系论的思想。为了避免概念的混乱,有人建议,应当从相当因果关系的构造中跳出来,改用客观归属的理论。②

五、当代日本司法判例的理论根基与表现

(一)日本相关司法判例的理论根基

条件说的上述问题,奠定了因果关系的复杂理论框架,也使其他修正性因果理论有先天性的缺陷。在司法实践中,该说不再被日本司法机关作为判决的唯一理论根据。除了考虑因果关系中断论限制条件关系之外,原因说也曾被适用,③但明显被适用的其他因果关系理论应该是相当因果关系论。

要指出的是,早在1933年东京控诉院对滨口首相暗杀事件的判决书中,④就有采用相当因果关系论的动向。该案判决认为:"为了说一定的行为与一定的结果之间存在刑法上的因果关系,需要由该行为发生该结果在日常经验上是一般的,该结果的发生属于因介入

---

① 参见〔日〕山中敬一:《自客观归属论的立场》,载日本《刑法杂志》第37卷第3期。
② 参见〔日〕伊东研佑:《"相当因果关系说的危机"之含义及"客观的归属论"试论》,载日本《现代刑事法》1999年第4号。
③ 山中教授认为其表现在于:因果关系中断论的判例(东京高判昭54・2・8、札幌高判昭49・2・12)中,有关第三人的故意或者过失行为中断因果过程的考虑;原因说的考虑,主要如对"唯一的原因"、"直接的原因"的评价等,参见〔日〕山中敬一著:《刑法总论Ⅰ》,成文堂1999年版,第261页。
④ 行为人的开枪暗杀行为,造成受害人滨口首相肠穿孔,随后感染病菌而死亡。

完全偶然的事情之稀有事例、不是常态时,认为不存在刑法上的因果关系才是相当的"。判决书虽然没有明确使用"相当因果关系"的概念,但是开始有意识地使用了"相当的"概念,可以说明相当因果关系说开始受到司法机关的重视。

"二战"后,最高法院1967年关于"美兵肇事逃逸事件"的判决,也采取了相当因果关系说。该案案情如下:被告人(驻日美兵)让朋友坐在助理驾驶的位置上,在开车时不慎与骑自行车的被害人相撞,被害人被撞后翻到汽车的顶部,并失去意识。被告人不知道上述情形,继续驾驶,但是,他的朋友发现了这一情形,于是将受害人从车顶扯下来,致其掉落路边。被害人头部着地,脑出血而死亡。最高法院的判决是:像上述同乘者从行驶的汽车顶部将受害人扯下来,使之掉到沥青铺的道路上,这在经验上通常是不能预想得到的。在本案中,导致被告人死亡的头部伤害,是在最初跟被告人的汽车相撞时形成的,或者是同乘者将受害人从车顶扯下掉到路上时形成的。在该场合,由被告人的先前过失行为造成受害人死亡的结果发生,在经验法则上是很难说可能预见的,所以,否定其间的因果关系。这个案件,理论上一般认为是判断"因果经过的相当性",从而被当成相当因果关系论的重要判例。①但后来明确采取相当因果关系说的判例并不多见。

现在刑法理论关注的是,可否继续认为条件说是现在司法判例中的主要理论依据。多数学者认为,日本主流司法判例理论依然是条件说;但是,未来日本司法判例的理论依据的趋势是什么呢?少数学者认为,判例中的主要理论根据,并非一般观点所说的条件说,而是其他理论。至于是什么理论,则有两种不同的见解:一是相当因果关系论说。如大塚仁教授所言,条件说是判例的基本立场,只是在整体上审视日本判例时,存在着采用哪种条件说进行说明的问题;关于

---

① 参见〔日〕振津隆行:《最近判例的动向以及客观的归属论》,载日本《现代刑事法》1999年第4号。

实际事实的认定,很少彻底地采用条件说来承认广泛的因果关系,一般是按照社会观念,实质上一并考虑相当因果关系。因此,理论上虽不完善,但是,判例的大势可以认为是以相当因果关系说为根据。① 二是客观归属论说,有论者认为:自二十世纪八十年代以来,最高法院的判例发生了新的动向,从1986年的柔道整复师事件以来,到1990年的材料场事件、1992年的夜间潜水事件等系列判例中,最高法院关注"行为的危险性"、"不适当的行为的诱发"等因素,反映出用客观归属论判断因果关系的倾向。② 那么究竟是基于什么样的理由可以得出这种结论呢?

相当因果关系论说的一个理由是:用"实验法则上"或者"实验法上"之语言,论述因果关系的存否,在实质上具有相当因果关系说的涵义。③ 笔者认为这是不恰当的结论。因为因果关系的讨论,从广义上讲,包括事实因果关系和法律因果关系,法律因果关系的判断与其说是为了确定原因,不如说是在一定的观念或者政策指导下确定行为是否要对结果负责,它和事实原因的不同在于,法律原因是价值(规范)评价的产物,而事实原因是"实验法则上"的产物。而无论条件说、原因说还是相当因果关系说,各自的理论基点莫不是物理上的原因,也就是"实验法则上"的原因。在这方面,传统相当因果关系论,和现代相当因果关系论与客观归属论存在一个差异:传统相当因果关系论注重的是行为的相当性,而没有重视介入因素对因果关系的影响,现代相当因果关系论的内容要更加丰富,它包括行为的相当

---

① 参见〔日〕大塚仁著:《刑法概说·总论》,冯军译,中国人民大学出版社2003年版,第174页;

② 参见〔日〕山中敬一:《日本刑法中相当因果关系的危机和客观归属论的抬头》,载《罪与刑——林山田教授六十岁生日祝贺论文集》,五南图书出版公司1998年版;〔日〕振津隆行:《最近判例的动向以及客观的归属论》,载日本《现代刑事法》1999年第4号。

③ 参见〔日〕大塚仁著:《刑法概说·总论》,冯军译,中国人民大学出版社2003年版,第174页。

性判断和因果过程的相当性判断,理论上产生了通常所说的主观相当因果关系说、客观的相当因果关系说和折中的相当因果关系说之争,属于行为的相当性的判断分歧。① 而考虑介入因素的因果过程的相当性判断,包含了"规范保护目的"的意义,与相当因果关系论的本来思想不一致,和着眼于法律的规范性的客观归属论较为接近,②笔者认为,应该将其实质上认作是客观归属论。因此,不考虑介入因素的危险实现,不考虑价值因素进行的所谓"因果关系"评判,就是"实验法则上"的判断,它是传统的因果关系论的基本出发点,不足以区分相当因果关系论和其他因果关系论。

特别是在判断时,往往还必须兼顾"危险实现"这一因素,这样一来,我们更不能赞同大塚教授的观点。在相当性判断中既要考虑"预见可能性",还要对狭义的因果过程本身的相当性做出判断,即既要确定介入因素的预见可能性,还要确定介入因素的作用大小,所以,有关判例虽没有明确的相关概念,但从内容本身看,和相当因果关系是不指称的。如在材料场事件的判决中,最高法院的井上弘道法官就没有说明"经验上能预想"等"预见可能性"的观点,而是重点阐述了"危险实现"。另外关于夜间潜水训练事件,"在本案中,被告人的过失行为和被害者的死亡结果之间,明显地存在着如果没有前者就不会发生后者的条件关系",这其实是在检讨有无"危险的现实化",并且它不是以"经验上的预见可能性",而是以"危险的现实化"为讨论的重心。这样一来,倒不如理解为与客观归属论中"危险的实现"的判断具有相同的趣旨,而不是相当因果关系论了。

客观归属论说的理由,如山中教授认为的,在过去的判例中,也是采取比原因说、中断论、相当说等各说更合理的客观归属的标准。例如:(1)"中断或者更新因果链条的要因是否介入";(2)是不是死

---

① 参见〔日〕曾根威彦:《自相当因果关系说的立场》,载日本《刑法杂志》第37卷第3期。
② 参见童德华:《刑法理论中的客观归属论》,载《现代法学》2002年第6期。

亡的唯一原因或者直接原因;(3)不能确定包含被害人自身或者医生的第三者故意或者过失行为应当中断因果过程的主要原因介入,等等。这些标准,各种各样,是多元的主张,而不能还原为一个标准。所以,不能将它称为原因说,而应当说是与追求事例类型化的归属标准之"客观归属论的想法"接近的方法,如此更恰当。①

综上所述,虽然笔者不敢断言现在日本刑法判例主要采取客观归属论为理论依据,但可以看出,判例自觉不自觉运用客观归属论,表现出强劲的倾向。

(二)若干具体判例的基本分析

1. 下级法院判例之辨别

下级法院的判例中,大多以"经验上当然可以预见"、"通常不能预见的异常突发行为"等,反映相当因果关系,但是,为了符合最终的结论,其中的论据,不一定要通过相当因果关系论考察,而是混杂了许多实质观点。例如,逃走的"唯一手段"、"事实上的作用"、被害人"自发的行为"等。以下从若干判例进行分析。②

(1)楫宝川事件(神户地姬路分院1962年7月16日的刑集4卷7—8号689页):X和Y共谋对A施加暴行,A逃走后,他们继续追赶。A逃到防水地带,由于受台风影响,水突然涨起来了,但为了逃走,唯一的办法是跳到水中,最后A溺水死亡。判决认为:基于瞬间的判断,作为躲避被告人的唯一方法,是跳进附近的流水中,结果,由于涨水,楫宝川水流很急,肯定会导致溺死,所以,本犯行动之际,经验上当然是可以预想得到的。

(2)道顿掘川事件(大阪地方法院1965年4月23日下刑集7卷4号628页):被告人赤手空拳对受害人施加极其轻微的暴行,受害人

---

① 参见〔日〕山中敬一:《自客观归属论的立场》,载日本《刑法杂志》第37卷第3期。

② 判例参见〔日〕山中敬一:《自客观归属论的立场》,载日本《刑法杂志》第37卷第3期。

为了逃走,跳进道顿掘川而淹死。判决将这作为"通常不能预见的异常突发行为","逃走的途径很多","凑巧会游泳的自信"的被害人,"选择从河中逃走,自己跳进道顿掘川",如果不"中断"也不会"跳进去",因此否定了其中的相当因果关系。

(3)名古屋爆炸事件(名古屋地方法院1981年6月30日刑月13卷6—7号467页):被告人X意图自杀,将房间密闭,打开煤气。接到煤气泄漏报告的警察A和B,在上司A做了"由于有煤气,所以要妥当处理"的指示后,B巡查房间,发现了X。由于天暗,看不太清,所以B打开荧光灯,火花点燃充满房间的煤气,发生了爆炸。上司A在巡查时被烧伤。判决认为:B在急迫的紧急状态下,欠缺冷静,急着救人,做出这样的行为,即便警官在场,不能说是在通常预想的因果关系中完全的意外事件。上述过失行为,不是和被告人的泄漏煤气完全无关联的独立介入因素,而是由被告人泄漏煤气的行为诱发的,或者说是由于了解救被告人的行为惹起的。基于此,认为因果关系中断是不相当的,被告人的泄漏煤气的行为和本案结果之间,存在法律上的因果关系。

在楺宝川事件的判决中,受害人的"瞬间的判断"、为了逃走的"唯一方法"等的认定,以及暴行的危险性、连续性,所谓物理的、心理的强制,不得不跳入水中,等等,这些评价因素都具有重要意义。它们对以"经验上当然的预见可能性"作为最终判决的理由,都具有作为客观基础的效果。而类似案件,如道顿掘川事件判决,并不能将整个事件作为"异常突发行为"。比如,突然涨水、受害人自信会游泳、为了躲避轻微的踢打、跳进河中,等等,都很难说是"通常不能预见的异常突发行为"。关键问题是,第一次制造出的危险极小,招致跳河的第二次危险就应当认为是受害人的自发行为,而非唯一的躲避选择,因此,从实质的判断要素看,当然要否定因果关系。而名古屋爆炸事件也进一步说明,在无所谓的相当因果关系的判断中,被告的行为成为诱因,也并非因果的中断问题,而是因为被告首先制造了实在的危险,这个危险行为包含着危险实现的现实性。换言之,解决这些事件的理由,其实具有客观归属论的蕴意。

2. 最高法院判例之辨别

自二十世纪八十年代后期,最高法院的判例发生了更为明显的动向。从1986年的柔道整复师事件以来,到1990年的材料场事件、1992年的夜间潜水事件中,①反映出用客观归属论判断因果关系的倾向。

(1)柔道整复师事件(1988年5月11日刑集42卷5号807页):柔道师整复诊断患感冒的被害人,建议其保暖、控制水和饮食。虽然后者病情恶化,但并没有被建议看医生;而且被害人遵照康复师的建议,导致病情恶化,陷入脱水的危急状态,又由于支气管炎诱发心律不齐而死亡。判决认为:"被告人的行为,直接使受害人的病情恶化,进而引起死亡的结果,由于具有危险性,所以,即使受害人没有接受医生的诊断和治疗,只相信被告人,其中的作用也不能否定,但是被告人的行为和受害人的死亡之间肯定存在因果关系。"因此,被告人构成业务过失致死罪。这里仅仅是用"行为的危险性"(广义的相当性)肯定因果关系。而当被害人的作用介入被加以考虑时,事后介入的事实对因果关系的认定就并非没有关系。可见,本判决不是依据传统的立场,而是采取了新的归属标准。

(2)材料场事件或大阪南港事件(1990年11月20日刑集44卷8号837页):行为人在三重县的饭馆殴打受害人头部,导致受害人内因性脑出血,陷入意识丧失状态。然后,行为人将受害人用汽车运送并弃置在大阪府住之江区南港的材料场。此后,受害人头部不知道被什么人用角材殴打数次,这个暴行加重了内因性脑出血,使之提前死亡。最高法院认为:"由于犯人的暴行,在形成促使被害人死亡的伤害的场合,假如此后第三人的暴行使死亡时间提前,就可以肯定犯

---

① 参见〔日〕振津隆行:《最近判例的动向以及客观的归属论》,载日本《现代刑事法》1999年第4号。

人的暴行和死亡结果之间的因果关系,本案原判认为成立伤害致死罪,是正当的。"对这样的案件,如果在实践中采取相当因果关系论,肯定会得出不合理的结论。犯人的暴行和死亡的结果之间,显然存在条件关系,该案的第一审、第二审认为,第二次暴行和结果之间的因果关系被否定,而本判决则认为,如果没有第一次暴行,也就不会有第二次暴行,所以没有必要论述条件关系。如此一来,即使第三者的暴行介入了,但当犯人暴行的危险性直接引起死亡结果的程度较大的场合,介入的第二次危险对结果的促进力、诱发力较小,不过是对第一次暴行的方向予以修正。此时,即使第二次的危险来自于第三者的故意行为,也不能否定第一次暴行的危险实现。

(3)夜间潜水事件(1992年12月17日刑集46卷9号383页):身为潜水指导者的被告人,于夜间在一个比较荒僻的海边,带领3名指导辅助者,对包括受害人在内的6名学员进行使用压缩空气的夜间潜水训练。被告人为了让学员自己进行练习,没有对指导辅助者作出明确的特别指示。后来,一个学员在海底由于使用空气压缩器不当而溺死。判决认为:被告人在夜间潜水训练中,对受训者的动向不注意,以至于没有发现其失踪,这说明,指导者如果没有发出适当的指示,被害人就不可能采取适当措施,也就不可能在海中使用空气,进而就不可能采取适当措施,因此具有导致死亡的可能性。不能否定被告人对失散的指导辅助者和被害人欠缺适当行为,因此,作为被告行为诱发的原因,就不妨肯定被告人的行为和被害人的死亡之间的因果关系。在决定中,充分考虑了被告人行为的危险性、介入行为的"诱发性",从而肯定因果关系。但是,被告人的行为在先,而受害人以及指导辅助者的行为在后,况且指导辅助者和受害人自身也存在违规的举动,那么,这些情况对被告人也可能是不能预见的,既然不能预见,则先前行为和结果之间的因果关系很难确定,而由于直接的死因是受害人的操作不当,那么似乎要否定因果关系才对。在这个意义上看,这样的决定很难用相当因果关系解释。但从危险实现和危险制造这样比较客观的角度看,才有解决问题的可行性,不过,这是运用了客观归属论。

六、小结

综合以上所述,我们可以发现,大陆法系的因果关系理论自发端以来,也一直存在争议。在笔者看来,其中主要的症结在于:如果从因果关系论的角度出发,就是希望运用物理法则来解决一定社会现象中的责任问题。可是,一方面,社会现象的运动和发展不可能缺乏规范的、价值的评判标准;另一方面,在处理所谓的"因果关系问题"时,我们通常遇到的问题不是确定行为与结果之间是否有条件关系,而是要在数个条件中甄别出需要对结果承担"责任"的条件。因此,我们的主要任务不是发现前因与后果之间的联系,而是根据一定的文化观念和刑事政策观念,将特定的后果归属于特定的一个或数个前因。在这个意义上,以因果关系判断为主要内容、以规范判断为辅助标准的因果关系理论,跟以因果关系判断为前提、以规范的归属判断为主要内容的客观归属论之间,在价值取向上有着本质上的差别。笔者认为,后者更能显示社会科学的内在属性,更符合刑法司法的需要,因此应受到刑法理论和实践的高度重视。

第二节　英美刑法因果关系

一、问题概述

英美法系刑法因果关系论,又可称为双层次因果关系论,它以实用主义或者功利主义为理论基础,在处理具体因果关系问题时,其针对性和务实性都极为鲜明。与之相比,我国刑法因果关系论则过于抽象和教条,缺乏实践操作性。所以,研究英美刑法的因果关系论,在一定程度上,可纠正我国刑法因果关系论在方法和内容上的不足。在我国刑法学界,该理论获得了一些学者的认可,[①]但是笔者认为,英美刑法因果关系论还有进一步研究的必要。本文主要从三个基本方面阐述该理论的困境,并提出自己的一些看法。

二、双层次原因构造的道德困境

为了贯彻现代法治的罪责自负精神,刑法中必然要考察某一危害结果是不是由某一行为所引起的。只有当该行为引起了该结果时,它才是应当承担刑事责任的客观行为;否则,就要把它从刑法的评价中排除出去。然而,在决定行为如何才能对结果负责时,由于引起结果的原因往往比较复杂,因此,就要甄别对结果的发生有一定价值的原因。在刑法司法中,根据甄别原因的需要,形成了刑法中的因果关系理论,专门讨论行为在什么时候、在何种条件下,要对结果负责。英美刑法是从两个层次判断因果关系的:一是事实因果关系(factual causation),一是法律因果关系(legal causation),从而形成了所谓的"双层次原因学说"。对于不同层次的因果关系,是采用不同原则进行认定的,这在英美刑法理论上和实务中都是通说。[②]

根据"双层次原因学说",在判断具体的因果关系时,首先通常要分析被告的行为是不是产生该结果的事实原因,即确定事实的因果关系,它应当证明如果没有被告的行为,就不会有危害的结果。比如,行为人意图杀害自己的母亲,将氰化物放在她的饮料中,一般会被当成谋杀者受到追诉;但假如化学证据显示行为对象是在喝有毒饮料之前因为心脏病发作而死亡的,则被告应被判定为杀人预备罪。因为如果没有氰化物,行为人的母亲也要死亡,所以不能认为是氰化

---

① 可参见张绍谦著:《刑法因果关系研究》,中国检察出版社1998年版,第111页;陈兴良:《刑法因果关系研究》,载《现代法学》1999年第5期;储槐植、汪永乐:《刑法因果关系研究》,载《中国法学》2001年第2期。

② 参见张绍谦著:《刑法因果关系研究》,中国检察出版社1998年版,第6页。

物杀死了被害人;即使行为人意图杀害她,但不能被判为谋杀罪。这样的因果关系比较简单,可惜的是,刑法中产生的结果,往往包含很复杂的因素,它需要进一步运用法律因果关系进行判断。现代英美刑法理论往往在因果关系阶段用法律性的或者归责性的因果关系对事实性判断法则加以补充。在法律上区分和强调两个不同层次的判断,其出发点是正确的。因为法律因果关系判断是不可缺少的,而且其内容和判断价值有别于事实因果关系。可是很多学者认为,法律性因果关系不是严格逻辑上、事实上或者医学上的问题,它更多地被视为一个道德问题,说明被告是否要对他的行为后果承担道义责难。① 这样的解释,无疑使因果关系论面临道德困境。

比如我们可以假设:D 在童年时常常受到父亲虐待,他在一个很恶劣的社会环境下长大,后来由于女朋友离他而去,他情绪极度低落,于是用一个朋友送的刀子刺伤了一个警察;不巧,救护车也来晚了一些,因为当地救护车司机在罢工,当受伤警察被送到医院时,伤情已经很严重了;偏偏主治医生由于严重超负荷工作,竟然做了一个错误的诊断,认为该警察不需要紧急治疗;不久,受伤警察就死了。那么在这个案件中,是谁的行为导致了警察的死亡呢? D? 他的朋友? 他的女友? 他的父亲? 救护车工会? 医生? 医院? 政府? 社会? 对于这个问题,社会学家、医生、警察以及受害人的亲属恐怕会给出完全不同的答案。② 笔者认为其原因是判断者立足的价值基础不同。而不同的价值基础,同样存在于司法判断者之间。虽然陪审团成员的价值区别更为明显,但即便是法官审理案件,这种情形所表现的差异也是难以避免的。

尤其值得注意的是,在因果论中用法律性因果关系补充判断事

---

① 参见 Jonathan Herring & Marise Cremona, *Criminal Law*, Macmilllan Press Ltd, pp. 64-65(1998)。

② 参见 Jonathan Herring & Marise Cremona, *Criminal Law*, Macmilllan Press Ltd, p. 64(1998)。

实性法则,作为英美刑法中的一种普遍现象,其判断方法比较独特。比如 A 邀请 B 到她家里,B 在路上被谋杀了。显然,A 不构成谋杀罪。其显著理由是,A 没有犯罪的意思或意图。但是,现代英美刑法倾向于"在因果关系阶段截断责任",①所以,实践中可能通过否定 A 的行为和 B 的死亡之间的因果联系,来解释为什么 A 不构成谋杀罪。② 这样,有些判例的具体结果可能出乎我们的意料。比如,在一个案件中,被告用电视机伤害受害人,造成后者头部受伤。受害人送到医院后发现患溃疡病,但由于他头部受伤,不能对溃疡进行手术。不久,受害人因为溃疡死亡。被告人被判要对受害人的死亡承担责任。这两个判决,无疑是适用了道义非难原理。第一个判决否定了对道德上无罪者的评价。第二个判决的原理,或许如有的学者所评价的那样,如果被告没有伤害受害人,受害人就可以通过医疗帮助治好溃疡;如果单纯凭借事实因果关系,很难确定溃疡导致的死亡和被告行为之间的关系,而借用道义责任,判决才体现出正确性。③

道义责任是一个在不同范畴被广泛使用的概念,但在确定一个具体伤害的责任时,即便涉及政策或者社会因素,刑法也需要尽量回避它,因为根据通常的观念,刑法在决定一个人是否要对一定结果承担责任时,一般不应考虑行为背景和社会环境。

为了解决该问题,在英美司法中,因果关系一方面通过陪审团的普通感觉来决定,另一方面则由法官利用法律原则来进行引导,其任务就变为:判决必须显示被告的行为是一个实质的且有作用的原因。它并不强调行为一定是唯一的原因,但它一定不能是无关轻重或者琐碎的原因。即"在法律中,被告的行为不必是受害人死亡的唯一原

---

① 参见 George P. Fletcher, *Basic Concepts of Criminal Law*, Oxford University Press, p. 64(1998)。

② 参见 Nicola Padfield, *Criminal Law*, Butterworths, p. 29(2000)。

③ 参见 Jonathan Herring & Marise Cremona, *Criminal Law*, Macmilllan Press Ltd, pp. 64-65(1998)。

因,也无须是主要原因,只要他的行为对结果是重要的就可以了。"① 所以,当一个危害结果是由两个或者更多的人的行为引起的,并且在制造结果时,每一个人的行为也完全可以起重要作用的时候,仅仅要求陪审团考虑被告的行为是否对于死亡具有重要影响,而不必顾虑其他人对于结果或许也有影响这一事实。比如,在一个列车事故中,一个扳道工忘记了扳道,而列车司机也没有注意到这一点,以至于发生危害结果。法庭认为,尽管要谴责司机,但是扳道工应对事故承担刑事责任,上诉法庭也支持这样决定。值得注意的是,法庭的焦点为何是扳道工,而不是司机呢? 而且法庭在确定扳道工的刑事责任时,为什么不顾虑司机的行为或者相关因素,却认为司机的行为值得谴责呢? 另外,"行为对结果是重要的",与大陆法系中的重要性条件说极为类似,该说事实上还是物理的判断,不是归结为法律原因。

双层次因果关系论为了解决原因问题,提出法律的原因概念,这是其特色。从逻辑上看,这是务实的;但是,事实原因、法律原因判断中存在的固有问题,最终将法律原因的判断标准委诸道德概念。这显然不能被广泛接受,因为道德概念的视角不清晰,道德标准基础不明确,它将不可避免地扩大责任的范围。为了克服这个问题,在审判中将视角集中于"行为对结果是重要的"这一点,还是无助于解决问题。

三、事实原因的选择困境

事实因果关系,是客观存在于外界的先行行为与后来结果之间引起与被引起的关系。这种联系是自然存在,和人的主观认识或者

---

① Jonathan Herring & Marise Cremona, *Criminal Law*, Macmilllan Press Ltd, p. 65 (1998).

法律规定没有关系。① 在判断中,一般适用"but for"法则,即如果没有行为,也会发生结果,那么行为就不是结果的事实原因。② 例如,D向V射击,但仅仅造成后者轻伤,而X也来射击,击中V的心脏,V立即死亡。由于没有D的行为,V也要死亡,所以D的行为就不是死亡结果的事实原因。这和大陆法系中的"条件说"是相通的。

可是,"but for"法则使因果关系的考察范围过于宽泛,如在上述案件中,X的行为无疑是死亡的原因,但是,武器制造商的行为也是一个"but for"原因,如果没有他制造武器,X就不能射杀他人;与之相似,X父母的结合也是这种原因,如果他们不结婚,就不会有X,更不会有X的杀人行为。③ 除此之外,"but for"法则本身固有的缺陷,至少还存在如下三个难以克服的棘手问题。

1. 当数个条件都是充分的时候,难以决定其中的原因。当数个条件都是充分的时候,对于"but for"规则的适用,是一个最严厉的挑战。根据"but for"规则,没有X也会发生Y,则X不是Y的原因,那么在共同放火的案件中,假定乔伊和卡尔放火,烧毁了他人的房屋。由于每一个单独的放火行为都会使房屋烧毁,那么,无论是乔伊还是卡尔都可以指着对方说:他是原因,我不是原因,因为即便没有我的放火行为,对房屋造成的危害都会发生。很明显,假如要贯彻该法则,就意味着乔伊和卡尔都不对房屋的烧毁负责。这种尴尬的结论在下列案件中也一样:如乔伊想杀保尔,乘保尔计划进行一次沙漠徒步旅行之机,溜进保尔的房间,在其水壶里掺入了无色无味的毒物。而卡尔也想杀保尔,他在同天夜里稍晚些时候溜进保尔的房间,在保尔水壶下开了个小孔。保尔第二天早上离开家,并没有注意到他的水壶下的小孔。在沙漠走了两个小时后,保尔想喝水,但发现水壶是空的。由于没有水源,他在沙漠中脱水而死。谁对保尔之死负责呢?

---

① 参见张绍谦著:《刑法因果关系研究》,中国检察出版社1998年版,第6页。
② 参见 Steven L. Emanuel, *Criminal Law*, Emanuel Publishing Corp, p. 46(1992)。
③ 参见 Steven L. Emanuel, *Criminal Law*, Emanuel Publishing Corp, p. 46(1992)。

卡尔可以说：如果他没有在水壶上开小孔，保尔会被毒死；但是乔伊也会说，保尔是渴死的，他的行为和死亡没有关系。①

以上案例比较生动地描述了"but for"规则在评价原因中的局限。在这些案件中，不同行为人的行为都是结果发生的充分条件，问题不是什么将会发生，而是什么已经发生了，此时，行为的原因力是否如常识中所描述的方式运作呢？在乔伊和保尔放火的案件中，答案似乎很明确是"是"，因为他们两人共同放了一把火，烧毁了房屋。但在保尔之死中则有许多细微的区别，两个行为不是结合产生一个简单的危险，其后果都不是另外一个可以替代的，卡尔制造了保尔无水可喝的状态，尽管空水壶并不一定比装满有毒水的水壶有更多的危险，但是事实上，保尔是由于水壶漏水而渴死的，所以，卡尔制造了该条件；乔伊的行为是否是原因，其结论将更为含混，但从具体情形看，如果没有卡尔介入，保尔会喝毒药而死，这又使得乔伊成为原因责任的候选人。原因选择也就进入到毫无意义的无休止争论中。

2. 实践表明，不充分的条件并非完全被排斥于事实原因之外。根据"but for"规则，如果 X 不存在，也会有 Y，那么 X 就不是原因。此时，我们可以认为 X 是一个不充分的条件。如果行为并不是充分条件，就不是"but for"原因。可是在实践中，只要被告的行为对于结果是"实质性因素"（substantial factor），也补充性地将其视为事实原因。例如，D 用枪击中 V 的大腿，造成后者严重受伤，而 X 也开枪击中 V 的胳臂，V 由于两个枪伤流血过多死亡。但是医学表明，即使没有 D 的枪伤，V 也会因为 X 的创伤而死亡，但假如没有 X 的枪伤，他不会因为 D 的创伤而死亡，尽管 D 的行为不是 V 死亡的"but for"原因，但它被认为是 V 死亡的事实原因，因为在导致死亡方面，它是一个"实质性的因素"。② 这样做的理由是什么呢？

---

① 参见 George P. Fletcher, *Basic Concepts of Criminal Law*, Oxford University Press, p. 63(1998)。

② 参见 Steven L. Emanuel, *Criminal Law*, Emanuel Publishing Corp, p. 47(1992)。

如果从社会的角度出发,姑且认可这种方法,那么"实质性因素"又是怎样决定的呢？在杀人犯罪的判例中,英美法认为,行为是否缩短了受害人的生命,是一个明显的要素。例如,假定 V 被 X 击中,在一天之后就要死,如果 D 过来开枪致使 V 立刻死亡,那么,D 的行为肯定是一个事实性原因,因为他的行为直接缩短了被害人的生命。但如果从 X 的行为看,它是不是 V 死亡的事实性原因呢？对此,有两种相反的做法:①(1)认为先行行为不是结果的原因。根据这种观点,在上例中,由于 X 的行为造成的死亡还没有立即发生,所以和实际的结果无关,就不是其原因。这种见解在司法实践中也曾被认可。(2)认为先行行为是结果的原因。此时,认为两个行为对于结果都有作用,如前例中,要是没有第一个射击造成 V 身体虚弱,他或许不会由于第二个射击死亡。这样的实质标准,似乎有一定的道理,但它还是不具有说服力,因为在行为碰巧使生命时间延长了的时候,如 V 本来要乘飞机旅行,在出发前喝了 D 下了毒药的饮料,不能出门。那架飞机就在那天坠毁,飞机上的人员全部罹难。V 在几天后因为毒药而死亡。很显然,D 的行为是 V 死亡的事实原因。可见,"实质性因素"并没有对"but for"规则提出实际有效的判断规则。

3. 不作为的原因力不明确。如果"but for"规则运用广泛,那么在作为和不作为之间就不存在区别。这表明:没介入并阻挡自杀导致死亡和勒死受害人具有一样的意义,如一个医生没有对需要治疗的外地人提供帮助导致其死亡,和将空气注射到病人静脉中致其死亡,具有一样的意思。还可以说,每一个犯罪都存在众多可以防止结果发生的事实,如在 A 伤害 B 之前没有人杀他,A 的伤害就可成为杀 B 的原因。那么,伤害是如何成为杀人行为的,或者说其原因力何在呢？

传统观点认为,原因必须是具体情形中的某种效力,即在准科学

---

① 参见 Steven L. Emanuel, *Criminal Law*, Emanuel Publishing Corp, p.47(1992)。

的"but for"法则中,认为不作为是原因,通常的观点也强调其作用的原因力。但是,引起结果的,实际上是不作为之前存在的某种事实。假如没有该事实,结果不会发生,在这个意义上,该事实是原因,即难以认为不作为具有原因力。所以,现在的视角转向了危害。这种观点的赞成者认为,不作为不是原因力,它们什么都不是。[①] 如果不作为什么都不是,它是否还要对结果负责? 如果要负责,根据是什么呢? 这成为"but for"规则被质疑的第三个问题。

上述问题,使得事实性因果关系的判断经常集中于行为危险的预见性上。比如,被告人故意实施一个有引起死亡危险的非法行为,他构成的是杀人罪,因为所有有理性的人都将意识到,他的行为会使受害人处于伤害的危险中。可是,达到何种程度的明知才能说明行为的危险性,是有分歧的,在司法中也有结论相左的判决。在达文斯案(1985年),三个被告戴面具,一个手持仿真枪,另外两个拿劈斧,准备抢劫一个汽油站。当服务生报警后,他们就逃走了,而被害人由于心脏受到刺激而死亡。三个人被判处强盗罪和强盗未遂罪,而不构成杀人罪,其中关键的理由是,没有材料反映出任何一个被告知道被害人的心脏是脆弱的;而在沃特迅案(1989年),被告和另外一个人在一个87岁的老人家里盗窃,老人在90分钟后死于心脏受刺激。被告被判处杀人罪,理由在于被告知道老年人身体的脆弱,尽管他们仅仅是在进入后发现的。[②] 在主观上对于结果同样没有明确预见的情形下,有关因果关系的预见可能性成为最后的评价标准,或者说,行为人是否能预见到危险及其发生,成为决定是否有因果关系的标准。

笔者认为,这种方法论偏离了讨论因果关系的目的。因为事实因果关系主要从物理法则上分析行为和结果有无客观联系,而关于

[①] 参见 George P. Fletcher, *Basic Concepts of Criminal Law*, Oxford University Press, p. 67(1998)。

[②] 参见 Nicola Padfield, *Criminal Law*, Butterworths, p. 29(2000)。

因果关系的预见可能性,属于人的能力问题,它可以作为归责的前提。但把它和原因本身等同起来,并不科学。此外,根据刑法在因果关系中截断责任的趋势,如上两例不在行为人的罪过中讨论是故意或者是过失,并不意味着要在事实原因中提出预见可能性。事实上,行为人是否预见到因果关系,并不限制事实因果的范围;而在法律因果关系论中分析预见可能性亦无不可,况且根据法律因果关系的性质,在该阶段讨论预见可能性也是恰当的。可见,"but for"规则还不能普遍解决事实因果关系层面的问题。

四、近因标准的实践困境

由上面的讨论可以发现,"but for"规则虽然消除了很多偶然性因素,一些例外的事实在责任范围内不认为有影响,但是,它不足以成为决定原因的唯一手段。如西方有谚语云:一个马掌的缺陷,就可能失去王国。因为铁匠没有给马装好马掌的后果是:马失蹄,骑手死了,战斗失败,王国被征服。那么,铁匠要承担所有后果的责任吗?用主观要件来限制责任的传统做法是:铁匠没有使王国失败,或者他没有预见到王国失败,所以尽管他导致了这个后果,但他也没有罪过,不应当对他的行为的不幸后果负责。如前所述,现代法放弃了这种方法,而是在因果关系论阶段解决问题。这样,为处理漫长的因果链以弥补"but for"规则的不足,还要看事实原因是否满足法律原因的要求。

所谓法律原因,是法律上有价值的原因,也就是事实原因中,能够被法律认为应让行为人对所产生的危害结果承担责任的原因。[①] 如何选择法律因果关系,在理论上争议很大,形成了所谓的近因说、普通因果观念说、政策说以及预见说等,但后三者莫不是以近因说为前提发展出来的。

---

① 参见张绍谦著:《刑法因果关系研究》,中国检察出版社1998年版,第8页。

在英美刑事制定法和相关理论中,近因说并没有明确含义,究竟什么是"近因",存在着不同解释。有的学者将"近因"理解为:没有被介入因素打破因果关系链条的、当然地或者盖然地引起危害结果的事实原因。① 还有的认为,近因是"直接原因",它与结果之间没有介入其他原因。但也有人认为,"近因"并不是直接原因,它与结果之间是可能介入其他因素的,关键是看介入的因素是否具有独立性。如果介入的是非独立性因素,就不能中断原行为与最后结果之间的因果关系,就是为行为人"足以预见或者足以与被告的行为相关,从而能公正地令被告对该结果承担责任的"因素。② 把近因解释为直接原因,无异于把具有决定影响但被其他因素介入的事实不当成原因,这是不合理的。而介入因素本身是否具有独立性、是否打破了原来的因果链,必然会影响到近因的选择,但究竟如何选择呢?上述答案并没有提供明确的答案和具体的操作标准。以至于"有时不得不用'实用、公共政策、或者大致的公正观念的需要'这样的政治性用语进行解释。"③所以,很多学者认为,法律因果关系"不是原因的法则,而是一种道德反映,它的问题是结果可否公正地归属于被告,如果运用原因术语,则最好归类为'可归属'的或'有责任'的或'可谴责'的原因……"④

可归属的原因,和现在德日刑法中的客观归属论有异曲同工之妙,在很大程度上,它克服了机械隔离数个结合的因素之间联系的弊端。从因果关系理论中依靠水流动的隐喻解释近因概念可见其一斑。"流变论"认为,在水的流动过程中,有两种方式可以消散水流的力量:第一,"流"可能在沙中失去流动;第二,"流"在交叉的支流中被压制和被吞没。在第一种情形中,即当该"流"消散到沙中,原因能

---

① 参见储槐植著:《美国刑法》,北京大学出版社1996年版,第64页。
② 参见张绍谦著:《刑法因果关系研究》,中国检察出版社1998年版,第10页。
③ 参见张绍谦著:《刑法因果关系研究》,中国检察出版社1998年版,第10页。
④ Nicola Padfield, *Criminal Law*, Butterworths, p. 33(2000).

力丧失了它的力量并和地下力结合起来。如上述铁匠的疏忽,可能是一个王国失败的技术原因,但是一个马掌的缺陷,很难在形成军事缺陷的复杂经济、政治因素中凸显出来。在第二种情形中,即"流"被更大的"流"征服,原因力有时为新的原因所超越。① 过去的因果理论往往关注的是原因发展的"中断"。"中断论"要么不承认前一种事实原因,要么否定介入因素的影响。而"流变论"并没有采取类似的简单粗暴的方法,它关注到不同因素的结合,并从结合的原因中选择具有归属意义的因素作为原因,其基本思路是值得肯定的。

但是,"流变论"可能使司法判断变得更加复杂,最常见的是在医疗介入有过错的时候。比如在伯恩哈得·哥特兹案件中,律师试图做如下辩论:达勒尔·坎贝尔被假定生命垂危,但不是由于哥特兹射击他引起的枪伤,而是由于此后在医院没有得到必要处置。同样的辩护在莱蒙里克·尼尔逊案中也发生过,行为人刺伤了洛森包姆,洛森包姆被送往医院,但因为没有得到妥当的医疗救助而死亡。争议随之开始,因为如果他得到正确的救治,就有可能救活,辩护律师认为:行为人看似给了受害人致命的打击,但并没有导致受害人死亡,被害人之所以死亡,是由于在受到打击后没有得到全面的救治。② 这一点在因果关系论中也是必须予以正视的。从理论上看,如果过失的医疗行为能像交叉的河流那样吸纳原来的原因流,那么先行行为自然不必对死亡结果负责,但是,现代社会很难接受上述结论,因为"此类治疗明显是对被告行为的反应,因此,它不是一个突出的介入原因,除非治疗是荒唐的。"③ 判例也通常认为,被告人不能仅仅因为医生的行为,就推卸他对结果的责任,在任何相当的案件

---

① 参见 George P. Fletcher, *Basic Concepts of Criminal Law*, Oxford University Press, pp. 64-65(1998)。

② 参见 George P. Fletcher, *Basic Concepts of Criminal Law*, Oxford University Press, pp. 64-65(1998)。

③ Steven L. Emanuel, *Criminal Law*, Emanuel Publishing Corp, p. 57(1992).

中,被告都构成谋杀未遂罪或杀人罪。① 这也就表明,虽然"过失的介入"的分析往往失败,但并非说完全没有讨论的必要。

对此,英美学者将发生在医院的复杂事实视为原始伤情恶化的背景事实,把射击、刺伤当成前景原因,并力求正确把握背景事实和前景原因概念之间的微妙差别。我们可以设想:假如杰克开车过失撞倒甘贝,甘贝在医院救治时,被他的敌人迈克发现,迈克用绳子勒死了甘贝。对此,我们可以认为,迈克的行为吸收了前景,成为责任的原因;杰克的过失仅仅可以解释为何迈克在医院发现了他的受害人,而不是在家里。杰克制造的车祸不再有意义。结论是:对甘贝的死,迈克无疑要负责,杰克不负责。那么,这和上述处理坎贝尔的医疗过失之间有什么区别呢?

此时,关于因果关系的预见可能性问题被提了出来。如卡多佐认为,分析近因就是评价警惕性之眼和预见可能性的程度。② 还有论者走得更远,将故意和过失的程度差别也视为有关标准。如弗莱切尔认为:当迈克进入甘贝的房间,将他的手放在意图的受害人身上;他对即将展开的原因和事件施加了更多的人格和能力;他施加的个人力量越大,就越使其行为进入到前景中。杰克对甘贝的最初伤害仅仅是过失的,其行为影响在实质上较小,并且为迈克的行为和故意所压制。③

关于因果关系的预见可能性,在大陆法系和我国刑法理论中,一直是作为犯罪主观要素把握的。但在评价因果关系时,似乎和英美法系一样,都无法回避因果关系的预见可能性问题,只不过德日学

---

① 参见 Nicola Padfield, *Criminal Law*, Butterworths, p. 32(2000)。
② 参见 George P. Fletcher, *Basic Concepts of Criminal Law*, Oxford University Press, p. 65(1998)。
③ 参见 George P. Fletcher, *Basic Concepts of Criminal Law*, Oxford University Press, p. 66(1998)。

者用的是"介入因素"的预见可能性,①我国学者使用的是"结果发生的实在可能性"。② 结果发生的实在可能性是客观概率的概念,但是,当甲辱骂乙致使后者心脏病发作死亡的场合,甲的行为导致乙的死亡的实在可能性,往往还是取决于行为对象的差异所派生的对后果的预见可能性。关于因果关系的预见可能性,实际上是因果关系的判断内容。从区别故意和过失的标准来看,由于在大多数场合不能将标准委诸行为人的供述,所以,因果关系的预见可能性实际上是区分故意和过失的主角,而不是如上所说,故意和过失充当判断近因的标准。这一点在上述达文斯案和沃特迅案中显示出了最基本的价值。进一步说,在故意和过失之前研究判断因果关系预见可能性的标准,比在故意或者过失中更可取,这也显示了现代刑法在客观阶段限制责任的方法上是比较稳妥和可取的。然而,更深入的问题却是什么是预见可能性的标准、预见可能性是否在体系上属于因果关系论? 对此,近因说没有给予充分的说理。

综上所述,双层次因果关系论虽然有其合理性,但是在很多环节还存在难以克服的问题,以至于有学者提出,法庭为了确定因果关系的相关技术规则,已经奋斗了数个世纪,但是最终意识到,建立这种技术规则是不可能的,近因的存在是一个政策问题,必须建立在个案的基础上。③ 这样的认识,集中而概括地显示了双层次因果关系论的问题,同时也给我们提出这样的一种思路,即以物理法则的因果关系理论为基础,寻求行为和结果的因果联系的方法,并不符合刑法处理

---

① 日本学者认为:在介入因素的作用大的场合,依据有无预参见可能性决定有无相当性,如果能确认介入因素的预参见可能性,就要将它置于判断基础中,并肯定因果过程的相当性;相反,如果介入因素不能预参见,就要从判断基础中排除,并否定相当因果关系。参见〔日〕曾根威彦:《自相当因果关系说的立场》,载日本《刑法杂志》第37卷第3期。

② 参见马克昌主编:《犯罪通论》,武汉大学出版社1999年版,第223页。

③ 参见 Steven L. Emanuel, *Criminal Law*, Emanuel Publishing Corp, p.48(1992)。

类似问题的目的。刑法上要解决的是归责问题,其实质不是行为和结果之间有什么样的事实联系,而是在社会的责任观念中,在什么情形下,可将一定的结果归责于某一行为。因此,用"因果关系论"解决这类问题,本身是矛盾的,它无助于明确因果关系的本质,也妨碍了对归责类型的体系性划分。

第三节　中国因果关系理论

一、问题与研究思路

在新中国刑法学说史上,因果关系问题向来备受重视。新中国刑法研究刚刚起步之际,因果关系论就是一个曾经引起我国司法实践和刑法学界高度重视、具有较强学术水准的议题,①并形成了我国刑法因果关系论的传统理论框架和内容。1979 年《刑法》颁布之后,刑法中的因果关系再度成为理论界关注的热点。② 二十世纪九十年代之后,刑法理论的视域伴随着改革开放而扩大,欧美刑法中的不同因果关系论在我国刑法理论中激发出耀眼的火花。可以毫不夸张地说,在我国刑法研究的不同历史时期,刑法因果关系论始终受到理论界的密切关注。

可是,当我们概观所谓因果关系研究所取得的文字成果,并检验这些成果产生的理论影响和实践效果时,不难发现其中存在的一个令人困惑的现象:一方面,因果关系问题作为新中国刑法学中数十年来一直关注的课题,在理论上产生的研究成果颇多,足以反映相关研

---

① 参见高铭暄主编:《新中国刑法科学简史》,中国人民公安大学出版社 1993 年版,第 16—18、28—29 页。

② 参见高铭暄主编:《新中国刑法科学简史》,中国人民公安大学出版社 1993 年版,第 96—98 页;马克昌主编:《犯罪通论》,武汉大学出版社 1999 年版,第 207 页。

究的活跃和繁荣；但另一方面，关于因果关系论的整体性学术共识踯躅难前，虽然新观点纷呈、新视角不一而足，但新成就没有及时、充分地在刑法教科书中反映出来。这说明，在因果关系问题上，至今还存在着根本性的理论分歧。其结果是，通说理论流于抽象，不能为实践提供机能性的判断方法和标准。

产生以上矛盾的原因无疑是多方面的，但在分析其中的突出问题时，笔者认为当下应从这几个方面予以考虑：首先，导致当前理论分歧的原因是什么；其次，成就当前刑法通说的理论渊源是什么；再次，当前的理论分歧在朝何种方向发展。毋庸讳言，当前的理论分歧是围绕如此基本理论展开的：相当多的学者认为，传统因果关系理论以马克思主义哲学为指导，具有很大的理论价值；可是也有为数不少的学者，并不认同传统理论的实践效果，认为传统理论根本无法担当它应承载的实践使命。后者基于摒弃传统理论的抱负，将研究视野转向境外，在借鉴其他法学流派因果关系论的基础上，提出了各种各样的主张。应当承认，借鉴国外理论的研究态势和方法在所难免。可传统理论已经苦心经营了数十载，并非全然没有价值，它不会轻易为新的主张所批驳倒。这便导致刑法学中传统理论和超传统的理论并立的局面。那么，一个不容回避的根本性问题就逐渐明晰起来：传统因果关系论将何去何从？

为了回答以上问题，新理论的持论者的首要任务，不应当是急于"推销"某一新的理论体系，而是要寻求一种充分、合理的论证路径，重新审视传统理论及其知识谱系，从该理论的历史渊源及理论发展的历程中，捕捉对全面评价传统理论有价值的素材。当然，对于传统理论的秉持者而言，这种态度和做法也是应当予以重视的，这是它进行自我确证的必要程式。就以往的研究来看，尽管在刑法因果关系论中存在很大的理论分歧，但迄今为止，我们尚没有对传统因果关系进行较为系统的评判。基于这种发现，我们在研究刑法因果关系论时，有必要对传统理论的发展进行历史的考察和分析，因为考证新中国刑法因果关系理论史,不仅有助于加深对上述矛盾的感触,而且还有助于我们寻找传统理论的问题和症结,为重新构建所谓的因果关系理论体系提供恰当的认识基础,为司法实践的需要提供有效的理论工具。

根据以上认识和意图,下文将主要涉及三个基本问题,一是对新中国传统刑法因果关系的理论沿革做较为详细的梳理,对以往的理论研究做基本的总结,并证明它在本质上是一种寻求必然性因果关系的理论,进而为后来的研究提供一个有益的"平台";二是依据马克思主义哲学的发展,证明必然性因果关系所依据的理论范式是前现代性理念,这种范式危机重重,在当今已经转化为一种新范式,而这是必然性因果关系论者所没有注意的;三是根据范式危机,检讨必然性因果关系论在确定研究目的、对象等叙事性问题上存在的局限性。另外,下文还意图对所谓的规律说、内因说以及准必然性说做简要讨论,指出它们与必然性因果关系论在实质上的相同点,以及它们无法建立有实践意义的因果关系理论体系。下文意在通过这些研究,尝试着为因果关系论的研究揭开新的篇章。

二、传统刑法因果关系论的源与流

(一)传统因果关系的发展时期

为了比较准确地把握刑法传统因果关系研究的源与流,本文将参考一般性观点,[①]将传统刑法因果关系理论研究分为初创时期(1949年至1967年)、演进时期(1977年至1990年)和发展时期(1990年至今),梳理不同时期的理论成果,分析不同阶段的研究发展,阐述各个时期的研究特点,从而揭示传统理论的实质及其基本范式,进而为评述传统理论及其发展提供理论素材。

[①] 参见高铭暄主编:《新中国刑法科学简史》,中国人民公安大学出版社1993年版,第1—2页。

1. 理论初创时期

(1) 理论渊源

传统因果关系论的初创,是伴随着新中国刑法学体系的建构而形成的。新中国刑法学以否定旧中国的刑法理论、照搬苏联刑法学为创建的基本特征。① 当时由于中苏关系全面热化,大量苏联刑法教科书被翻译到我国,如大东书局1950年出版的《苏联刑法总论》、中国人民大学出版社1958年出版的特拉伊宁名著《犯罪构成的一般学说》。通过学习前苏联的刑法教科书,我国形成了包括因果关系论在内的新中国刑法理论的基本框架。在建国之后到"文革"之前大约16年的时间内,在内地出版的一些刑法论文中,有相当一部分开始涉猎刑法因果关系领域,这一时期成为我国刑法因果关系论的初创时期。

在初创时期,我国学者关于因果关系论的研究,不论是研究思路还是研究内容,都明显地承袭了苏联学者的成果。为了说明其中的渊源,在此首先简要阐述苏联的因果关系理论沿革。

苏联刑法因果关系论,建立在对"条件说"和"相当因果关系说"批判的基础上。苏联建国之初,不乏主张条件说的刑法学者,②但在建国之后,为了迎合建立社会主义刑法科学的要求,学者们开始根据马克思主义的方法论,制定刑法制度和概念。在因果关系问题上,当时确立了一个不容争辩的基点:"在各个科学部门中,是没有而且也不可能有特殊的因果关系的学说的。因此,在社会主义刑法中,也不可能有特殊的因果关系的学说。马克思列宁主义的经典作家们已经对因果关系作了一个统一的解释,而且只有这个马克思列宁主义的解释,才应该是各专业课程——刑法课程也在内——的因果关系结

---

① 参见高铭暄主编:《新中国刑法科学简史》,中国人民公安大学出版社1993年版,第8页。

② 参见侯国云著:《刑法因果新论》,广西人民出版社2000年版,第332页。

构的基础。"①

在这种社会背景中,刑法学者的任务是,根据马列主义的因果关系的一般学说,来研究刑法中的因果关系理论。因此,一些学者将马列主义关于因果关系学说的概念和术语,机械地照搬照套到刑法中来,其中最具影响的是皮昂特科夫斯基。皮昂特科夫斯基提出:"在解决法权中的因果性的问题时,企图对因果性创立一种特殊的、与辩证唯物主义不同的概念的任何尝试都是极端反科学的……我们对法权中的因果性的理解,应该是对作为客观范畴的因果性的唯物主义的理解。"②由于马克思主义的范畴论中有偶然性和必然性之分,而且刑法中有免除刑事责任的偶然事件(意外事件)概念,这样一来,唯物辩证法谈到了"偶然",刑法则谈到了"偶然事件",于是一些学者不顾及马列主义因果关系学说的其他原理,将唯物辩证法中的"偶然"直接转换到刑法的"偶然事件"上去。皮昂特科夫斯基在全苏法学研究所集体编纂的刑法学教科书中就写道:"在确定某人的行为与一定的危害社会的结果之间有这种联系时,我们就应该决定,这些结果究竟是该人所实施的行为的必然结果还是偶然结果。""对于刑法说来,只有因果的必然联系才有意义。"③在当时的环境下,上述观点尽管为少数学者(如特拉伊宁等)所反对,但得到了许多刑法学家的支持,这样,在苏联形成了一种有别于条件说和相当因果关系说的、围绕"必然—偶然"联系方式的因果关系论的新体系。

"二战"之后以及二十世纪五六十年代,苏联刑法学者立足于"必然—偶然"这一模式,对以必然性因果关系为客观责任基础的理

---

① 〔苏〕A. H. 特拉伊宁著:《犯罪构成的一般学说》,薛秉忠、卢佑先、王作富、沈其昌译校,中国人民大学出版社1958年版,第127—128页。
② 转引自〔苏〕A. H. 特拉伊宁著:《犯罪构成的一般学说》,薛秉忠、卢佑先、王作富、沈其昌译校,中国人民大学出版社1958年版,第128页。
③ 转引自〔苏〕A. H. 特拉伊宁著:《犯罪构成的一般学说》,薛秉忠、卢佑先、王作富、沈其昌译校,中国人民大学出版社1958年版,第129页。

论做了一些修正:其一,如杜尔曼诺夫提出,应将与犯罪结果有必然联系的行为区分为原因行为与条件行为,实施了原因行为的人与所造成的犯罪结果有因果关系,如果他们有罪过,就应当负担刑事责任;实施了条件行为的人不应被认为与犯罪结果有因果关系。其二,如库德里亚夫采夫等认为,不仅必然联系的因果关系,而且偶然联系的因果关系,也可以承担刑事责任。其三,如特拉伊宁提出,应按因果性程度对所有造成该犯罪的行为加以区分。①

反观这一时期我国刑法的理论动态,仅仅从研究课题的名目上就可以发现,当时我国学者对因果关系的研究承担了两方面的任务:一是确定(马克思主义)哲学因果关系论与刑法因果关系论的关系;二是建构马克思主义因果关系学说指导下的刑法因果关系的基本概念和理论。这两方面的研究,切合了当时苏联刑法学中的因果关系研究的焦点,充分说明我国刑法因果关系论和苏联理论之间的承袭关系,它们的共同基石是马克思主义的一般因果关系学说。

(2)理论述评

初创时期的因果关系论的内容及其重点主要在以下几个方面:

第一,关于哲学因果关系与刑法因果关系之间的关系。梳理哲学因果关系论与刑法因果关系论之间关系的要点是,研究如何将辩证唯物主义的因果关系观点具体运用到刑法中。在当时的社会条件下,存在着两种不同的方法论:一是主张不考虑刑法中因果关系的特点,将辩证唯物主义的因果关系论照搬到刑法中;二是主张结合刑法的特点,适当将辩证唯物主义的基本观点运用到刑法中。

值得肯定的是,当时我国相当多的学者主张后一种方法论,认为在适用辩证唯物主义因果关系论时,不能神秘化、庸俗化、绝对化和

---

① 参见侯国云著:《刑法因果新论》,广西人民出版社 2000 年版,第 333—336 页。

简单化。① 由于每门科学固有的特点非马克思列宁主义的一般原理所能概括,所以,要适当具体地运用和发展这些基本论点和方法。而且还有学者认识到,由于辩证唯物主义的固有特点,"它们和刑法科学中问题的性质不合,如果照搬到刑法科学中,就未必能正确地解决问题。"②这些建议,为如何正确展开刑法中的因果关系论提供了合理的理论依据,较之当时普遍存在于苏联学者中的机械观念,无疑是极为难得和可取的。

在深化刑法因果关系理论的背景下,有学者提出了一种和德日刑法现代因果关系论有相似之处的理论。如以下案件:甲将 X 打伤,医生用没有消毒的器械给 X 治疗,X 不幸感染病毒死亡。论者认为,甲的行为是 X 死亡的条件,而医生的行为才是原因。论者的依据是,在刑法科学中,为了承认人的某种行为与危害社会的结果之间具有因果关系,必须确保某种行为与所产生的危害结果之间具有必然的联系。即行为具有危害社会结果产生的实在可能性,并且该行为合规律地产生该结果时,该行为与结果之间才具有因果关系。实在可能性指行为中存在有可能使危害社会的结果发生的客观依据,但它只是因果关系的必要前提,而不是充分条件,因为可能性不是现实的。例如甲把丙打成足以致命的重伤,后来与丙有仇的乙进来,用枪击中丙,致丙立即死亡,此时,甲的行为不过是条件,和丙的死亡之间没有因果关系,只有乙的行为才是丙死亡的原因。③ 在这里,论者提出要区分条件和原因,并且用"实在可能性"概念作为判断基础,这和现代相当因果关系论中采纳的"客观可能性"在法理上是一致的。

第二,关于因果关系内容的认识。在当时的因果关系论中,对许

---

① 参见高铭暄主编:《新中国刑法科学简史》,中国人民公安大学出版社 1993 年版,第 29 页。
② 杨兆龙:《刑法科学中因果关系的几个问题》,载高铭暄、赵秉志主编:《新中国刑法五十年》(上),中国方正出版社 2000 年版,第 46 页。
③ 参见马克昌著:《刑法理论探索》,法律出版社 1995 年版,第 67—69 页。

多基本问题还没有形成大体一致的认识,主要表现有三:一是因果关系论使用的概念繁杂,包括原因、结果、因果性、因果关系、必然性、偶然性、主要原因、决定原因、次要原因、非决定原因,等等;二是对因果关系性质的认识不统一,有的认为它是一种联系,有的认为它是一种过程,有的认为它是一种规律;三是对必然因果关系与偶然因果关系的内涵不明确,根据辩证唯物主义的观点,前者是指事物的一般性、规律性,后者是前者在特定条件下的具体表现,但如果将偶然因果关系视为必然因果关系在特定条件下的具体表现,那么,偶然的结果和必然的结果之间区别就不明确了。[①] 这些问题,可以说是第一个方面问题的延伸,但它们已经突破了必然性和偶然性之间的界限。

第三,关于必然因果关系和偶然因果关系的联系方式。在刑法因果关系的联系方式上,当时主要以马克思主义哲学中的原因与结果范畴为基础,围绕必然因果关系和偶然因果关系展开。前苏联学者库德里亚夫采夫认为:在运用辩证唯物主义分析犯罪构成的因果关系时,要将它分为必然因果关系和偶然因果关系。必然因果关系是主体行为所直接引起的结果;偶然因果关系是主体行为由于外界的其他原因交织一起而出现的结果。必然因果关系是刑事责任的客观依据;而偶然因果关系不是客观依据,如果主体能预见它,则可以作为刑事责任的客观依据;如果不能预见它,就不能作为刑事责任的客观依据。[②]这种观点得到了当时我国部分学者的赞同。

但是,当时另有观点认为:把刑法因果关系分为必然和偶然两种关系,实际上是和哲学上的概念相混淆的,而且将判定的标准委诸主体的预见可能性,是否定因果关系客观性的唯心观点,在适用时也不免混乱。也有观点提出:刑法因果关系的任务,并不在于如何查处和

---

　　① 参见杨兆龙:《刑法科学中因果关系的几个问题》,载高铭暄、赵秉志主编:《新中国刑法五十年》(上),中国方正出版社2000年版,第46—47页。
　　② 参见高铭暄主编:《新中国刑法科学简史》,中国人民公安大学出版社1993年版,第16—17页。

证实案件事实,而是在案情事实已经被证实的基础上,分析它们之间的内在联系,以判明主体的行为与危害社会后果之间有无可作为刑事责任客观依据的因果关系。因此,所谓"因果关系是研究主体行为与危害社会后果之间的关系",实质上是以如何查证和证实案件事实代替刑法因果关系的理论,是不正确的。① 还有观点认为:因果关系总是必然联系,偶然性虽然也有它产生的原因,但是如果从它产生的原因上看,它也是必然的,所以,把因果关系分为必然因果关系和偶然因果关系是毫无根据的。② 这些反省式的观点,一方面反映了因果关系认识的深化,另一方面也反映了当时社会条件下刑法研究方法的新尝试。

第四,关于因果关系在刑法学中的地位。在当时,有部分学者认为因果关系不是犯罪构成的要件,理由是:在考虑某种行为时,不但要检查行为的客观方面,还要检查行为的主观方面以及行为主客观方面的联系,即行为人主客观两方面都受到因果律的支配。但也有学者提出,行为人对于结果如何认识以及想如何运用它达到某种目的,从而对行为人的行为予以政治上、道德上的评价,是刑法科学的主要特点,所以,和别的科学一样,不能不研究因果关系。③

综上可见,这一时期的中国刑法学虽然引进了苏联的理论模式,但是,在当时特定的社会环境下,中国学者依据自己对马列主义的理解,提出了并不完全与苏联理论相同的刑法因果关系论体系,奠定了我国传统因果关系论的雏形和主要框架,并且也如我们今天依然所能看到的,它还提出了当前在该领域的最基本问题,也是经过五十年仍悬而未决的理论问题。在今天,究竟如何把握哲学范畴的

---

① 参见高铭暄主编:《新中国刑法科学简史》,中国人民公安大学出版社1993年版,第17页。
② 参见马克昌著:《刑法理论探索》,法律出版社1995年版,第71页。
③ 参见杨兆龙:《刑法科学中因果关系的几个问题》,载高铭暄、赵秉志主编:《新中国刑法五十年》(上),中国方正出版社2000年版,第48—50页。

因果论和刑法学范畴的因果论之间的关系,在理论研究中还有明显分歧。如何理解因果关系的内容？如何认识因果联系的法则？因果关系在刑法学中是必要的构成要素,或者仅仅是一种联系方式？这依然是当前因果关系论经常探讨的课题。从这一点反过来证明了当时相关研究的成熟。

可惜的是,虽然当时的学者为之付出了很大努力,并且也意识到哲学因果关系论和刑法因果关系论之间的理论关系,但在当时的社会环境下,因果关系论不仅落入历史虚无主义的窠臼,摒弃了条件说和相当因果关系说,"同时,在大量引入苏联刑法学理论的时候,也存在照搬苏联刑法理论的教条主义倾向",①最终没有走出自然哲学的因果关系论的"丛林",从而定格为"必然—偶然"因果关系理论模式。由于众所周知的历史原因,新中国的刑法学研究从 1957 年之后渐渐进入低谷,一些基本理论问题因受到批判而成为禁区,特别是 1966 年之后的十年动乱时期,刑法学历史进入空白时期。② 这一历史现象说明,中国刑法研究承载了过多的意识形态负重,学术批判精神严重萎缩,一些刑法理论问题被人为地标志为禁区。这一现象不仅在后来的因果关系论研究中继续存在,而且延续至今。

2. 理论演进时期

(1) 研究现状

经过"文革"的沉寂之后,法律观念重获新生,特别是 1979 年《刑法》颁布后,刑法研究开始全面复苏了。恰巧就在 1979 年《刑法》颁布的当年,在辽宁沈阳市发生了一起盗枪杀人案。此案是由于基层干部滥用职权,假公济私,侵害了群众利益,引起群众不满,后来几个人盗窃枪支企图杀人,行为中,这些人将一个要反悔的同伙打死

---

① 高铭暄主编:《新中国刑法科学简史》,中国人民公安大学出版社 1993 年版,第 10 页。

② 参见高铭暄主编:《新中国刑法科学简史》,中国人民公安大学出版社 1993 年版,第 19—20 页。

了，并且在拒捕过程中将公安人员打伤。对这几个盗窃枪支并杀伤他人的行为人无疑是要追究责任的，但是这些人之所以犯罪，在一定程度上也是受到基层干部侵犯的结果，所以，当时围绕基层干部是否要对死伤的结果承担责任，揭开了刑法因果关系论第二次讨论热潮的序幕。① 从1977年到1990年这一段时期，是刑法因果关系论的演进时期。

这一时期的相关研究成果，除了体现在各种教科书中，还反映在有关专著和大量论文中。1986年，北京大学出版社出版了李光灿、张文、龚明礼的《刑法因果关系论》，这是一部在因果关系范畴具有开创意义的刑法专著，该书对因果关系问题进行了较为深入、系统的研究。这一时期公开发表的相关论文初步统计多达七十余篇，此外，有四篇硕士论文专门研究了因果关系。② 这些成果在当时为数不多的教科书和学术专著中也得到了反映，比如1984年由法律出版社出版的高铭暄教授主编的《刑法学》，1989年由中国人民大学出版社出版的高铭暄教授主编的《中国刑法学》都从不同侧面反映了因果关系理论的演变。由于当时讨论很激烈，而且存在一定理论演变，所以我们有必要以1985年为界限，将这一时期分为前、后两个阶段，并围绕不同阶段的通说进行评述。

（2）前期研究述评

在演进的前期，一般的刑法因果关系论认为：第一，刑法因果关系是不以人的意志为转移的、客观存在着的现象之间的联系。所以，"那就不能以人们的主观能否预见来判断因果关系的有无。"③第二，因果关系是相对的，即由于各种现象是普遍联系、相互制约的，所

---

① 参见张绍谦著：《刑法因果关系研究》，中国检察出版社1998年版，第54页。

② 它们是：张文的《论辩证唯物主义因果关系学说在刑法中的应用》、龚明礼的《论我国刑法中的因果关系》、田彦群的《论我国刑法理论中的因果关系问题》、范华清的《刑法理论中因果关系的几个问题》。

③ 高铭暄主编：《刑法学》，法律出版社1984年第2版，第127页。

以在错综复杂、相互联系的"锁链"中,一个现象中的结果,可以成为另一个现象的原因,因此,在研究因果关系时,有必要将某一现象中的因果关系抽出来研究。在刑法中,就是抽出危害行为和危害结果之间的因果关系来进行考察的。如果某人的行为不是危害行为,就没有考察必要了。第三,因果关系具有时间上的顺序性。这说明,导致结果发生的,只能是结果发生之前的现象,而不可能是其后的现象。第四,因果关系具有客观上的必然性,即一定行为是否引起某种结果,该行为和结果之间必须有现实发生的可能性,并且该现实可能性合乎规律地导致了结果的发生,偶然联系不能认为是刑法上的因果关系,即否定偶然因果关系。第五,因果关系具有复杂性,所以在确定刑法因果关系时,首先要找出危害结果发生的真实原因,如果危害结果是由多个危害行为所引起的,还必须弄清楚各人的行为对结果所引起的作用大小程度,也就是要区分主要原因和次要原因,以便于确定责任。第六,因果关系是决定刑事责任的客观基础,行为人的行为对结果有因果关系,并不等于他应当承担刑事责任,还必须考察其主观状态。①

上述理论很明显在继续运用哲学术语和哲学方法,如必然因果关系、偶然因果关系、主要原因、次要原因、客观性、相对性等,它是建国初期因果关系理论的继续。在某种程度上,这一阶段的研究较初创时期有所退步。比如,只承认必然联系是刑法上的因果关系,否定偶然联系可能产生的刑法意义;再如,理论界重新注意到德日刑法理论中的"条件说"和"相当因果关系说",但囿于当时的社会观念,只是将两种理论简单地贴上"机械唯物主义观点"和"唯心主义观点"的标签,②并没有进行更深入的、更富有批判性的研究,这不能不说是一个遗憾。

(3)后期研究述评

到了二十世纪八十年代后期,通说观念中已经明确提出,刑法因

---

① 参见高铭暄主编:《刑法学》,法律出版社1984年第2版,第127—131页。
② 参见高铭暄主编:《刑法学》,法律出版社1984年第2版,第131页。

果关系是犯罪构成客观方面中的危害行为和危害结果之间的因果联系,并认为研究的目的是解决行为人的刑事责任问题。这一点和前期比较,虽然没有明显的进展,但是,在偶然因果关系是否能成为负刑事责任的联系方面,则有明确的变化。尽管当时对这个问题,赞成者和否定者的观点"尚未获得统一的认识",但是主流的观点开始觉得,对"作为刑事责任客观基础的因果关系,虽然大多是必然因果关系;但不可否认,在某种情况下,即便是偶然因果关系,也得负刑事责任"这种观点,"应本着'双百'方针,理论密切结合实际地作进一步探讨,务求问题的解决,既不缩小也不扩大行为人的刑事责任,以利于准确地同犯罪做斗争。"①这同时说明,长期以来存在于必然因果关系与偶然因果关系之间的争议,不仅没有达成一致看法,反而分歧更加显著。到了二十世纪九十年代之后,这种分歧就更充分地表现出来了。

从总的方面看,这一时期的研究存在诸多问题,最突出的问题是:在刑法因果关系的讨论中,过多地纠缠于必然、偶然这样一些概念性的表述,而对这些概念所应当揭示的刑法事实缺乏必要关照,所以,大多数论文有脱离实践的"经院哲学式"倾向。②

不过,在后期出现了值得注意的现象,就是有学者开始对"必然因果关系"和"偶然因果关系"的划分依据提出明确的批判。"'必然论'的标准对于我们确定刑法中的因果关系,在理论上是与马克思主义哲学基本理论相悖的,在司法实践中则有弊无益。"而"偶然论"不仅"和必然论一样违背马克思主义哲学的基本原理,同时,即使按照'偶然论'认为的那样,存在着必然和偶然的两种因果关系,那么,如果这两种都是刑法中的因果关系,把因果关系区分为必然的和偶然

---

① 高铭暄主编:《中国刑法学》,中国人民大学出版社1989年版,第107页。
② 参见高铭暄主编:《新中国刑法科学简史》,中国人民公安大学出版社1993年版,第105页。

的又有什么意义呢?"①除了批判过去的理论之外,王敏远还指出:其一,刑法中对因果关系的研究重点,在于确定因果关系的刑法学意义,即刑法中的因果关系在怎样的条件下对确定刑事责任的质和量有怎样的意义。在确定因果关系的刑法意义时,要运用定罪量刑等刑法基本原则。其二,对于多数学者在因果判断中排斥认识可能性的观点,他认为在确定因果关系存在与否时,虽然不能以客观上引起与被引起关系之外的主客观情况为判断标准,但是,在确定其刑法意义时,却应当且需要依据行为时的其他主客观情况。②

王敏远在自己的论述中虽然没明确地指出问题,但是他已经意识到,刑法因果关系的评判核心,不是事实分析,而是价值判断。同时,他不同意将因果关系视为客观联系的传统见解,这至少表明我国刑法因果关系论研究在这一阶段已经在自发地试图摆脱自然哲学方法论的束缚。但是,这一阶段的因果关系论依然希望为责任提供"客观基础",③说明它们还是生成于自然科学的观念中,难以自觉把握到作为社会科学的刑法因果关系问题的关键。

3. 理论发展时期

(1)概说

二十世纪九十年代以来,刑法因果关系论研究更加深入。之所以将这一时期称为发展时期,并不完全是因为传统因果关系论获得了极大的发展,相反,传统理论的热潮在这一时期已经开始衰退,并出现了较多的反传统理论。对于反传统的理论,我们将另行研究,在这里,主要对通说和围绕通说的一些理论研究进行评说。在此需要

---

① 王敏远:《对刑法中因果关系理论的反思》,载高铭暄、赵秉志主编:《新中国刑法五十年》(上),中国方正出版社2000年版,第512页。
② 参见王敏远:《对刑法中因果关系理论的反思》,载高铭暄、赵秉志主编:《新中国刑法五十年》(上),中国方正出版社2000年版,第514—518页。
③ 参见高铭暄主编:《中国刑法学》,中国人民大学出版社1989年版,第108页;王敏远:《对刑法中因果关系理论的反思》,载高铭暄、赵秉志主编:《新中国刑法五十年》(上),中国方正出版社2000年版,第512—517页。

注意两点:第一,下文将花一定笔墨,对发展时期的因果关系论通说的基本内容,做一番较为详尽的阐述。这主要是考虑到通说是传统刑法因果关系论在现代的中心理论,当前对于传统理论的批判,在很大程度上是围绕着通说展开的,此其一;其二,在传统因果关系论内部,还存在一些和通说有分歧的观点,我们如何认识这些观点、如何评价它们和通说的关联,在很大程度上也有助于加深我们对通说乃至于对传统理论的理解;其三,对传统理论中的通说和异说进行较为系统的阐述,是本文对传统理论进行评说、反省的基本素材。第二,在传统因果关系论内部,围绕必然—偶然联系的分歧表现为:在通说看来,因果关系不排除偶然性,在此意义上,它也被称为偶然因果关系肯定说;由于通说认为刑法中的因果关系包含必然性和偶然性两种联系方式,又被称为二分说。对通说的反对,主要表现为否定偶然性联系或者否定偶然性和必然性联系的划分方面,在否定偶然性联系上被称为偶然因果关系否定说,由于它只承认必然因果关系,因此又被称为一分说。那么,一分说和二分说是否存在实质性的理论分歧呢？这是下文将要澄清的一个前提性问题。

（2）通说观点

关于刑法中的因果关系,现在的通说主要提出了五个特征:[①]

第一,因果关系具有客观性。通说观点认为,因果关系首先表现出客观的属性。任何事物在运动过程中所发生的因果关系都是客观存在的,作为原因的前一现象与作为后果的后一现象,首先是客观的,不以人们的意志为转移,而且它们之间相互作用、相互联系的方式也是客观存在的。其次,通说观点还认为,在考察刑法中的因果关

[①] 为此,笔者将通说理论概括为"五性论"。参见马克昌主编:《刑法学》,高等教育出版社 2003 年版,第 72—74 页;高铭暄、马克昌主编:《刑法学》,北京大学出版社、高等教育出版社 2000 年版,第 82—85 页;赵秉志主编:《新刑法教程》,中国人民大学出版社 1997 年版,第 165—170 页;齐文远、刘艺乒主编:《刑法学》,人民法院出版社、中国社会科学出版社 2003 年版,第 71—73 页。

系时,也必须坚持客观性的认识,既不能以行为人是否预见为前提,也不能以司法人员的主观想象来确定;即使在一些比较特殊的案件中,也应该坚持客观分析的方法。比如,患者甲腹部动了手术后不久,尚未痊愈,在休养期间散步时,因故与乙发生争执,双方各不相让,而动手扭打。乙在将甲摔倒时,也被其揪住一同带倒,膝盖恰好在甲的腹部伤口上顶了一下,将伤口顶破造成了大出血,甲因感染而死亡。尽管这件事属于意外,但是,并不能否定甲的死亡是乙的行为造成的,两者之间的因果关系是明确的。此时就不能因为乙不知道甲手术后伤口未愈或未预见到会发生如此严重的后果而否认因果关系的存在。

第二,因果关系具有相对性。通说认为,在客观世界中,各种客观现象都是普遍联系和互相制约的。在这个普遍的联系中,某一现象在一对因果链中是作为原因的,又可以是另一对因果链中的结果;某一危害结果的本身也可以是另一对因果关系中的原因。例如,在普通公路上,货车由于超速行驶,撞在前面的小车上,小车被撞向路边,将一个行人撞伤。小车被撞向路边,是货车超速行驶的结果,也是造成行人受伤的直接原因。所以,某一现象对于前一现象来说是结果,而对于后一现象来说可以是原因,即原因和结果在现象的普遍联系中只是相对的,而不是绝对的。为了确定原因和结果,就必须将其中一对有联系的现象从若干个相互联系的因果链中抽取出来,才能显现哪一个是原因,哪一个是结果。此时,原因就是原因,结果就是结果。

第三,因果关系在时间上具有序列性。根据因果关系的相对性结论,在考察它时要注意到它的时间序列性。因果关系的时间序列性,就是从发生的时间上看,原因必须发生在前,结果只能在原因之后发生,其时间顺序不能颠倒。所以,考察因果关系时,只能从危害结果发生以前的危害行为中去找原因。如果查明某人的行为是在危害结果发生之后才实施的,那么就可以肯定两者之间不具有因果关系。例如，甲和丙有仇，有一次在路上遇到丙，他借机报复，用木棍打在丙的头上后跑了，丙倒在地上；后来乙路过，也想伤害丙，他走上前对丙踢了一脚，刚好也踢在头上。第二天发现丙死亡了。在这样的案件中，尽管发现丙的死亡时间是在乙的行为之后，但是不能认为丙的死亡就是发生在乙的行为之后。如果通过法医鉴定发现丙其实在被甲打击之后、乙打击之前就已经死亡的，那么乙的行为和丙的死亡之间就没有因果关系。

第四，因果关系具有复杂性。在通说中，这种复杂性被概括为两点：一是"一果多因"。即一个结果由多个原因造成。例如，甲由于受到女朋友的奚落，到酒吧喝酒，因为心情不好，与食客乙发生争吵，争吵中他将乙打伤；在医院里，医生由于疏忽大意，没有使用消毒器械致使乙感染死亡。在这个案件中，有数个因素是乙死亡的原因，假如甲的朋友没有抛弃甲，甲也许不会喝酒；甲不喝酒就不会闹事，也不会打乙，甲不打乙，就不用送乙到医院；在医院，如果不是因为医生的疏忽大意，乙不会死亡。在这么多的原因之中，要找出主要原因，确定对结果承担主要刑事责任的原因，这是刑法中考察因果关系的意义。二是"一因多果"。即一个原因造成多个结果。例如，甲诽谤乙的妻子，造成乙对妻子的猜忌，最后将妻子杀死，然后烧毁自家房屋，自己也患上精神病。在"一因多果"的情形下，首先要考察行为引起的主要结果和次要结果，还要考察直接结果和间接结果。这对于定罪和量刑都有现实意义。

第五，因果关系不排除偶然性。现代通说承认，原因和结果之间的因果关系既是一种必然联系，也是一种偶然联系；但是在刑法中判断因果关系时，它是否包含偶然的性质呢？或者说在社会观念中看来偶然的因果关系是否属于刑法中的因果关系呢？例如，甲将乙打伤，伤势不严重，在医院就诊过程中，由于医生使用了未消毒的器械致使乙感染败血症而死亡。乙的死亡，与丙医生的玩忽职守行为之间具有因果关系，对此没有争议。问题在于甲的伤害行为与乙的死亡结果之间是否具有因果关系。不过,持必然因果关系观点的学者认为,危害行为应该具有使结果发生的实在可能性,也就是指危害行为具有导致结果发生的规律性。如果某种行为不存在使某种危害结果发生的客观根据,那么该行为就不是原因。只有某种行为中包含使某种结果发生的实在可能性,而且这一可能性在具体条件下只有合乎其本身规律而发生该结果时,才能确定具有因果关系。如果因为其他原因的介入,而且中断了这一发展的过程,那么,前行为与结果之间也不具有因果关系。以上例来说,由于甲的行为中不包含致乙死亡的可能性,死亡结果是由于医生的疏忽大意造成的。因此,甲的伤害行为与乙死亡结果之间不具有因果关系。退一步讲,假如甲造成乙的致命伤,具有造成乙死亡的实在可能性,却由于医生的疏忽大意行为的介入,其行为的实在可能性不能转变为现实性,则仍然不具有因果关系。而持偶然因果关系观点的学者认为,除了必然因果关系之外,实践中还存在偶然联系的因果关系。所谓偶然因果关系,是指某种行为本身不包含产生某种危害结果的必然性,但在该因果关系的发展过程中,偶然又有其他作为原因的行为介入,这时,原来的因果关系就偶然地同另一原因的发展过程相交错,由后来介入的作为原因的行为合乎规律地引起该种危害结果。此时,前一因果关系与后一因果关系之间是一种偶然联系。以上例来说,甲打伤乙这两者之间是一种必然因果关系,丙使用未消毒器械致乙感染败血症而死亡也是一种必然因果关系,这两个必然因果关系偶然联系在一起,就导致了乙的死亡。所以,这两个必然因果关系,对死亡来说都具有原因力。因为不可否认的是,正是因为甲打伤乙,乙才去医院,才偶然地碰上不负责任的丙大夫。这就不能说甲的行为与乙的死亡没有任何因果关系,也就不能说甲对乙的死亡不负任何责任。当然,这里负责任并不是说负杀人罪的责任,而是说在处理甲的伤害行为时,对乙死亡这一情况也应予以考虑。

由于下文将要讨论,所以先不对传统理论存在的诸多理论缺陷进行分析。仅仅着眼于理论的历史发展,我们可以发现,传统理论的争点还是如早期一样,围绕着是一分说可取抑或二分说科学而展开。考虑到有关争议长时间没有得到解决,鉴于必然与偶然在辩证法中的联系,笔者认为,传统因果关系论事实上已经陷入到一个难以自拔的困局中了,从争议的焦点和问题的实质均可以确证这一观点。

(二)传统因果关系论的归结

一分说与通说(二分说)的界限主要在于:是否承认偶然性联系是刑法上的因果关系。虽然一分说和二分说在理论上大有水火不容之势,但这是否足以表明它们之间具有本质的差异呢?这是澄清争议焦点的关键。对这个问题,我们有必要结合两说相互之间的批判内容,连续地思考如下问题:首先,作为划分偶然性联系和必然性联系的对立统一原理,是否在一分说和二分说之间产生了实质性的区别;其次,作为指导划分偶然性联系和必然性联系的方法论,是否应该和如何体现马克思主义哲学的简化与孤立原则;再次,从理论的实践价值上看,偶然性联系和必然性联系的区别,是否意味着因果关系理论得以避免陷入机械的境地;最后,针对一个现实的司法问题,划分偶然性与必然性联系是否会招致司法判断上的无限纷争。针对以上设问,以下围绕二分说的几个最常见的"争点"进行检讨。[①]

1. 二分说是否违背了对立统一原理

针对上述刑法因果关系论中承认偶然因果关系的二分说观点,一分说认为:根据唯物辩证法的观点,必然性与偶然性不仅是对立的,而且是统一的,它们共存于每一事物的发展过程之中,因而,不能将它们生硬地割裂开来。因果关系本质上是发展的关系,也是必然性与偶然性的有机统一,同样不能将他们割裂开来。所以,将刑法

[①] 有关观点主要参见顾肖荣:《也谈刑法中的因果关系》,载高铭暄、赵秉志主编:《新中国刑法五十年》(上),中国方正出版社2000年版;参见苏惠渔主编:《犯罪与刑罚理论专题研究》,法律出版社2000年版,第153—155页;贾振香:《刑法必然因果与偶然因果关系的哲学理念》,载《中州学刊》2002年第4期。

因果关系分为必然因果关系和偶然因果关系的二分法,从根本上说是一种形而上学的错误划分。

但二分说认为:根据原因对结果所起作用的性质不同,把因果关系分为必然因果关系和偶然因果关系,不但不违背必然性与偶然性相统一的原理,而且恰恰是这一原理的具体运用和说明。必然性说明事物发展过程中不可避免的基本趋向,偶然性说明事物发展具体过程的摇摆与偏离。二者既相互对立,又相互联系,相互依存。因果性既不排斥必然性,也不排斥偶然性。事物发展的必然性有其根据和条件,事物发展的偶然性也有其根据和条件。所以,事物之间的因果过程既反映着必然性,同时也反映着偶然性。既然哲学上有必然性和偶然性之分,那么刑法中的因果关系也可以分为必然因果关系和偶然因果关系。

可见,两种观点都承认必然性和偶然性概念,而且它们均以马克思主义的一些观点为共同理论依据。比如,马克思、恩格斯认为,"偶然的是必然的,而必然的又是偶然的。""偶然的东西正因为是偶然的,所以有某种证据,而且正因为偶然的,所以也没有某种根据,偶然的东西就是必然的,必然性自己为偶然性,而另一方面,这种偶然性又宁可说是绝对的必然性。""被判定为必然的东西,是纯粹的偶然性构成的,而所谓偶然的东西是一种有必然性隐藏在里面的形式,如此等等。"①由这些马克思主义哲学的经典论断出发,就某种事物与其他事物之间的联系而言,在某方面我们可以说其发生是必然的,在另一方面又可以说其发生是偶然的。比如,甲对乙打了一拳,乙是体质异常的人,因此当场死亡。就这种现象发生的社会事实而言,它可能是偶然的,因为特异体质者在生活中很少见,而且一般人很难发现其特殊的身体征兆;但是就结果发生的医学事实而言,它则是必然的。因此,必然性联系和偶然性联系是可以相互转化的。不同的是,一分

---

① 《马克思恩格斯选集》(第三卷),人民出版社1972年版,第540—543页。

说强调偶然性所具有的必然性性质,就如有的学者所说:把因果关系划分为必然因果关系和偶然因果关系,实际上把因果关系本身是必然性和偶然性相互作用、辩证统一的产物看成是必然性和偶然性相互对立之后的产物,以至于把因果关系的必然性和偶然性从同一因果关系运动过程中独立出来,作为两个实体存在。① 可见,一分说并不否定偶然联系,而是反对将偶然联系视为非必然联系。如上所述,二分说也并非要强调必然性和偶然性的对立,其偶然联系还得以必然因果关系为前提,不过它意图根据哲学的概念,将联系的方式进一步具体化,解释行为和结果之间发生联系的不同方式。就甲的行为和乙的死亡之间的联系而言,区别在于,一分说直接将其视为必然联系,二分说将其视为偶合的必然联系,结果,它们都具有原因性。在此意义上,两种观点之间的分歧不过是,对一个应当被判定为刑法因果关系的联系方式,根据不同的哲学理解,贴上必然因果关系或者偶然因果关系的标签。由此进一步说明,两种学说都没有违背对立统一原则,只不过它们的侧重点有所区别罢了。

2. 二分说是否违背了刑法因果关系的简化与孤立原则

针对因果关系论中的相对性特征,一分说认为:原因和结果这两个概念只有应用于个别场合时才有意义,脱离了一定的因果环节,就无法区分原因和结果。二分说的结果,是把两个必然因果环节的巧遇或衔接说成是偶然因果关系,这就使原因和结果都失去了其本意。二分说因此是脱离"简化"和"孤立"原则来谈因果关系,它潜伏着扩大犯罪因果关系的危险。

二分说对此的解释是:刑法中研究因果关系的目的,是要解决行为人对危害结果应否负刑事责任的问题,所以,刑法学只从现象的普遍联系中,抽出危害行为和危害结果之间的联系这一环节进行研究,确定它们之间有无因果关系。针对刑法因果关系的研究目的,把

---

① 参见苏惠渔主编:《犯罪与刑罚理论专题研究》,法律出版社2000年版,第153—155页。

那些可能负刑事责任的危害行为与危害结果之间的因果关系,作为刑法因果关系的研究范围,在结果一端,只要确定行为人对某一结果不负刑事责任,就可以排除行为人对该结果之后的一连串结果负责,即因果链条中断;在行为一端,确定某一行为人不对特定结果负刑事责任,一般也就可到此为止,不再扩展因果环节。

在这个问题上,两种观点的视角是不一致的,二分说力图解释本说没有违背"简化"和"孤立"原则。如果暂时不考察因果关系的研究目的,根据一般理解,二分说的解释还是比较充分的。问题在于,一分说在指责二分说脱离简化与孤立原则时,立足统一的必然性概念,表达对立的必然性内容,由此将必然性联系和偶然性联系隔离开来,根据马克思主义的一般观点,在论述上存在一定问题。例如,在判断上述甲的行为是否导致体质特异的乙死亡时,医学常识表明其中具有必然性,可是一般人通常认为一拳不至于毙命。对此,一分说关注的是行为和结果之间的最终事实联系,更多地考虑到医学上的法则;而二分说认为有必要将行为和结果的事实联系予以进一步区分,既判断通常行为和结果的联系,也考察偶然场合的必然联系,显示其注重结果发生概率性的一面。从判断程式看,二分说更为具体。二分说的判断方法和一分说一样,最终取决于行为和结果之间联系的必然性。假如二分说遵循本说的论证目的,则在它和一分说之间并不会出现理论方法上的根本分歧。即一分说关于二分说违背"简化"与"孤立"原则的指责是不成立的。

3. 二分说是否过于机械

一分说认为:根据二分说,当两对必然因果关系发生巧合、交叉或者前后衔接时,前一对必然因果关系的原因,与后一对必然因果关系的结果就是偶然因果关系。但是,把这当成定式,也有待商榷。首先,这种巧合、交叉或者前后衔接的本身,从犯罪因果环节看,也是一连串因果关系的环节,不能把它排斥在因果环节之外;其次,两对(数对)必然因果关系前后衔接的并不都是偶然因果关系。

二分说的辩解是：如果把刑法学因果关系只理解为必然因果关系一种形式，依旧会把必然性、偶然性绝对割裂开来，并且抹杀因果关系的复杂性，否认偶然因果关系，结果可能会造成两种情况：一是把实际中存在的偶然因果关系归之于必然的因果关系，扩大必然的因果关系，扩大刑事责任的客观依据，使不应受惩罚或应从轻惩罚的人受到了惩罚或受到偏重的惩罚。二是把偶然因果关系从因果关系范畴中排挤出去，缩小了因果关系，使偶然因果关系中能作为刑事责任的客观依据的一部分被排除了，结果势必放纵了罪犯，使应受惩罚者逍遥法外。

以上争议，依旧陷入到偶然性本质的认识"泥潭"中了。根据二分说理论，当两对必然因果关系"发生巧合、交叉或者前后衔接时"，首先并不能推论它就是偶然因果关系；其次，即便是偶然因果关系，但二分说也没有否定它是刑法上的因果关系。二分说的辩解也很明确地反映了这个问题。一分说在指责二分说的机械性问题时，并没有切中二分说的现实问题。即二分说所谓的偶然性联系，是数个必然联系由于偶然竞合而导致的，这是考虑到了行为发生结果的概率大小，可是，根据一般的社会观念，很难决定哪些后果具有较大的发生概率，哪些后果发生的概率较小。那么，如何根据二分说取舍偶然性联系呢？显然，二分说很难回答这个问题，这就可能迫使二分说倒向一分说。然而，即使二分说难以自圆其说，也不能说一分说是具有机能性的理论，它对二分说的"机械性"批判，不过是"五十步笑百步"。因为当一分说和二分说满足于从必然联系或者偶然联系中确证原因时，只要理论上不能消除必然性和偶然性的对立统一关系，结果将难见分晓。

4. 二分说是否会给审判增加实践麻烦

一分说认为：二分说将因果关系分为必然因果关系和偶然因果关系，而偶然因果关系则复次分为两种，即刑事责任客观基础的偶然联系和非刑事责任客观基础的偶然联系，对这两种偶然联系的具体判别很困难,具有主观随意性,所以不可取。

二分说则认为:我国刑法不仅将危害行为与危害结果之间的必然因果关系规定为刑法上的因果关系,而且还对部分危害行为与危害结果之间的偶然因果关系,也规定为刑法上的因果关系。例如,关于虐待罪,《刑法》第260条第2款规定:"犯前款罪,致使被害人重伤、死亡的,处二年以上七年以下有期徒刑。"虐待引起被害人重伤、死亡,有两种情况:一是虐待行为的程度与频度已经达到直接重伤被害人或足以使被害人不能生存的程度,被害人或者因暴力虐待而受重伤,或者因虐待行为而饥寒交迫,或冻死、饿死。这是一种必然因果关系。二是虐待行为的程度与频度尚未达到使被害人不能生存的地步,但是由于被害人不堪忍受虐待,愤然自杀。虽然虐待行为并不一定引起被害人自杀的后果,即对于虐待行为而言,被害人自杀是可能出现也可能不出现的偶然性结果,而最后出现了这种结果,这就是刑法上的偶然因果关系。

在这个问题上,一分说似乎击中了二分说的要害,因为在必然联系和偶然联系界限不确定的基础上,不具有区分两种刑法意义的偶然联系的可行性。可是正如二分说所列举的例子,无论我们将其视为必然联系还是偶然联系,都存在进一步界分的问题。只是这究竟是必然联系和偶然联系的界限,还是直接联系和间接联系的界限,尚难以给出正面的回答。对此,一分说所面临的司法困境,也并不一定比二分说好,因为它们都无法为我们提供一个判断必然性联系的明确准则。为了规避问题,它们都期望将有关争议留待到犯罪的主观方面予以消解。可见,对审判实践上欲解决的疑难问题,一分说和二分说都不能提供有效的标准,更不必说为审判增加麻烦了。如果从更深层次分析,其中反映的问题本质何在呢?对此,一分说和二分说均没有予以必要的讨论。笔者认为,之所以这两种学说对该问题未予以必要关注,是因为它们均依凭于下文所说的相同范式,故而对这种范式是否真实、有效没有予以反思。

综上所述，根据唯物辩证法的理解，一分说和二分说在实质上和结论上都是基本一致的。一分说所主张的必然因果关系事实上包含了偶然联系，并且它更强调必然性和偶然性之间的统一性；而二分说意图通过必然联系和偶然联系的区别，使因果关系的考察更为具体和合理，但其前提是必然性因果关系，所谓偶然的因果联系不过是必然联系的特殊表现形式。据此，我们可以说，二分说只不过是一分说的另一种表述方式，它们的理论前提是承认必然因果关系，而发现和甄别必然因果关系是其理论目标之所在。故此，无论它们在理论上如何演变，在本质上却均属于必然性因果关系论，结果，通常将刑法中的因果关系理解为"内在的必然的联系"，"所谓内在的，也就是本质的；所谓必然的，也就是规律性的。"①以往的因果关系论，夸大了一分说和二分说之间的差别，而没有把握住两说在本质上的相同。结果，缺乏从根本理论（即理论范式）上审视因果关系论的问题意识，导致相关理论争议在一个层面上重复进行，而难以抓住它们的关键所在。

三、"必然性因果关系论"的范式及危机

为了审视必然性因果关系论，我们首先应当从它的理论范式着手，因为范式讨论在一定程度上成为具有反思性的活动。对范式转换的历史想象，使我们的范式性法律理解不再具有那种纯粹直觉性引导我们的背景知识的地位。而关于正确范式性法律观的争议，往往是法学界的一个明确议题。②"必然性因果关系论"的出现，具有特殊的时代（准确说是政治的）背景，无论是苏联还是我国刑法学中，对偶然因果关系和必然因果关系的考量，或许起因于一个偶然的

---

① 田彦群：《论我国刑法理论中的因果关系》，载《全国刑法硕士论文荟萃》，中国人民公安大学出版社1989年版，第177页。
② 参见〔德〕哈贝马斯著：《在事实与规范之间——关于法律与民主法治国的商谈理论》，童世骏译，三联书店2003年版，第486—487页。

历史事件,但该事件设定了一个难以自拔的理论陷阱。这可能就如特拉伊宁所指出的:在社会主义的刑法理论中企图把马克思主义关于因果关系学说的某些术语机械地搬到刑法方面,而不是真正地解决问题。① 由此形成的必然性因果关系的理论,显然不足以解决具体问题,需要得到完善和发展。为了解决这个问题,我们应当根据马克思主义的基本原理和精神,而不是根据马克思主义学说中的只言片语或个别概念,来认识和处理刑法中的有关问题,即"为了有效地建立马克思主义的学说,必须以马克思、恩格斯和列宁著作中所贯穿的整个思想体系和原则为根据,因为这个思想体系和原则为正确地解决刑法中的因果性的问题开辟了道路。"②根据马克思主义的思想体系和基本原理,本着全面、发展的辩证观念,在对我国传统刑法因果关系论进行评价时,我们首先要再次考量并确定哲学和刑法学之间的关系,其中尤其要揭示支配必然性因果关系论的哲学范式,并对其进行合理的评估。为此,可从三个方面进行简要思考:一是如何正确对待哲学范式(尤其是马克思主义哲学)对于刑法研究的影响;二是现在的必然性因果关系论体现的是何种范式;三是对必然因果关系论的范式如何进行评价。

(一)刑法研究中的三个基本哲学观念

必然性因果关系论明显受到了马克思主义认识论的影响,当我们就必然性因果关系理论的渊源进行回溯性检讨时,业已注意到这一点。在社会主义刑法学创建之初,刑法因果关系论要回答的问题是:是简单地套用马克思主义理论的一些概念和术语,还是以马克思主义的基本原理为灵魂,指导刑法因果关系的研究呢?对这个问题的求解,设定了刑法因果关系的出发点,奠定了刑法因果关系论的基

---

① 参见〔苏〕A. H. 特拉伊宁著:《犯罪构成的一般学说》,薛秉忠、卢佑先、王作富、沈其昌译校,中国人民大学出版社1958年版,第128页。

② 〔苏〕A. H. 特拉伊宁著:《犯罪构成的一般学说》,薛秉忠、卢佑先、王作富、沈其昌译校,中国人民大学出版社1958年版,第133页。

础构造。

随着社会的发展,这个问题现在似乎已不复存在,因为我们对此已经达成了一个基本的理论共识,即刑法因果关系是哲学因果关系的具体运用,哲学因果关系是揭示自然界和人类社会一切客观事物普遍联系及其发展规律的思维形式和范畴;刑法因果关系是在前者指导下,正确认识危害行为和危害结果之间的因果关系,从而为解决行为人是否承担刑事责任提供客观基础。① 因此,怎样理解哲学因果关系对刑法因果关系的指导,不仅过去是,现在依旧是我们必须回答的第一个问题。但在对这个问题进行回答之前,我们有必要在此提及马克思主义的三个基本观念,即马克思主义哲学的实践观、发展观和批判观,这是我们进行刑法学批判性学术研究、展开理论研讨的一个前提:

"实践性是马克思主义哲学发展的根本源泉,只有从实践的观点出发,才能抓住马克思主义不断发展的主线,深刻理解它的理论实质和科学内涵。""马克思主义哲学的任务和目的,不仅在于认识世界,更重要的是在认识世界基础上改造世界。""马克思主义哲学的基本原理及其具体内容是在实践中不断发展的,马克思主义的立场观点方法,如唯物论与辩证法相统一的观点和方法、理论和实践相统一的观点和方法等,都要随着实践的发展在内容上不断更新……"②在刑法问题上,虽然马列主义经典作家对许多哲学问题包括因果关系问题都作了十分精辟的论述,这些论述对于刑法理论和实践无疑具有极大的指导意义,但马列主义经典作家们不可能把每一个问题都毫无遗漏地论述清楚,更不可能把他们当时尚未遇见到的问题也给我们论述清楚,这就需要我们对马列的论著要创造性的

---

① 参见马克昌著:《犯罪通论》,武汉大学出版社1999年版,第208页。
② 王玲:《马克思主义哲学在当代的历史地位及其走向》,载《理论探索》2004年第2期。

予以理解。① 特别是要学会运用马克思主义哲学的基本原理,指导刑法的具体运用。否则,马克思主义起不到解决实践问题的指导作用。

就发展观而言,"从一定意义上说,马克思主义世界观就是基于实践的发展观。马克思主义哲学创始人把自己的哲学称为'实践的唯物主义',而实践本身,就意味着开放性和发展性,科学的实践观同时也是基于实践的发展观。"②历史在不断进步,社会在不断发展,作为"自然知识和社会知识的概括和总结"的哲学,当然也在不断地进步和发展。因此,随着哲学内容的不断完善和丰富,当我们把哲学因果关系原理应用到刑法科学中时,就应当采取相应的、具有开拓性和创造性的途径,而不能停留在原有的基础上裹足不前。

批判观是马克思主义的重要精髓。马克思主义哲学始终严格地以客观事实为根据,在认识世界方面始终坚持彻底的唯物主义态度,它不承认"任何最终的东西、绝对的东西、神圣的东西;它指出所有一切事物的暂时性;在它面前,除了生成和灭亡的不断过程、无止境地由低级上升到高级的不断过程,什么都是不存在。"③这种开放的观念,使马克思主义理论时刻保持着批判的精神和创新的锐意,也惟有如此,马克思主义哲学才被赋予强大的生命力,并能超越产生它的时代的局限。这也说明,社会的发展变化为马克思主义的发展创新提供了新的素材,提出了新的要求;同时,马克思主义哲学必须避免被建构为封闭的体系,而要以开放的态势不断地吸收当代人类文明的优秀成果。

以上基本观念,必将敦促我们不仅要在实践中检讨马克思主

---

① 参见侯国云:《将哲学上的因果关系应用到刑法中来需注意的问题》,载《法学评论》1997年第4期。
② 王玲:《马克思主义哲学在当代的历史地位及其走向》,载《理论探索》2004年第2期。
③ 王玲:《马克思主义哲学在当代的历史地位及其走向》,《理论探索》2004年第2期。

义,而且要在实践中发展马克思主义。根据上述观念,我们要特别注意吸收当代中外的哲学成果,丰富和发展马克思主义哲学,以此指导社会实践和科学研究,在刑法实践和理论研究中也不例外。

(二)必然性因果关系论的哲学范式

基于以上基本观念,结合刑法中因果关系论的如下基本命题:哲学因果关系论对于刑法因果关系论的"指导不等于代替……只有把辩证唯物主义因果关系的基本原理与刑法学所研究的犯罪现象有机地结合起来,才能科学地解决刑法中的因果关系问题"。① 笔者在此尝试着对必然性因果关系论的范式进行分析。

必然性因果关系论受马克思主义哲学指导,其哲学根据是科学合理的。但是,我们是否可以由此科学合理的根据,推论出必然性因果关系论就是可取的呢?显然不能得出肯定的答案,这种道理很浅显:我们不能因为一个孩子的父母都聪明,就说这个孩子一定成绩好;我们也不能因为种子或者土壤好,就认定收获一定丰富;我们不能认为证据充足,就认为一定得出正确的结论,因为教育的方法、种植的方式、推理的手段等因素,也具有极为重要的意义。具体到我们检验必然性因果关系论时,运用马克思主义哲学指导刑法因果关系研究的方式是不容忽视的。不过,根据马克思主义哲学的批判性观念,结合社会发展的现实状况,时下更为基本和更为迫切的理论任务是,由于马克思主义具有发展性,那么,必然性因果关系论是否适应了马克思主义哲学的发展呢?为此,我们至少要根据必然性因果关系论的核心内容,考察它的哲学基础,进而对其范式做出准确定位。

笔者认为,必然性因果关系论体现了启蒙时代现代性理念的基本特征,是以前现代性理念为范式的。其主要理由从两个方面展开:一是刑法因果关系具有自然科学的属性;二是"必然性"体现了启蒙

---

① 高铭暄、马克昌主编:《刑法学》,北京大学出版社、高等教育出版社2000年版,第82页。

时期的科学理念。

严格而言,"因果关系"概念是自然科学的产物,特别是根据统计方法所确证的法则。而即便是伦理学或者宗教中的"因果报应观",所体现的也是根据人类观察到的经验集合归纳出来的物理"法则"。虽然自然科学对这种因果性存在很大认识争议,但是正如罗克辛所揭示的,"这一切并不能改变法学家继续使用传统的因果性概念进行工作,因为单纯的统计法则在亚原子领域中的运用,并不能阻止我们在法学家所关心的日常生活世界中,根据实践的绝对可靠性来信仰因果法则性(kausale Gesetzlichkeiten)。"[①]结果,法官在裁判时,"他必须遵循自然科学的理论知识"。[②]

"必然性"概念,体现了人类对客观真理的绝对崇拜,反映了启蒙时期的科学理念。马克思主义哲学认为,"由于人文社会科学研究者与其研究对象的内在相关性,因而他们有可能自觉或不自觉地把自己的兴趣、爱好、情感和价值取向转化为一种强烈的认知定势和理解模式而渗透到对于客观的观察、理解和解释之中,并进而对其研究结果的真实性发生双向性的影响。"[③]这就需要在认识主体与认识对象之间建立一个理解或者沟通的机制,而不是将认识对象简单地呈现于认识主体之前。在对科学研究的客观性是否排斥认识主体的主观成分上,显示出前、后现代性范式的不同旨趣。

根据以上两种基本的区别,我们可以说,"必然性因果关系论"是以早期的马克思主义哲学为指导的,[④]它没有反映马克思主义哲学的

---

① 〔德〕克劳斯·罗克辛著:《德国刑法学·总论》(第 1 卷),王世洲译,法律出版社 2005 年版,第 231 页。
② 〔德〕克劳斯·罗克辛著:《德国刑法学·总论》(第 1 卷),王世洲译,法律出版社 2005 年版,第 232 页。
③ 欧阳康主编:《社会认识方法论》,武汉大学出版社 1998 年版,第 49 页。
④ 现代马克思主义哲学的通说认为:马克思主义哲学是建立在十九世纪的自然科学基础之上的。参见何丽野:《19 世纪自然科学是马克思主义哲学的"前提基础"吗?》,载《中共浙江省委党校学报》2006 年第 2 期。

发展。在刑法学界中,亦如侯国云教授所说,在运用马克思主义哲学研究刑法因果关系时,不少学者常常是照搬照抄马列的原著,不作创造性理解,不敢越雷池一步,表面上好像是对马列主义的尊重,实际上却是对马列主义的禁锢。这样做,不但不能发展马列主义,而且也不利于对刑法因果关系的研究。①结果,"在因果关系的哲学原理上,我们一直还停留在一个世纪之前的水平上。"②这也正印证了伽达默尔的断言:"随同十九世纪精神科学实际发展而出现的精神科学逻辑上的自我思考完全受自然科学的模式做支配。"③这样一种指导性理论的范式,是启蒙时期的现代性范式,或者说是前现代性范式。

(三)前现代化范式危机

前现代化范式已经向现代之后的范式转向这一事实,就足以表明它本身存在问题。笔者认为,其中最基本的问题是前现代化范式没有给予人文社会学科一种科学性的建制。其具体表现有二:一是合理性评价在刑法中缺位;二是为法律建构的是一个封闭的体系。

1. 合理性评价的缺场

前现代化范式将科学性和真理性进行等价思考,简单说,就是只重视事实上的考察,而不重视价值的评价;即便该范式并不主张采取这种判断方法,但往往也会导致这样的局面。这种方法论是不科学的。

经由"相对合理性"概念的科学性,当我们反思必然性因果关系所谓的"客观性"特征时,可以发现该理论据以立足的范式的第一个缺陷:合理性在刑法评价中缺位。比如,甲强奸乙女后,乙女觉得无

---

① 参见侯国云:《将哲学上的因果关系应用到刑法中来需注意的问题》,载《法学评论》1997年第4期。
② 侯国云:《将哲学上的因果关系应用到刑法中来需注意的问题》,载《法学评论》1997年第4期。
③ 〔德〕汉斯·格奥尔格·伽达默尔著:《真理与方法——哲学诠释学的基本特征》(上),洪汉鼎译,上海译文出版社1999年版,第3页。

脸见人,于是在一天晚上趁身边无人照料而自杀。根据《刑法》第236条第3款第6项之规定,"致使被害人重伤、死亡或者造成其他严重后果的"属于强奸罪的加重结果。问题是,受害人自杀的结果是否符合这一项规定呢？我们都知道,强奸罪往往伴随暴力,在暴力过程中可能对受害人造成伤害或者死亡,而且还可能导致受害人的精神崩溃等直接结果。在受害人受暴力性侵犯后出现死亡结果,要通过法医学或精神医学等自然科学方法证明该结果与强奸行为之间的事实因果关系。这是一个经验科学的主题,属于证据学的范畴,是刑法因果关系论考察的基础。进而,在刑法因果关系论上,当对行为与结果之间的联系存在经验上的分歧时,法官的确需要根据自己的经验,判定该自然属性的因果关系是否存在,如死亡是不是由暴力行为所直接导致的。但是在司法实践中,许多争议都是理论性的,并不以经验为根据。①当出现上述问题时,法官所面临的问题不应停留于经验上的分歧,因为受害人死亡不是暴力行为直接引起的,而是自杀的结果,其事实关系是非常明确的,并不存在争议。此时的主要问题是:该死亡结果是否包含在法律规制的范围之内。而这应该是一个规范意义的问题,即法官要决定对死亡结果的公平担责,也就是要确定谁承担死亡结果比较合适,从而让司法判决具有合理的可接受性。类似的合理性问题,也是整个刑法因果关系论所面临的关键性问题。可是,在掌握真理即掌握力量的前现代性范式下,"在启蒙理想中,真理是全部科学围绕的中心,是知识金字塔的最高点,是思想统一性的标志。"②人们还不会意识到"科学知识"之外的合理性思考的社会意义。

2. 封闭的法律体系

前现代性范式为法学建构的是一个封闭的体系。获得永恒真理

---

① 参见〔美〕德沃金著:《法律帝国》,李常青译,中国大百科全书出版社1996年版,第43页。

② 姚大志著:《现代之后——20世纪晚期西方哲学》,东方出版社2000年版,第5页。

是启蒙的基本理想之一,科学和理性是获得永恒真理的基本方法。在整个法学之中,十九世纪居主导地位的时代精神是实证主义和法治国思想。实证主义有两个信条:一是法官不许造法;二是法官不许在法律上沉默。其信条的前提是:制定的法律秩序是一个封闭的无漏洞的整体。① 因为这是一个以科学知识为基础而建构的科学体系:它预设法律判断的每一个前提都有科学依据,无可争议,因此法律判断被认为仅仅是一个逻辑分析过程。

可是,究竟什么是科学的呢? 对于这样一个问题,在自然科学或者自然哲学中存在各种各样的看法和标准,有的学者将先验作为科学的基础;有的学者将经验作为科学的根据。在检讨前人的认识观的基础上,康德提出:许多所谓科学原理是观念,有假设的价值,而没有绝对的真理性。② 这种论断的意义很大,对刑法因果关系论而言,它足以从根本上摧毁我们对因果关系客观性的确信,因为根据他的理论,关于一些基本的原因或力量或实体的存在,即关于事物的因果关联,只不过是假设。③ 我们今天承认:康德的观点"它让人避开有因果关系的宇宙,而显然没有牺牲认识上的正当要求。"后来,费希特也提出:如果我们局限于科学的认识,则永远不能超出无情的因果秩序的概念以外,不能摆脱自然的机械性。但是出路是有的。理智的直观的活动本身,是一种自由意志的活动,在这种活动中,我们意识到……普遍的目的,这种目的指使我们作自由人,从自然的决定性中解放出来,拒绝成为因果链条中单纯的一个环节。④ 这说明,作为

---

① 参见〔德〕阿图尔·考夫曼、温弗里德·哈斯默尔主编:《当代法哲学和法律理论导论》,郑永流译,法律出版社2002年版,第109—116页。
② 参见〔美〕梯利著、伍德增补:《西方哲学史》,葛力译,商务印书馆1999年版,第457页。
③ 参见〔美〕梯利著、伍德增补:《西方哲学史》,葛力译,商务印书馆1999年版,第457页。
④ 参见〔美〕梯利著、伍德增补:《西方哲学史》,葛力译,商务印书馆1999年版,第479页。

科学核心概念的因果关系,本身就是一个比较脆弱的认识体系。①

科学认识观的不断进步,在人文社会科学中产生的影响就更大。最基本的发现就是,"即如果我们是以对于规律性不断深化的认识为标准去衡量精神科学,那么我们就不能正确地把握精神科学的本质。社会—历史的世界的经验是不能以自然科学的归纳程序而提升为科学的。"②根据这种认识,我们发现在前现代性范式下建构的法学体系,只能在一个非常简单的社会结构中适用,之于一个带有极其敏感的、经济体系高度复杂的社会,则可能无所适从,甚至变异为纯形式的法律而无视法律中永恒的正义。③

综上所述,由于自然科学不可能为我们提供绝对正确的科学保障,即便它能提供这种保障也无助于实现刑法的目的,所以,法律体系必须为上述合理性问题开放,而不可变为一个片面追求逻辑自洽的封闭体系。

四、"必然性因果关系论"的叙事性问题检讨

(一)叙事方式与问题所在

在前现代性范式支配下的"必然性因果关系论",根据真理就是力量的信条,力求挖掘条件关联中具有规律性的联系,从而为刑法评价提供一种科学(其实是自然科学)的根据。这样一来,该理论体系就将主要围绕事实要素的客观联系,并以此为中心而建构起来。结果,在叙事方式上,它运用早期唯物主义的真理观,试图简要地把握危害行为和危害结果之间的联系,通常从唯物主义的研究目的出发,提出因果关系的五个基本特征,如果某种联系具备了这五个特

---

① 对此,本文不准备做更为繁复的展开。有兴趣的话,请参见休谟的有关著作。
② 〔德〕汉斯·格奥尔格·伽达默尔著:《真理与方法——哲学诠释学的基本特征》(上),洪汉鼎译,上海译文出版社1999年版,第4页。
③ 参见〔德〕阿图尔·考夫曼、温弗里德·哈斯默尔主编:《当代法哲学和法律理论导论》,郑永流译,法律出版社2002年版,第119—121页。

征,就判定其为刑法上的因果关系。可是,研究因果关系究竟要达到什么目的呢? 这个问题是该学说并没有阐释清楚的。目的不明确,自然就难以确保研究对象、研究范围的明晰性和恰当性。在此意义上,必然性因果关系论叙事结构中的理论目的、具体内容和方法都是值得反省的。以下就其中突出的几个问题进行检讨。

(二) 必然性因果关系论的研究目的

因果关系的研究目的,这是因果关系论的出发点和前提,对此,在理论上至少存在两种不同的观点:第一种观点认为,研究刑法因果关系的最终目的,是为犯罪构成确立客观方面的要件,也就是为行为人负担刑事责任提供客观依据。第二种观点认为,研究刑法因果关系论,是为了确认某人实施的同已发生的犯罪结果具有因果关系的某一特定行为,具备犯罪构成的一切必要条件已构成犯罪,并直接导致刑事责任。① 两种观点发生分歧的原因在于:一是如何对待"价值评价";二是如何对待因果关系的地位。这两个问题是必须予以回答的。

就"价值评价"而言,有学者认为,第二种意见把行为人的主观罪过包含在刑法因果关系中,是"基于'价值评判'的理论"。"这种价值评判,就是在纯客观的因果关系基础上,必须加上行为人的主观罪过,才能变为刑法上的因果关系。"②那么,是不是说价值评判就意味着加入行为人的主观罪过要素呢?

笔者对这种看法不能认同,理由有二:首先,第二种观点的确把行为人的主观罪过要素纳入到价值评价之中,但笔者认为,价值评价和行为人的主观罪过要素应当被区别开来。因为行为人的主观罪过要素是作为评价对象而存在的,而价值评价是对象的评价,是属于评

---

① 参见侯国云著:《刑法因果新论》,广西人民出版社2000年版,第25—27页。
② 侯国云著:《刑法因果新论》,广西人民出版社2000年版,第26—27页。

价主体方面的要素。其次,我们要将主观罪过和主体性要素区别开,①刑法因果关系的评价,可能会遇到类似关于因果关系的"认识可能性"问题,但不能把它们当成主观罪过。有无该认识可能性,可以作为一种是否客观存在的属性,首先发挥可否将某个具体的评价对象归到一个特定的类型体中去的功效。如果具有这种能力,该划归到某一类型体中去而不划归;或者相反,不具有某种能力,不该划归到某一类型体中而被划归其中,就导致一个基于事实而派生的合理性问题。价值评判主要是用于解决该合理性问题的。综上所述,价值评价在因果关系论中是必要的,但把行为人的主观罪过理解为价值评价的主要内容,是不恰当的。

与"价值评价"相联系的,是如何对待因果关系的地位。对此,有两种不同看法:第一种是肯定论,但具体理由不同。有的学者基于价值评价的要求,认为应当将因果关系作为犯罪构成的要素;②有的学者认为,危害结果是刑法中某些犯罪的构成要素,所以因果关系是结果犯的构成要件。③ 第二种是否定论,认为在任何犯罪中,刑法上的因果关系都不构成要件要素。④

笔者认为,因果关系是犯罪客观方面的一个要件,但不同意第一种肯定论的理由。因为价值评价是一种方法,而不是一种要素。比如,淫秽物是刑法中的规范要素,在我们判断某物是否是淫秽物时,我们要运用价值评价的方法,但不能由此将判断过程作为要素处理。同样,刑法因果关系判断也需要进行价值评价,但这不意味

---

① 具体理由请参见童德华著:《外国刑法原论》,北京大学出版社2005年版,第151—152页。

② 具体理由请参见陈兴良著:《刑法哲学》,中国政法大学出版社1997年版,第95—96页。

③ 具体理由请参见赵秉志、吴振兴主编:《刑法学通论》,高等教育出版社1993年版,第145页。

④ 具体理由请参见张明楷著:《刑法学》,法律出版社2003年版,第182—183页。

着,价值判断就使因果关系成为犯罪构成要素。笔者认为,因果关系成为犯罪构成要素的最显著理由,是在刑法中存在相应的规定。笔者注意到,在我国刑法中有相当多的犯罪构成,都规定了一种涉及因果问题的关联性要素,如"致人重伤、死亡"中的"致"、"使公私财产遭受重大损失"中的"使……遭受"、"造成严重后果"中的"造成"等。以强奸罪为例,在其加重类型中,就有"致使被害人重伤、死亡或者造成其他严重后果的",通常,这一犯罪形态的客观要件包括行为、结果、对象等,但很显然,"致使"也是条文中的一个内容,我们有什么理由忽视这个概念呢?而且正如前文所说,在这里考察"致使"并非没有意义,而且意义极为明显,因为受害人自杀的结果是不是行为人的行为"致使"的,是涉及刑法合理性评价的关键内容,由此完全可能导致不同的法律后果。因此,笔者比较赞同第二种肯定论的看法,即作为关联性问题的因果联系也是犯罪构成的客观要素。在这里,研究所谓因果关系就逐渐显示出它的本来意义:确定因果关系的过程,是一个犯罪定型的过程。由于在我国犯罪中还不能较为充分地显示出这一意义来,所以我们暂借德日"三段论"犯罪构成予以说明。众所周知,德日犯罪构成要件包括构成要件符合性、违法性和有责性,因果关系是在构成要件符合性中考察的。可是,构成要件符合性是作为行为类型或违法行为类型或违法有责行为类型而被对待的,[①]可见,刑法因果关系被确定的结果是,行为和结果等要素被归属到一个构成要件的行为类型中,从而使构成要件符合性得以充足;反之,如果因果关系不能被确立,就不能以一定行为或者结果充足某一构成要件。进而我们发现,所谓因果关系为犯罪构成的类型提供的是一个认识根据,如我们可以认为强奸罪的受害人自杀,可以使行为人的行为符合《刑法》第 236 条第 3 款第 6 项的客观构成,也可认为它不能使行为人的行为符合该项构成,但无论如何,不能直接认为有因

[①] 参见〔日〕山中敬一著:《刑法总论Ⅰ》,成文堂 1999 版,第 148—152 页。

果关系就有刑事责任。

另外需要指出,一般理论认为,实践中主要在两个方面解决因果关系:一是已发生某种危害结果,但不知道是谁的行为造成的;二是已实施危害行为,是否造成了危害结果以及造成了哪些结果。"后一种情况比较容易解决,关键是前一方面的问题。"①但如前文所说,这两个问题主要属于证据法的内容,在刑法中并不是关键的。刑法中的关键问题是,对行为和结果之间存在条件关系,我们应采取何种模式将该关联性事实论证为一个受规范调整的关联。而这个核心问题,在我们研究所谓的因果关系问题时恰恰被忽视了。

(三)必然性因果关系论的研究对象

由于研究目的没有充分体现刑法评价的要求,以至于必然性因果关系论的研究对象过于狭隘。这是在作为关联两端的条件和结果范围的界定中表现出来的。

1. 作为关联的条件

我国学者关于刑法中的条件有如下见解:(1)人的行为说,认为刑法因果关系的原因是人的行为,并不局限于行为人是否有责任能力,其行为是否对社会有利;(2)危害行为说,认为刑法因果关系的原因是人对社会有害的行为,而不包括有益行为;(3)违法行为说,认为刑法因果关系的原因不仅有害,而且必须违反了法律规定;(4)刑事违法行为说,认为刑法因果关系的原因必须是违反刑法规范的行为;(5)构成要件的行为,认为刑法因果关系的原因必须是符合刑法分则规定的、某种犯罪构成要件的行为。② 依据上述观点,因果关系的条件仅考察人的危害行为,至于人在无责任能力状态下的行为和自然现象等,似乎被排除在考察之外了。

这和英美刑法因果关系论大不相同。英美学者关于事实因果关

---

① 张明楷著:《刑法学》,法律出版社2003年版,第172页。
② 参见马克昌主编:《犯罪通论》,武汉大学出版社1999年第3版,第209页。

系的考察有两个限定:第一,因果关系判断,主要是区别自然事件和人的原因;第二,只有在隔离性的结果犯场合,才需要研究因果关系。这种见地有一定道理。首先,就区别自然事件和人的原因的意义来看。如杀人、伤害、强奸、放火、抢劫、盗窃、夜盗等普通法中的严重犯行,都伴随着明显的损害:某人被杀、被伤害、被性侵害、一个房子着火了、财物在暴力或者威胁下被夺走了、某件东西被偷了,或者私宅被人侵犯,侵犯者有严重犯行的企图,等等。在这些不同的场合中,有时要考虑具体的因果联系。比如杀人,除非有人的行为导致他人的死亡,一般是不会发生谋杀或者杀人的,换言之,必须由犯罪人杀了受害人,行为人的行为是导致死亡的暴力。假如行为人企图杀受害人,开车到行为对象 X 家实施杀人行为,当他正要敲门时,X 由于意外发作心脏病而死亡,就不能认为行为人杀了 X,因为行为人并没有引起死亡,X 的死亡就属于自然事件,即它不是由人的行为引起的。但是,如果 X 是因为发现行为人而紧张引发心脏病死亡的,那么,行为人来到门前的行为可能是 X 死亡的原因,此时,是否存在因果关系,取决于行为人没有到来的时候,X 是否会有致命的心脏病发作。可见,在刑法中要区别自然事件和人的原因是,因为前者对于刑法没有价值,而只有后者——人的行为导致的危害后果——才满足刑事责任的最低限度。[①] 从而,区别自然事件和人的原因,可以有效控制刑法评价范围,突出评价的重心,在某种程度上它构成刑法因果关系事实判断的中心。其次,就确定隔离性的结果犯而言。如前所述,犯罪有两类,一类只和人的原因相关,另一类还可能涉及自然事件。在谋杀和放火中,行为和自然事件都可以导致死亡结果发生,即人死亡或者房屋烧毁,既可以因人的行为,也可以因自然事件。这一类型犯罪具有隔离可能性;但强奸和盗窃只能因人的行为而发生,如果没有某人的相关侵犯,女性或者男性就不会被性侵犯,性侵

[①] 参见 George P. Fletcher, *Basic Concepts of Criminal Law*, Oxford University Press, p. 59(1998)。

犯不会自然发生;与之相似,如果没有某人的行为,人们一般不会失去自己对财物的占有,失去占有只能是某人将他的财物拿走了。可见这一类犯罪没有隔离性。前述两类犯罪,在大陆法系中通常都属于结果犯,可是在英美刑法中,有人将前面的两种犯罪归类为结果犯(crimies of harmful consequences),后两罪归类为行为犯(crimes of harmful actions)。① 英美刑法的划分方法,作为划分人的原因和自然事件的标准,对进一步展开因果关系的讨论是很有意义的。比如在强奸和盗窃中,自然事件不能使结果发生,因此,只要有危害的行为,就表明行为人就是原因力。但死亡、生理伤害、财物毁坏等结果,在自然条件下也可能发生。基于此,我们可以说,行为犯(如强奸、盗窃)的危害行为和相关后果之间的联系是即时性的,没有空间上和时间上的隔离存在,暴力性交意味着当时当地进行强奸,拿走他人财物表明他人在现场失去占有,这些犯罪或许也有长期的间接影响,但它们并非这些犯罪的本质因素。而结果犯则不同,在行为和结果之间,由于存在一定的"因果隔离"(causal gap),行为实施之后,结果并不一定接踵而至,而且行为和结果之间的因果隔离可能跨越较大的空间和时间范围。例如,按下一个按钮,可能导致这个星球另一端的一个人死亡,扣动扳机后某人可能在两三年之后才因为枪伤而死亡。这种空间和时间上的隔离,打开了因果关系的新视野。由于缺乏人的原因时,一个既存的结果毫无疑问仅仅是一个事件的结果,但是,当其中介入了人的原因时,问题就开始变得复杂了。

可见,研究因果关系的目的,就是要分清一定行为对于一定结果的责任大小,然后决定它们之间是否有刑法意义上的因果关系,从而认定它是不是犯罪构成类型的行为,最终排除不具有严重危害的行为或自然现象,确定危害行为。既然严重危害行为是因果分析的结论,那么在得出结论前,排除其他与结果有关的非危害性行为或自然

---

① 参见 George P. Fletcher, *Basic Concepts of Criminal Law*, Oxford University Press, p. 61(1998)。

现象,就难以正确认定危害行为与结果之间的关系。比如,甲用小刀刺伤乙的大腿,乙在被送往医院的途中,又被丙养的狗咬在伤口上,导致大腿被截肢。如果先期排除狗的行为,让甲对乙的伤残承担完全责任,显然是不合理的,故在最后认定甲的行为具有刑法意义之前,狗的举动与结果之间的联系是必须被充分考虑的。所以,因果关系的判断,包括区别各种条件性事实与结果之间的联系程度,以确定各种条件性事实究竟导致了何种程度的结果。这是下一个层次的判断内容,而在第一个层次,就必须包含各种与结果有"无此则无彼"的事实关系者的行为、自然现象,它们是甄别危害行为的前提要素。因此,必然性因果关系试图从行为和结果之间的必然联系中得出结论,通常会漠视各种各样的介入因素,这是不可取的。

2. 作为关联的结果

必然性因果关系论中关于结果的限定,其分歧有二:第一,现实结果说,认为刑法因果关系中的结果,不是一般结果,而是由行为人的危害行为所引起的符合刑法规定的现实危害结果。如果在社会上出现的某种损害,属于刑法所允许的和不负责任的结果或是有利于社会的,就不属于刑法因果关系研究的范围;第二,可能结果说,认为刑法因果关系的结果不仅是指现实结果,同时包括对刑法所保护的社会关系可能造成的实际损害。①

对于这两种观点,笔者比较倾向前者,但认为有待进一步阐述,理由在于:第一,犯罪的本质决定,一切犯罪都可能对社会关系造成破坏,即都存在发生严重危害后果的现实可能性,否则,就不会在刑法中有相应的规制。如果将刑法中的因果关系的结果理解为可能结果,无异于认为对于一切形态的犯罪,如举动犯、行为犯、危险犯和结果犯,都要分析其因果关系,这就扩大了因果关系的考察范围,既违背了因果关系论的初衷,也是不科学的,实属画蛇添足。毕竟,对

---

① 参见马克昌主编:《犯罪通论》,武汉大学出版社1999年第3版,第209—210页。

于举动犯和行为犯,只以一定的行动为构成犯罪的客观要素,至于结果出现与否,对定罪是无关紧要的。

第二,现实结果说将结果限定于构成要件的范围之内,是恰当的;但是,刑法中的结果包括实害结果与危险结果,危险结果还可分为具体的危险结果与抽象的危险结果,该说对此却没有进一步说明,因而留下了一些悬念。刑法因果关系的结果是否包含危险,包含哪种形式的危险,是一个重要问题。它涉及因果关系理论的机能、实践意义,对于确定未遂行为、犯罪成立与否有着不容忽视的影响。如果认为结果仅仅是实害,对于危险犯就不必判断因果关系,那么在刑法理论中自然可能用另外一种关系理论,去研究行为与危险之间的联系,这肯定没有必要。所以,要承认危险也是一种结果。由于危险相对实害而言比较抽象,难于准确衡量,所以行为与危险之间如何联系,以及如何确定危险的量度,都将是因果关系研究要面临的问题。

第三,在现代社会,由于科学技术的发展、社会分工细密,导致危险更容易发生。但是,许多有潜在危险性的活动,对于社会的进一步发展是有益的,所以得被法律容许,这就是所谓的"容许的危险"。在这种情形中,行为一开始就具有危险性,如果发生危害结果,必定存在它与结果的条件关系,然而是否有刑法上的因果关系,还必须综合考虑危险性行为对于结果的促进力。比如,司机驾车,一个小孩突然从路边跑出,汽车把小孩撞死了。若无论司机是否超速,在该场合都无避免结果的可能性,尽管司机的行为是死亡结果的条件,但是在他没有违背法律法规时,肯定不能追究刑事责任。因此,就必须在判断中否定行为人有犯罪的主观态度,或否定行为与结果之间的因果关系。由于驾驶人对于交通事故无避免结果的可能性,而通常有预见可能性,所以,很难指望用主观阻却要素来否定司机的责任,这时,就要否定他的行为与结果之间在刑法上的因果联系。行为对于结果没有刑法的原因,是因为它在容许的限度内。由此可见,有无刑法因果关系,也必须联系危险进行分析,即危险也是因果关系论的要素,至于危险是具体的抑或抽象的,在所不问。

在因果关系中考虑危险,不仅在理论上是必要的,同时,它也有助于说明刑法中的其他问题。若不考虑危险的因果关系,就无法说明未遂犯的行为与结果的原因联系,也不能说明危险犯的行为与危险之间的关系。所以考察危险的理论机能还有助于说明:其一,危险犯的完成形态,即何种危险才应当认为符合构成要件的要求,行为造成何种程度的危险才能作为构成要件的行为,行为竞合时的危险如何分配;其二,故意结果(包括危险)犯的未遂形态,主要是故意行为何时着手。

(四)必然性因果关系论的判断层次

在刑法中运用因果关系理论判断各种条件时,是一并进行还是分别进行呢?受前现代化范式的支配,必然性因果关系论采取了一并判断的结构。但笔者认为,由于因果关系判断的本质是为了限制刑法评价的对象,所以分析因果关系时,是尽可能排除其中没有刑法意义的因素。为了科学合理地实现该目的,应该分层次加以判断。

值得注意的是,在必然性因果关系论内部,有个别学者提出,因果关系有三个判断层次:第一层次是区分哲学意义上的因果关系,这种因果关系是泛指任何事物发生、变化过程中的因果关系联系,其原因可以是任何自然因素和人的因素,其结果可以是任何自然现象和社会现象;第二层次是法律意义上的因果关系,它局限于法律制度所关注的领域;第三层次是刑法意义上的因果关系,它局限于刑法领域。① 就分层主张而言,论者的意识是中肯的,但是,其不足之处在于,第二层次的法律性判断和第三层次的刑法性判断难以分开。一般而言,经过刑法规范的判断,就能达到法律判断与刑法判断的目

---

① 参见张小天、陈信勇:《因果关系的层次和形式及其在刑法领域的表现》,载《浙江大学学报》1993年第3期;参见张绍谦著:《刑法因果关系研究》,中国检察出版社1998年版,第58—59页。

的，完成第三层次与第二层次的任务，所以，无须将其分为两个层次。而在这两个层次和第一个层次之间，如果仅仅着眼于各自的领域，又如何将它们之间的差别区别开呢？笔者认为，经过论者所说的三个层次判断之后，既不能说明复杂因果关系的联系方式，也不能显示在一个特定领域之内完成任务所必要的环节，它仍然没有解决真正的层次问题。

在刑法因果关系判断中，很明显应包含三个层次：第一层，要考察客观事实与结果之间有无条件关系。如果行为与结果之间的"条件关系"是一种假象，就没有条件关系，判断就结束了。反之，如果有条件关系，就进行第二层判断，考察与结果有条件关系的事实对于结果所施加的原因力。如果行为不论合法与否，都会导致结果的发生，就应该理解为没有给予原因力，从而中断因果关系的判断。反之，若行为对于结果有促进作用，就进行第三层判断，考察该原因行为是否该由刑法评价。如果不应由刑法评价，就不认为有刑法意义上的因果关系，从而不能追究行为人的刑事责任。如果应由刑法评价，就认为行为及结果符合犯罪的客观构成。由此进一步说明，将必然性联系和刑法因果关系的取舍予以合并判断的必然性因果关系论，其论证的层次过于简单，不具有充分的说服力。

（五）"必然性"的论理方法

关于"必然性"的阐释，我国学者围绕必然性与偶然性因果联系发生了很大争议。这些争议主要表现为四种不同的意见：一是认为，刑法中只有必然因果关系，偶然因果关系是不存在的。在必然因果关系以外的有关联的事物或现象叫做条件，因而只有内在的必然联系，才是行为人负刑事责任的基础。二是认为，刑法中的因果关系，既有作为基本形式的必然联系，也有作为补充形式的偶然联系。只有必然因果关系才是行为人负刑事责任的客观基础，偶然因果关系不是担负刑事责任的依据。三是认为，不仅必然因果关系可以作为负刑事责任的客观基础，偶然因果关系在一定条件下也可以作为担负刑事责任的客观依据。四是认为,刑法中的因果关系是必然性和偶然性的统一,既不能把它说成是必然的,也不能把它说成是偶然的。① 围绕必然性联系与偶然性联系的讨论,也是我国刑法因果关系论的中心内容。但是,这种论证开始受到批判和质疑。② 笔者认为,将必然性因果关系与(或)偶然性因果关系作为刑法因果关系的判断准则,存在如下问题:

第一,未能真正实现哲学因果关系向刑法因果关系的转变。作为哲学重要范畴的原因与结果、必然与偶然,对于一切科学研究、社会实践,都是有指导意义,但是,由于哲学与其下位的学科研究侧重点不同,就不能用哲学替代下位学科,也不能机械地套用哲学概念。必然性联系与偶然性联系,是指事物在发展变化过程中的不同表现形式,偶然性是一种不常见的联系形式,或一种暂时未被认识的必然联系,它和必然性联系一样,是客观存在的,也即是不容怀疑、不容否定的。而作为客观存在的某种条件与犯罪结果之间的因果关系,不论是否表现为必然联系,或是偶然联系,在哲学意义上是现实存在的,不容否定;在刑法上讨论必然性因果关系或偶然性因果关系,无非是首先确定一个标准,然后依据该标准决定并选择因果事项,假如认为偶然性因果关系也能作为刑法中的因果关系,那么只要行为与结果存在客观联系,就能肯定它是刑法上的因果关系;反之,若只承认必然因果关系,则只要肯定因果联系的必然性,就认定该因果关系具有刑法意义。这是一个层次的判断方法,这种判断实质上还停留于哲学层面。但是,刑法意义上的因果关系,还必须联系刑事立法的精神,联系刑法规范,才能得出适当结论。所以,刑法理论中的必然

---

① 参见马克昌主编:《犯罪通论》,武汉大学出版社1999年第3版,第210页。
② 可以参见王敏远:《对刑法中因果关系理论的反思》;龚明礼:《刑法必然因果关系和偶然因果关系的质疑与探讨》,分别载于高铭暄、赵秉志主编:《新中国刑法学五十年》,中国方正出版社2000年版,第509—521、533—545页。张绍谦著:《刑法因果关系研究》,中国检察出版社1998年版,第77—97页。

或偶然因果关系的概念,不能是哲学概念的翻版,应该体现刑法实践和理论的使命。

第二,必然性与偶然性的划分及其结论过于抽象,也不确定,在刑法上难以说明因果关系的第一个层次的问题。首先,如何界定这两个概念就存在着极大的分歧。① 一般认为,因果关系是事物内在的、本质的、必然的联系,这"就把因果关系与规律等同起来"。② 既然是内在的、本质的、必然的联系,那么,在寻求怎样的联系才是必然时,将不得不求之于"内在"和"本质"两个概念。然而,这两个概念都不能凭借一般感觉可以感知,而是抽象的东西,如何体会、理解这两种联系,取决于判断者的知识水准、理论修养和实践经验,这自然不可避免理解上的差异,从而出现法律上的选择差别。比如,甲对乙打了一拳,乙却是体质异常的人,当场死亡,那么甲的行为与乙的死亡是必然的还是偶然的呢?就这种现象发生的社会事实而言,它可能是偶然的;但是就结果发生而言,它则是必然的。所以,必然性与偶然性的划分方法,犹如绝对与相对一样,难以确定一个准确的标准。

第三,必然性或偶然性因果关系概念,对于刑法中的因果关系,不能提供有益的标准,相反却引发不必要的争论。比如上一个例子,甲的行为与乙死亡之间,是否为必然性因果关系或偶然性因果关系,也许能决定甲可否被追究刑事责任,但最后解决问题还要看甲的主观心态。事实上,刑法中的必然性和偶然性概念,其中蕴含着行为背后的主观心态,即认为凡是为人所难以确知的因果关系是偶然的,而为人一般认识的因果关系是必然的;这种判断,是将犯罪构成主观方面的要素提前纳入分析范围中,使客观的因果关系夹杂主观

---

① 参见侯国云:《将哲学上的因果关系应用到刑法中来需注意的问题》,载《法学评论》1997年第4期,第60—61页。

② 龚明礼:《刑法必然因果关系和偶然因果关系的质疑与探讨》,载高铭暄、赵秉志主编:《新中国刑法学五十年》,中国方正出版社2000年版,第535页。

的成分,所以是不科学的。

所以,刑法中的因果关系,不能理解为是必然或偶然联系方式,而正如有的学者所说的,"我国刑法因果关系的研究要真正取得进展,就应当绕开哲学上必然偶然之争这条路子,寻找新的研究视角。"①刑法中因果关系的成立,首先是一个事实关系的存在,即首先要证明该事实关系是客观存在的。判断条件关系成立的标准很简单:若无条件就无结果;但是,该标准不能表述为:有该条件而有该结果。例如,结果发生之际,存在数个因素,但尚不能说此数个因素都与结果有条件关系,而必须判断此四者是否必不可少。若缺少其中一个,结果同样发生,就应当否定它与结果之间有条件关系,从而排除对它的检验。这个判断的标准是具体的,而不是抽象的,只要根据一般的经验法则判断就可以。

五、新必然性因果关系论述评

(一)新必然性因果关系论问题概述

鉴于必然性因果关系论存在的诸多理论问题,在我国刑法学界,还有一些学者尝试着从其他路径切入因果关系问题的研究中。大体而言,这些理论有两种流派:第一种是继续依据马克思主义、毛泽东思想的有关理论,开拓刑法因果关系研究的新途径;第二种是将研究视野转向大陆法系(如德日)或者英美刑法理论中。本章主要讨论第一种流派。

第一种流派大体可归纳为三种:一是规律说;二是内因说;三是准必然性说。它们共同的依据是马克思主义哲学,所论述的主要问题和必然性密切相关,为此,本文称之为"新必然性因果关系论"。以下对这几种理论分别评述。

---

① 张绍谦著:《刑法因果关系研究》,中国检察出版社1998年版,第97页。

(二)规律说

规律说又分两种。第一种规律说,试图摒弃必然联系与偶然联系,主张现实可能性合乎规律。理由在于,原因和结果、必然性和偶然性是两对相对独立的范畴。原因和结果,反映某一事物的产生并非无缘无故的,必定由某种事物所引起,而它的出现又会引起另一事物的产生。必然性和偶然性,揭示事物之间的联系与发展,存在着不同的趋势;必然性反映客观事物的联系与发展,在一定条件下具有确定不移的趋势;偶然性则反映事物发展过程中,由于条件和根据的不同,呈现出摇摆、偏离的不确定的趋势。"正是由于原因与结果、必然性与偶然性这两对范畴各有其不同的内容和特点,所以,不可将因果联系断然说成是必然联系和偶然联系。"[1]据此,该理论提出,刑法因果联系的性质,是指犯罪实行行为在一定的具体条件下,合乎规律地引起危害结果的发生,其基本内容包括:其一,作为原因的实行行为,必须具有引起危害结果发生的实在可能性;其二,作为原因的危害行为,必须合乎规律地引起危害结果。[2]

第二种规律说,主张必然性因果关系,但认为必然性联系的本质是合乎规律性。在论者看来,偶然因果关系的观点存在三个矛盾和谬误:一是偶然因果关系说把因果关系划分为必然因果关系和偶然因果关系,混淆了哲学原理各种范畴的基本内容;二是偶然因果关系说把因果关系划分为必然因果关系和偶然因果关系,实际上把本身是必然性和偶然性相互作用、辩证统一的产物的因果关系,看成是必然性和偶然性相互对立之后的产物,以至于把因果关系的必然性和偶然性从同一因果关系运动过程中独立出来,作为两个实体存在;三是偶然因果关系说把因果关系划分为必然因果关系和偶然因果关系,实际上把因果关系因其产生过程中存在偶然性的因素而与偶然

---

[1] 马克昌主编:《犯罪通论》,武汉大学出版社1999年版,第220—221页。
[2] 参见马克昌主编:《犯罪通论》,武汉大学出版社1999年版,第222—223页。

性发生的联系,错误地理解为原因与结果的偶然联系。结果还会将条件上升为原因、等同于原因,又违背了唯物辩证法关于分析因果关系必须遵循孤立、简化的原理。① 因此该理论的结论是:匡正偶然因果关系错误的途径,就是正确区分对结果发生影响和作用的原因和条件,把条件排除在因果关系之外,使因果关系真正反映事物之间一种内在的、本质的必然联系。② 这种论点将我国传统的因果关系转向到大陆法系的原因说。可是,论者却没有承认原因说,而是提出以唯物辩证法的基本原理为指导,认识和区分原因和条件。其标准从两方面理解:第一,作为原因的现象,必须包含发生结果的内在可能性和现实可能性,其中,内在可能性意味着,作为原因的现象是结果现象发生和发展的根据;现实可能性意味着,作为原因的现象按照其自然发展趋势,能够将产生结果的可能性转变为现实性。第二,作为原因现象所包含的发生结果的内在可能性,必须是合乎规律的,即它只有在合乎规律的情况下才必然转化为现实性。③

对此我们要指出的是,"必然性"和"规律性"概念是难以明确区分的,所以只要将某种因果关系联系理解为是规律时,就是在必然性观念下进行的解释,从而无法逃脱"必然性"概念制造的理论宿命。虽然规律论提出了新的标准,如和"实际可能性"同义的"现实可能性",但"实际可能性的标准,根本无助于确定偶然性和必然性的界限,而只能给法院的工作增加困难。审判实践不能在割裂客观方面和主观方面的基础上,即不能在割裂客观实际可能性和主观上对这种可能性的估计的基础上作出自己的结论。审判实践在对犯罪人的行为进行评价时,考虑犯罪人的行为比考虑发生危害社会结果的'实

---

① 参见苏惠渔主编:《犯罪与刑罚理论专题研究》,法律出版社 2000 年版,第 153—155 页。
② 参见苏惠渔主编:《犯罪与刑罚理论专题研究》,法律出版社 2000 年版,第 155—156 页。
③ 参见苏惠渔主编:《犯罪与刑罚理论专题研究》,法律出版社 2000 年版,第 157—159 页。

际可能性'要多得多;这种情况,当行为人以直接故意行动时,几乎永远是这样的。"①

不过就理论史的发展来看,我们必须承认,两种规律论虽然最终没有提供有关因果关系的具体、机能的理论,但是他们发现了必然性概念的问题,并尝试着避免重蹈必然性论问题的覆辙,这为后来的研究做出了很大的理论贡献。比如"现实可能性"的标准,就如特拉伊宁所说,从通常可能实现的意义上来理解"实际可能性"的话,就是"复活了旧的、不适用的相当因果性的理论"。② 而相当因果关系论,是当今日本刑法因果关系论中一个极为重要的理论。

(三) 内因说

内因说主张:"毛泽东同志关于事物发展的内外因理论,是辩证唯物论因果观在新的历史条件下的丰富和发展。由于它深入地阐明了外因与内因,根据与条件的关系,阐明了它们之间相互作用的机理,以及它们对结果的发生所起的决定性作用和非决定性作用,这对解决刑法因果关系问题十分适用……因此,应当以它为基础,并结合当代因果理论的新发展,来研究和解决刑法因果关系问题。"③该理论提出,解决刑法因果关系时,应当注意三个基本原则:一是不能孤立地只研究主体的行为与危害结果之间的因果关系,而应当全面地研究组成原因总体的各种因素,研究内因与外因、根据与条件以及它们之间的相互作用;二是对某个确定的危害结果而言,主体的行为无论在原因总体中的地位和作用如何,它与结果之间的联系都是因果联系,而且只要这种因果关系符合犯罪构成,就应当成为定罪量刑的

---

① 〔苏〕A.H. 特拉伊宁著:《犯罪构成的一般学说》,薛秉忠、卢佑先、王作富、沈其昌译校,中国人民大学出版社1958年版,第132—133页。
② 〔苏〕A.H. 特拉伊宁著:《犯罪构成的一般学说》,薛秉忠、卢佑先、王作富、沈其昌译校,中国人民大学出版社1958年版,第132页。
③ 何秉松:《毛泽东的内外因理论是刑法因果关系的理论基础》,载《法律科学》1994年第2期。

事实根据;三是由于刑事案件复杂,应根据内外因的基本原理,分析某一事实是不是结果发生的原因,进而判断它在原因总体中的地位,以确定其原因力的大小。①

内因说在理论上受到了为数不少的批判,其中不乏激烈者。比较温和的批判是:很多学者出于概念字面的联系,一厢情愿地把西方用来分析事实意义上因果关系的理论联系到哲学意义上的原因和条件,于是,在刑法理论上又产生了内因外因之争的混乱。② 就具体的内容而言,如内因说的第二个原则,就受到如下批判:哲学意义上的内因(也是哲学因果关系研究不可或缺的研究对象),往往并不是刑法因果关系所要讨论的问题。在刑法因果关系研究中,哲学意义上的内因只在少数情况下才有意义。比如,当被害人的特殊体质(哲学上的内因)可以被用于排除行为人的刑事责任时,刑法因果关系研究才会去关注被害人的体质这一哲学上的内因。除此之外,刑法因果关系所关注的,基本上都是哲学意义上的外因。例如,关于杀人罪中的因果关系,我们根本不会说,一个健康被害人的体质构造或生命耗弱(哲学上的内因),是其死亡的原因;而是要查明,被告人的杀人行为与被害人的死亡之间,是否具有因果联系。被告人的杀人行为,恰恰就是哲学意义上的外因。因此,"内因是根据,外因是条件"这一哲学命题,在刑法因果关系论中,作为确定危害结果发生的原因的标准,作为确定刑事责任的客观依据,并不妥当。否则,就只能由被害人自己对死亡的结果承担责任了。③

应当说,以上批判还是有见地的。由于哲学因果关系与刑法因果关系的研究目的不同,决定了它们在研究方法和研究对象上都有

---

① 参见何秉松:《毛泽东的内外因理论是刑法因果关系的理论基础》,载《法律科学》1994年第2期。
② 参见朱薛峰:《跨越哲学因果关系的刑法因果关系》,载《黑龙江省政法管理干部学院学报》2002年第3期。
③ 参见储槐植、汪永乐:《刑法因果关系研究》,载《中国法学》2001年第2期。

很大差异。这种差异又决定,如果我们硬将哲学中的"必然性"和"偶然性"、"内因"和"外因"理论强行引入刑法因果关系研究,除了会造成没有实际意义的概念之争外,对结果责任的认定并不能提供多少帮助。①

但是我们要注意,由于必然性因果关系只关注行为和结果之间的联系,当必然性因果关系论陷入困境时,内因说提出要注意行为之外的其他因素,并基于内外因的认识提出根据原因力大小决定责任分配的理论,还是比较中肯的。

(四) 准必然性说

准必然性说是侯国云教授提出来的。在《刑法因果新论》中,侯教授认为,"偶然因果否定说"与"偶然因果肯定说"之所以久争不休,主要原因在于必然性、偶然性等哲学概念原本存在着严重的缺陷,从而影响了对刑法因果关系的正确理解。② 基于该认识,他首先对哲学层面的因果关系进行了研究,对必然性、偶然性等概念重新界定,并创造了"绝然性"、"准必然性"和"准偶然性"三个概念。进而,他把刑法上的因果关系分为绝然的、必然的、或然的、偶然的四种。

所谓绝然性,"它是指一事物中所包含的引起另一事物的不可避免的、一定如此的发展趋势。"③所谓必然性,"是指在一定条件下产生于事物内在矛盾的主要方面并由该主要方面决定其发展方向的一种稳定的发展趋势。"④所谓或然性,"等同于人们通常所理解的狭义的可能性","它是指一定条件下由事物内在矛盾的各方所共同决定的引起或不引起某一事物的一种不稳定的发展趋势。"⑤所谓偶然

---

① 参见储槐植、汪永乐:《刑法因果关系研究》,载《中国法学》2001年第2期。
② 参见侯国云著:《刑法因果新论》,广西人民出版社2000年版,第1页。
③ 侯国云著:《刑法因果新论》,广西人民出版社2000年版,第153页。
④ 侯国云著:《刑法因果新论》,广西人民出版社2000年版,第105页。
⑤ 侯国云著:《刑法因果新论》,广西人民出版社2000年版,第160—161页。

性,"是指在一定条件下产生于事物内在矛盾的次要方面并由该次要方面决定其发展方向的一种不稳定的发展趋势。"①为了强调和突出必然性和偶然性理论,他还提出了准必然性和准偶然性概念,其中,准必然性是指产生于本事物之外的另一事物,并配合本事物中所包含的引起某种现象的偶然性得以实现的发展趋势。简单说,就是对偶然性的实现起配合作用的必然性。准偶然性是指产生于事物之外的另一事物,并配合本事物中所包含的引起某种现象的必然性得以实现的发展趋势。简单说,就是对必然性的实现起配合作用的偶然性。② 在各种发展趋势中,他提出了刑法因果关系的判断意见。

显然,侯国云教授试图为我们研究因果关系提供更为丰富和完整的类型。这一点是非常值得关注的。但遗憾的是,他并没有为我们直接提供这样的一种类型体系,而是经由概念的完整性和繁复性来从事这项工作,结果,使我们陷入概念体系所树立的"丛林"中,难以触摸其基本的想法。就因果关系论的现实、具体问题而言,在这样一种准必然性因果关系论中,以下问题是突出的:

首先,构建准必然性因果关系理论体系的知识谱系和方法不是十分可取。作者对马克思主义哲学经典原理的理解是比较透彻的,问题在于,在此基础上,他没有意识到马克思理论的发展和在当今取得的成果,毕竟马克思主义经典理论为我们提供的主要是方法论,而尚难以为现代社会提供直接的理论资源。而自二十世纪七十年代之后,世界哲学发生了重要的转向,这一点并没有为作者所注意。他在引用马克思主义哲学的经典文献作为论述素材时,不可避免地会根据前现代化范式建构自己的理论,由此,他力求通过概念构成一个完整的刑法子体系,而他所构造的这个子体系恰恰是一个封闭的体系,这正是前现代化范式下的法学体系的通病。

---

① 侯国云著:《刑法因果新论》,广西人民出版社2000年版,第109页。
② 参见侯国云著:《刑法因果新论》,广西人民出版社2000年版,第130—134页。

其次，准必然性因果关系论没有为我们提供明确的体系。以上创新中使用的一些概念，如绝然性、或然性等，究竟和传统意义上的必然性、偶然性概念有什么样的区别，究竟在司法实践中能否被运用，还有待进一步检验。① 当我们在力求区别绝然性和必然性、必然性和准必然性时，在文字上似乎是很明显的，但是透过文字就概念的含义看，我们实际上对于这些类型还是一无所知。比如，根据作者的见解，关于必然性和绝然性的区别，如果我们考虑在绝然性联系中设定一种条件时，它就可能是一种必然性联系，事实上，任何事物的发生和发展无不是根据一定条件而发生的。再如，在必然性和偶然性之间，作者以矛盾的主要方面和次要方面为基本要素来进行论述，可是，矛盾的主要方面和次要方面在辩证法中是可以转换的，这样一来，就使一个原本可能存在循环论述的问题转入到另外一个可能循环论证的论题中去。这个问题在其他几对概念之间也是存在的。

再次，准必然性因果关系论没有为我们提供一个相对明确的标准。虽然准必然因果关系论运用多个概念，来建构一个相对理想的类型体系，但客观而言，这种体系是自发建构起来的。而对不同的类型所面临的问题，论者在试图予以一一回答时，却忽视了理论本身所应当发挥的指导性作用，最终将使司法人员忙于将行为和结果之间的联系进行理论分类，并依据作者的意见决定刑法中的因果关系。这既不符合理论本身的意义，也不具有现实性。在此，刑法研究所谓的因果关系论，是为了在一个包括审判人员、起诉方、辩护方和法律文本的法律建制中向参与者提供一个阐释法律、论证理由的模式。所以，我们不排除对因果关系进行的类型化建构，但我们还要为这些类型提供一个具有基本指导意义的理论和模式。而这恰恰为准必然性因果关系论所忽漏。

---

① 参见赵秉志、刘志伟：《刑法因果关系研究的创新与发展——评侯国云教授新著〈刑法因果新论〉》，载《政法论坛》2001年第2期。

六、超越必然性因果关系论

在前面，本文对我国传统因果关系论的发展脉络，作了较为简要的梳理，并对各相关理论的实质和问题进行了分析，特别是对这些理论在理论依据和范式上的相同点进行了归纳，从而得出一个基本的结论，即我国传统因果关系的范式是前现代性理念。

这种范式的危机，已经比较充分地表现出来了，在今天的哲学中，前现代性范式已经转向为现代之后的范式。而在刑法中，根据前现代性范式建构的评价体系在方法、结构和要素等方面都存在不足，为此，要求刑法根据现代之后的范式，完成对传统刑法学的改造。

就因果关系论而言，判断目标不正确，判断对象过于狭隘，判断的逻辑也比较含糊等等问题，都是客观存在，对此，虽然曾经有学者尝试根据其他理论来克服这些不足，但是，它们所依凭的依旧是前现代性范式下的一种哲学理论。只要不能领悟这样一种理论的精神，不能根据其方法论对因果关系论的问题进行审视，我们将难以实现刑法学范式的转向，难以超越必然性因果关系论，这样的刑法理论最终将难以发挥其应有的价值。

行文至此，我们应该拉下必然性因果关系论研究的帷幕了，同时，以开放的、批判性、发展的和实践的态度，转变固有的观念，依现代之后的范式研究因果关系论。在这方面，研究和吸收当今国外刑法学中的因果关系论及相关理论，不失为一个可取的办法或理论方向。

第四节　刑法中的客观归属论的构造

一、问题概述

刑法上因果关系论存在的基本理论根据是，在刑法的结果犯场合，要使某人对一定结果负责任，"就必须查明他所实施的危害行为与该结果之间具有因果关系"。[①] 那么，应当如何判断危害行为和危害结果之间有因果关系呢？我国刑法通说认为，要根据辩证唯物主义因果关系理论中的客观性、相对性、序列性、具体性、复杂性、"必然-偶然性"来把握刑法中行为和结果之间的联系。可是这种做法的实践性不强，不可能为司法实践提供有价值的指导。[②] 因此，有学者改弦易辙，主张借鉴和吸收大陆法系或者英美刑法中的因果关系学说。[③] 这足以说明，我国因果关系论还需要根据辩证唯物主义的观点进行全面的发展和完善。在这个方面，研究大陆法系和英美刑法的因果关系理论是具有重要意义的。

可是，在笔者看来，如果继续拘泥于因果关系的概念来研究行为和结果之间的联系，无论是大陆法系还是英美刑法的因果关系论，都将陷入不堪理论重负的泥潭。就英美刑法因果关系论而言，它在理论构造、事实原因的选择以及近因标准的实践方面，存在着三重困境，[④]而大陆法系的因果关系论中，则出现了条件说、原因说、相当因果关系说等理论的纷争，即便是通说——相当因果关系说——也存在着主观说、客观说和折中说三个流派，其中围绕"相当性"的讨论，各个理论依旧存在这样或者那样的问题。[⑤] 这种现象之所以存

[①] 高铭暄、马克昌主编：《刑法学》，北京大学出版社、高等教育出版社2000年版，第81页。在日本刑法中则表述为实行行为和构成要件性结果之间存在的原因—结果的关系，参见〔日〕大塚仁著：《刑法概说（总论）》，冯军译，中国人民大学出版社2003年版，第159页。

[②] 参见童德华著：《规范刑法原理》，中国人民公安大学出版社2005年版，第129—130页。

[③] 主张大陆法系因果关系论者如张明楷教授（具体主张条件说），主张英美因果关系论者如张绍谦教授、陈兴良教授、储槐植教授等。

[④] 参见童德华著：《规范刑法原理》，中国人民公安大学出版社2005年版，第131—141页。

[⑤] 参见童德华著：《规范刑法原理》，中国人民公安大学出版社2005年版，第145—153页。

在,和"因果关系"概念很有联系,可以说,哲学上的"因果关系"概念的基础、思维定向、判断标准等因素都或多或少地限制了我们的视野。在判断任务上,"因果关系论"的目的是寻求前一个现象和后一个现象的联系,可是在刑事法中,判断该联系的任务通常被分解到诉讼法和实体法中。就单一原因而言,它和结果之间的事实联系属于诉讼法审查的内容,是侦查阶段要解决的事实问题;就复杂原因而言,其中每个行为和结果之间的联系,首先必须通过证据法审查确证,进而要确定由哪个(些)行为对结果承担客观的责任,此时所谓的因果关系,也就是刑法要解决的主要问题。严格地说,它不再是确证结果由哪种行为引起的,而是探求作为归责的客观条件,哪些原因事实有法律意义从而能够归责于造成该事实的行为。可见,"在刑法中对行为的特殊考察不仅仅从解释学原因方面看是必要的,而且在刑法精神上也是合理的"。[1] 在此意义上,相当因果关系理论也表现出类似的合理性诉求,"它并不像其早期的代表人物所认为的那样,是一种因果理论,而是一种归责理论。"[2]

归属或者归责的概念,最早由黑格尔提出来,他认为,"行为只有作为意志的过错才能归责于我。"[3]尽管黑格尔没有提出客观归责的概念,但是,他的理论为展开客观归属论创造了观念上的先机。1913年,德国学者恩基希指出,等价理论(条件说)实际上以可以被调查的事实为前提,但它无法提供正确的解答,这至少在实务所谓的"择一因果关系"情形中是公认的。例如,不同射手分别开一枪造成一人死亡,当每一枪都是致命的射击时。根据条件说,其结论如同大家所熟知的,必须否定其中的因果关系,因为当任何一枪被假定不存在

---

[1] 〔德〕汉斯·海因里希·耶塞克等著:《德国刑法教科书·总论》,徐久生译,中国法制出版社2001年版,第337页。

[2] 〔德〕克劳斯·罗克辛著:《德国刑法学·总论》(第1卷),王世洲译,法律出版社2005年版,第244页。

[3] 〔德〕黑格尔著:《法哲学原理》,范扬、张企泰译,商务印书馆1961年版,第119页。

时，由于仍有另一个致死的射击，结果依然发生，那么两个射击行为便可以互相推诿。为了避免这种不合理的结论，所以德国联邦最高法院便肯定这种案件中每一个个别射击的因果关系。这篇论文较早地明确提出了条件说的实践问题，使法学开始反省和重构侵权和犯罪中的因果关系理论。1927年，卡尔·拉伦茨在《黑格尔的归属论和客观的归属概念》一文中，明确提出了客观归属的概念，对刑法上进行客观归属论的研究提供了出发点。1930年，霍尼格明确指出，相对于因果关系是否存在而言，法秩序的要求更应当被视为重要的问题。他提出用法的或者规范的"客观的归属"之判断，取代因果关系的判断。霍尼格开启了现代刑法中客观归属论的理论大门，其思想成为罗克辛理论直接而重要的渊源。①

不过，现代客观归属论体系的形成并在刑法学中奠定较为牢固的地位，当归功于罗克辛。他通过一系列研究，提出了危险增加原理、规范的保护目的等概念，从而构建了客观归属论的基本框架。首先，行为人的行为对行为客体制造了不被容许的危险，其次，这个危险在现实中实现为具体的结果；最后，这个结果存在于构成要件的效力范围内。当这三个条件都满足时，由这个行为所引起的结果才可以作为行为人的结果归属于该行为人。② 这一见解在德国刑法学界被誉为"罗克辛革命"，获得了相当多学者的支持，并最终取得德国刑法学通说的地位。③ 其后，该说被介绍到日本、瑞士、奥地利等国，获得了这些国家相当多学者的肯定和支持，并在奥地利的司法实践中得到了广泛的运用。

现代客观归属论有别于因果关系论，在形式上就有比较明确的

---

① 参见童德华著：《规范刑法原理》，中国人民公安大学出版社2005年版，第156—159页。
② 参见〔德〕洛克信：《客观归责理论》，许玉秀译，载《政大法学评论》1994年5月总第50期。
③ 参见〔日〕饭岛畅：《论Roxin客观归属论的形成过程》（一），载日本《法学研究》第70号第7卷，第78页。

体现。在德国,以罗克辛理论为代表,客观归属的构造在形式上表现为:行为人的行为对行为客体制造了不被容许的危险;这个危险在现实中实现为具体的结果;这个结果存在于构成要件的效力范围内。不过,他承认,"因果关系的理论(至少在单独讨论的实施性犯罪中)是各种归责于客观行为构成的基础。满足行为构成的第一条件总是:是这个行为人造成了这个结果。"①以山中敬一教授为代表的日本学者提出,现代客观归属论的三根支柱包括:(1)条件关系,这是客观归属论的存在基础;(2)危险制造关联,就是以因果关系的存在为前提,由行为的时点出发探求行为结果发生的危险性,属于事前的判断;(3)危险实现关联,就是考察被制造的危险是否实现了结果,属于事后的判断,其中还包含着规范的保护目的。② 虽然德日客观归属论有所区别,不过,就其与条件说、相当因果关系说的区别看,均在肯定条件关系之后,不仅判断危险制造和危险实现,而且进一步分析该结果是否存在于构成要件的效力范围之内。正是危险关联与构成要件的效力范围的相关判断构成了客观归属论的基本内容。而支持这两个内容的理论基础则分别是危险增加理论和规范的保护目的理论。

综上所述,客观归属论克服了因果关系理论中潜在的思维偏差,使相关范畴的任务从寻求因果联系转移到寻求归责的本来轨道上来,体现了刑法中事实评价和规范评价的必要结合。它一方面可以更好地限制客观归责的范围;另一方面,在诸如不作为的场合,可避免以自然科学为基础的因果关系论的不足,为处罚行为人提供必要而充分的根据。因此,提倡客观归属论,对确定"在危害结果发生时使行为人负刑事责任的必要条件",至少不失为一种可资借鉴和参考的新方法和新理论。

---

① 〔德〕克劳斯·罗克辛著:《德国刑法学·总论》(第 1 卷),王世洲译,法律出版社 2005 年版,第 231 页。
② 参见〔日〕山中敬一:《我国客观归属论之展望》,载日本《现代刑事法》1999 年总第 4 期。

二、危险增加原理

危险增加原理首先来自于对过失犯中因果关系的思考。比如在交通肇事的场合,假定司机即便遵守注意义务也不能避免结果的过失犯场合,应当如何处置行为人呢?罗克辛注意到了这个问题,并提出"根据结果发生之际的不法行为人的态度是否超越并增加了被容许的危险"作为归责的标准,并由此展开一般的归责论。奥托在《结果犯中作为归属标准替代因果原则的危险增加原理》一文中,甚至基本上放弃了因果关系论,危险增加原理受到充分肯定。[①]

完全抛弃因果关联这一基础,在归属中是不现实的。不过"危险增加"概念为归属判断提出了更有实践机能的操作途径。因为归责不仅取决于行为和结果之间合乎逻辑的联系,还取决于"一个理智的观察者在行为前是否会认为相应的举止行为是有风险的或者是提高了风险的"。[②] 这一点也为不作为犯和帮助犯的归责提供了新的论据,如沙夫汀所说:"立足于法的方法的考察方法,在作为犯和不作为犯两类事例中,重要的是义务的违反与结果的结合……因此,并非存在论的因果关系,而是行为的价值的性质(义务违反)和无价值(法益侵害)被视为与结果的关系。这种关系不过是以规范的东西为本质。"[③]这说明,对不作为的归责,并不存在于不作为和结果的直接联系中,而是基于违反法的义务的行为,增加了法益侵害的结果发生的危险。其实,相当因果关系论所谓的结果发生的"相当性",其事实基础,是发生结果的客观危险增加的程度,"危险增加"概念为所谓的

[①] 参见〔日〕山中敬一著:《刑法中的因果关系及归属》,成文堂1984年版,第301页。

[②] 〔德〕克劳斯·罗克辛著:《德国刑法学·总论》(第1卷),王世洲译,法律出版社2005年版,第249页。

[③] 转引自〔日〕山中敬一著:《刑法中的因果关系及归属》,成文堂1984年版,第305—306页。

"相当性"指出了更明确的判断方向。另外,基于危险增加的责任归属,扩大了因果关系考察的范围。过去,因果关系被认为适用于结果(实害)犯的场合,这是不够的;至少在危险犯场合,不考虑行为和危险发生之间的关系,对于危险犯的成立是不可想象的。而危险增加原理是说明危险犯的一个很好的根据。

　　危险增加论还是适应"危险社会"的理论。现代社会是一个充满危险活动的社会,诸如驾驶汽车、操纵飞机、工厂生产等危险作业的过程中,或者有风险的医疗手术等行为,对于发生法益侵害的结果,并不难以预见。但是,这些伴随着潜在危险的行为,因为具有一定的社会机能,基于行为的危险性和它对社会的有益性的全面衡量,它们具有一般利益衡量的结果,从而作为被容许的具有危险的行为。"被容许的危险"概念于是登场了。同时,现代社会是一个体系化的社会,为了避免和减少危险,就有必要改变过去基于偶然的、宿命的或者不可抗力从而无人负责的情形,并根据危险的负担分配的观点,对有关责任进行归属性的考察。[①] 所以,在从事各种不同的社会分工的主体之间,立足于"被容许的危险",产生了各种各样的义务规范,义务规范成为危险分配进而是责任分担的规范依据。这也构成了适用危险增加原理的基本类型。

　　在考察危险增加问题时,主要考察行为人是否制造了一个不被容许的危险,即在什么时候行为人的行为对行为客体不仅制造了危险,而且这个危险超越了被容许的危险的范围。如果答案是肯定的,就为客观归属提供了事实前提。那么,如何考察危险增加了呢?对此,有两种主张。德国学者主张从消极的方面排除对行为的归责,如在危险减少、缺乏危险、被容许的危险等场合如何消除客观归

---

　　① 参见〔日〕山中敬一:《我国的客观归属论之展望》,载日本《现代刑事法》1999年总第4期。

责。① 日本学者主张从积极的方面考虑增加危险的情形,比如在制造了直接的危险或者制造了危险的状态等场合考虑归责。② 笔者认为,消极法和积极法并不矛盾,相得益彰。因为积极法使危险增加的类型更具体、更明确,使我们更深入细致地了解危险增加的情形;而消极法使危险增加的考察任务更明确,也是客观归属的目的所在。

增加了危险的情形,主要表现为直接危险的制造和危险状况的制造两种情形。③ 前者表现为对行为客体行使直接的物理力,例如,殴打、刺杀、投毒等。后者的行为类型,可以作为如果没有被害人、第三人的事后介入行为,就不会发生具体危险的状况的事例。例如,年久失修的建筑物的管理者,因为过失导致进入建筑物玩耍的孩子从柱子上掉下来负伤的场合,管理者的行为就是危险状况制造的行为。在危险状况制造的类型中,可以肯定危险制造。

但在以下场合,即使行为人已经制造了危险,但由于没有增加危险,应当排除对行为的归责:(1)缺乏重要性的危险,即行为人的行为虽然和结果或者危险有联系,但通常不具备客观的危险性。比如,侄子期待叔父被雷打死,结果叔父真的被雷打死,由于侄子不能支配因果关系,因此不能认为其行为制造了法律中的危险;再如在所谓的"马掌典故"中,铁匠的行为可能是一个王国失败的技术原因,但是,一个马掌的缺陷,很难在形成军事缺陷的复杂经济、政治因素中凸显出来。可以说,诱因性行为如果不具备通常导致结果的危险,就不属于有客观危险的行为,要否定对它的归责。(2)被制造的危险在被容许的危险范围内。例如,在限速100公里/小时的公路上以99公里的时速驾驶,因为"在允许性风险下,人们应当在这里把一个举止行为理解为创设了一种在法律上有重要意义的风险,但是,这种风

---

① 参见[德]克劳斯·罗克辛著:《德国刑法学·总论》(第1卷),王世洲译,法律出版社2005年版,第247—253页。
② 参见[日]山中敬一著:《刑法总论Ⅰ》,成文堂1999年版,第269—271页。
③ 参见[日]山中敬一著:《刑法总论Ⅰ》,成文堂1999年版,第269—271页。

险一般(不依赖于具体案件)是可以允许的,并且正是因为这种允许,应当与正当化根据不同而排除对客观行为构成的归责。"①在体育、公共卫生、交通、科研生产等社会活动中,依据相关规则行为而产生的危险,都在被容许的危险范围内。在该危险范围内,即便怀着犯罪的故意实施了原因性的行为。比如,希望他人在乘飞机时摔死而建议他人坐飞机,结果真的发生飞机事故机毁人亡,也不能认为建议行为是杀人罪中的行为。(3)减少了危险,即行为人的行为即便造成了危险或者产生了实害,但假如它使危险或者结果较通常预定的要轻,就可排除对结果的归责。比如,见石头往A头上砸去的B,采取措施虽不能使A完全避免侵害,但使侵害减轻的场合,由于B的行为减少了对法益的危险,所以不能归属于符合构成要件的行为。在罗克辛看来,即使说服小偷不要偷被害人5000元,只偷100元的人,由于他没有增加危险,反而降低了危险,所以也就不能当成盗窃罪的帮助犯处罚。②

三、规范的保护目的原理

行为虽然制造了一个危险,该危险在客观上也得以实现(造成了损害结果),可是,这还不能表明行为人要对这个结果承担责任。例如,在强奸罪的结果加重犯场合,行为人因为强奸致人死亡,可能是因为暴力手段导致的,也可能是受害人不堪心理负担自杀的。对被害人自杀的情形,行为人是否要承担责任,显然必须考虑受害人的自杀结果是否包含在"致使被害人重伤、死亡"的规范中,此时,就必须考察所谓的"规范的保护目的"。

规范的保护目的从观念到概念的形成,得益于德国学者对民法

---

① 〔德〕克劳斯·罗克辛著:《德国刑法学·总论》(第1卷),王世洲译,法律出版社2005年版,第252页。
② 参见〔德〕洛克信:《客观归责理论》,许玉秀译,载《政大法学评论》1994年5月总第50期。

赔偿责任制度的检讨。在早期德国的民法损害赔偿法中，基本上采取"完全赔偿责任"，即行为人一般要对行为的全部损害承担赔偿责任。这会无限扩大损害赔偿的范围，为了限制这种做法，理论上开始主张相当因果关系论，但相当因果关系论以完全赔偿原则作为最高准则，不能起到合理界分可能归属的结果的作用，没有限定责任的作用。为此，学者们开始追求一种新的归属的标准，即规范的保护范围理论。该理论基于一般规范的指导，设定类型化的标准，排斥恣意的评价，保障法的安定性，致力于从政策上加以妥当说明。① 这种方法后来在刑法学中得到承认，并形成了如下理论：如果结果发生在行为人的行为违反的规范保护范围以外，同样不存在客观归责问题。② 如强奸时对受害人使用暴力，可能造成死亡或者重伤的结果，但并非一定发生类似结果；因此，如果受害人因为强奸行为而死亡，行为人对死亡结果承担加重的责任，还必须当该结果处于刑法有关规定的保护范围之内，否则，不能将死亡结果归责于行为。比如，如果我国《刑法》关于强奸致死的规定不包括受害人自己造成的死亡结果，那么受害人自杀的结果不符合该条文的规范保护目的，行为人就不承担加重的客观责任，尽管行为人可以意识到自己的行为会导致这个结果。

可见，考察规范的保护目的和判断危险是否实现基本上是同步的，不过对危险是否实现的考察，其重心不是该危险在事实上是否实现了客观的结果，而是根据事后查明的客观事实，判断行为人所制造的危险是否实现了规范保护目的所包含的结果。③ 所以，规范的保护

---

① 参见〔日〕山中敬一著：《刑法中的因果关系及归属》，成文堂 1984 年版，第 65—66 页。
② 参见〔德〕汉斯·海因里希·耶塞克等著：《德国刑法教科书·总论》，徐久生译，中国法制出版社 2001 年版，第 351 页。
③ 参见〔日〕山中敬一著：《刑法总论Ⅰ》，成文堂 1999 年版，第 267 页。

目的在归责中的意义是："目的使责任变成有色的"。① 那么危险实现的考察内容有哪些呢？罗克辛认为，此时要具体考察危险以及不被容许的危险是否实现、结果是否符合谨慎规范保护目的、是否存在合法替代行为等情形，特别要注意故意自危、同意他人造成的危险、对他人责任范围的分配以及其他案件中，都需要考虑具体构成要件的保护目的或者范围。② 而鲁道夫认为，在以下场合要考虑规范的保护目的：在行为人制造的危险部分不容许、由第一次侵害引发的后续结果、介入第三者的行为、由于第三人自招危险。③ 日本学者山中敬一认为，危险实现在不作为和过失犯场合主要包括危险增加和狭义的危险实现两种情形；后者是就当该结果，从规范的观点追问其是否为保护的范围所包含，表现为危险和危险状态介入等四类情形。④

对以上几种分类，笔者持有不同的看法。如上所述，危险制造和危险实现是客观归属的第二个环节，可是就危险实现判断而言，它在事实层面上表现为行为人制造的危险不断超越被容许的范围，并最终形成实害结果。对这个阶段的归责，都应当在危险制造中运用危险增加原理解决。而一旦危险得以实现，危险增加原理的指导任务就告完成。笔者倾向于将危险增加原理作为事实选择和判断的标准。至于特定结果已经发生，这已经是不争的客观事实，刑法所强调的进一步判断，是考虑该结果的实现是不是处于规范的保护范围中。此时，所谓危险实现的判断任务，是根据规范的保护目的得出归责的结论，因而，这个阶段的考察目的是对事实结果与具体条文保护的法

---

① 〔德〕格吕恩特·雅科布斯著：《行为 责任 刑法》，冯军译，中国政法大学出版社1997年版，第6页。
② 参见〔德〕克劳斯·罗克辛著：《德国刑法学·总论》（第1卷），王世洲译，法律出版社2005年版，第256—257、262—274页。
③ 参见〔日〕山中敬一著：《刑法中的因果关系及归属》，成文堂1984年版，第72—74页。
④ 参见〔日〕山中敬一著：《刑法总论Ⅰ》，成文堂1999年版，第271—279页。

益进行合致性的评价,其方法是进行规范评价,其标准主要是刑法的目的和刑事政策。由此可见,这个阶段的指导理论不是危险增加原理,而是规范的保护目的理论,因此,在危险实现中包含危险增加论的山中的观点是不明确的。此外,将没有实现的危险在这个阶段作为考察内容,也值得推敲。就罗克辛特别指出的危险或者不容许的危险没有实现以及鲁道夫所指的行为人制造的危险部分不被容许的情形而言,属于特定结果发生了的场合中,既可用危险增加原理也可以用规范的保护目的理论作为阻却归责的根据。如果用规范的保护目的理论解释,可以作为危险实现的一种类型,而不是结果没有实现。

行为人制造了危险并有结果的出现,此时考虑阻却归责,主要是基于结果发生时存在其他促进结果的条件,也就是在行为人的行为之后,因为介入了其他条件,促成了结果的发生。其他条件有自然因素,也有人的因素,人的因素中包括受害者本人生理或者心理上的因素,也包括第三人的行为。我们可以根据各种条件介入的方式,将规范的保护目的论中需要特别考察的类型列举如下:

1. 自然因素的介入,就是介入了受害人之外的其他非意向性的事实。此时,要分析行为和自然因素各自的危险的程度,如果行为确定会导致结果,无论自然因素介入的作用有多大,都不能否定对行为的归责。但如果行为产生结果的可能性不是确定不移的,就不应当将结果归责于行为。比如,行为人受到严重伤害,生命垂危,被送到医院救治,因为意外火灾死亡的。此时,如果一般医学认为行为造成的伤害基本无可救药,那么行为人就要对死亡结果承担责任;反之,如果受害人本来有希望获救,那么就要阻却归责。这可认为是"疑问有利于被告"原则的具体运用。

2. 受害人的生理因素。它主要包括两类情形:(1)特异体质。如果行为与受害人的特异体质竞合而产生结果,我国刑法理论一般肯定其中的因果关系,①这很可能达不到有效限制罪责的目的。但如果我们承认,"通过行为构成的保护目的排除归责的真正案件是这样一些案件,在这里,行为构成的规范(禁止杀人、禁止伤害、禁止毁坏财产等)从一开始就不包含确定的举止方式和影响",②那么,对于与特殊体质偶然竞合而发生的结果,不包含在有关规范的目的中,就可在客观上阻却归责。当然,这或许存在一个危险的结果,就是行为人在明知受害人特异体质时故意导致其死亡的,是否也不归责呢?笔者认为,特殊体质是针对一般情形而言的,它本身和结果也有确定性,如果行为人认识到受害人的特异体质而实施加害行为,已经说明他的行为是根据确定的方式实行的,此时,行为人基于所认识的事实,获得了关于规范的认识能力和遵守能力;如果他有意违反规范,本身就符合规范的保护目的,因此,不能阻却客观方面的归责。

(2)残留伤害,就是由第一次侵害引发的后续结果。比如,交通肇事中的被害人,在得救之后,身体残疾,寿命大大减少,如果他在二十年后死亡,事故惹起者是否对被害人二十年后的死亡承担过失致死罪的责任呢?鲁道夫认为,如果被害人在没有任何过错的时候,对原因行为者(事故惹起者)可以肯定结果的归属;在有过错的时候,以在规范的保护目的范围内为限。但罗克辛认为,原因行为者对于以后的危险没有承担责任的必要。③笔者赞同罗克辛的观点,因为在原始损害之后,通过有效的社会途径,行为人已经受到了法律的处罚,满足了相关规范的目的,受害人之后即便发生不

---

① 比如,甲有乙不知道的心脏病,乙谩骂甲致其心脏病发作死亡,理论上认为谩骂行为和死亡结果之间有因果关系,但为了否定行为人的罪责,最后只能通过罪过来消解这个问题。参见高铭暄、马克昌主编:《刑法学》,北京大学出版社、高等教育出版社2000年版,第82页。

② 〔德〕克劳斯·罗克辛著:《德国刑法学·总论》(第1卷),王世洲译,法律出版社2005年版,第256页。

③ 参见〔日〕饭岛畅:《论罗克辛客观的归属论的形成过程》(二),载日本《法学研究》1997年第8期。

好的结果,但该结果不能再次进入到规范的保护范围内,因此,残留伤害处于相关条文的保护目的之外。这也是刑法"禁止重复评价"的旨趣所在。

3. 介入受害人的有意志的行为。这要根据规范是否包含惩罚自我侵害的目的来处理,具体表现为:(1)介入受害人的故意行为。比如,受害人负伤后,拒绝接受救护,造成伤害加重而死亡,表明受害人对于死亡结果作出了自己的决定,如果伤害行为本身不足以实现死亡结果,那么,基于受害人的决定而发生的死亡结果,就不包含在杀人罪的保护目的中,除非杀人罪包含惩罚自杀的目的。(2)介入受害人同意的行为。当受害人完全认识到危险性的时候,比如乘客因为有特别紧急的事情,要求司机超过法定速度驾驶,司机超速导致发生事故,由于被害人具有共同的作为,所以和危险化者承担大小相当的责任。同样,基于有关条文不包括惩罚自杀、自伤的精神,由于受害人同意所引起的侵害,不在规范的保护目的之内。在现代社会,若患者明知自己患病的情况而与他人发生性行为,后者因此感染艾滋病,假如先前患病的行为人事先故意隐瞒了该事实,那么可将结果归责于行为人,否则,就不承担客观责任。(3)介入受害人的过失行为。刑法不处罚过失的自杀,是因为对自杀存在着特殊的立法事由,其中规范的保护目的性被否定了,因此,基于过失帮助或者促进自杀的行为也不在规范的保护目的内。

4. 介入第三人的行为。第三人的行为可能是故意的,也可能是过失的;第三人可能是无关者,也可能是负有一定责任者。对此,要特别注意以下情况的处理:(1)医疗过失。受害人受伤害后,在救助中因为医生的失误而死亡或者伤害加剧的,这是比较复杂的问题,有别于其他问题的处置。在鲁道夫看来,医生如果没有完全违反处置义务,死亡的结果就要归属于第一人。与此相反,如果医生的医疗行为首先引起死亡,问题就不同了。第一个伤害者基于对医生的适法行为的信赖,应该否定过失的不法的存在。① 类似结论在英美刑法司法中也得到了证明。② 这种结论是应当被承认的,因为如果不这样处理的话,在相当多的场合,医疗行为将成为行为人推脱责任的借口,这将危害到社会的秩序。(2)介入他人的故意行为。如果故意行为和前行为一起制造并实现了危险,那么,当各自的行为都在规范的保护范围之内时,两者承担客观的责任。比如,甲和乙分别朝受害人致命部位开枪,受害人因为这两个行为而死亡,无论其中任何一个单独的行为是否会造成死亡,只要它们在相同的时机制造了结果,该结果就要归责于竞合的行为共同体。(3)对义务者的结果。就是承担义务者在处理因为行为人制造的危险时受伤或者死亡的,比如行为人制造火灾,消防员在救火时被严重烧伤。在这种情况下,以救助为己任的介入者都受过专门训练(如消防员受过消防训练),若其介入的重大过失行为比较显著的时候,自己的过失行为属于法秩序自身的答责性的范围,就不应当归属于行为人。但是,当救助是出于自愿而不是义务的时,就要另当别论了。

四、从归因到归属

以上所研究的,是在结果犯的一般场合中适用客观归属论的问题。如果我们进一步思考这个理论,可能还会发现,客观归属论的适用范畴或许并不限于传统刑法的因果关系的范畴,它对于消极的犯罪构成和修正的犯罪形态都有一定的指导价值。如前所述,在因果

---

① 参见〔日〕山中敬一著:《刑法中的因果关系及归属》,成文堂1984年版,第72—73页。
② 如切塞雷案(1991年),被告和受害人在一家商店争吵,前者用枪射中后者的大腿和肚子,受害人不是因为受伤而死亡,而是当他在医院时,由于帮助他呼吸的气管手术操作。CA:支持谋杀罪的判决。理由是尽管存在受害人的过失,而且是死亡的非医疗原因,陪审团不能认为这是排除责任的情节,除非过失的医疗非常独立于他的行为,并且本身也具有引起死亡的潜在性。参见 Nicola Padfield, *Criminal Law*, Butterworths, pp. 31-32(2000)。

过程中介入受害人的故意或者过失行为，可以推而论及受害人承诺的正当性；在体育竞技中，还可以用来界定合法行为和违法行为之间的界限。比如，在拳击比赛中，选手泰森用勾拳将对手打倒在地昏迷不醒和他咬对方的耳朵，结果都是伤害，但前者是合法的，后者是违法的，其中明显表现了规范保护的目的。在修正的犯罪形态中，我们可以用该理论解释举动犯和行为犯的处罚法理，还可以作为解释行为着手以及各种犯罪停止形态的标准。在共同犯罪中，对于帮助犯以及组织犯的处罚，它也能提供理论依据。至于罪数论，目前它至少在结果加重犯场合显现出重要的意义。所以，对于客观归属论的价值，并不能简单加以否定。笔者深信，客观归属论为刑法理论的架构打开了新的窗口，提供了新的基础，这是我国刑法学必须予以正视的趋势。

第五节　客观归属论在犯罪论体系中的定位

一、客观归属论的体系之争

在当前客观归属理论研究所面临的诸多问题中，笔者认为，一个根本性的问题是客观归属论在刑法体系中的地位。正如有的学者所言：要将客观归责理论变成我国的实践，还有待于把个人放在更重要的位置，大大强化个体法益保护的观念。当然，客观归责理论的引进还涉及不同犯罪论体系之间的沟通，在三阶层犯罪体系的背景中生长起来的客观归责理论能否嵌入我国四要件的犯罪构成体系？这是需要解决的重大理论前提。① 这个问题在德日等国也存在争议，但是，他们争议的激烈程度反倒远远不如对客观归属研究尚刚刚起步

---

① 参见夏勇：《邓玉娇案件与罗克辛的客观归责理论》，载《北方法学》第17期。

的我国刑法学界。

在德、日、韩等国刑法理论体系中,客观归属概念通常与因果关系一道,作为构成要件符合性的要素被讨论。由于我国学者关于犯罪论体系的认识存在分歧,最终使得我国刑法学者在考察客观归属论在刑法体系中的地位时产生了更大的分歧。国内外当前关于客观归属在刑法体系中的地位的分歧可分为两种脉络:

第一种脉络是,基于对德日犯罪论体系的认同,主张将客观归属论"构成要件符合性—违法性—有责性"这种犯罪成立体系中"有责性"的要素,定位为客观的责任阻却事由判断机理。陈兴良教授提出,构成要件作为一个事实要件,应当包含客观的要素和主观的要素,并按照客观判断优于主观判断的原则,确定客观构成要件要素和主观构成要件要素的关系。其次,在具备构成要件符合性的基础上,进行违法性和责任判断。在责任判断中,主要应讨论客观责任和主观责任,前者的主要内容是客观归责阻却事由,后者的主要内容是主观归责阻却事由。① 第二种脉络是,基于各种传统犯罪论体系本身的相同之处,主张将客观归属论定位在传统的因果关系论范畴部分。由于理论上关于客观归属论和因果关系论的关系也有不一样的看法,所以在这种理论脉络下,又有四种不同观点:

其一,主张将因果关系作为客观归属的下位概念,认为因果关系判断是客观归属的第一个要件。要确定归属,首先应以因果关系的存在为前提,即客观归属包含因果关系。山中敬一认为,在德国,相当因果关系和客观归属之间,当初是作为共通的概念在相当因果关系说中被使用的,进而体现出客观归属的基本框架。因为相当性概念中的"广义相当性"和"狭义相当性",它们又可以分别称为"行为的危险性"和"危险的实现"。而这两个概念在客观归属理论中被称为"危险制造"和"危险实现"。② 我国台湾地区学者陈子平教授认

---

① 参见陈兴良:《客观归责的体系性地位》,载《法学研究》2009年第6期。
② 参见〔日〕山中敬一著:《刑法总论》,成文堂2005年版,第134—135页。

为,客观归属论于判断危险之实现上,考虑规范的保护目的等,带有浓厚的规范性、价值论色彩之理论,而与相当因果关系论有根本的差异。客观归属论的涵盖范围,已经超越相当因果关系论、实行行为论等构成要件该当性之判断,而及于违法、过失犯论等。[1] 张亚军博士认为,客观归属理论是以合法则条件说为基础,而且接纳相当因果关系学说和重要性理论,并以相当因果关系理论为判断前提或依据,尝试着从实质上进行排除总结。如在作为犯中,相当因果关系理论是客观归属的第一个要件。客观归属理论和因果关系理论并非冲突关系或者非此即彼关系,而是以合法则的条件关系为基础,吸纳相当理论和重要理论,取长补短,以规范、价值标准进行合理修正,从而更精确地解决结果归属问题。[2]

其二,主张将客观归属与因果关系作为并列的概念。但是,具体的理由和看法也不一致。有的学者认为客观归责不需要因果关系。如町野朔教授,他认为客观归属论是因果关系不要论。而大塚仁教授认为,客观归属论试图抑制条件说对因果关系范围的扩大,这具有和相当因果关系说相同的志向,其实际效果和相当因果关系论也没有太大的差别,所以,"应该说没有放弃相当因果关系说而采用这种理论的必要"。[3] 韩国学者认为,客观归属理论是为了把因果关系确定后的结果归属于行为人的理论。根据该理论,即使确定了行为与结果之间的合法则的条件关系,也不能就此让行为人对结果承担责任。因为该理论认为,因果关系的确定不过是确定了行为与结果之间的自然的因果性,而对此的法律上的责任有无或范围,应当根据法的、规范的观点重新进行判断。因此,行为人的行为与刑法上无价值

---

[1] 参见张丽卿:《客观归责理论对台湾地区实务判断因果关系的影响——以台湾地区"最高法院"96 年台上字第 5992 号判决为例》,载《北方法学》第 17 期。

[2] 参见张亚军著:《刑法中的客观归属论》,中国人民公安大学出版社 2008 年版,第 159 页。

[3] 〔日〕大塚仁著:《刑法概说·总论》,冯军译,中国人民大学出版社 2003 年版,第 164 页。

的结果自身并非立即就构成不法行为,当结果作为行为的危险行为所创出的"作品"能够归属于其行为人时,才能够被评价为符合客观的构成要件。① 而我国台湾地区学者许玉秀教授认为,在客观归责理论的形成过程中,的确有各种因果关系理论(包括重要性理论)出现,种种的努力都希望更妥当地解释因果关系而决定结果归责,但无论如何,这些理论上的努力,都是出自因果关系等于结果归责的基本立场,而不是以因果关系与客观归责相互独立为出发点。② 相反,周光权教授则认为,没有客观归责理论,并不妨害我们对于刑法因果关系是否存在的实质判断。③

陈兴良教授认为,因果关系是以解决归因问题为使命的,而客观归责是以实现归责功能为职责的,两者在性质上完全不同。他还进一步指出导致问题发生的原因,是在客观归属理论正式确立之前,人们试图通过因果关系同时完成归因和归责的双重使命,从而导致因果关系论极度扩张。而自客观归属论问世后,它就与因果关系之间出现了重合,进而产生了两者是并立的还是互相取代的问题。他认为,因果关系的思维方式与客观归属的思维方式完全不同,因果关系思考仅限于对行为与结果之间的关系的考察,应当在因果性判断之前完成。但是,在某些情况下,这种分别考察难以承担构成要件的实质判断功能,正是客观归属提供了一种一体化的考察思路。基于条件性因果关系,客观归属论对行为与结果进行实质性的价值判断,因而超越了因果关系的范畴,进入到了归责的范畴。④ 基于此,他也不赞同以客观归属论替代因果关系论的做法。

---

① 参见〔韩〕金日秀、徐辅鹤著:《韩国刑法总论》,郑军男译,武汉大学出版社2005年版,第165页。
② 参见姜敏:《客观归责的理论实质论析——以因果关系为切入点》,载《重庆大学学报(社会科学版)》2010年第4期。
③ 参见周光权:《刑法中的因果关系和客观归责论》,载《江海学刊》2005年第3期。
④ 参见陈兴良:《客观归责的体系性地位》,载《法学研究》2009年第6期。

其三,主张将客观归属作为因果关系的下位概念,或者认为客观归属理论是对因果关系理论的补充。在客观归属理论形成之初,德国刑法学界倾向于将客观归属概念当成因果关系的补充,以此来限制因果关系论中使用条件说而扩大了因果关系评判范围的缺陷。有学者就提出,行为人的行为是否具有客观归属的可能性,这样的判断应当被架构在因果关系的概念之下,从而赋予因果关系以价值判断的功能,并将其视为包括结果归责的上位概念。① 如意大利有学者举起客观归属的旗帜,以此限制刑法中因果关系的范围。② 日本学者大谷实认为客观归属理论是因果关系理论的一个分支,它在以条件说为因果关系基础的德国被大力提倡,其原因在于客观归属理论试图将条件关系在一定的范围内进行限定,是一种修正的条件说。我国台湾地区学者苏俊雄认为"客观可归责性"是行为与结果之间,具有构成要件相当因果关系,可借以非难行为人的情形,其在刑法上的主要任务即在于判断因果关系的相当性问题。③ 还有学者主张,客观归责作为刑法因果关系判断的要素,应放在客观方面要件中,对行为和结果之间的关系进行论证,为行为是否承担刑事责任提供客观方面的判断条件。这一定位使因果关系的判断可以分成两个层次进行,即事实原因和法律原因。具体而言,就是在把客观归责放在客观方面进行因果关系判断时,先根据事实因果关系,在直观的基础上对结果发生的原因进行归结。然后根据客观归责理论,把事实的因果关系进行筛选,将其纳入刑法规范领域,从而把事实的因果关系转化为刑法的因果关系。论者期望通过这样的分层次进行,真正使刑法因果关系的探讨脱离哲学因果关系的藩篱,从而具有规范的价值,并

---

① 参见吴玉梅著:《德国刑法中的客观归责研究》,中国人民公安大学出版社2007年版,第129页。
② 参见[意]杜里奥·帕多瓦尼著:《意大利刑法学原理》,陈忠林译,法律出版社1998年版,第131页。
③ 参见姜敏:《客观归责的理论实质论析——以因果关系为切入点》,载《重庆大学学报(社会科学版)》2010年第4期。

使得行为人的行为在纳入刑事责任领域前受到限制,剔除那些不值得用刑法处罚的行为。①

其四,主张以客观归属取代因果关系概念。如有德国学者认为客观归属论无需从条件说的必要条件命题出发,只需要依据"规范保护目的的原则"的观点,即可排除条件判断,进而排除因果关系判断。②

笔者认为,上述争议涉及的问题包括:(1)刑法中的责任究竟意味着什么?我们应如何确定责任实现的方式和途径?罗克辛等的客观归属理论究竟是在寻求归责还是归属?(2)因果关系问题的实质是什么?因果关系是否应当被限制和补充或者被替代?如果因果论应当被限制和补充,那么通过何种手段和途径完成这种任务,即是完善因果论还是在犯罪成立的其他范畴来解决"后患"?(3)客观归属论的机能何在,它在刑法体系中应如何定位呢?同时,它是否对刑法体系的其他范畴造成了冲击呢?

很明显,对于上述问题的解答无法在客观归属理论内部完成。进一步说,我们可能需要在刑法的体系中来把握客观归属的地位和机能。这种思路暗合了我国刑法学界当前对于犯罪构成论体系的关注。

二、客观归属在犯罪构成中的地位

首先,我们反对第一种理论脉络,因为这种脉络其实是混淆了"责任"概念在犯罪构成或刑法结构中的独立性。当前理论上有学者使用"客观归属",有学者使用"客观归责",用两个概念指称同一理论,表面上是翻译问题,其实它正反映出上述问题的症结所在。

---

① 参见姜敏:《"客观归责"在中国犯罪论体系中的地位研究——以因果关系为切入点》,载《法学杂志》2010年第6期。

② 参见陈兴良:《客观归责的体系性地位》,载《法学研究》2009年第6期。

很明显,在一些学者看来,客观归属和客观归责讨论的是一个问题。但是,究竟是"客观归属"这个概念好还是"客观归责"这个概念较为合适,在刑法学界不乏争议。东亚地区对于德语中的 objektive Zurechnung 存在多种翻译。在我国,大多数学者倾向于使用"客观归责"这一概念,少数学者则使用"客观归属"概念。在日本,使用"客观归属"概念的学者却相对较多。至于各种原因,鲜见有明确的介绍。不过,我国学者吴玉梅博士明确提出了自己使用"客观归责"而不使用"客观归属"的原因。她的理由是,"客观归责"反映了该理论在决定刑事责任上的意义。另外,从语义学的角度看,"归责"这个词在德语中是一个动词的名词化,这个词本身所反映的是一个动态的过程,是对责任追究的一个推导过程,而之所以是客观的归责,"是因为责任的归属是从主观和客观两方面进行的,而客观的责任归属是主观的责任归属的前提。"客观归责所指的是责任成立的客观方面的根据,客观归责所解决的仅仅是刑事责任在客观方面的部分内容。[①]

上述阐释有一定的道理,尤其是它触及到这个理论的机能及其在刑法体系中的定位。很显然,吴玉梅博士是以刑事责任分为客观责任和主观责任为前提的。这种思路具有拓展刑事责任的功能。但是,它存在的问题则十分棘手,因为如此一来,外国刑法体系中传统的刑事责任概念就必须被抛弃,刑法体系中各个部分的判断任务将重新分配,刑法体系也必须要重新建构。但是,笔者认为,这非但不符合刑法中客观归责理论形成的目的,而且悖逆了这一初衷。在外国刑法体系中,刑事责任具有较为严格的限定,它一般指根据行为人实施的符合构成要件的违法行为,可对其施加作为无价值判断的非难或有非难的可能性。[②] 依据"违法是客观的,责任是主观的"这

[①] 参见吴玉梅著:《德国刑法中的客观归责研究》,中国人民公安大学出版社2007年版,第6—7页。
[②] 参见〔日〕木村龟二主编:《刑法学词典》,顾肖荣等译,上海翻译出版公司1991年版,第218页。

一传统命题,我们可以发现,在德日递进式刑法体系中,每个阶段的判断任务和内容都不太一样。在构成要件符合性阶段,主要是一种抽象的定型性判断,即根据行为人的现实表现,分析其行为、行为结果、主观心理态度等是否与刑法所规定的具体犯罪的主观要素和客观要素相合致。如果合致的话,我们就认为行为人的行为具有构成要件符合性。但是,形式上符合类型化的构成要件的行为并不一定具有违法性,因此需要将具有正当化理由的行为从犯罪评价的过程中排除。和构成要件的符合性一样,违法性判断也是一个抽象的类型化分析。但是,根据罪责相适应的要求,基于犯罪构成要件的符合性和违法性判断无法对行为人进行具体的、个别化处理,因此刑法提出有责性评价的要求。在这个意义上,刑事责任的评价方式是,依据行为时的具体场景,确定行为人的非难的可能性。而客观归属具有将结果作为行为人所为的东西从而将其归属于行为的意义。在德国刑法中,用 imputatio 指称"归责",这种归责概念可分为对行为的归责(imputatio facti)和对法的归责(imputatio juris),或者分为客观的归责与主观的归责。而我们所见的用语 Zurechnung 则应当指称"归属"。① 所以,本文倾向于"客观归属"这一概念。这些问题必须结合客观归属论在刑法体系中的地位才能得到合理证明。

其次,我们也不赞成将客观归属论作为替代因果关系论的概念或者作为与因果关系论并行的概念的做法。理由是,客观归属具有不同于因果关系理论的理论价值和实践价值。

从理论上看,第一,客观归属论是现代人类认识观在法学领域中的具体成就。无论是客观归属论还是因果关系论,都是人类认识在不同阶段的结果。因果关系是科学主义时代的结果。当时主要是受到十九世纪广为流行的自然科学观念和方法的影响,人类意想在社会科学的领域创建绝对科学、绝对客观的理论范式,所以,在因果关

---

① 参见〔日〕山中敬一著:《刑法总论》,成文堂2005年版,第118—119页。

系论中,尝试将自然科学中因果法则运用到行为和结果的判断中。这在客观上有助于形成行为者只对自己的行为后果负责的观念。但是,社会认识还必须包含价值认识,这一点在新康德主义哲学思潮中被复苏了。随着时代的变化,由新康德主义到目的合理主义的过程,更充分地解释了刑法学从自然主义到规范主义进而到机能主义的升华。客观归属论以目的合理主义或机能主义的刑法理论为根基,关于目的合理的思考,这将成为未来刑法学中的重要内容,①这一点对我国刑法理论的借鉴意义。在笔者看来,就是刑法理论必须适应人类认识观的发展,但它不是简单地套用哲学概念或者哲学语言。在因果关系领域,我国刑法长期使用的必然因果关系、偶然因果关系概念,就反映了理论上长期停滞和相对孤立的现状。第二,客观归属论是行为无价值论在刑法中的一个重要成果。围绕行为的违法性判断,理论上有行为无价值判断和结果无价值判断之争。今天德国普遍采用行为无价值判断。行为无价值判断要求刑法评价的中心是行为,而不是结果,结果只不过是行为的表现方式之一,所以,结果是行为的要素。而因果关系论将刑法评价的重点置于结果之中,不符合刑法的评价目的。客观归属论是评价构成要件之前的行为,确定其是否符合客观构成要件的行为。这样,结果成为行为的要素,从而摆正了行为在刑法重点地位。由于我国刑法比较强调结果的意义,在一定程度上将行为和结果的关系颠倒了,所以助长了在客观评价中单纯强调客观事实的偏颇观念,对于行为人的主观要素以及社会层面的价值要素不太在意,刑法理论也欠缺对规范性的处理机制和方法的研究。

在刑法实践中,客观归属的意义更为明显和直观:

第一,它改变了过去因果关系论中就原因论原因的机械判断方法,而是着眼于因果关系的目的,赋予客观归属新的使命。在传统理

---

① 参见〔德〕伯尔德·休曼编著,中山研一等监译:《现代刑法体系的基本问题》,日本成文堂1990年版,第65页。

论(包括我国刑法理论)中,因果关系论的目的是在结果犯的场合,考虑行为和该结果之间的联系方式,并考证该行为是该结果的直接原因。无论条件说还是后来的原因说乃至相当的因果关系说,都使用了自然科学的原因理论,并根据自然性因果联系的密切程度来限定条件的范围。这种方法由于本身的理论前提是不科学的,因为社会科学中的认识论,不仅仅是事实的认识,而且还包含着价值认识,所以,因果关系论难免出现重重纠葛,摆脱不出理论困顿的怪圈。事实上,所谓因果关系的判断有三个内容:其一,考察客观事实与结果之间有无条件关系。如果行为与结果之间的"条件关系"是一种假象,就没有条件关系,判断就结束了;反之,则有条件关系。其二,考察与结果有条件关系的事实对于结果所施加的原因力,如果行为不论合法与否,都会导致结果的发生,就应该理解为没有给予原因力,从而中断因果关系的判断;反之,如果行为对于结果有促进作用,则认为施加了原因力。其三,判断该原因行为是否值得由刑法评价,如果不值得,就不认为有刑法意义上的因果关系,从而不能追究行为人的刑事责任;如果值得,就认为行为及结果符合犯罪的客观构成条件。① 条件关系是一个无限联系的锁链,从一个犯罪行为上所追溯的条件可以被无限的延伸开来。比如,张三杀人了,那么张三的父母也可被认为是张三杀人的条件,因为他们要是不生下张三,何至于张三杀人呢?这样推论下去的话,人类的始祖也可以认为是张三杀人的条件因子。因此,必须对条件说运用社会的价值观念进行取舍。可是过去的因果关系理论始终纠缠于第一个过程中的问题,其结果陷入机械理论的泥潭,对于第二和第三个问题,通常没有加以必要的考证和细致的研究。而罗克辛认为,"客观归责论提供一个普遍有效的判断规则,用来判断何种引起死亡结果、伤害结果或者毁损结果的行为是杀人行为、伤害行为或者毁损行为,而何种不是。因此,客观

---

① 参见童德华:《刑法中因果关系的层次及其标准》,载《政治与法律》2001年第5期。

归责理论不仅使得不法类型的客观犯罪面基础形态被描述出来,而且能够解决上述例子中所指出的无数具体的可罚性问题。尤其是客观归责理论能够在刑事政策上,对一向被德国司法实务以因果思想的刑罚论过度扩张的过失责任,提出有说服力的限制标准。"①所以,客观归属论虽然以条件说为基础,但是它不再着眼于条件说的理论纠葛,跳出无意义的争议怪圈,提出更具体的方法和更可靠的标准,因此更有实践价值。

第二,它通过对构成要件地位的改变,达到有效遏制刑法适用困顿的目的。客观归属论,是把"客观构成要件透过现代的归责理论取得重要的地位,而且也相对减损了主观构成要件的价值。固然关于故意在主观构成要件的体系定位,无论如何都和客观归责理论相符合,但是,彼此对于构成要件行为的看法则有很大的差异。目的行为论者认为只要是有意识的操纵因果流程趋向死亡结果,就是杀人行为;而根据本文在此所持的观点,凡是客观上可归责地引起死亡结果的行为,就是杀人行为,而且如果是非故意行为,正好亦同。故意并不是组成杀人行为的要求,而是在杀人行为时存在或者欠缺的一个要素。对于目的论者而言,过失致死虽然是一个可罚的致死行为,但根本不是杀人行为;但对于客观归责理论而言,过失致死或者过失伤害等行为则正好是杀人行为或伤害行为的原型。因此,犯罪的重心已转移到构成要件的客观面。"②

这种转移的意义是有效限制了刑法的适用范围。比如,甲到乙的商店买菜刀,乙在出售菜刀时暗中想:要是甲用菜刀将自己的仇人丙杀死就好,后来甲真的用该菜刀将丙杀死了。对于丙的死亡,是符合乙的希望的,那么是否意味着乙要承担故意杀人的罪责呢? 根据

---

① 〔德〕罗克辛:《客观归责理论》,许玉秀译,载《政大法学评论》1994年5月总第50期。
② 〔德〕罗克辛:《客观归责理论》,许玉秀译,载《政大法学评论》1994年5月总第50期。

过去的观点,乙的行为和丙的死亡之间有条件关系,而且乙有希望丙死亡的意愿,并且内心也存在假手他人杀人的意想,这些因素完全可以充足(间接)杀人罪的犯罪构成。而根据客观归属论看来,由于乙的销售行为在客观上属于被容许的危险,但没有使危险增加,所以不能充足客观的构成要件,从而不追究乙的刑事责任。通过这个案例,我们可以发现客观归属论具有有效限制刑法适用范围的效果。这种效果,本来是和过失犯有联系的,但是,它一样可以适用于故意犯的场合中。

第三,它不仅适用于客观构成要件的判断,而且为我们认识正当行为提供了新的根据。比如,危险增加理论虽然难以在正当防卫或者紧急避险中被适用,但是对于其他类型的正当行为,特别是超法规的正当行为,具有从客观角度进行限制的效果。比如,体育竞技过程中,特别是拳击运动,可能发生一个拳击选手将另外一个打伤甚至打死的事件,此时,通常不会追究前者的责任。为什么刑法如此选择呢?过去的理论对此没有给予可信的回答。如果根据客观归属的理论,应当考虑拳击运动中的死伤情形是否符合杀人罪、伤害罪的规范保护目的,行为人的行为是否超越了被容许的危险限度。由于拳击是获得广泛承认的体育运动,选手的行为具有明显的危险,但是该危险得以容许,所以,拳击中的死伤结果一般不在刑法的杀人罪和伤害罪的规范保护目的中。因此,即便在运动时,选手心中怀着一拳将对方打倒并且永远站不起来的念头,假如这种念头真的现实化了,只要选手没有明显使用不合规则的动作,就不能认为他增加危险,他的行为也就不可罚。但假如选手的行为不合规则,他制造的危险不在被容许的限度内,那么他使得危险增加,如果该危险在现实实现了,则行为人的行为符合客观的要件。比如,在拳击过程中,泰森用拳头击打在霍利菲尔德的耳朵上,使后者丧失听觉或把耳朵打破,这是规则范围之内的伤害,泰森不必对此负责;但是,泰森在比赛中咬掉后者的耳朵,其方法不是拳击行为,其结果不是拳击允许的危险的实现,所以,泰森有罪。

第四,客观归属论的适用范围比因果关系论更广泛。众所周知,因果关系论主要适用于行为和结果之间的联系,即因果关系论在结果犯的场合才有意义。而犯罪的一般分类包括举动犯、行为犯、危险犯和结果犯,那么对于危险犯、行为犯和举动犯就不需要进行类似于因果关系的判断吗?答案是否定的。比如在危险犯的场合,以我国《刑法》第116条规定的破坏交通工具罪为例,假如行为破坏了交通工具,但是其行为并没有使交通工具的倾覆或者毁坏的危险增加(如汽车的刹车本来就坏了,而行为人将刹车偷走了),是否可说行为人的行为符合破坏交通工具的犯罪构成呢?为了肯定或者否定这一点,应当分析行为人的行为是否使危险增加,是否符合规范的保护目的。笔者认为,客观归属对于举动犯、行为犯也一样具有意义。举动犯、行为犯一般需要考虑行为和结果之间的联系,但是在判断举动犯、行为犯的实行行为的着手时,如果使用危险增加理论,以行为人的行为超越被容许的范围,开始制造不被容许的危险为着手的开始,也不失为一个很好的标准。

当然,客观归属理论还有许多问题有待深入研究或者具体回答,比如:如何判断对法的重要性、为何要以规范的保护目的取代规范的保护范围、关于客观归属的类型应该如何构造、其中的联系的区别何在,等等。这些问题都没有明确的答案。但是,任何一个理论不是通过的一个人的努力便可以完成的,只要我们重视该理论,相信其中的有些问题终归会得到妥善解决。

第七章 刑事责任论的构造

第一节 刑事责任的本质与地位

一、刑事责任的本质

关于刑事责任的概念,在我国,主要有以下几种观点:(1)义务说,即认为刑事责任"就是犯罪分子因其犯罪行为而负有的承受国家依法给予的刑事处罚的特定义务。"(2)谴责说,认为"刑事责任是指犯罪人因实施刑法禁止的行为而应承担的、代表国家的司法机关依照刑事法律对其犯罪行为及其本人的否定性评价和谴责。"(3)心理状态及法律地位说,认为"刑事责任是犯罪人在犯罪后应受社会谴责和法律制裁的一种心理态度以及与这种心理态度相适应的法律地位。"(4)法律关系说,认为"刑事责任就是因为犯罪行为而产生的国家与犯罪人之间的一种否定性评价和被否定性评价、谴责和被谴责的刑事法律关系。"(5)责任说,认为"所谓刑事责任,是指行为人因其犯罪行为所应承受的、代表国家的司法机关根据刑事法律对该行为所作的否定评价和对行为人进行谴责的责任。"(6)后果说,认为"刑事责任是依照刑事法律规定,行为人实施刑事法律禁止的行为所必须承担的法律后果。"[①]以上分歧,有的从消极方面理解,认为刑事责任是一种后果;有的从积极的方面理解,认为刑事责任是一种应当

---

① 参见冯军著:《刑事责任论》,法律出版社 1996 年版,第 23—31 页。

为或不应当为的义务；有的从评价的角度理解，认为刑事责任是一种评价。

笔者认为，如果简单地从消极方面或者积极方面理解刑事责任，它就没有单独立足的必要。因为，如果从积极方面认为刑事责任是一种应该负担的义务，此时，责任就与刑事法律中的禁止性规范或命令性规范相重复，既然如此，则我们可以认为犯罪的评价就是责任的评价，也可以认为责任的评价就是犯罪的评价，如此一来就没有刑事责任的独立地位可言，它只能如大陆法系理论一样依附在犯罪论中。如果从消极方面认为刑事责任是一种后果，这一点在谴责说、责任说、法律关系说以及后果说均是如此，由于刑罚、非刑罚处理方法都是犯罪的后果，则导致不能划分刑事责任与刑事处罚的界限，从而不能将刑事责任与刑罚分割开来，这样，要么没有刑罚论的独立地位，要么没有刑事责任的独立地位。但是，由于没有刑罚的犯罪是极其例外的，那么，没有刑罚论的刑法理论是不可思议的，因此，问题最终落脚于刑事责任，即它只能依附于刑罚论中。总之，从这两方面理解刑事责任，在刑法理论上会使整个体系不协调，也不符合司法操作的实际。

在司法实际操作中，刑事责任判断是一种评价。详而言之，行为是否具有犯罪性，通常是一个类型化形式的判断。即只要行为的客观表现符合犯罪的构成模式，行为人的行为就应该被认定为犯罪。但是，就犯罪构成的一系列标准而言，不过是根据类型性的行为客观环境和行为人主观条件而拟制的，它们并不能从动态的层面完全反映行为人不犯罪的现实可能性。而根据社会的一般观念，一个人有意志自由才有选择行为的能力可言，只有选择行为的能力才有不实施犯罪行为的可能性，则当法定的标准并不能完全反映行为选择的可能性时，虽然根据法律的规定，行为人的行为构成了犯罪，但是却不能就此判断他有责任。因此，根据我国的犯罪构造体系，当行为被评价为犯罪之后，还必须进一步评价行为人有没有不实行犯罪的现实可能性,这就是责任所要解决的问题,理所当然是责任的内容。所以,对于刑事责任的评价,我国与德日等国在本质上没有什么区别。① 德国学者耶塞克认为,所谓责任,"就是意志形成的非难可能性",它意味着对行为人在意志形成过程中施加影响的标准进行否定评价。② 究其实质,责任在本质上属于个别的具体判断。例如,甲持刀将熟睡中的 X 杀死,乙持刀将强奸了自己妻子并且在自家房间酣睡的 Y 杀死。在类型上,甲和乙的行为都符合故意杀人罪的犯罪构成,都犯了故意杀人罪,这一点没有异议。但是在确定对甲和乙的刑罚之前,如果仅仅依据其行为的法律定型,考虑到甲和乙都杀死了人,他们的罪过一样,造成的法益侵害是相同的,那么甲和乙似乎应当受到相同的刑罚。这个结论显然是不合理且难以获得法律受众的认可,可见抽象的法律定型评价还不够,为了解决问题,需要进一步评价甲和乙犯罪的原因、犯罪背景等个别化的、具体的因素,这样才能把甲的刑罚和乙的刑罚区别开来,这样的评价才可能合理并被社会接受。

二、刑事责任的地位

在我国刑法理论中,关于刑事责任论与犯罪论和刑罚论的关系,有如下几种有代表性的见解:(1)刑事责任即刑罚说,认为刑事责任是刑罚的代名词,是行为人依法所承担的刑罚处罚。(2)责、罪、刑平行说,认为刑事责任是刑法理论中一个独立的组成部分;有的学者明确提出,从刑事立法的角度看,由于刑事责任在先,犯罪在后,所以应该按照"责、罪、刑"的逻辑结构建立刑法学体系。(3)罪、责平行说,认为犯罪是刑事责任的前提,刑事责任是犯罪的结果,所以将刑

---

① 参见林亚刚著:《犯罪过失研究》,武汉大学出版社 2000 年版,第 212 页。
② 参见〔德〕汉斯·海因里希·耶塞克等著:《德国刑法教科书(总论)》,徐久生译,中国法制出版社 2001 年版,第 490 页。

事责任作为刑罚、非刑罚处罚方法以及其他刑事责任实现方式的上位概念,将刑罚论置于刑事责任论中。(4)罪、责、刑平行说,认为犯罪、刑事责任、刑罚是各自独立又互相联系的三个范畴,刑事责任是介于犯罪与刑罚之间的纽带。犯罪是刑事责任的前提,刑事责任是犯罪的法律后果;刑事责任是刑罚的前提,刑罚是实现刑事责任的基本方式。这种观点得到了大多数学者的赞同。①

以上不同的意见,大体上有一个明显的特点,就是倾向于将责任同责任意思分离,并以独立的实体,作为责任的范畴。将刑事责任论作为一个独立于犯罪论和刑罚论的范畴,其中原因之一在于,刑事责任理论是全部刑法学理论中的重要组成部分,而确定刑事责任理论在刑法学中的独立实体地位,有助于正确认识犯罪的概念及其特征,有助于正确认识刑法原则。② 还有一个法律意义上的原因,就是在我国《刑法》第5条中规定:"刑罚的轻重,应当与犯罪分子所犯罪行和承担的刑事责任相适应。"这可理解为,我国《刑法》上赋予了刑事责任作为独立于犯罪、刑罚的实体地位。刑事责任的独立性地位,也就应当在刑法理论中表现出来。

因此,认为刑事责任即刑罚的观点,肯定是错误的,对此无须赘言。而主张以刑事责任论替代刑罚论,在逻辑上是正确的,但是,"从刑法立法来看,这种体系明显与刑法体系不符……在刑法理论中刑罚理论内容丰富,占有很大篇幅,非刑罚处理方法内容单薄,所占篇幅很小,使两者处于同等地位,未必合理。"③

而"责、罪、刑"平行说,其结论无非是将刑事责任置于犯罪论和

---

① 参见王晨著:《刑事责任的一般理论》,武汉大学出版社1998年版,第118—121页;高铭暄、马克昌主编:《刑法学》,北京大学出版社、高等教育出版社2000年版,第211—212页。

② 参见王晨著:《刑事责任的一般理论》,武汉大学出版社1998年版,第116—117页。

③ 高铭暄、马克昌主编:《刑法学》,北京大学出版社、高等教育出版社2000年版,第212页。

刑罚论之前。从实质上看，这种观点无可非议，它侧重于立法思路，和我国刑法结构理论中"行为发生论"如出一辙。其理由是，刑事责任并不仅仅是国家刑法立法之后才存在和发展的，而在国家刑事立法过程中就存在。① 但是，笔者以为，刑法理论的主要目的，应该方便于刑事司法发现案件、处理案件的需要，即应该沿着司法机关发现案件、侦查案件、确定性质、确定后果的逻辑。在刑事实践中，我们最初面对的往往是犯罪的结果，然后就沿着结果分析行为表现，进而锁定行为人，对行为人的主观责任进行全面的衡量，最后才能确定行为人是否实施了犯罪的行为、是否应当承担刑事责任、需要承担什么样的刑事责任。刑事责任的认定，是以犯罪的确定为前提的。而且，"将刑事责任看成凌驾于犯罪和刑罚的最上位概念，它的内容包括犯罪论、刑罚论和刑法各论，就无异于将刑事责任等同于刑法，这样扩大刑事责任的内容，既不符合我国刑法关于刑事责任的规定，在理论上也难以在刑法学体系上给刑事责任以应有的地位。"②所以，笔者赞同多数学者的意见，即认为在犯罪论之后、刑罚论之前，单独地论述刑事责任，无论在理论体系的协调方面还是在实际运用中，都比较理想。另外，这样处置刑事责任，并不影响刑事责任对于刑法立法的指导作用。③

事实上，采用罪、责、刑的理论结构，不仅使我国刑法关于犯罪的分析从平面趋向立体，而且相对于国外的理论构造，亦有值得称道之处。

国外关于刑事责任与其他刑法概念的理论结构，大致有：(1)英美法系刑法学模式。一般认为，英美刑法中的刑事责任，是以犯罪行

---

① 参见李文燕主编：《中国刑法学》，中国人民公安大学出版社1998年版，第233页。
② 高铭暄、马克昌主编：《刑法学》，北京大学出版社、高等教育出版社2000年版，第212页。
③ 理由可参见本文前面关于期待可能性的规制原理说的讨论，以及高铭暄、马克昌主编：《刑法学》，北京大学出版社、高等教育出版社2000年版，第213页。

为和犯罪心态为本体要件,即它们是刑事责任的基础,但这是从广义上进行的理解,①还有一种并不少见的主张,就是在犯罪心态中研究责任,这时,责任是一种主观的责任,它包括一般心理要件,也包括严格责任和代理责任,后两者通常被统称为无过错责任。此外,还有学者在犯罪行为、犯罪心态和因果关系之后研究责任(Responsibility),主要讨论精神病、自卫等责任阻却或减免的抗辩事由。②（2）大陆法系刑法学模式,以德日为代表,主要包括犯罪论和刑罚论,有的还包括保安处分论。这种模式将责任作为犯罪成立的第三要件,通过构成要件的符合性—违法性—责任依次排除非犯罪因素,其中责任与违法性相对应,违法性是对行为客观的、具体的判断,而责任是对行为所做的主观的、具体的判断。但它究竟是积极的判断还是消极的判断,尚有争议。③一般来说,责任论用于说明故意、过失、责任能力、期待可能性等问题。但是,有的学者在违法性中说明故意、过失,而在责任论中所讨论的实体问题只有责任能力、违法性意识及禁止错误,以及防卫过当、免责的紧急避险等免责事由。④（3）法国学者以行为人为中心,构建刑法理论时,将刑事责任与犯罪人放在一起,置于犯罪构成的事实要件和心理要件之后,进行讨论,主要说明犯罪主体、不负责任或责任从轻的原因。⑤

就英美法系模式而言,尽管其理论由于缺乏大陆法系所强调的逻辑严密与结构合理,在我国难以被认同,但是,我们必须注意,他们一般将刑事责任论和犯罪构成论分开,前者仅仅是从责任担当与否

---

① 参见储槐植著:《美国刑法》,北京大学出版社1996年版,第51页。
② 参见 Steven L. Emanuel, *Criminal Law* (3d Edition), Emanuel Publishing Corp,1992。
③ 参见张明楷著:《外国刑法纲要》,清华大学出版社1999年版,第189页。
④ 参见〔德〕汉斯·海因里希·耶塞克等著:《德国刑法教科书(总论)》,徐久生译,中国法制出版社2001年版,目录部分。
⑤ 参见〔法〕卡斯东·斯特法尼等著:《法国刑法总论精义》,罗结珍译,中国政法大学出版社1998年版,目录部分。

及其大小的角度进行考虑的。这种做法同法国学者以及耶塞克教授的主张极为相似。不过英美法系理论中不包含阻却犯罪的要素,而大陆法系理论中都包含了阻却犯罪的事由,这是大陆法系刑法理论的固有特点。在德日等国刑法理论中,责任一般是判断行为是否有阻却犯罪的主观因素的要件,但是,由于责任不仅涉及存在与否的问题,还关乎大小轻重问题,所以,只好在有责性阶段一并包含责任的全部内容。这样,必然将犯罪的定性与量刑的判断混淆起来,从而在理论上就不彻底。可以说,许多大陆法系学者在责任论中论述责任阻却事由和责任减免事由,势必会限制对责任判断机能的全面认识。

从宏观上看,我国刑法学将刑事责任与犯罪分开,与英美法系有一致之处,但并不等于说两者没有差别,毕竟我国司法中定罪的模式与英美法系国家不同,在犯罪论构造上就有明显分歧。在思维习惯方面,我国理论比他们更强调逻辑结构的严密性和完美性。从微观上看,我国刑法理论关于犯罪的认知模式虽然是平面的,但是,它并不妨碍对于犯罪的发现和认定。只不过由于完全从形式上判断,定罪的范围就比较大。比如,在以生命对生命的同等价值的紧急避险场合,依据我国刑法的规定,行为人的行为构成犯罪,而在德日国家,则可以根据责任阻却的理论而阻却犯罪。所以,在结果上,我国的犯罪论模式显得过于刻板和不近人情。但是,由于在犯罪成立之后,还不能进入到刑罚裁量阶段,此前必须评价行为人的责任,因而在这个阶段可以阻却责任,即有犯罪不等于有责任,行为人就不会受到实质性的处罚。这样使得问题基本上被化解。而且,由于这个阶段的存在,使得责任大小的认定有比较大的空间,更有利于发挥期待可能性在衡量责任大小方面的机能。德日等国的模式中则存在忽视责任程度判定的可能性,在这一点上,我国的模式反而比德日显得合理。

由此可见,对我国刑法理论中的不足,完全可以在无须全盘移植国外模式的情形下更好地予以改造和完善。

三、新责任观与宽恕事由的暗合

当我们试图完善中国刑法理论构造时,我们必须注意,其中的主要问题不是定性准确与否,而是欠缺对责任的认识。因此,明确责任在刑法理论中的地位是必要的。在笔者看来,我国刑法通说的"罪—责—刑"的构造是合理的,关键问题是其中的责任部分存在突出矛盾:一是我国现行的责任根据论是心理责任论,这不符合现代刑法的时代要求;二是我国刑法中的刑事责任论过于抽象,缺乏评价的具体要素和具体方法。因此,建立具体的刑事责任评价体系,是一个有意义的课题。

根据现代刑法理论的基本倾向,采取规范责任论无疑是可取的。规范责任论的核心就是期待可能性,即依据行为当时的具体情形,是否能期待行为人实施适法的行为而不实施违法的行为,如果可以,就说明行为人具有刑法上的期待可能性,反之,行为人没有期待可能性。可见,期待可能性理论,在很大程度上体现了犯罪的具体评价,能反映与犯罪有直接联系的原因,它是合理解决行为人有无责任和责任大小的理论根据。期待可能性也可作为我国刑事责任评价和英美刑法宽恕事由的共同理论渊源,因为期待可能性论就是处理行为人在具体情形下是否具有适法能力的理论。它包容了刑事抗辩事由的类型,如正当防卫、紧急避险、责任能力等,这些都是以期待可能性思想为前提确立的;而那些没有为成文法所确定的超法规的责任阻却事由,如胁迫、必要以及错误等情形,都能通过运用期待可能性理论得以合理解决。由于我们缺乏对期待可能性事由的具体研究,所以,吸收、借鉴刑事抗辩事由的成果,充实期待可能性的事由,应当是一个比较明确的路径。

根据通说的观点,在犯罪的成立之后,将刑事责任作为独立的范畴加以评价的我国刑法理论体系,和德日体系区别较大,反而和英美刑法在犯罪之后就是否值得宽恕的评价方法具有相似性,都是以犯罪为前提,寻求是否对行为人进行实质性谴责。其目的是追求责任程度的评价,在此基础上,新责任观和宽恕事由是一致的。因此,我们可以在我国刑法的责任论中借鉴英美刑法宽恕事由的合理因子。

英美刑法的宽恕事由分为三种类型。第一种是无意识。该类型包括一个人没有控制其身体的运动,如 A 将拿在 B 手上的刀子刺在他人的背上。这类物理强制的案例比较容易确认,因为我们实际上可以看到外力。不过当行为人失去身体控制是由于内在原因时,如梦游或者癫痫发作,也可以同样适用。第二种是道义或者规范的无意识,包括一个人在严格意义上可以控制自己的身体运动,但是他没有选择行为过程的自由。此时,行为人的选择自由受到环境限制,以至于他的错误行为无法避免。其中包含两种可宽恕事由:由认识缺陷导致局限和由意志缺陷导致的局限,前者包括事实错误和意外事件;后者包括必要和胁迫。第三种是无责任,即当行为人由于精神状态或者年龄原因不能正确认识或者控制自己的行为时,就不应当受到责难,其适例是精神病人和未成年人。精神病人被宽恕,是因为他显示了与一般人有明显的差异,所以道义上或者法律上的责任就不适用于他。这几点中,第一种在我国刑法中没有明确的指标;第二种中除了错误和意外事件之外,必要和胁迫在大陆法系刑法中也没有明确的对应制度;第三种则对应于责任能力。这些类型反映了社会对于刑法评价规范的期待,是刑法在实践中的结晶,其合理性是显著的。当然,这三种类型不一定很完善,在我国刑法中还需要进一步优化。

以期待可能性为结合点,新规范责任论和宽恕事由真正能够实现犯罪学和刑法学的结合。过去,我们常常将犯罪学作为广义刑法学的分支学科,犯罪学与狭义刑法学之间的关系,犹如同一单位的两个部门,它们既相互配合,又各司其职。但是,在实际操作中,它们之间也出现了部门沟通几乎不能达到有效兼容的程度的问题。具体表现是,犯罪学被认为是"主观"犯罪原因的调查,进而负责犯罪的预防;狭义刑法学被认为是"主观"犯罪的认定和刑罚裁量,而犯罪的原因、犯罪的预防与刑法学之间的联系,仅仅只能限于理论上的认可。至于通过什么途径实现犯罪学与刑法学的沟通,使之在刑事法的范畴中有效结合,在大陆法系的期待可能性理论产生之前,则还没有成功的先例。但是,期待可能性理论,为我们提供了沟通犯罪学与刑法学的架桥,提供了沟通行为类型评价与行为人评价的途径。而英美刑法中的刑事抗辩事由,则为我们将该架桥从宏图变为具体的制度提供了实证的素材。可以预期,立足于"犯罪原因生成论",探求刑罚的目的,为现代刑罚理论开辟了新的途径,将进一步完善现代刑罚观念和制度。

第二节 违法性意识理论的构造

一、大陆法系违法性地位研究

(一) 问题概述

所谓违法性意识,是意识到自己的行为为法所不容许,或者实质上是违法的。违法性意识在犯罪的成立中是否属于必要的呢?围绕这个问题,在犯罪论中展开了争议。而违法性意识的主要问题,大多是在违法性意识的错误中讨论的。

违法性的错误,发生在行为人不知道自己的行为不为法所容许,而误认为为法所容许的场合。因此,违法性的错误,是关于行为的违法性的错误。由于它是关于符合构成要件的行为"被禁止"的错误,因而也称为禁止错误。

违法性意识的主要问题,和违法性的错误有关系,最终涉及违法性意识是否是故意的要件问题或者违法性的地位问题。围绕这个问题,在理论上形成多种违法性意识的学说。

(二)违法性意识的必要说

1. 严格故意说。该说立足于规范责任论,认为故意责任的本质是对法规范的有意识抗拒,因此,仅仅认识犯罪事实还不够,行为即使违法,但由于超出了规范的抵抗力而实施行为之时,也不可作为故意犯加以非难。故意通常是以违法性意识为要件的,从而,"违法性意识才是故意和过失的分水岭。"

批判意见认为该说难以适用于下述犯罪中:(1)常习犯。习惯犯的规范意识麻木,不能感觉规范意识的抗拒,那么,是否要承认其没有违法性意识,或者由于其程度低从而不处罚,或者由于责任轻从而不能加重责任呢?(2)激情犯。在激情犯中,行为不能被自觉控制,也不能否定责任能力,同时缺乏违法性意识,如果根据严格故意说,则是不可罚的。(3)确信犯。确信犯很难说有"为非作歹"的意识,严格故意说就不能说明其可罚性了。(4)行政犯。行政犯大多不是作为过失犯加以处罚的,它们一般欠缺违法性意识,如果根据严格故意说,就不能被处罚,这就不能达到行政取缔的目的。①

对于上述批评,严格故意说的论者的反驳意见是:在常习犯、激情犯和确信犯的场合,都有潜在的违法性意识,行为人一般在行为之前对违法性是熟知的。而在规定罚金刑的行政犯场合,从罪刑法定原则出发,也不能说没有立法上的规定。可见反驳观点并没有全面解决批判意见中提出的问题。

2. 准故意说。准故意说是在严格故意说的基础上发展出来的。根据严格故意说,行为人如果有违法性的现实认识,在其内心就可以形成不为该行为的反对动机,尽管如此他还是实行了该行为,那么就产生故意责任。因此,行为人仅仅有违法性意识可能性,还不能认定是否有过失责任,必须检讨违法性意识。对此,有观点认为,行为人

---

① 参见〔日〕松原久利著:《违法性的意识可能性》,成文堂1992年版,第11—13页。

虽然没有违法性的认识,但如果有过失(违法性的过失)的场合,成立过失犯。

但是,将违法性的过失和没有认识事实的本来的过失同样处理,这在概念上是不明确的。而且如果有违法性的过失,认为构成过失犯,则当没有过失犯的明确处罚规定时,就是不可罚的,这样的结论就是有缺陷的。①

(三)违法性意识的可能性必要说

1. 限制故意说。限制故意说的基础也是规范责任论,认为如果行为人能认识犯罪事实,就会产生违法性意识,进而可以形成反对动机并实施适法行为。因此,对实施违法行为者可能加以故意的责任非难。但是,当违法性意识欠缺并非没有道理之际,也不能加以非难。这种观点在责任说中得到了大多数学者的认同。

限制的故意说的问题在于:其一,将所谓可能性的过失要素导入故意概念之中,混同了故意和过失。其二,为什么只在欠缺违法性意识时才考虑人格形成的责任,而在欠缺事实认识时不考虑呢?该说对这一点没有明确解释。其三,故意以及过失都不过是责任的条件,而不是责任的类型和形式,有违法性意识未必一定要考虑故意。其四,事实的过失阻却故意,违法性的过失却不阻却故意,这种划分的根据是不明确的。② 其五,就理论而言,即使不知违法,但其可能性如果存在时,也不能说有故意。所谓"故意地",要求"明知",而且根据有关国家的刑法规定,行为人即使不知违法,也有犯罪的意思,至少上述日本学者的解释和日本刑法的规定从正面发生了冲突。其六,如果要求违法性意识的可能性作为故意的要件,检察官就必须立

---

① 参见〔日〕曾根威彦著:《刑法的重要问题》,成文堂1996年增补版,第192—193页。

② 参见〔日〕曾根威彦著:《刑法的重要问题》,成文堂1996年增补版,第197页。

证其存在,这实际上是困难的。①

2. 责任说。该说认为,故意仅仅要求认识犯罪的事实,违法性意识的可能性是其独立的、个别的要素。即犯罪事实的认识属于构成要件要素,而违法性意识的可能性,具有在行为意思形成的过程中形成反对动机的机能,显示出适法行为的可能性,只要它存在,对违法行为的行为人就产生了非难可能,所以它是责任的要素。但是,违法性意识的可能性在过失中也是必要的责任要素,因此就成为故意犯和过失犯共通的责任要素。这种观点达到了限制故意说相同的目的,另外也可以克服限制故意说的理论缺陷。

然而,在理论上,犯罪事实的认识和违法性意识是不可分的,责任说"割裂了故意犯中行为人心理过程的统一构造。"在体系上,将故意、过失从责任移向构成要件、违法性,导致责任概念空虚化。可见,犯罪事实的认识和违法性意识(的可能性)之间,是有机联系的,这意味着两者是责任的要素,所以,不将犯罪事实的认识作为责任要素的责任说是有问题的。

3. 修正的责任说。平野龙一认为,故意、过失都是责任要素,但违法性意识的可能性是个别的责任要素(修正的责任说)。但为何故意和违法性意识的可能性都是责任要素呢?两者是个别的要素吗?进而,必要的违法性意识的可能性是责任的积极要素抑或是阻却责任的消极要素呢?对此,平野解释道,犯罪事实的认识,是所谓故意的严重责任的原则性要素,如果有犯罪事实的认识可能性,就有间接的违法性意识的可能性,这是所谓过失较轻的责任的原则性要素。作为例外,当没有违法性意识的可能性时,就不能加以非难。不存在违法性意识的可能性,就是责任阻却的事由。因此,应该说违法性意识的可能性是消极的责任要素。

---

① 参见〔日〕松原久利著:《违法性的意识可能性》,成文堂1992年版,第17—20页。

如果从诉讼法上看,根据日本法律的规定,故意、过失属于《刑事诉讼法》第335条第1项的"成立犯罪的必要事实",检察官一般要对此进行立证,但作为责任阻却事由,违法性意识的可能性的不存在,是同条第2项的关于"阻却犯罪成立的事由",当有疑问时,即当被告人的举证发生责任效果时,检察官就要充分证明其不存在。基于这种原因,可以避免立证的困难,从而,违法性意识的可能性成为实体性问题。但是,在日本《刑法》第38条第3项中,①将很难说明责任说。日本刑法规定贯彻了"不知法不赦"的原则,所以,违法性的错误不阻却故意,只是在违法性意识欠缺时,非难的程度减轻,才可以减轻刑罚。因此,如果认为违法性意识的可能性的不存在是责任阻却事由,根据现行法,它就是超法规的责任阻却事由,最终是否和罪刑法定原则相抵触呢?这是一个值得思考的问题。

(四)违法性意识的不要说

1. 区别说。区别说是相对区分自然犯和法定犯的划分而言的,主张自然犯的成立不需要考虑违法性意识,而法定犯的成立则应当考虑违法性意识。区别说的基础在于,自然犯和法定犯关于犯罪事实的认识意义是不同的,有必要在和违法性的联系中考虑作为故意要件的犯罪事实的认识意义,从而,"在行政犯中,即使仅仅认识到外在的犯罪事实,也不能形成反对动机,因此,非常需要违法性认识加以沟通。"

但是,法定犯和自然犯的界限在理论上不仅难以完全明确区分,也欠缺具体条文的区别根据。比如,通常认为经济刑法中很少包括自然犯,但金融诈骗是经济刑法的对象,也是诈骗的特殊类型,因此很难说它是自然犯还是法定犯。此外,所谓法定犯并非和伦理、道德观念没有关系,特别是法定犯最终将强化人们的社会伦理观念感。

---

① 该项规定:即使不知法律,也不能据此认为没有犯罪的故意,但可以根据情节减轻处罚。

随着时间的变化,法定犯和自然犯的界限将变得越来越模糊,而且要注意的是,真正意义上的法定犯相当少,所以,笔者认为区别说的意义不大。

2. 不要说。不要说认为,有犯罪事实的认识,就可以认为故意责任成立。这是立足于心理责任论的结论。不要说的理论根据在于,对成为犯罪的事实,"只要有认识,通常就具有形成抑制感情或者反对动机的期待可能性,所以认为有法律责任,对该犯人要加以非难和处罚。"具体说,在一般情形下,只要行为人认识到犯罪的事实,就有违法性意识。一些国家的判例认为,只要行为人认识到犯罪的事实,就可以期待他避免违法行为,因此没有违法性意识也可以确认故意。所以,不把违法性意识当成犯罪的要件,违法性的错误对犯罪的成立没有影响。在违法性错误的场合,只能以违法性意识的欠缺作为宽恕的事由,减轻刑罚。①

但是,批判者认为:责任的本质是规范的责任论,这基本上没有异议。因此,为了成立故意责任,仅仅认识犯罪事实是不够的。而且违法性意识的可能性也可能例外地不存在,即由于没有意识到违法性,行为人不能做出适法行为的决意,那么在该场合,不要说和规范责任论是不相容的。此外,上述理论的根据是:有法的判断能力的责任能力者,也就具有意识违法性的能力,因而无须讨论违法性意识的可能性。然而,违法性意识的问题,并不可能等同为完全的责任能力问题,即使有责任能力,在具体的场合,也可能不能意识到各种行为的违法性,责任能力的存在和违法性意识的可能性并不能完全重合;而且,即使在不能意识到违法性的场合,"违法是否完全不能判断的精神状态,和没有违法的判断的精神状态之间是不同的。"将两者等同视之是不当的。特别是对没有违法性意识有相当的理由时,即没

---

① 参见〔日〕松原久利著:《违法性的意识可能性》,成文堂1992年版,第8—9页。

有违法性意识的可能性的场合,如果也成立故意犯,就违反了责任主义。①

在德日刑法理论中,这种批判是值得重视的。因为德日的刑法构造是"犯罪—刑罚"模式,如果不能在犯罪论阶段积极评价,将导致不合理的刑罚。而违法性意识作为责任构造中要考虑的一个要素,或者是故意的前提,或者是单独的责任阻却事由评价要素,这都不影响犯罪的成立。以上讨论显示出德日理论的繁琐,而关键的问题,即如何对没有违法性意识进行处理,并没有得到妥当的解决。

二、违法性意识在我国刑法中的地位

(一)问题概述

陈兴良教授《违法性认识研究》(下文简称"研究")一文辨析了国内外的理论分歧,提出违法性认识是犯罪故意的要素的观点。② 在我国当前的刑法理论中,这个观点还是很有代表性的。不过,引起笔者注意的是"研究"中支持这个观点的理由。在笔者看来,"研究"的基本逻辑顺序和理由主要包括:第一,国外立法例表明,"不知法律不免责"在刑法中的影响弱化了,违法性认识有从不要到要的趋势;第二,违法性必要说比不要说更为合理,通过规范责任论和折中说可以反映其中的问题;第三,违法性认识作为犯罪故意的要素,具有较为充分法律根据,因为违法性认识的内容就是刑事违法性,它和社会危害性认识是一致的。

以上论述的确有一定说服力,可是,如果我们从刑法的一些基本观念出发,难免会形成这样一些疑问:其一,立法确定了有关违法性认识中的问题的处理办法,这是否意味着"不知法不赦免"的法格言

---

① 参见〔日〕曾根威彦著:《刑法的重要问题》,成文堂1996年增补版,第189—190页。

② 参见陈兴良:《违法性认识研究》,载《中国法学》2005年第4期。

丧失意义？假定答案是肯定的,现代刑法立法究竟又为违法性认识确定了什么样的地位？其二,在必要说的理论基础中,是否隐喻着必要说难以超脱的困境,以致它无法消解理论和实践上的难题呢？其三,如果对社会危害性和刑事违法性做一致性解释,这样的必要说(本文称第二种必要说)是否背离了必要说本来的主张并倒向了不要说？

在这个问题上,笔者倾向于违法性认识不是犯罪论的对象的观点(不要说),但主张它是刑事责任论的要素。因此,下文立足于一种新不要说立场,同时结合刑法立法和基本理论的辨析,就"研究"中的一些看法进行商讨。

(二)必要说的理论缺陷

1. 理论背景潜在的陷阱

在犯罪论中探求必要说的合理性,其语境可归结为德日刑法中"犯罪构成要件的符合性—违法性—有责性"这样的犯罪构造。在这个问题上,不仅"研究"无形中是以这个理论体系为出发点的,我国许多学者也都无意地因循了德日刑法理论体系思维定向。笔者认为,这是一个潜在的陷阱,它是以承认德日刑法理论构造比我国刑法理论构造完善为前提而展开的。踏入此陷阱之后,我们就被局限在犯罪论的范畴中讨论违法性认识的问题。可是,这种做法是否可行呢？

众所周知,德日刑法理论构造中,犯罪构成要件包括犯罪构成要件的符合性、违法性和有责性,只有当这三个要件都得到确定,一个人的行为才能被认定为犯罪。即为了成立犯罪,一个符合构成要件的行为不仅必须是违法的,而且必须是可以非难的,[①]所以还要考察责任。在责任论部分,通常要讨论"故意—过失"、责任能力和期待可能性,而所谓必要说是针对"故意—过失"展开的讨论。必要说认为

---

① 参见〔日〕西原春夫著:《刑法总论》(下卷),成文堂1994年改定准备版,第435页。

违法性认识是故意的要素,有违法性认识才能确证犯罪的故意,进而确定故意犯罪的成立;如果没有故意,就不能构成犯罪。但是,也有学者将违法性认识当成独立于故意之外的责任条件,①依此理论,没有违法性认识虽不阻却故意,但是因为责任要素不充足,行为人就欠缺责任,其行为就不是犯罪的。可见,即使不主张必要说,违法性认识在刑法中还有两种"命运":一是作为责任要素阻却犯罪,二是不作为责任要素而为现代刑法所抛弃。这是由"犯罪—刑罚"的刑法理论构造所决定的。

考虑到我国刑法理论构造的特点,在我国犯罪论中,犯罪成立的积极要件体现在"四个方面",其中,似乎只有故意才为违法性认识提供了讨论的"土壤",所以,我国学者主要在故意犯中论述该问题。可见,我国持必要说的学者也是在"犯罪—刑罚"的体系中考量违法性认识,而没有充分挖掘"犯罪—刑事责任—刑罚"理论体系的优点。在笔者看来,德日体系存在着混淆责任大小评价和犯罪定型评价的缺陷,它不能显示行为人的特性;如果在犯罪之后进行刑事责任评价,特别是考虑期待可能性和违法性认识的可能,有助于依据具体情形确定责任大小。② 这样,违法性认识问题即使在犯罪论不被考虑,但它在犯罪之后的刑事责任评价中找到了自己的归宿。这种思路跳出德日理论的思维束缚,克服了必要说或者违法性认识可能性必要说中难以避免的问题,不失为一种解决违法性认识问题的办法。

2. 理论根据的优劣之辨

"研究"承认必要说的主要依据是:必要说是以规范责任论为根据,而不要说以社会责任论为根据,结果,"违法性认识必要说与违法性认识不要说的对立实际上是规范责任论与社会责任论之争的

---

① 参见〔日〕西原春夫著:《刑法总论》(下卷),成文堂1994年改定准备版,第465页。

② 参见童德华著:《规范刑法原理》,中国人民公安大学出版社2005年版,第27页。

表现。"

的确，必要说是以规范责任论为依据的，这点在其内部的严格故意说和准故意说中都是一致的。如严格故意说认为，仅仅认识犯罪事实还不够，行为即使违法，但由于超出了规范的抵抗力而实施行为之时，就不可以作为故意犯加以非难。即故意责任的本质，是对法规范的有意识的抗拒，而犯罪事实的认识本身并没有意义。在此基础上，准故意说认为，行为人如果有违法性的现实认识，在其内心就可以形成不为该行为的反对动机，尽管如此他还是实行了该行为，就产生故意责任。如果行为人没有违法性的认识，但如果有违法性认识的过失时，成立过失犯。[①]"研究"也认为，"在规范责任论成为通说的情况下，违法性认识确立了其在归责要素中的地位。"同时，"研究"针对传统的"自然犯中不需要违法性认识"观念，提出"所谓自然犯不要求违法性认识，实际上是推定自然犯具有违法性认识"的论点。

但是，随着理论的发展，作为理论根据的规范责任论不再是必要说的专利，不必要说一样可以以规范责任论为依据来完成自己的理论使命。对此，我们应澄清以下观点：其一，不要说与必要说之争，不是通过道义责任论与社会责任论反映出来的。道义责任论与社会责任论各自的基础是人的意志是否自由。在道义责任论看来，凡达到一定年龄、精神正常的人原则上均有依理性而行动的自由意思，而具有自由意思的人，因其自由意思决定而为一定的行为，并发生一定的犯罪结果，就应对该行为进行道义观念上的否定评判，并让行为人负担一定的刑事后果。[②] 因此，违法性认识被假定在理性之中，在决定对具有健全理性的人的责任非难时，违法性认识是无须考察的因素。

[①] 参见〔日〕松原久利著：《违法性的意识可能性》，成文堂1992年版，第11—13页。

[②] 参见马克昌等主编：《刑法学全书》，上海科学技术文献出版社1993年版，第631页。

可是,依据社会责任论的观点,人犯罪是被决定的,其中包含社会、自然和素质等方面的因素,所以对于犯罪人采取不同措施时,就必须考虑包含违法性认识的能力因素。比如,根据木村龟二博士的观点,"社会的责任论……盖人就自己之行为负担责任,乃系由于彼营社会生活,本应依从社会生活规范之要求(即法规范之要求)而为意思决定,然竟未依从此要求而为意思决定。若认为在此有社会的非难之责任时,则刑事责任之本质,即应解为系如此的意义之社会的责任",①这就难从社会责任论否定违法性认识的内容。其二,社会责任论与规范责任论并不对立。规范责任论是相对于心理责任论而言的,"作为历史的产物,它首先是道义责任论为了回应社会责任论所做的反省与发展……其次,它是社会责任论自觉演绎的结论",②因此,即便退而认为不要说是以社会责任说为根据,也不能就此认为不要说和规范责任论是矛盾的。相反,我们也可以运用不要说来处理好规范的责任问题。因此,在规范责任论中也可能存在必要说和不要说之争,关键问题是刑法体系如何处理根据规范责任论的一般理论安排犯罪的评价机制。

3. 必要说的实践矛盾

如果运用必要说,在实践当中将面临一些难以克服的问题。当单纯将违法性认识当成故意的要素时(严格故意说),至少存在两个问题不能解决:第一,刑法中的行政犯大多并不是作为过失犯加以处罚规定的,如果根据严格故意说,欠缺违法性认识,就不能处罚,这就不能达到行政取缔的目的,从而导致处罚的分裂。第二,如果将违法性认识作为故意的要素,必然要求起诉者对违法性认识进行举证,这不仅增加了有关机关及人员的司法负担,降低了诉讼效率,而且在经

---

① 转引自洪福增著:《刑事责任之理论》,刑事法杂志社 1988 年修正再版,第 16 页。

② 童德华著:《刑法中的期待可能性论》,中国政法大学出版社 2004 年版,第 78 页。

验上很难确证违法性认识的存在;虽然"研究"提出"证明困难不等于没法证明",可是其结果将使刑法司法陷入无止境的证明纠缠中,社会也将直面相当多行为人以无违法性认识为借口而逃脱法律制裁的风险。

正是基于以上原因,准故意说提出当行为人存在违法性认识的过失时就成立过失的主张,但是,将违法性的过失和没有认识事实的本来的过失同样处理,这在概念上是不明确的。而且如果有违法性的过失,认为构成过失犯,则当没有过失犯的明确处罚规定时,就是不可罚的,这样的结论也有缺陷。①

综上所述,必要说不仅理论的前提和基础都不充分,而且在具体问题的处理方面存在着不可克服的矛盾。

(三) 对违法性认识立法例的审读

那么,必要说在理论上的不足是否通过立法得到了弥补,且取得了立法上的依据呢？对此,"研究"结合意大利、德国、日本、法国以及俄罗斯的立法例做了分析,提出"从立法史的角度来看,违法性认识存在一个从不要到要的缓慢而又有力的演进过程"的看法。这足以强化违法性必要说的论据。鉴于"在俄罗斯刑法中,违法性认识也是一个没有得到科学解决的问题"的原因,在下面我们仅仅就意大利、德国、日本、法国等国刑法立法进行评判。

《意大利刑法典》第 5 条规定:"不得因不知法律而免除刑事责任。"这个规定可以说严格遵循了"不知法不赦免"确立的原则。与意大利的规定相比较,法国、德国刑法的规定则完全是另一番景象。《法国新刑法典》第 122-3 条规定:"能证明自己系由于其无力避免的对法律的某种误解,以为可以合法完成其行为的人,不负刑事责任。"《德国刑法典》第 17 条规定:"行为人行为时没有认识其违法

---

① 参见〔日〕曾根威彦著:《刑法的重要问题》,成文堂 1996 年增补版,第 192—193 页。

性,如该错误认识不可避免,则对其行为不负责任。如该错误认识可以避免,则依第49条第1款减轻处罚。"另外第35条第1款及第2款中也有关于错误认识的规定。可见法国、德国刑法的规定似乎在一定程度上抛弃了"不知法不赦免"的传统。而日本刑法在这方面比较谨慎,《日本刑法典》第38条第3项规定:"即使不知法律,也不能据此认为没有犯罪的故意,但可以根据情节减轻处罚。"

笔者认为,就法德刑法规定而言,其中有两点值得注意,一是法国刑法中的举证责任倒置于被告人;二是关于"不可避免"或者"无力避免"的评价标准。关于举证问题,如上所述,是违法性认识中的一个实践问题,如果将违法性认识作为犯罪的基本要素确定下来,那么举证能不能倒置便成为问题。而关于可否避免的评价标准,如果采取德国理论中的所谓"普通人的认识"标准,①那么立法的意义将大打折扣。因为立法本身就是针对一般人,且以通常人可能并且应当知晓法律为前提。在理论上考察违法性认识问题,不是针对一般人的违法性认识程度,而是针对具体情形下行为人究竟是否能认识到自己的行为具有违法性。这是例外性的讨论。在有责性领域,其实也是根据立法的规定实施的类型化判断,虽然要联系案情进行具体分析,但它的确是以一般人为标准进行操作的,因此它更多地体现为抽象性的、形式上的考察。所以,以"普通人的认识"为标准,是犯罪论上必须采取的标准,结果,如果一般人可能知晓某规定,行为人就应当知晓该规定。这样的立法实际上没有突破"不知法不赦免"的传统。

当然,在实践中,由于依据行政性刑法和临时性预防的需要而规定的犯罪情形越来越多,许多规定的确不为行为人所知道,所以司法机关不得不采取和缓的措施,消解上述法谚的不合理。如在意大

---

① 参见〔德〕汉斯·海因里希·耶塞克等著:《德国刑法教科书(总论)》,徐久生译,中国法制出版社2001年版,第540页。

利,司法实践中作出了一些妥协性解释。① 对此,帕多瓦尼教授指出,"严格地说,这种解释肯定不符合原刑法典第 5 条规定的精神,因为根据该条规定,对法律的认识错误并没有可原谅与不可原谅的区别。"②然而,在 1988 年第 364 号判决中,意大利宪法法院认为,《刑法典》第 5 条部分违宪,违宪部分是该条"不承认对刑法不可避免的认识错误有可原谅性"。理由是:"不知法不赦免"的法谚,不符合宪法确定的罪过原则,如果根据主体和法律之间的关系,以及由此决定的主体和行为的联系,不可能发现可从法律的角度视为无价值的事实,行为人与行为之间的心理联系就不能作为决定主体刑事责任的根据。从宪法中的罪过原则出发,主体不了解法律不是出于过失时,因为行为人不是故意践踏法律所维护的价值,就没有必要用刑罚进行再社会化。此外,在宪法框架内,仅当公民有认识刑法规定的可能性,从而能自由选择行为,才能发挥罪刑法定保护公民自由的作用。所以,《刑法典》第 5 条的实际内容应该是,"除不可避免的情况外,不知道刑法不是辩护的理由"。③ 意大利宪法法院的判决,曾经获得了帕多瓦尼教授的高度评价,他说:"宪法法院的上述决定,使我们的刑法制度得以跻身于当代最先进的、承认对法律认识的错误也可成为辩护理由的刑法制度之列。"④

---

① 意大利司法机关将后述三种情形作对行为人有利的处理:其一,行为得到了有关主管机关的许可;其二,对同一主体以前实施的同一性质的行为,法院曾以"行为未被法律规定为犯罪"为由,宣判无罪;其三,有关主观机关对行为长期容忍,不加干涉。参见〔意〕杜里奥·帕多瓦尼著:《意大利刑法学原理》,陈忠林译,法律出版社1998 年版,第 258 页。

② 〔意〕杜里奥·帕多瓦尼著:《意大利刑法学原理》,陈忠林译,法律出版社1998 年版,第 258—259 页。其中意大利原刑法典第 5 条的规定是,"任何人都不得以不知道刑法作为自己辩护的理由。"

③ 〔意〕杜里奥·帕多瓦尼著:《意大利刑法学原理》,陈忠林译,法律出版社1998 年版,第 259 页。

④ 〔意〕杜里奥·帕多瓦尼著:《意大利刑法学原理》,陈忠林译,法律出版社1998 年版,第 260 页。

可是，为什么对这个现实矛盾一定要通过阻却犯罪来实现呢？难道我们不能通过在认定犯罪成立的前提之下免于现实刑罚的方式对这个现象进行救济吗？笔者认为，在这里，我们应当检讨"不知法不赦免"的含义。这个法谚来自于"ignorantia legis non excusat"，其最宽泛的含义是不免除对行为人的处罚。但是，随着社会的进步，刑法文明化的趋势在不断增加，人们也要求刑法表现出宽容和谦抑，在这样的社会背景下，再继续持守不知法也不免除处罚的传统的确不合时宜。不过，一般人都知道违法的行为，行为人因为不知道违法而实施的，如果认为其行为不构成犯罪，这无助于强化公民履行知法、守法的义务。① 有鉴于此，我们可以通过不赦免行为人的犯罪但免除对他的处罚的方式来解决这个矛盾。这样，在现代社会，"不知法不赦免"的含义就是不知法不赦免行为人的罪行。进而，我们就不必要在犯罪构成的范畴中讨论违法性认识。这种方法不仅满足了关于违法性认识的个别化要求，而且对应于我国在刑法中尚无明确"违法性认识"规定的现实，亦不违背罪刑法定的原则，对于强化公民履行知法、守法的义务，合理处罚违法性认识的错误问题，也提供了一个能为社会接受的途径和幅度。

（四）第二种必要说的归结及其困顿

"研究"提出违法性认识是故意的规范要素，其中一个根据是，违法性认识和社会危害性认识是一致的，因此，"社会危害性认识……其法理上的含义应当是违法性认识"。"认识到社会危害性却没有认识到违法性，或者认识到违法性却没有认识到社会危害性，这只是一种逻辑上的分析，在现实生活中其实并不存在。"这样的结果是，"在一般情况下，行为人只要对行为的社会危害性，即对构成犯罪的事实有了认识，也就意味着对其行为的违法性有了认识。所以，在认定行为人主观上有无故意时，通常只需要查明他对行为的社会危害

---

① 参见张明楷著：《刑法学》，法律出版社2003年版，第228页。

性具有认识,就足以说明他对行为的违法性有认识,而不需要另外特别去查明他对行为的违法性是否有认识。"① 最终,违法性认识在事实的认识中被消解了,不具有独立的评价意义。

在笔者看来,这样的违法性认识必要说并不是本来的违法性认识必要说,而是违法性认识不要说的主张。因为违法性认识不要说认为,有犯罪事实的认识,就可以认为故意责任成立。其理论根据也在于,对成为犯罪的事实,"只要有认识,就具有形成通常抑制感情或者反对动机的期待可能性,所以认为有法律责任,对该犯人要加以非难和处罚。"具体说,就是在一般情形下,只要行为人认识到犯罪的事实,就有违法性认识。在一些国家的判例中认为,只要行为人认识到犯罪的事实,就可以期待他避免违法行为,因此,没有违法性的意识也可以确认故意。② 因而,大陆法系刑法学中所谓的违法性认识不要说,并不是在犯罪的要件中完全抛弃违法性认识,而是不把违法性认识当成独立的评价要素,并从事实认识中得出有违法性认识的结论。可见,"研究"所主张的"必要说"与大陆法系的不要说并无二致。

如果采用"犯罪—刑罚"的体系,在犯罪论中采取"第二种必要说"(不要说),存在两难问题。一方面,在违法性认识的归责中就会形成心理责任论的结论。此时,"第二种必要说"是真正的不要说。可是,责任的本质是规范的责任论,现在基本上没有异议。因此,为了成立故意责任,仅仅认识犯罪事实是不够的。因为违法性的认识可能性也可能例外的不存在,即由于没有认识到违法性,行为人不能做出适法行为的决意,那么在该场合,不要说和规范责任论是不相容的。此外,上述理论的根据是:有法的判断能力的责任能力者,也就具有认识违法性的能力,因而无须讨论违法性的意识可能性。然而,违法性认识的问题,并不可能等同为完全的责任能力问题,一般

---

① 马克昌主编:《犯罪通论》,武汉大学出版社1999年版,第336—337页。
② 参见〔日〕松原久利著:《违法性的意识可能性》,成文堂1992年版,第8—9页。

人毕竟不是法律专家,他们即使有责任能力,在具体的场合也可能不能认识到行为的违法性,责任能力的存在和违法性的认识可能性并不能完全重合;而且,即使在不能认识违法性的场合,"违法是否完全不能判断的精神状态,和没有违法的判断的精神状态之间是不同的。"将两者等同视之是不当的。特别是对没有违法性的认识有相当的理由时,即没有违法性认识可能性的场合,如果也成立故意犯,就可能违反了责任主义。① 比如"大义灭亲",在现实生活中,杀人犯法与"大义灭亲"就不能完全被一体评价。在某地曾出现父母将在外作恶的儿子杀死的案例,父母被公安机关逮捕后,当地很多群众写联名信,认为这是大义灭亲,不是犯罪。这说明不能将违法性认识和事实认识绝对一致化。同时,在犯罪论中,将违法性认识作为责任构造中应考虑的一个要素,或者是故意的前提,或者是单独的责任阻却事由评价要素,这都不影响犯罪的成立。关键的问题即如何对没有违法性认识进行处理,并没有得到明确的解决。而且这也显示出德日理论的繁琐。

不过需要指出的是:(1)在所谓法定犯的场合考虑违法性认识与违法性不要说是不矛盾的。有观点认为,自然犯的成立不需要考虑违法性的意识,由于法定犯和自然犯之间的界限比较模糊,真正意义上的法定犯在现实意义中很少。所以,笔者认为,就犯罪成立而言,所谓法定犯的场合也无须考虑违法性认识这一观点,现实意义不大。(2)因为不知道法律的存在而不能认识行为危害性,以及由于误解法律的内容而不能认识行为危害性的场合,阻却犯罪。② 这种观点很有见地,但理论依据还是不足,也不能得到严格贯彻。比如与不满14周岁的幼女发生性行为的时候,不是每个人都知道只要与不满14周岁的幼女发生性关系就是犯罪,而法律规定只要行为人在事实上

---

① 参见〔日〕曾根威彦著:《刑法的重要问题》,成文堂1996年增补版,第189—190页。
② 参见张明楷著:《刑法学》,法律出版社2003年版,第228页。

和不满 14 周岁的幼女发生性关系,且有事实性认识,就应当处罚。再如,在一些封闭的地方存在买卖妇女的情形,买方没有人口不得成为商品进行买卖的法律意识,倒认为自己掏钱了就合法,对此,法律没有因为行为人确实不知道这样的规定而认为这样的行为合法,只是在处理的时候尽量从轻罢了。所以,以违法性认识为犯罪的构成要件,哪怕作为特例,也存在反论的可能。因此,在个别场合以违法性认识的欠缺阻却犯罪,还缺乏统一的标准。

基于上述分析,虽然"德国已无学者持不要说,日本现在也只有个别学者持此见解,表明了这一观点的没落",①违法性认识有考察的必要,但是,在犯罪论中处理违法性问题要克服相当多的困难。所以,这也预示着违法性认识在犯罪构成中难以获得恰当而合理的定位,而不等于违法性认识从刑法学中被"流放"了。

三、违法性认识问题在刑事责任中的破解

"构成要件事实的认识及可能性属于认识的事实面,违法性认识及其可能性属于认识的规范面,事实判断与价值评价得以统一。"②这说明事实要素与规范要素的功能差异,也说明在犯罪论中不便于考察违法性认识。结果,违法性认识要么不能得到评价,要么只能在犯罪论之外的理论范畴中寻求自己的归宿。而在德日刑法学中,违法性认识除了犯罪论就无立足之地,因此,它就真正被刑法学遗弃了;但如果将刑事责任论作为独立于犯罪论的范畴,就可以考虑在刑事责任论部分评价和处理违法性认识问题。这样一来,所谓违法性认识不要说只是犯罪论中的不要说,而在刑法理论中还有评价的余地,在这个意义上,不要说反而成为本文所提倡的新不要说。

---

① 马克昌著:《比较刑法原理》,武汉大学出版社 2002 年版,第 484—485 页。
② 刘艳红:《违法性认识的体系性地位——刑民交叉视野下违法性认识要素的规范分配》,载《扬州大学学报(人文社会科学版)》2015 年第 4 期。

将违法性认识问题在刑事责任论中解决,取决于两个前提:一是刑事责任论是独立于犯罪论的范畴;二是违法性认识属于责任论考察的内容。就第一个前提而言,在我国刑法理论中,关于刑事责任论与犯罪论和刑罚论的关系,存在刑事责任即刑罚说、责罪刑平行说、罪责平行说,罪责刑平行说等诸多主张。① 正如前所述,我们赞成罪责刑平行的看法,认为刑事责任是独立于犯罪论的一个基本范畴。

就第二个前提而言,认识可能性和刑事责任也有关系,这种联系主要是通过它作为期待可能性的认知前提实现的。② 而将期待可能性和违法性认识定位于我国刑法的刑事责任论部分,有助于弥补刑事责任评价要素空虚的不足,发挥刑事责任的机能。在实际应用中,它不违背罪刑法定原则,能对违法性认识不足做出合理的处置。如此一来,违法性认识不要说虽然在犯罪论中没落了,却在我国的刑事责任论中获得了新生。

---

① 参见王晨著:《刑事责任的一般理论》,武汉大学出版社1998年版,第118—121页;高铭暄、马克昌主编;《刑法学》,北京大学出版社、高等教育出版社2000年版,第211—212页。

② 参见童德华著:《刑法中的期待可能性论》,中国政法大学出版社2004年版,第158页。

第八章 期待可能性论的构造

第一节 大陆法系刑法学中期待可能性的地位的学说

一、问题概述

在大陆法系刑法学中,期待可能性是犯罪论的要素。但是,犯罪论的构造包括犯罪构成要件的符合性、违法性和有责性这三个要件,那么,期待可能性又当居于何种要件之中呢?对此,学者之间存在一定的争执。传统的观念,也是大多数学者的主张,认为期待可能性是责任论的要素,但是,也有学者主张在其他范畴中把握期待可能性的地位。本节对这些学说依次进行论述。

二、超责任犯罪构成要素说及其评价

主张在犯罪论体系中的有责性要件之外确立期待可能性的理论地位的观点,主要有规制原理说,以及违法性要素与责任要素说两种观点。

(一)规制原理说

规制原理说的主倡者亨克尔主张,在犯罪构成中,构成要件的符合性、违法性和有责性,都要受到期待可能性的制约。亨克尔认为,将期待可能性与期待不可能性作为规范责任要素中的对称概念加以解释,并在通说中当成责任论的概念要素进行定位,妨害了我们

对于期待可能性的正确认识，存在着一方面过小评价它的适用范围，另一方面过大评价它的机能的问题。以上两个概念，实际上具有立法与司法的辅助作用，而且在民法、行政法、刑法、警察法或国际法等领域均有适用余地，可以被认为是全部法领域的"规制原理"。但是，该原理并不能揭示判决的内容，只不过在个别的案件中提供解决正当性与法的义务之间不明确界限的途径。因此，它不包含价值内容和价值标准，完全是没有价值的，所以，对个别的判决没有规范性和构成机能可言。①

亨克尔提出，该规制原理不仅在刑法中的责任论领域内，而且在违法性论和构成要件论两个领域中都有极其重要的意义。首先，就作为犯而言，构成要件的刑罚制裁基础是存在着一般的不作为义务，虽然该义务的界限，是通过作为违法行为类型化的构成要件被确定的，也是根据法律的构成要件的存在以及在现实事件中适用价值的概念而被具体化的，但是，很少溯源至期待可能性公式（犯人的庇护罪是其例）。另外，虽然关于正当防卫以及义务的冲突中都涉及期待可能性问题，但是，亨克尔将前者作为过剩防卫或法律错误处理，而将后者作为超法规的紧急避险处理。他认为，在不作为犯中，期待可能性论具有尤其重要的意义。在真正的不作为犯中，之所以使用一般条款，并不是因为刑罚制裁之下救助义务的确定是概念性的或者是法律的命题，而是因为不可预测的范围具有广泛多样性的个别事例的全体情形（该场合的人的诸关系）、被要求提供救助者的诸能力，以及对行为人来说属于处置可能的救助方法等，都存在问题。即使是不真正不作为犯，就方法论来说，其情形与此相同，在决定避免结果的义务上，期待可能性起着重要的作用。即在不真正不作为犯中，由于构成要件符合性的确定和违法性的确定是同时完成的，所以构成要件不完全具有犯罪行为类型化的机能，而成为问题的

---

① 参见〔日〕川端博：《期待可能性》，载中山研一等编：《现代刑法讲座》（第2卷），成文堂1979年版，第243页。

是,不作为在构成要件上是否有重要性,即可否和实现构成要件结果的作为同等处理,对此经常有进行检讨的必要。该不作为是当成与违背避免结果的义务场合的作为同样处理的,究其原因,是由于在该场合中仅仅不作为要对结果的发生承担责任。因而,违反该义务,同时要以该态度的不法内容为基础,所以,构成要件的符合性以及违法性是不可分割的,故此,不作为中的期待不可能性,并非阻却构成要件的符合性以及违法性自身,其存在意味着否定了构成要件符合性以及违法性基础的避免结果的"法的义务"。由于该确定是个别化的,所以,期待可能性的公式是作为界限避免结果的义务的辅助手段,易言之,是为了具体决定不真正不作为犯构成要件的不法领域的"规制的要素"。

其次,就过失犯而言,从来的见解认为,期待可能性是过失的责任要素,或者期待不可能性是免除过失的超法规的责任阻却事由。但亨克尔认为,期待可能性的思想,不仅是过失责任的内容,而且该思想作为阻却刑罚的规范的地位,其有限的意义被过高地评价了,应该承认其具有作为义务界限的规制原理的机能。①

迈耶也认为,具有期待可能性,不仅在刑法中,而且在全体法秩序中有作为规制原理的重要意义,关于用构成要件解释有关不真正不作为犯的问题,他的观点与亨克尔是一样的,但在正当化事由的范围中(例如"被容许的危险"的问题)以及责任论的领域中(例如未必的故意的界限问题),两者有着不同的理解。②

川端博教授认为,"规制的原理说,作为说明法的义务界限的原理,应该说是比较好的,但是,'规制原理是价值关系的概念,对以限定规范妥当性之可能性有无作为本质的概念,缺乏正确的认识',在

---

① 参见〔日〕川端博:《期待可能性》,载中山研一等编:《现代刑法讲座》(第2卷),成文堂1979年版,第244—245页。
② 参见〔日〕川端博:《期待可能性》,载中山研一等编:《现代刑法讲座》(第2卷),成文堂1979年版,第245页。

这一点上，该说是不妥当的。而且，在构成要件的符合性以及违法性的阶段中，使用期待可能性的用语，率直地讲，这与责任论中的期待可能性肯定没有同样的法律意义，前者被认为是关于'以义务的可能为前提'的一般命题的具体化问题，后者被认为是关于法定意思的结构的问题。所以，这种见解不区分两者的法律意义是不妥当的。"①笔者认为，川端教授的评价不够客观全面，有进一步商讨的必要。主要原因在于，与其说规制原理说是关于期待可能性体系地位的理论，不如说是揭示期待可能性论的机能的学说。不过，由于概念在理论体系中的地位与它的实际机能具有内在的密切联系，所以，对于该说有必要从以下几个层面进行分析：

第一，从"实然性"的角度看，刑法立法中有没有运用期待可能性作为规制原理？对此，笔者认为，在现代社会制度中，我们其实没有忽视期待可能性论的规制原理机能。"人类行为之所以成为刑法上所关心者，乃由于该外界惹起之有害动作源于人类内心意思所得主宰支配者，是故，刑法规范其终极之规范对象恐非该显现于外之动作，而为人类内心之意思形成……"②而期待可能性体现的，是在刑法规范的世界中人类意志自由的限度问题，所以，制定刑法规范时，必须充分衡量行为人适应规范的可能性。如果刑法规范不可为行为人所适从，则它就不可能发挥命令性或者禁止性的功效。在刑法立法中，期待可能性的内容往往表现为不同类型。其中之一是，在相同的客观情形中，如果对部分社会个体可以提高适法行为的规范要求，就要提高对被规范者的处罚。在对业务犯罪的规制中，这种原理表现得更为突出。如以侵占罪的立法为例，《日本刑法典》第252条第1项规定："侵占自己占有的他人财物的，处五年以下惩役。"；而

---

① 〔日〕川端博：《期待可能性》，载中山研一等编：《现代刑法讲座》（第2卷），成文堂1979年版，第246—247页。

② 陈友锋：《期待可能性：刑法上地位之回顾与展望》，辅仁大学1993年硕士学位论文，第122页。

第253条规定："侵占在业务上由自己占有的他人财物的,处十年以下惩役。"在笔者看来,前后两罪之间的刑罚存在差别的原因,是出于市场经济条件下的业务活动特点,业务者必须具备可靠的信用,所以,规范对业务者与非业务者的期待是不同的。由于对业务者的可期待程度比较高,所以当犯罪的客观条件没有差别时,相应的法律后果就不同;其表现之二是,在相同的客观情形中,如果部分行为人的期待可能性比另一部分人低,就要减免其刑事责任。如以有关赃物罪的立法为例,《日本刑法典》第256条规定："无偿收受盗窃的物品或者其他财产犯罪行为所得之物的,处三年以下惩役。搬运、保管或者有偿收受前项规定之物,或者就该物的有偿处分进行斡旋的,处十年以下惩役及五十万元以下罚金。"第257条规定："配偶之间或者直系血亲、同居的亲属或者这些人的配偶之间犯前条罪的,免除刑罚。"日本学者认为,之所以在立法中对与本犯具有特殊的人作出免除刑罚的规定,是因为"当赃物罪的行为人与本犯之间存在亲属关系之时,不仅仅从作为社会类型的犯人庇护方面进行考虑,而且难以期待亲属间不为有关赃物的处分或者利益的分配行为……"①其表现之三是,如果一定的客观情形对一般人的影响相同时,那么由于客观情形的不同,就会导致行为人适从规范的可能性也不相同,从而,规范就要考虑依据不同的客观情形,给予行为人以不同的评价。在部分违法性阻却事由中,就包含着这种思想。其表现之四,就是当一定的行为能力决定行为人有义务避免某项行为或者实行某项行为时,那么在关于违背该义务而构成犯罪的规定中,就必须考虑期待可能性。如在不作为犯和过失犯的规定中,就应该体现法规范的期待可能性。

第二,从"应然性"的角度看,问题已经不是该不该肯定期待可能性的规制原理机能,而是在刑法立法中,应不应该自觉地运用期待可

---

① 〔日〕植松正等著:《现代刑法论争Ⅱ》,劲草书房1985年版,第238页。

能性理论？笔者认为，现有刑法立法中，对于期待可能性作为规制原理的运用，处在无意识地自发运用阶段，还没有达到自觉的阶段，但是，在刑法立法中，有必要自觉运用该原理。

首先，人类的活动必须实现从自发到自觉的飞跃，这是一个明显的道理。所以，包括刑法立法活动在内的一切社会活动，除了不可克服的自发因素之外，必须使之成为一项自觉的行为。如果没有科学合理的理论指导，人类的行为依然不能克服自发的成分，也达不到应有的效果。假如人类不能消除对神灵的敬畏，那么就不能摆脱宗教的制裁。任何实体性内容的确定，如果仅仅凭借人们内心不可言状的憎恶、喜好，而不追问其中的是非、曲直，立法活动就不可能对规范是否有存在的价值进行积极评价，而它终将沦为强者对弱者进行统治的工具。

其次，如果自觉运用该原理，就能更充分地限制和排除刑法立法中的非理性因素。即使在民主政治中，法律体现的是全体公民的意志，但是或多或少地还存在非理性的因素。如果非理性的成分不能得到有效限制，则刑法规范就具有盲目的色彩，从而不可能在不同的意志之间形成一个均衡、和谐的状态。而"科学的合理性不可否认地有助于我们达到各种实践的目标"，①期待可能性论由于立足于实践的指导，从而科学地揭示了意志自由在刑法中的地位，使得我们对于刑法规范在何种范围、何种程度之内，可以对行为人施加规范性的要求，有理性的认识，而不至于对哪些行为可以被认为值得刑罚处罚、哪些行为不值得被刑罚处罚缺乏正确的认识。

再次，如果将期待可能性论作为刑法立法的规制原理，就进一步为刑法立法的评价提供了明确的标准。立法也有一个"否定—肯定—再否定"的规律，所以，不可能期待立法对任何问题作出合理的规定，在此情况下就要对立法进行反思、进行评价，从而在对刑法进

---

① 〔美〕希拉里·普特南著：《理性、真理与历史》，童世骏、李光程译，上海译文出版社1997年版，第187页。

行修正的时候,运用规制原理,弥补或者纠正原来存在的缺陷。

第三,期待可能性的立法机能在现有刑法理论体系中能否被体现出来?这要取决于刑法理论的体系。如果刑法理论的体系是以方便司法认定为基点的,则期待可能性作为立法的规制原理就不能得到明确反映;如果刑法理论体系是以立法步骤为基点的,则当然可以在其中充分体现该原理。至于有没有一种体系能够完全兼容立法与司法体系,在笔者看来,答案是否定的。因为就立法的方法论与司法的方法论进行比较而言,两者的思路正好是相反的。在我国刑法理论中存在分别属于这两种思维模式的主张:其一是一般的刑法理论结构中,遵循"犯罪客体—犯罪的客观方面—犯罪的主体—犯罪的主观方面"的顺序,这与司法认定的顺序是一致的。即一个案件,我们首先是发现一定的客体被侵害,从而根据客体的实际情形追查犯罪的客观方面,在此基础上发现行为人,确定行为人之后,进一步分析行为人的主观状态。其二是刑法结构中的"行为发生论",就是依据行为发生的先后次序,即依据"犯罪主体—犯罪主观方面—犯罪客观方面—犯罪客体"的次序,建构犯罪论体系,[①]这往往是与立法的思路是一样的。即一般情况下,刑法应该对什么样的人、基于什么样的主观心理态度、作出的什么样的行为或者造成的什么样的后果追究责任。所以,在传统的刑法理论结构中,期待可能性的理论地位是难以被反映出来的。

但是,由于刑法的实际作用在于通过现实的客观危害性与主观危险性的结合,决定行为人的刑事责任,并在此基础上进行刑罚裁量,以达到预防犯罪与打击犯罪的目的,所以,只要期待可能性能够被司法实践所运用,就能间接地反映其规制原理的机能。即如果在以传统的理论体系中确定了期待可能性的地位,就间接反映了期待可能性对于行为规范的规制机能;换言之,这种理论体系对于在刑法

---

① 参见赵秉志主编:《新刑法教程》,中国人民大学出版社 1997 年版,目录部分。

立法中自觉运用期待可能性还是有意义的。因此,在刑法理论体系中,并不必明确反映期待可能性作为规制原理的机能。

但这并非说在刑法立法中,对每一个规范都必须考虑期待可能性问题。事实上,我国就有学者从宏观上提出了一种泛期待可能性思想的主张,认为"国家对各种危害社会的行为通过法律的形式表明了禁止或者命令的态度,同时则必须为这种禁止或命令的落实提供必要的条件,当国家不能提供落实禁止或命令的基本条件时,国家就不应当在法律上再期待个人必须按照国家的意志控制自己的行为……"①基于这种观点,论者进一步说,社会之所以能够处罚盗窃犯罪,是因为当社会个体处在极度贫穷、缺少衣食等基本生活条件不具备的情况下,国家能够为之提供最基本的救济,从而认为在此限度内能够期待行为人不实行违法的行为。②虽然我们也可以从这种角度考虑期待可能性的实践性机能,但是,由于刑法立法必须具备一定的社会基本物质条件,刑法立法中并考虑宏观上有没有期待可能性,所以,这种泛期待可能性思想并不具有普遍的意义,实际上没有太大的价值。

(二)违法性要素与责任要素说

这种观点认为,期待可能性不仅是责任论的要素,更是违法性的要素。如宫泽浩一教授说:"我和亨克尔一样,认为期待可能性的理论是违法评价阶段的,起着客观的注意义务之界限的作用,扮演着法官裁判之成因的作用。"③违法性要素与责任要素说源自于规制的原理说,但是,两种理论的立足点并非相同,一个是基于刑法立法,一个是基于司法裁判,所以,违法性要素与责任要素说与前述理论有不同的意义。该理论的其他支持者还有内田教授与八木教授。

---

① 陈浩然著:《理论刑法学》,上海人民出版社2000年版,第253页。
② 参见陈浩然著:《理论刑法学》,上海人民出版社2000年版,第253页。
③ 参见〔日〕宫泽浩一:《过失犯与期待可能性》,日冲宪郎博士还历祝贺论文,1966年,第117页。

这种学说将责任区分为违法性中的期待可能性与责任中的期待可能性,为了避免混淆,有的学者称阻却责任的是"真正的期待可能性",阻却违法的是"客观的期待可能性"。① 如此一来,问题就变为倘若行为人没有期待可能性,还可以理解为是法律规范中没有相应的义务类型,那么,在特定场合,没有期待可能性就应当阻却违法性。在不作为和过失的场合,这一点似乎表现尤其明显。如关于过失犯的构造,宫泽浩一教授认为,"关于过失犯的违法性,大多数论者主张求诸于违反客观的注意义务(结果预见义务、结果避免义务)的态度。而行为人不能预见、不能避免时,不能认为行为人违反了客观的注意义务,起先的观点认为,所谓过失责任行为人的个别的、主观的情形,完全可以在违法性的阶段予以否定,而无须在下一个阶段加以检讨,对此我表示赞同。在此,所谓的'客观的注意义务',不必说是成为违法性判断标准,所以必须是'客观'的。迈耶就更不必说,他依据自己的构成理论,用客观的过失概念,将这种侵害放在不法构成要件中。"②依据这种观点,对一些具体事例的处理就发生了不同于过去的效果,如运输中的摩托车驾驶员在遵守交通规则的状态下驾驶,但是由于完全不能预料的情形发生(例如伤及逆行的行人),依据过去的理论,惹起了该结果,大致上就是违法行为,但由于他并没有怠忽注意的义务,所以没有责任。而依据新的理论,则认为过失的态度仅仅惹起了因果关系时,尚不值得非难,只有对"客观的注意义务"造成侵害才是违法。即此时行为人实行的行为常伴随着危险的性质,但如果行为处于"被容许"的限度内,而交通上的必要注意被扩展为适应社会的要求,哪怕发生了对他人的侵害,也可以视为没有违法行为。如果该行为被评价为违法,它必须一开始就肯定侵害了这种社

---

① 参见陈友锋:《期待可能性:刑法上地位之回顾与展望》,辅仁大学1993年硕士学位论文,第112页。

② 〔日〕宫泽浩一:《过失犯与期待可能性》,日冲宪郎博士还历祝贺论文,1966年,第117—118页。

会的要求。如此说来,该义务的确定或限定,应该是在行为作为客观评价的违法性领域。即该义务在性质上或者客体关系上是行为关系的义务,对它的一般要求,在今天不是对行为人个人的制约,而是作为合乎规范的态度的社会要求。① 所以,期待不可能性应被理解为是阻却违法的事由。

当然,并不是说以上观点仅仅认为期待可能性是违法性的事由,它作为责任的事由也是被承认的,但是限于极少数场合。如内田教授明确指出:"期待可能性在犯罪论体系上的位置,大部分(对平均人的一般期待可能性)是违法论的内容,在极其例外的场合(符合对'行为人'不能期待适法行为之际),理论上认为是作为责任阻却事由(超法规的责任阻却或实质的责任)的'期待可能性不存在',在此范围中期待可能性是责任的要素。"②

笔者认为,对违法要素论必须从以下方面加以评价:

关于期待可能性是否具有违法性要素的性质,必须着眼于违法性要素与责任要素的区别。我国台湾地区的部分学者认为,"违法与有责之关系(区别),根本在于'当为'与'可能'之差异,此殆为现时一般学者所共认者,即谓之系'义务'与'可能性'之关系亦无不可。"③对于这种看法,日本的曾根教授提出了异议。他认为,如果从修正的客观违法论立场出发,将区别违法和责任的标准对应于"一般人的当为"和"行为人个人的可能"之观点是妥当的,但是,"在这一点上,把违法判断(当为)的界限求之于一般人的可能之范围的修正客观违法论(多数说),将期待可能性的问题完全置于责任论中是不可解决的。相反,将期待可能性作为责任的问题,如后所述,其判

---

① 〔日〕宫泽浩一:《过失犯与期待可能性》,日冲宪郎博士还历祝贺论文,1966年,第118页。

② 〔日〕内藤谦:《期待可能性》(二),载日本《法学教室》1989年第5期,第71页。

③ 陈友锋:《期待可能性:刑法上地位之回顾与展望》,辅仁大学1993年硕士学位论文,第110—111页。

断标准应该采取行为人标准说,不过如采取区别违法与责任的传统的客观违法论,期待可能性就应置于责任论之中。"①这样,期待可能性的理论地位就取决于它的标准,问题就发生了变化。

在笔者看来,这种转换问题的方式并不恰当。因为行为人标准、平均人标准的确定,并不存在客观标准与主观标准的差别,无论如何,期待可能性都是以行为人在规范上值得期待的意志自由为对象的,所以它应该属于主观的范畴。至于以一般人的标准还是以个别人的标准,并不能脱离人作为社会动物或理性动物的意识或意志的属性。当然,在违法论中并不是不可以确定主观要素,但是,该主观要素是表象的或一般的,而不是具体的,它不能反映出行为人的主观意志的实际情况。如在紧急避险行为中,行为人有故意或者过失,故意、过失也被认为是违法性的要素,但不能说它们与"当为"有关,刑法中的"当为"与"可能"虽然并不是完全一致的,但也绝非对立的,"当为"必须以一般人的具体的"可能"为基础,否则,"当为"就难以实现。所以,"当为"与"可能"并不是区分违法与责任的标准,它们同样属于人的意志范畴,在本质上是责任问题。

而违法性在形式上意味着,行为违反了法规范规定的作为义务与不作为义务,在本质上意味着行为对相关法益造成了不利的影响。期待可能性与行为是否属于作为义务或不作为义务的关联不大,所以不可能从形式上被理解。而就实质性的违法观念来说,它的一个重要结果是确定行为合法化的可能性。行为之所以可能被合法化,只能是因为它与全体法秩序的要求不矛盾,至于两者不相矛盾的更深层次原因,部分属于人在具体情形下的可不可能的问题,部分属于规范要求可不可能的问题,这些与违法性的判断不处在一个层次上。所以,将期待可能性作为义务的界限,并不能否定义务可能作为责任范畴的实质,把它理解为特殊的责任类型或许更恰当。

---

① 〔日〕曾根威彦著:《刑法的重要问题》(总论),成文堂1996年增补版,第217页。

三、责任要素说及其评价

(一)责任要素的各种学说

刑法通说是将期待可能性置于责任论中讨论的。但是,由于对责任论有不同看法,所以,该说复分为独立责任要素说、故意过失要素说、消极要素说等。

1. 独立责任要素说

独立责任要素说认为,期待可能性是责任论中与责任能力、故意、过失平行的独立要素,故又被称为第三要素说。1907年,弗兰克在《责任概念的构成》中提出,附随情状的正常性影响责任的有无及轻重,即将期待可能性要素当成与心理责任论中的责任能力、故意、过失平行的责任要素。之后,戈登修米特虽然提出"义务违法性"概念替代"附随情状的正常性"概念,但是,他的"命令的双重构造"与前者的立场相同,也是把期待可能性视为独立于责任能力、故意、过失之外的第三责任要素。日本的大塚仁、立石二六都持这种看法。

独立要素说的理由在于:第一,把期待可能性作为第三责任要素或作为故意、过失的要素,都是主张积极要素的理论;而把期待可能性的不存在作为责任阻却事由,是消极要素的主张。后者仅须行为人具有责任能力与过失,则通常认为具有期待可能性,即应加以非难,但如果能积极地证明没有期待可能性时,则是责任阻却事由。但是期待可能性是对行为加以非难评价的标准,还与责任的轻重有关,所以将它视为第三责任要素较为妥当。① 第二,在论述责任存在与否时,必须积极地检讨责任的要素。只要不存在违法性阻却事由,就足以确定存在违法性;但责任与此不同,对它必须加以具体的把握,责任的要素也必须积极地检讨,所以,虽然把故意、过失作为原

---

① 参见刁荣华:《期待可能性问题概述》,载我国台湾地区《法律评论》1961年第38卷第8期,第8页。

则的要素,把期待可能性的不存在当成例外的情形十分妥当,但是,遵循责任要素的一般特征的认识,还是较好的选择。① 第三,作为主观责任要素的故意、过失,与作为客观责任要素的期待可能性观念,两者在性质上不同,前者是行为人的主观、心理的内容,后者是从法规范的角度对处于具体状况下行为人主观选择的评价,"进而从理论上看,在责任的构造中,故意、过失是关于犯罪事实特别是结果惹起的心理状态的问题,而期待可能性是以故意或过失为前提、期待作出符合违法行为以外之适法行为的意思决定的可能性,因此,故意、过失和期待可能性把握问题的方面不同,故意、过失是责任原则的心理要素,而期待可能性是责任的规范要素",②两者不可混淆。第四,这个问题的重点,在于期待可能性与故意、过失各自在刑法中具有哪些机能。在故意犯罪中,作为故意所认识的犯罪事实与非难的程度轻重,虽然并不是毫无关系,但是,终究没有直接的联系。而期待可能性却能够直接反映非难的程度;在过失犯罪中,期待可能性与作为注意义务前提的"注意可能性"有着密切关系,所以,期待可能性可说是支配过失行为非难程度的重要因素。所以在理论上采取第三要素说比较合理。③

2. 故意过失要素说

故意过失要素说认为,期待可能性是故意、过失共通的构成要素,即欠缺期待可能性时,就不存在故意或过失。弗洛登塔尔认为,将期待可能性仅仅限制在过失犯的范围内,不能达到填补法律与国民之间隔阂的目的,其关键在于把期待可能性与故意、过失并立,所以他的"义务规范论"主张把期待可能性置于故意、过失的构造

---

① 参见〔日〕大塚仁著:《犯罪论的基本问题》,有斐阁1982年版,第227—228页。

② 〔日〕内藤谦:《期待可能性》(二),载日本《法学教室》1989年第5期,第69—70页。

③ 参见陈友锋:《期待可能性:刑法上地位之回顾与展望》,辅仁大学1993年硕士学位论文,第93页。

之内,从而认为期待可能性是故意、过失共通的"伦理的责任要素"。由此首开故意过失要素说的先河。① 后来,戈登修米特采取"评价规范先于意思决定规范"的理论,但在结论上仍然归结为故意过失要素说。

这种学说的理论依据是:第一,如果把期待可能性作为单纯的心理事实,则采用积极要素未尝不可,但是,故意、过失是表现责任的类型,其中已经包含非难的意思,所以,欠缺期待可能性时,就要阻却故意责任或过失责任。第二,作为构成要件的故意、过失,与故意责任、过失责任应严格区别,前者纯粹取决于有无对犯罪构成事实的认识或预见,而不管其程度上的差异。所以期待可能性要作为积极的要素,不仅要说明有无责任的问题,还要阐明其程度。第三,如果把责任与故意、过失理解为种与类的关系,那么为使规范的要素包含在故意、过失之内,并使其成为共通要素以解释责任,就应该把期待可能性作为故意、过失的要素。第四,不是出于故意或过失的行为不罚,这是各国刑法的一致规定,因而,当期待可能性因为没有成文法的依据而被当成"超法规性"时(即在故意、过失之外承认其他责任要素),不仅与实定法相抵触,也不能提供法条依据,所以不应被采用。第五,学说上有人主张,"虽有故意,但仍得因期待可能性不存在而无责任。"这种论调过分扩张期待可能性作为责任要素的范围,实为不当。因为在故意场合,如果行为人具有认识且违法性认识存在,通常具有期待可能性;而在过失犯中,期待可能性早已列于违法性意识的相关考虑中。所以,要将期待可能性置于故意、过失之中,即欠缺期待可能性,则阻却故意或过失。②

3. 消极要素说

消极要素说,通常被称为责任阻却说,认为期待可能性不存在是

---

① 参见陈友锋:《期待可能性:刑法上地位之回顾与展望》,辅仁大学1993年硕士学位论文,第95页。

② 参见陈友锋:《期待可能性:刑法上地位之回顾与展望》,辅仁大学1993年硕士学位论文,第95—96页。

消极的要素,也就是说,如果存在责任能力、故意、过失,就大致可以推定为存在适法行为的期待可能性(即责任的原则型或责任的积极要素),但是,也存在没有期待可能性的例外情形(即责任的例外型)。在日本,这种理论由佐伯千仞教授大力倡导。他认为:"在理论上,意思决定过程的正常进行,是责任非难的积极要件,但实际上,在责任非难的积极要件中,由于主观上加入了难以抗拒的精神上的压迫,从而丧失意识过程的正常性,这是经常存在的。而且丧失意识正常进行的情形有种种形态,不可能积极地预见,从而不可避免地保留着原则—例外的关系,即责任阻却原因的概念。"①他以"原则—例外型"的思维模式,提出消极要素理论,得到了大多数学者的认同。② 持此说的日本学者包括中山研一、木村龟二、前田雅英、川端博等。在下级法院的判决中,以没有期待可能性作为阻却责任的类型,是比较常见的。

佐伯教授的消极要素说所持的理由是:第一,责任能力以及故意、过失等作为从来的责任要素,和期待可能性在理论上绝非同一的平面上的并列,两者之间是前提和结论的关系。法律允许在行为者仅仅有责任能力和具备故意或过失时,推定有适法行为的期待可能性(即责任能力和故意、过失相互结合),构成责任的原则类型。但是如果存在例外的特殊情形,就应突破这种推定。例外情形也是基于法的思维,以一定的类型表现出来的。③ 第二,既然违法判断中存在原则和例外,则责任判断中也可以存在原则与例外。"有责任能力的人认识或能够认识到行为的事实性和违法性,大体上可以推论出行为的责任性(原则)。为了更符合具体情况,避免一刀切,也有作出没

---

① 〔日〕佐伯千仞著:《刑法中期待可能性的思想》,有斐阁1985年增补版,第346页。
② 参见〔日〕中森喜彦:《期待可能性》,载阿不纯二等编:《刑法基本讲座》(第3卷),法学书院1994年版,第280页。
③ 参见〔日〕佐伯千仞著:《刑法中期待可能性的思想》,有斐阁1985年增补版,第347页。

有责任性的判断的情况(例外)。这就是责任阻却原因,并且作为期待可能性方面的问题而纳入犯罪理论的体系中去。"①也有学者指出,以期待不可能作为责任阻却事由,在思考上较为经济。②

由于消极要素说被批判为不能说明责任大小,所以,佐伯教授另外还提出以期待可能性作为责任加重减轻的事由。③

(二)以上各说的评价

将期待可能性作为行为人的责任要素,可谓正确地把握了期待可能性的实质,但是,鉴于大陆法系刑法理论的特点,以上各说不同程度地存在着不能令人信服的方面。

各说中存在的共同问题包括:第一,将期待可能性置于责任论中,其地位与期待可能性的实际机能不能吻合,存在机能大而适用面狭窄的结果。各说都强调期待可能性不仅具有判断责任有无的性质,还有判断责任大小的作用,这是正确的;但是,如果认为期待可能性是责任的要素,在德国、意大利、日本刑法理论中,就难以保证期待可能性发挥判断责任大小的作用,因为在这些国家或地区的刑法中,责任问题往往作为有责性的判断而成为犯罪成立的一个要件,加之责任的判断常常被认为是一种消极的判断,④即只要存在不具有非难性的情形,就认为存在阻却责任的事由,从而否定了犯罪的成立,所以,期待可能性通常是在进行有无责任的判断中考虑的,一旦有期待可能性,就意味着有非难的可能性,从而行为就被认为构成犯罪,其后要考虑的问题是刑罚的裁量。这样,在犯罪论的阶段就没有考虑期待可能性大小,也就不可能以期待可能性说明责任的轻重。

---

① 〔日〕泷川幸辰著:《犯罪论序说》(下),王泰译,载高铭暄、赵秉志主编:《刑法论丛》(第4卷),法律出版社2000年版,第387页;〔日〕泷川幸辰著:《泷川幸辰刑法著作集》,世界思想社1981年版,第137页。

② 参见郭君勋著:《案例刑法总论》,三民书局1985年第3版,第317页。

③ 参见〔日〕佐伯千仞著:《刑法中期待可能性的思想》,有斐阁1985年增补版,第388页。

④ 参见张明楷著:《外国刑法纲要》,清华大学出版社1999年版,第190页。

作为犯罪构成的责任论,不能揭示期待可能性衡量责任轻重的机能。

第二,将期待不可能性作为犯罪阻却的事由,缺乏必要的法律依据。根据罪刑法定主义的基本要求,行为是否构成犯罪必须具备法律规定的严格要件,在规定的范围之内,行为被排除违法性与有责性也必须具备法律所规定的严格条件。如果期待不可能性在刑法规范中没有明文的规定,作为阻却责任的事由就缺乏实定法的依据,这在罪刑法定主义的框架下就难以立足。而现在德国、日本、意大利的刑法中,并没有规定期待不可能性,所以,以期待不可能性作为阻却责任进而阻却犯罪的事由,的确存在与刑法的基本原则不相协调之处。而在实定法之外,轻易而不加限制地设立责任阻却事由,将有免责泛滥的危险。

第三,以期待不可能性作为阻却责任的事由,无论是作为独立的要素,还是作为故意、过失的要素,或者是消极的要素,都不可避免地会诱发诉讼问题。因为如果将期待可能性作为构成责任的必要因素,那么在起诉中就必须积极地证明有关期待可能性的情形,否则,就会形成两种结果:其一,如果起诉中不积极地证明期待可能性,则法院不能定罪。而公诉机关为了证明犯罪的成立,则必须对期待可能性进行举证,这无形中增加了司法负担;其二,假如在起诉中免除公诉机关证明期待可能性的负担,由于法院也无义务对行为人的期待可能性进行举证,则对它的举证成为被告方的负担,就会导致对行为人不利的结论。如内藤谦教授认为,"如果期待可能性不存在不过是否定故意或过失,刑事诉讼法第 335 条第 2 项的主张就应该说是不可行的,所以,法院在判决中也可以不对该主张作出判决。这就导致对被告人不利的结论。"[①]在日本,尽管也有下级法院以没有期待可能性为理由,作出没有故意的判决,但是数量很少。

退一步说,即使我们可以承认责任论中也一并包含着分析责任

[①] 〔日〕内藤谦:《期待可能性》(二),载日本《法学教室》1989 年第 5 期,第 69 页。

轻重的内容，或者由于违法性判断中实际也存在超法规的阻却事由，而能够承认超法规的责任阻却事由，并且忽视前述第三个问题，但是上述各说还分别存在其他不能自圆其说之处：

首先，就独立责任要素说而言，它明确区分期待可能性与故意、过失，将前者视为责任的规范要素，而认为后者是责任的心理要素，这一点在理论上没有产生争议。但是，把期待可能性作为与故意、过失平行的积极责任要素，在如下方面并不恰当：第一，既然责任与故意、过失处于平行关系，那么它与责任能力之间是平行的关系吗？该说忽视了对这个问题的解释。进一步讲，假定期待可能性与故意、过失、责任能力之间的关系都是平行的，那么在责任论中如何处理这三种要素的先后顺序，也有说明的必要。第二，它混淆了刑法中作为被评价的对象以及评价的标准之间的界限。因为自目的行为论之后，行为的纯心理组成部分从责任事实中被剔除了，"故意与过失不再是谴责的标准，而同与它有内在必然联系的违法事实一样属于谴责评价的对象……"①越来越多的学者倾向于将故意、过失置于违法论中，②由于故意、过失是判断行为违法性质的要素，所以，在责任论中判断故意、过失，并不适宜。因为期待可能性是对已经被评价为故意或过失的违法行为之实施者进行主观非难性的评价标准，而行为人与行为之间的故意、过失，作为一种心理事实，是责任判断的对象，所以认为两者是责任中的平行要素的观点，并不妥当。

其次，就故意过失要素说而言，虽然可以把期待可能性作为过失犯、不作为故意犯以及部分间接故意的构成条件，但是，这并不意味着能将期待可能性作为故意和过失的共通要素，因为：第一，它缺乏

---

① 〔意〕杜里奥·帕多瓦尼著：《意大利刑法学原理》，陈忠林译，法律出版社1998年版，第186页。

② 参见〔德〕汉斯·海因里希·耶塞克等著：《德国刑法教科书（总论）》，徐久生译，中国法制出版社2001年版，目录部分；〔日〕大塚仁著：《犯罪论的基本问题》，有斐阁1982年版，第233、282页。

充分的理论根据。如日本学者所说,期待可能性是采取替代违法行为的适法态度有可能期待的形式,具有规范性的意味,而故意、过失是基于犯罪事实的认识或认识可能性的外在特征,以行为人对事实的心理状态为内容,两者的本质显然是不同的,如将前者当成后者的构成要素,是不适当的。① 所以,期待可能性与故意、过失是不相包容的因素,两者虽然并非平行关系,但也不能将期待可能性一概当成故意的前提;第二,将期待可能性置于故意、过失之中,并不能完全作为判断责任有无或大小的根据。因为除了说明故意与过失之间的责任大小之外,它不能说明故意的责任或者过失的责任间的差别。即使是同样的行为故意也是如此,例如故意杀人的行为,一个是用作为的方法,一个是用不作为的方法,而故意除了表示行为人的心理与杀人行为之间具有意识和意志之外,不能说明它们之间的责任大小。第三,正如有的学者所说,将故意、过失视为"类概念",有拘泥于心理责任论的嫌疑,而规范责任既然以批判心理责任论为前提,再以期待可能性徘徊于心理责任论之中,就是不彻底的,设立规范责任论亦无必要。②

再次,就消极要素说来说,佐伯教授将期待可能性视为责任的消极要素,它与故意、过失之间不是处在同一平面的并列关系,而是前提与结论的关系,这不仅避免了陷入与故意、过失之间发生难以厘清的纠缠,而且,对责任构造的要素之间的关系作了初步论述。消极要素说和其他责任要素说之间也并非不相容。如我国台湾地区学者褚剑鸿教授认为,积极要素说以存在期待可能性为责任阻却的原因,消极要素说以没有期待可能性为责任阻却的原因,"前者适用为广,后者适用为狭,但就犯罪成立而言,有责性之要素,并非每个犯罪均须推究行为人是否具有期待可能性,必须发生特殊之情况,方始研究有

---

① 参见〔日〕曾根威彦:《刑法的重要问题》,成文堂1996年增补版,第217页。
② 参见陈友锋:《期待可能性:刑法上地位之回顾与展望》,辅仁大学1993年硕士学位论文,第96—97页。

无阻却责任事由之存在……"①另外,该说在证明的程序和方法上,与犯罪成立的一般要求不同,其基本的含义最好不要被过小地评价了,积极责任要素仅仅直接地推定作为非难可能性的责任,容易导致责任论推定关系的混乱,也难以和违法论对应地加以把握。"原则-例外"的构造,则充分注意到可罚的违法性、可罚的责任形态、违法性以及责任的质和量(程度)。如采取实质的违法论和实质的责任论,那么"原则-例外"的构造非但不矛盾,反而是很安全的处理方式。②

但是,消极要素说能不能被承认,还要取决于它是否适应刑法理论的发展,其中的问题是:第一,消极要素向来是将故意、过失作为"原则型"责任要素,而由于目的行为论认为违法性中不乏主观的要素,从而改造了犯罪的构造,将故意、过失当成主观的违法性要素,它们就不再是责任的类型要素,这样,作为例外前提的"原则类型"就不明确,"例外型"从而失去了依附。第二,消极要素说并不能解释期待可能性的积极机能,正如冯军教授所说:"因为期待可能性在刑事责任中发挥着完全独立的机能,在认定责任的有无和大小时,需要对期待可能性的有无和大小进行积极的判断。可以说,没有责任能力、事实性认识,就没有考察期待可能性有无和大小的必要,但是,即使存在责任能力、事实性认识,也不能说就存在期待可能性。既然期待可能性在决定责任的存在和程度上发挥着重要的作用,就应该把它视为积极的责任要素。"③所以,不能只把期待可能性理解为例外的责任要素或消极的责任要素,而应该理解为是与责任能力、事实性认识、违法性认识一样普遍或积极的责任要素。第三,例外型适用并不普遍。因为即使确定了责任的原则类型,也不能必然确定责任,还必

---

① 褚剑鸿:《期待可能性与司法实务》,载《政大法学评论》1982年第48期,第19页。
② 参见〔日〕中山研一著:《大塚刑法学的检讨》,成文堂1985年版,第233页。
③ 冯军著:《刑事责任论》,法律出版社1996年版,第253页。

须就行为时的具体情形进行判断,那么,实际上在何时需要考虑例外的因素、何时不需要考虑例外的因素,并没有固定的标准,通常就会对所谓的例外情形一概进行积极的检视。结果就如大塚教授所认为的,作为有责类型的构成要件中,只要有抽象的故意、过失,虽然大体可以推定存在着故意、过失,而且如果存在符合构成要件的行为,大体上也能够推定有责任;但是,还有必要进一步对作为积极的责任要素的责任能力、故意、过失、期待可能性,进行具体检讨。尽管根据作为有责类型的构成要件(故意、过失)大体能够推定责任,而为了增强推定的要素,也有作为必要要素的位置。如果该要素存在的话,责任就不是被推定的,而是被确定的,因此,没有例外地排除推定的"责任阻却事由"之观念存在的余地。①

最后,就分别说进行评价。该说区别故意构造与过失构造的不同,其实质是认为,期待可能性是过失的法定要素,是故意的超法规的要素。从责任条件的法律层次看,这是实际存在的,但是,刑法规范中,是以注意能力和控制能力为前提,来评价是否存在期待可能性进而予以直接的评判。那么故意作为比过失更为常见的犯罪形态,在规制时,难道不必考虑行为人的期待可能性吗? 如果认为消极的判断可以解决其内在含义,那么,过失中是否也存在第二次性的、消极的期待可能性判断呢? 这都是该说不能解决的问题。或许各种问题发生的原因,就在于这些学者在确定期待可能性是作为积极的责任要素还是作为消极的责任要素时,没有从责任的规范构造本身加以考量。②

四、刑罚事由说

减免刑罚事由说认为,在没有期待可能性的场合,并不是成为没

---

① 参见〔日〕中山研一著:《大塚刑法学的检讨》,成文堂1985年版,第232页。
② 参见陈兴良:《期待可能性的体系性地位》,载《中国法学》2008年第5期。

有责任,只是成为减免刑罚的理由。该说又可分为事实宽恕说与行为答责性阻却说。

(一)事实宽恕说

事实宽恕说认为,期待不可能性是事实上的宽恕罪责理由。这种观点为德国学者阿明·考夫曼提出,并得到了威尔哲尔、耶塞克和林山田等人的赞同。

考夫曼认为,虽然将期待可能性放在责任论中讨论,但此时为了把作为纯粹关系性的"非难可能性",和作为实体性的"责任"以及作为计量性的"非难"等概念各自区别开来,非难可能性仅仅限于意味着非难的诸要件(诸前提)是存在的,实际上和应否施加非难及其轻重的问题全然无关。依据他的理解,作为无价值性的非难可能性,是在它的构成要素——义务的认识可能性,以及根据认识形成合乎义务之意思的能力——充足的场合被承认,仅仅是关于问题是否存在的概念。自该非难可能性被认可之际开始,首先成为问题的是非难的大小,责任非难在个别的事例中是实践性的,即根据实定法的立法者或确定判决的法院的观念,事实上也存在着不能施加责任非难的轻微事实。该责任非难被宽恕的场合中,即使存在非难的可能性,但也不能施加非难。①

但是,如果根据考夫曼所说,正确认识义务并进而形成合乎义务的意思的能力,是存在判断的先决条件,形成正确意思的期待可能性问题与形成错误意思而阻却责任的问题没有任何关系。义务者有考虑自身内部及外部一切情形的能力,在具体场合,还要考虑有无合乎规范并决定自我态度的能力,等等。在紧急状态下,尽管服从义务的能力的确受到影响,但其中并没有阻却该能力的意思,由于不能认为处于紧急状态者不能实行适法行为,因而,即使是紧急避险行为,也

---

① 参见〔日〕川端博:《期待可能性》,载中山研一等编:《现代刑法讲座》(第2卷),成文堂1979年版,第240—241页。

可能认为有非难的可能性。特别是在个别的事例中,例外的紧急避险状态对于义务者赋予"动机压力",即使其阻却形成合乎义务之意思的能力很强,但是在该场合,没有遵守义务的能力,义务者被认为在具体的事件中没有责任能力。另外,依据考夫曼的观点,责任是包括性的概念,广义的责任,属于包含不法的、完全的责任前提的总体。因此,构成要件的实现是不法的前提(要件),不法是责任的前提,所以不法的量影响责任的量。紧急避险的行为虽然作为自我保全的目的被评价,但为了维持更高的法益而自法秩序的见地出发,自我保全的行为也可以不被承认,不过,由于该目的的遂行,使行为的无价值减少,因而依存它的责任非难的量相应地减少了。另外,紧急状态在事实上是由于产生了"动机压力",所以,原则上,与理解行为的违法性相对应的形成意思的能力,比通常的时候减少,因此当然就要减少行为人的责任非难的量。依据这种紧急避险行为论,期待可能性理论具有测量责任非难的量、在事实上起着宽恕行为人的作用。对此,威尔哲尔表达了相同的见解。①

林山田教授提出,"行为人为避免自己或他人之生命、身体、自由或财产之现时紧急危难,而破坏之法益大于或等于保全之法益时,则此等紧急避难,因未符合法益或法益权衡原则,故仍为违法行为,只能依据无期待可能性之法理而减免罪责。故此等紧急避难乃称为减免罪责之紧急避难,或称之为宽恕罪责之紧急避难(Der entschuldigende Notstand)。"②而无期待可能性的法理,在他看来,是由于"对于各个不同阻却违法事由无法提出一个共同之根源,以作为解释全部阻却违法事由之原理。反之,对于减免罪责事由,则可提出一个共同之根源,即以符合规范行止之无可期待性(Unzumutbarkeit normgemassen Verhaltens)当成解释所有减免罪责事由之原理……此时,法律规

---

① 参见〔日〕川端博:《期待可能性》,载中山研一等编:《现代刑法讲座》(第2卷),成文堂1979年版,第241—242页。
② 林山田著:《刑法通论》,三民书局1985年版,第152页。

范要求行为人克服困难而合法行事,即无可期待性,对于行为人之非难性或可责性乃为之大减,故乃形成减轻罪责或免除罪责之现象。"①刘艳红教授认为:"首先,应反对将期待可能性作为超法规的刑罚恕免事由,以维护刑法自身基础的牢固性。其次,应反对以'法定'之名将其创立为刑法典总则阻却责任的一般性规定,'人们不能抽象地规定对人性弱点的宽宥,这样会导致不确定因素进入刑法中,这对于刑法的价值构筑功能来说是个难题。'再次,应反对各种殊途同归的将其'要件化'而实际却类似于超法规的刑罚恕免事由那样广泛适用于所有案件的做法,以维护刑法责任原则的客观性与完整性。总之,在'充分注意德国的动向'以及日本动向的基础上,应反对将期待可能性作为一般性刑罚恕免事由的任何直接或间接的主张或做法。根据期待可能性自身的理论特性,应该将其定位于调节性的刑法恕免事由,只允许其在'极其稀有的特殊案例中'使用。"②

不可否认,责任和刑罚之间存在递进关系,但如果由此否定刑罚和责任的界限,最终否定责任在刑法中的独立地位,这种做法无异于否定刑罚个别化主张。刑罚个别化必须通过责任的评价予以实现。归根结底,宽恕事由理论是将传统的责任概念分解为"责任—非难可能性—非难",而认为期待可能性是非难可能性的要素,从而否定了期待可能性是责任或者违法性阻却事由,也就不能视为阻却行为犯罪性的要素,从而被作为减轻或者免除责任的客观因素。对此,川端博教授评价道,"事实的宽恕事由说,认为期待可能性对责任(非难)的量给予影响,这是正当的,但是,它忽视了期待可能性也能够左右责任的存在与否,这就不妥当。如果期待可能性对责任非难的量有所影响,则当该可能性欠缺的时候,责任非难就不存在,当然就要阻却责任。该说将这种场合依据无责任能力解释为欠缺非难可能

---

① 林山田著:《刑法通论》,三民书局1985年版,第184页。
② 刘艳红:《调节性刑罚恕免事由:期待可能性理论的功能定位》,载《中国法学》2009年第4期。

性,但是确切地说,基于期待不可能性,即使惹起无责任能力的状态,也不能说一定是这个场合,在其他场合,解释为阻却责任是妥当的。假如责任能力被阻却,如果非难可能性被认为是非难的前提,就不是非难的要素,又如何不是前提的非难可能性呢?这种说法的根据是不明确的。"①必须承认,川端教授正确地揭示了该说关于期待可能性之机能的认识。与责任要素说相比,事实的宽恕说由于不将期待可能性作为犯罪成立的责任要素,所以不会出现法律根据方面的问题,而且该说重视期待可能性衡量责任轻重的做法也值得肯定。但是,如果期待可能性不能阻却犯罪成立的责任,那么它在理论上又该置于何种范畴之中,却成为这种理论的难题。因为依照该说,期待可能性就丧失了犯罪论中的地位,而如果仅仅把它视为刑罚裁量时所要斟酌的原因,与该理论又有矛盾,因为只有"非难"才是刑罚的内容,而"非难可能性"不具有这种性质。而且一旦将期待可能性当成刑罚论的要素,那么它就不能说明行为人的责任问题,其机能就大大减少了。

(二)答责性阻却说

答责性阻却说认为,没有期待可能性就不能对行为人追究责任。该说由德国学者墨拉赫提出。他认为归责可能性是行为答责性和责任的上位概念,行为人实行符合构成要件的违法行为,通常是无价值的判断,但并非是非难的判断。因此,责任非难,并不是对所有受刑法手段影响的行为人,而仅仅是对适法的行动可以被期待者所施加的。行为答责性则表明行为人须对某事负责任,或者意味着负担,所以,客观的行为情形在没有对一定的动机形成必然妨碍的场合,由于行为人应当负责任,所以肯定存在行为答责性。这种行为答责性,如果是根据平均人有可能而依法被推定的,就脱离了行为人基础。对

---

① 〔日〕川端博:《期待可能性》,载中山研一等编:《现代刑法讲座》(第2卷),成文堂1979年版,第246页。

这样的责任判断,由于是以该行为答责性的存在为基础,所以,责任在本质上是比行为答责性高且超越于对行为人简单否认而施加非难的东西。即尽管否定行为答责性的内容,责任还包含着非难。总而言之,违反行为答责性的平均性要求的基础,成为对具体行为人期待可能性的各种要求不相适应的非难判断之基础。①

墨拉赫曾以上述理论为前提,说明期待可能性的问题。他认为,紧急行为即使是违法的,也不可罚,其原因在于:它不是以对行为的积极的价值判断为基础的,而是以消极的行为判断作为不可能影响行为人的根据,立法者基于"人性的弱点"的思量,将问题从行为转向行为人。在法律上被确定的紧急避险以及强制状态,具有的共通之处是,尽管对行为人不能期待有适合规范的行为,但是,这不是视为责任的要素。其原因在于,期待(不)可能性问题,是根据法律以规格化、类型化的方法被确定的,与个别化的非难不相同。即在紧急避险场合中的问题,不是人的非难,而是行为人没有作出相应平均人的行动之一般化的评价。因而,为法律所承认的紧急状态存在的时候,是阻却行为答责性。所以,即使是无责任能力者处在紧急状态下,也可援用行为答责性阻却。②

行为答责性阻却说,事实上是认为答责性属于一般性概念,而责任是具体性的概念,行为人存在答责性是承担责任的前提条件。这种看法固然不会导致在刑罚论中把握期待可能性的问题,但它分析问题的方法以及其实践都被认为不妥当。如川端博教授认为,根据行为答责性说,期待可能性虽是根据标准的方法所规定的,但是,并没有丧失作为责任阻却事由的性质。之所以如此,是因为在刑事责任看来,个别化是对纲要性进行初步筛选,所以,标准的方法包含于

---

① 参见〔日〕川端博:《期待可能性》,载中山研一等编:《现代刑法讲座》(第2卷),成文堂1979年版,第242—243页。
② 参见〔日〕川端博:《期待可能性》,载中山研一等编:《现代刑法讲座》(第2卷),成文堂1979年版,第243页。

个别化的责任判断体系中。而且,行为答责性和责任,都是以侵害法益的精神态度为问题的,在无价值的事态中并没有差别,即使在实践的效果中区别两者也是不当的。① 由于在司法判断中,行为答责性是责任的基础,则可能导致将本属于责任论的问题依附在行为中和责任中加以检讨,这种方法看来明显地偏离了正常的范围。若依据论者的想法,许多概念在刑法理论中将不得不重新予以定位,如此一来,刑法理论的体系就将崩溃,且难以确立。

综合以上所述,在大陆法系刑法理论中,将期待可能性置于责任论中讨论,比放在其他范畴之中更为妥当,但是,由于大陆刑法体系固有的特征,期待可能性的机能不能完全被理论体系所反映,因为,"期待可能性在定罪时作为责任要素,以例外的形式出现,是一种责任阻却事由;这并不排除在量刑时,期待可能性程度较小,还可以作为刑罚减轻事由。"②致使期待可能性论的问题一头大、一头小,这种缺陷在该理论体系中不可能得到彻底克服。对此,应当为我国刑法理论所重视,并注意其他法系解决相关问题的方式。

第二节 期待可能性与我国刑法理论体系

一、我国学者关于期待可能性的理论地位之争

我国刑法的基本理论体系主要包括刑法总则、犯罪论、刑事责任论与刑罚论,犯罪的基本构造由"犯罪客体—犯罪的客观方面—犯罪主体—犯罪的主观方面"四个方面的要件组成,所以,无论是刑法理

---

① 参见〔日〕川端博:《期待可能性》,载中山研一等编:《现代刑法讲座》(第2卷),成文堂1979年版,第246页。
② 陈兴良:《期待可能性的体系性地位》,载《中国法学》2008年第5期。

论体系,还是犯罪理论体系,都与德国、日本、意大利刑法理论体系和犯罪论不同。如果将期待可能性概念引进到刑法理论中,就不得不兼顾我国刑法理论的现实情况。尽管我国学者对此也提出了一些看法,这些看法与大陆法系刑法学者观点比较起来,表面上有的相同、有的不同,但是,由于大陆法系刑法理论构造与我国刑法理论构造不同,所以各种主张在实质上还是不同的。对此,分别叙述并评价如下。

(一) 责任能力要素论

该说主张,期待可能性是刑事责任能力的一个构成要素,而不是和责任能力、故意和过失并列的第三要素。其中的原因首先在于,刑事责任能力是行为人认识自己行为的性质、意义、作用和后果并能选择自己行为方向,从而对自己的行为承担责任的能力。它包括辨认能力和控制能力,其中关键的是控制能力,其本质是一种意志能力;其次在于,意志自由(即刑事责任能力中控制能力的本质体现)不仅取决于人本身的因素,如智力、精神状态等,也取决于客观外部环境是否允许人作出自由的选择。期待可能性主要指行为人可以选择采取适法行为,也可以采取非法行为,如果采取适法行为,行为人自身的原则利益就要遭受重大损害。此时,行为人的意志既是自由的,也是不自由的,是因为趋利避害是人的天性,一般人不可以牺牲自己以保全社会或他人利益,法律不能过分期待人们如此行动。如果自己的利益和社会或他人的利益两者间发生冲突,行为人的意志自由便受到削弱,其期待可能性减弱;如果两者相差悬殊,或选择保全社会和他人利益会使行为人的根本利益丧失,行为人的意志自由便完全丧失,其期待可能性丧失,这就导致刑事责任能力相应减弱或丧失。[①]

论者基于以上看法,进一步提出,"既然期待可能性是刑事责任

[①] 参见游伟、肖晚祥:《"期待可能性"与我国刑法理论的借鉴》,载《政治与法律》1999年第5期,第23—24页。

能力的一个构成要素,就有必要对我国目前的犯罪构成理论进行必要的修正。"①其基本主张是:犯罪主体所要解决的唯一问题,就是刑事责任能力。刑事责任年龄和达到法定年龄之后心神与智力的健全,都是刑事责任能力的要素。一般只要认为行为人达到法定的年龄,没有出现异常的心神与智力问题,就可以推定其具备刑事责任能力,所以两者属于积极的责任能力要素;而期待可能性属于刑事责任能力例外、消极的要素。从而,自然人犯罪主体的层次结构是:犯罪主体—刑事责任能力—刑事责任年龄、精神无障碍(积极的、原则的要素)+期待可能性(消极的、例外的要素)②。

但是,以上论者的观点却是值得推敲的。究其原因,有以下几点:第一,如论者所言,由于期待可能性是以意志自由为实质依据的,那么,当意志自由丧失时,期待可能性也就随之丧失,"这就导致刑事责任能力相应减弱或丧失",因此,期待可能性就应当是责任能力内部不可缺少的因素,既然如此,就不能认为期待可能性是例外的责任能力因素。第二,如前文所述,作者认为期待可能性是以人的意志自由为哲学依据的,那么,意志自由,"即刑事责任能力中控制能力的本质体现",其存在与否,直接影响责任能力的有无及其大小;有意志自由,就有责任能力,没有意志自由,就没有责任能力。换言之,即存在期待可能性时,有责任能力,不存在期待可能性时,就没有责任能力。按照这种理解,期待可能性是责任能力的前提条件,也就不能认为期待可能性是责任能力的消极因素。第三,责任年龄与精神状态,仅仅当它们都符合法定标准时,一般就可以认为存在责任能力,这在刑法中是有明确规定的,所以,责任能力的内涵,只包括责任年龄与精神状态,而不包括其他要素。例如,当甲年满18周岁,依据

---

① 游伟、肖晚祥:《期待可能性理论研究》,载陈兴良主编:《刑事法评论》第8卷,中国政法大学出版社2001年版,第151页。
② 参见游伟、肖晚祥:《期待可能性理论研究》,载陈兴良主编:《刑事法评论》第8卷,中国政法大学出版社2001年版,第152页。

精神医学或者生理医学的标准,他的精神状态是正常的,而不是愚钝、白痴或者疯癫之人,那么,在司法实践中,只要甲实施了刑法分则的行为,无论该行为最后是否被认定为犯罪行为,甲具有责任能力这一结论都是不可否定的;在实践当中,绝对不会在诸如紧急避险的场合,以无责任能力作为阻却犯罪性或者责任的理由。

这说明,论者对责任能力与期待可能性之间关系的认识是错误的。我们可以利用期待可能性解释责任能力,但是,将期待可能性置于责任能力之中,是明显不妥当的。哪怕退而求其次,将期待可能性置于犯罪主体的范畴也不科学,原因很明显:犯罪主体所要解决的问题就是确定行为主体的责任能力,它并不能解决动态过程中的具体问题。

(二)罪过要素论

该说主张将期待可能性置于故意或过失的要素之中,即"针对我国刑法理论的特点,我们应当把期待可能性置于故意和过失之中,让它成为故意和过失的内容之一。"①论者认为,将期待可能性作为故意和过失的内容,理由有二。其一,与我国的刑法理论相适应。因为在大陆法系刑法理论中,违法与承担刑事责任不是统一的,期待可能性属于有责性的范畴,一个行为即使违法,如果无期待可能性,也不应当负刑事责任。所以,把期待可能性与故意和过失并列,或者把它置于故意和过失之中,都不影响它在免除罪责方面的作用。然而,在我国刑法理论中,违法与责任是统一的,违法必究是我国社会主义法制的一项基本原则。只有将期待可能性置于故意、过失之中,才能在无期待可能性的时候,排除故意、过失的成立,从而认为无罪过,不应承担刑事责任。反之,如果将期待可能性置于故意、过失之外,那么,即使无期待可能性,也不能排除行为人犯罪的故意或过失,如果

---

① 龙立豪、马六生:《论期待可能性理论在我国刑法中的适用》,载《湖南省政法管理干部学院学报》2000年第2期,第10页。

要认定行为无责任,就要将期待可能性作为构成要件之外的排除责任的事由,这便出现了"行为符合犯罪构成但不负刑事责任"的现象,与我国刑法理论是不相符的。其二,可以更好地解释刑法理论中的一些具体问题。如以期待可能性作为超法规的责任阻却事由,往往受到批判,但是将其置于故意、过失之中,以罪过不能成立作为理由说明没有刑事责任,可使"无期待可能性不负刑事责任便有了法律依据,而不是超法规的事由了"。[①]

的确,在大陆法系刑法理论中,由于其体系构造的特点,不便将期待可能性置于故意、过失之中,而在我国刑法理论体系中,也不可以将期待可能性作为故意、过失的要素。在笔者看来,论者所持的基本理由是难以立足的,原因是:第一,该说没有正确领悟大陆法系学者的主张。如上所述,在大陆法系学者看来,在刑法理论中对期待可能性进行不同的定位,其结果或其作用是不一样的,特别是把期待可能性作为独立要素与作为第三要素时,其区别更为明显。另外,如果承认德日学者的新做法,将故意、过失作为违法性要素,那么,认为期待可能性是故意、过失要素的观点,无疑承认期待可能性也是违法性阻却事由,则无论在该体系之下,还是在我国刑法体系之中,期待可能性的意义并没有太大差别。对此,论者没有加以深刻认识,其主张不力势在难免。第二,该说没有全面认识我国刑法中犯罪与刑事责任的关系。在我国刑法通说中,刑事责任是以犯罪为前提的,所以,犯罪行为完全有可能不负刑事责任。论者所谓行为符合犯罪构成但不负刑事责任的现象与我国刑法理论不符的观点,显然与这种观点是矛盾的。第三,该说可能导致法律依据方面的争议。我国刑法中,故意、过失的内容为法律所明确规定,其中并不包含期待可能性因素。以故意为例,《刑法》第14条规定:"明知自己的行为会发生危害社会的结果,并且希望或者放任这种结果发生,因而构成犯罪

[①] 龙立豪、马六生:《论期待可能性理论在我国刑法中的适用》,载《湖南省政法管理干部学院学报》2000年第2期,第10页。

的,是故意犯罪。"可见刑法规定中,只强调对危害结果的认识和犯罪的主观愿望,这都是心理的责任要素,与刑法是否有适法行为的期待可能性规范因素没有关系,也就不能说明期待可能性是故意的法定要素。假如勉强而为,就不免会受到将期待可能性作为超法规的犯罪阻却事由的批判。

将期待可能性置于故意与过失之中,其效果与将其置于责任能力之中一样,的确不会破坏我国现有的刑法理论体系。但是,如果现有理论体系的确存在不足时,就要加以完善,假若其不足不能通过一般性的修补得以完善时,当然就要提出一种新的结构。论者的主张固然迎合了现有刑法理论,却不能阐述犯罪与责任的一致性同确定期待可能性地位之间的内在逻辑关系,存在着牺牲期待可能性概念本身的独特性质之虞,陷于心理责任论的泥潭,而不能给予规范责任论以积极态度。因此,在我国刑法理论中,将期待可能性放在犯罪主观方面进行讨论的主张并不可取。

(三) 修正的罪过要素论

论者基本上赞同德日刑法理论中的责任阻却要素论,将期待可能性视为罪过的要素。论者将有关罪过的构成要素分为:(1)基本要素:故意、过失;(2)评价因素、前提要素和消极因素:期待可能性。其理由包括:其一,只有将基本要素与评价要素结合起来,才能决定行为人主观恶性的有无及大小。其二,期待可能性因素作为罪过的评价因素和前提因素,"是由于行为人在行为当时,如果没有实施合法行为的可能性即期待可能性,即使行为人是出于故意或过失,前提因素不存在,行为人主观罪过被阻却,从而评价行为人的行为不是犯罪"。其三,期待可能性是责任中消极或例外的因素,因为一般只要行为人具有故意、过失,通常就可以确认其能够实施合法行为,但如果能够积极地证明无期待可能性时,则为阻却主观罪过的事由。只有期待可能性才是以行为作为非难的评价标准。① 论者还提出,"若将期待可能性理论引进我国的犯罪构成理论后,原犯罪主体、犯罪主观方面的内涵与外延都会相应发生变化。新的犯罪主体是指实施危害社会行为的人。犯罪的主观方面是指行为人的罪过,包括:(1)基本要素:故意、过失;(2)评价因素、前提要素和消极因素:期待可能性。"②

这种主张以一种新的罪过理论为基础,并不是罪过要素论的简单翻版,即依照这种观点,期待可能性是新罪过而不是故意、过失的要素了。但是该主张的问题是:第一,把期待可能性当成罪过评价的例外的、消极的因素,与期待可能性的实质不相称。如论者所说:"期待可能性实际是对人的意志相对自由的反映,或者说是对客观条件限制人的意志自由作用的承认。有期待可能性时意味着行为人具有意志自由,才能产生罪过……当行为人根本无意志自由,即无法采取合法行为,则无期待可能性,也就阻却了主观罪过,在这种情况下所实施的危害社会的行为就不是犯罪,当然也不受刑事追究。"③这比较深刻地揭示了期待可能性在论者所谓的罪过中的不可缺乏性,因此,就不应该将其视为例外因素。第二,它使得刑法中的罪过含义不明朗。因为传统观点认为,"所谓罪过,是指行为人对自己的行为将引起的危害社会结果所持的一种故意或过失的心理态度。"④所以,罪过是以故意和过失为内容的。现在,论者在罪过中加入评价性因素,从而使得罪过的含义发生了变化。那么,与其改变传统的罪过观念,还不如以一个新的概念来涵盖期待可能性与罪过。第三,这种

---

① 参见丁银舟、郑鹤瑜:《期待可能性与我国犯罪构成理论的完善》,载《法商研究》1997年第4期,第58—59页。
② 丁银舟、郑鹤瑜:《期待可能性与我国犯罪构成理论的完善》,载《法商研究》1997年第4期,第59页。
③ 丁银舟、郑鹤瑜:《期待可能性与我国犯罪构成理论的完善》,载《法商研究》1997年第4期,第59页。
④ 马克昌主编:《犯罪通论》,武汉大学出版社1999年第3版,第314页。

观点将导致现有刑法体系的彻底瓦解。论者对我国刑法理论中的犯罪主体进行了批判,他认为,在我国刑法中使用"责任年龄"和"责任能力"概念,不能反映出我国刑法理论对无责任能力者和没有达到责任年龄者不负刑事责任之主张的合理根据,也不足以说明无责任能力者的行为不是犯罪的原因。所以主张分别用"主观罪过年龄和能力"来替代前述两个概念。这表明论者有将犯罪主体与犯罪主观方面合而为一的意图,可惜最终还是停留于现有理论构造上。事实上,这种修正的罪过观点,和意大利刑法中的罪过概念大体上是一致的,在本质上相当于大陆法系犯罪论中的责任。如此一来,该说无非就是试图用大陆法系的刑法理论体系,替代我国现有的刑法理论体系。而正如前文所说,在大陆法系的刑法理论中,不可能圆满地解决期待可能性的地位问题。鉴于这种观点并不可能真正解决问题,所以也不太可取。

(四)第三要素说

该说对日本刑法学中的独立要素说表示赞同,认为"期待可能性虽然是指向行为人的主观的,是对行为人主观选择的期待,但是,与故意、过失不同,它不是行为人的主观的、心理的内容本身,而是从法规范的角度对处于具体状况下的行为人的主观选择的评价,可以说故意、过失是主观性的归责要素,而期待可能性是客观性的归责要素,期待可能性是独立于故意、过失之外的归责要素。"[①]也有观点认为:"期待可能性属于与责任能力、故意或过失相并列的第三个责任要素,之所以把期待可能性上升为第二阶位的责任要素,在于责任故意或责任过失是主观的责任要素,而期待可能性是客观的责任要素,是独立于故意、过失之外的第三种要素。"[②]

---

① 冯军著:《刑事责任论》,法律出版社1996年版,第252页。
② 徐岱:《期待可能性的机能:扩张或紧缩》,载《吉林大学社会科学学报》2002年第6期。

该说解释了故意、过失与期待可能性的差异,但是,由于责任的要素中除了故意与过失之外,还有其他要素,所以,即使否定期待可能性属于故意、过失的要素,还是不能充分说明它在责任论中的地位,仍然有进一步讨论的必要。另外,该说明显地是以大陆法系的刑法理论为构造的基础,没有注意我国刑法理论的现状,因而缺乏说服力。

(五) 新责任要素说

该说认为,传统的观点"都将期待可能性仅作为一个心理要素来理解,这是错误的,因此我们不能盲目地将这三种观点移植过来以解释所谓期待可能性在犯罪体系中的地位。""期待可能性是能期待行为人选择不做违法行为的综合条件(综合状态),而这综合条件由行为时行为人的责任能力、心理和各种客观状态组成,因此,期待可能性不能作为犯罪主观要件的构成要素,也不能作为犯罪主体的责任能力的构成要素。它属于专门用于综合评价意志自由有无的法哲学领域。"依据论者的理解:第一,期待可能性是用来评价意志自由的概念。他认为在损害社会的行为发生后,需要评判行为人在行为时是否具有意志自由以及意志自由的大小,以解决行为人负担刑事责任的最基本的主观基础问题。行为人有意志自由说明其具有一定的主观恶性,反之,就没有主观恶性。而意志自由并非主观恶性的全部。当行为人在行为时具有期待可能性时,如果行为人选择了违法行为,就说明他有意志自由,具备责任;反之,就不具备责任。第二,期待可能性在犯罪构成中主要用来阐述作为犯罪主观要件的罪过的存在,因为期待可能性与罪过具有密切关系,"有期待可能性,肯定有罪过;有罪过肯定有期待可能性。无期待可能性,肯定无罪过;无罪过,肯定无期待可能性。"第三,期待可能性理论也可以用于解释犯罪主体责任能力问题。因为在犯罪构成理论中,犯罪主体的责任能力问题也涉及意志自由、主观恶性问题,所以没有达到法定责任年龄者、无责任能力者、相对责任能力者都可以用期待可能性来加以说明。①

明确地批判将期待可能性视为心理要素的做法,这是值得肯定的,也揭露了前几种观点的一个共同缺点。但是,论者的观点不乏欠缺和错误:其一,在期待可能性论方面,认为"它属于专门用于综合评价意志自由有无的法哲学领域"的命题,与刑法和法哲学的关系不相称。虽然我们不能否定法哲学中同样存在期待可能性,但是刑法中的期待可能性是下位的概念,它的目的是为了满足刑法实践的需要,如果用下位的概念说明上位的问题,难免以偏概全,而且也非问题的目的所在。其二,意志自由并不是刑法中需要评价的问题。尽管期待可能性揭示了意志自由的存在或其受到的制约,但是,它作为规范意义上的意志自由形式,是用来说明行为人是否有选择的能力,进而表明行为人是否应当对自己的行为承担责任,所以,认为期待可能性的价值在于说明或揭示意志自由,则反客为主,从根本上背离了期待可能性的实践目标。特别需要指出,论者一时说期待可能性是专门用来说明意志自由的,一时又说它主要是用来说明罪过的,到底期待可能性有什么作用,看来论者自己也没有弄清楚。其三,既然期待可能性与罪过有"唇亡齿寒"的关系,那么它们之间有什么联系呢?论者没有交代清楚,而且,依据一般的理论,并不能因为否定期待可能性就否定故意或过失,即论者的推论无法立足。假如承认论者的主张,就不必在刑法中讨论责任能力,这与论者关于主体责任能力的讨论又发生了矛盾。故此,更新地位说是不能被采用的。

(六) 责任范畴论

该说认为应在责任中确定期待可能性的地位,即从两个方面考虑期待可能性:其一,在确认责任阶段,缺乏期待可能性,阻却责

---

① 欧锦雄:《期待可能性理论的继承与批判》,载《法律科学》2000年第5期,第55—56页。

任,即否定犯罪构成的成立,在这个阶段,主要考虑是否存在法律规定的不负刑事责任的各种情况,如刑事责任年龄、刑事责任能力、紧急避险等。其二,在确认责任程度阶段,缺乏期待可能性,阻却责任程度,否定完全责任的成立。在此主要考虑,是否存在"超法规阻却责任事由"的各种情况,如被强制、被胁迫等。其理由在于,责任理论虽然与犯罪构成有着不可分割的关系,但却是相对独立、自成体系的理论。而期待可能性理论,既是责任理论的重要组成部分,也是犯罪构成主观要件理论的重要组成部分。尽管德日刑法理论中犯罪构成条件的体系与我国不同,但是在确认是否具备犯罪构成要件而具有刑事责任及责任程度的阶段上,我国与德日刑法的要求在本质上并没有区别。①

与以上几种学说不同,责任范畴论跳出了传统观念的限制,将期待可能性从两个层次上考虑,将有关期待可能性的法定情形的类型与超法规的期待可能性情形区别开来,并把前者作为阻却犯罪的事由(相当于大陆法系刑法中的违法性阻却事由与责任阻却事由),后者作为阻却责任的事由(相当于大陆法系刑法中的责任加减事由),从而摆脱了长期以来关于期待可能性与故意、过失和责任能力之间的纷争,同时最大限度地发挥我国刑法理论体系的作用。对此,笔者深表赞同,不过同时认为,由于在我国刑法理论中,关于刑事责任的争议颇大,刑事责任究竟具有哪些要素还没有取得初步的一致性意见。假如将期待可能性置于责任论的范畴,必须回答的问题很多,首当其冲的便是就刑事责任的应有含义,以及它在刑法中的地位进行重新说明,之后才能分析期待可能性在该范畴中的地位。所以,责任范畴论的理由还不是十分充分。

---

① 参见林亚刚著:《犯罪过失研究》,武汉大学出版社2000年版,第212—213页。

二、刑事责任要素之提倡

期待可能性在本质上属于意志形成的可能性,对期待可能性的评价,其实就是"意志形成的非难可能性"评价,所以,期待可能性属于责任的范畴。将期待可能性作为责任的要素,不仅是由刑事责任的本质内涵及其在刑法中的地位所决定的,而且它也具有如下方面的现实意义。

(一) 这是根据罪刑法定原则作出的合理选择

由于产生期待可能性问题的事由通常是具体的,存在不为法律所明确规定的可能性,所以,期待可能性理论有可能破坏罪刑法定原则。而要运用期待可能性论,就必须不脱离罪刑法定原则。

根据现在对罪刑法定原则的普遍理解,罪刑法定主义在实质上包括三个条件:(1)刑罚法规条文的明确性;(2)刑罚法规内容的正当性;(3)是通过民主的方式制定的。[①] 所以,在刑法的司法实践中,当刑法规范与宪政的目的存在矛盾时,或者当刑法规范不明确、刑法规定具有不正当性时,完全应该遵从实质意义上的罪刑法定原则,限制或者取消对这些刑法规范的适用。在刑法分则规定的条文中,一个行为被作为犯罪规定下来,总是有一定依据的,而且在现代政治制度中,刑法的制定有严格的民主程序,因此,具体规定违背民主原则的现象基本上不存在。所以,将期待可能性作为阻却犯罪的原因,只能局限于有法律明文规定的场合。另外,如果法律规定符合罪刑法定原则的实质条件,那么,虽然在理论上可以运用期待可能性进行解释,但在实践中,并没有其适用的必要。比如甲的行为构成犯罪,而一般人不仅认为它是犯罪,而且即使处在甲的境地时也不会犯罪,对此,法律也有明确合理的规定,那么,司法中只需依据事实和规

---

① 参见内田博文:《罪刑法定主义》,载日本《法学セミナー》1997 年第 7 期,第 43—44 页。

定进行处理，没有必要特别依据期待可能性进行解释。

但是，如果刑法规定并不具体，或者有弹性，法官就可以运用期待可能性说明为何这样处理而不那样处理的原因。但如果依据现实情形和对应的法律规定不能免除行为的犯罪性和刑罚时，假如强行施加刑罚反而不能为一般人所接受，这时，充分运用期待可能性作为评价责任程度的事由，具有积极意义。因为一般人在行为构成犯罪时，注重的是其结果，如果存在一般人认为值得宽恕的原因，就可以认为没有刑事责任或者刑事责任比较小，并作为减免刑事处分的责任前提，以求在最大限度内消除对被告的不当处罚。

(二) 这种处置方式不会限制期待可能性的机能，不产生诉讼上的问题

由于在刑法立法中，已经考虑了一般情形之下的期待可能性，而且针对属于期待不可能的一些常见情况，在立法中规定为阻却犯罪的例外事由，可以说，期待不可能性已经能充分发挥阻止犯罪的机能。同时，以犯罪为前提，进一步考虑包括期待不可能性在内的刑事责任，就不仅从形式上保障了期待可能性论不被滥用，而且结合具体情形，再次发挥评价责任大小的功能，从而，属于法定的阻却犯罪的部分，可以在犯罪论中得到运用，不能阻却犯罪的，就作为评价责任的事由而展开。

同时，由于期待可能性是评价责任的要素，就不必在犯罪的认定阶段进行积极的举证，所以不至于引起诉讼方面的问题，不会导致对公诉方或被告人不利的后果。

(三) 这种处置方式可以更加充分地注意犯罪前的原因，从而合理评价责任

一个人犯了某种罪行被处以一定的刑罚，另外一个人也犯这种罪或许不能处以同样的刑罚，如银行高级管理人员甲为了赌博而贪污单位财物的行为，与银行职员乙为了给长期卧病的妻子治病而贪污的行为，两者产生的原因不同，其刑事责任亦大不一样。再如甲为

了报复乙举报自己而用刀砍掉乙的手指的行为,与丙因为长期受到丁的欺压却得不到有关部门处理的情况下实行与甲一样的行为及后果,如果脱离犯罪产生的原因而一视同仁,其结果肯定令人不服。所以,脱离犯罪原因的刑法是呆板的刑法。

在刑事司法中,对于犯罪产生的原因,一般只包括犯罪的目的、动机,其中也包括被害人原因,但是,这些因素往往只是一些主观性事实,是说明行为人可否不实行犯罪的评价条件,并不能直接说明行为人犯罪的可能性。比如人产生了需求钱财的动机,并不等于他一定要用犯罪的方式满足自己的需要。所以,犯罪动机、目的等因素,必须结合客观环境,成为期待可能性判断的要素。而期待可能性正是借助行为之际的行为人内部和外部情形的结合,生动地解释犯罪发生的原因,进而说明行为选择的可能性及其大小,以完整地反映行为人的责任。

三、期待可能性与刑事责任要素

确定了期待可能性属于刑事责任的要素,只是初步确立了期待可能性的体系地位,在此之后,还必须就期待可能性与其他责任要素的关系进行论述。

根据我国刑事责任的主导性理论,刑事责任范畴说明的问题包括刑事责任的概念与特征、刑事责任的地位和功能、刑事责任的根据、刑事责任的发展阶段以及刑事责任的解决方式。[①] 然而刑事责任在实质方面究竟表现在哪些方面,也就是说,刑事责任到底包括哪些要素,基本上并未涉及。从中可以发现,我国刑事责任论缺乏实质性的内容。

冯军教授针对这种现状,提出了"三重构造说",主张刑事责任的

[①] 参见高铭暄、马克昌主编:《刑法学》,北京大学出版社、高等教育出版社2000年版,第207—224页。

实体内容由刑事义务、刑事归责和刑事负担三部分组成,在结构上是顺次构成的立体关系。他认为,刑事义务是行为正当化的根据,也是刑事责任的必要组成部分;刑事归责要确定行为人在违反义务上的应受谴责性,要以行为人的心理状况为内容;刑事负担是行为人有责地(应受谴责地)违反了刑事义务后应当承受的不利后果。① 这种构想,比那些将危害行为也纳入到刑事责任中来的最广义的观点更深刻地揭示了责任的内涵,但是,对刑事责任做如此理解,还是比较宽泛的。的确,从广泛的意义上,刑事责任可以包含这些内容,但是从司法评价的角度来说,刑事责任由于受到犯罪评价和刑罚裁量两个范畴的限制,其要素就不能包括刑事义务和刑事负担。所以,笔者主张在他所说的刑事归责的范围中寻求刑事责任的要素。

冯军教授认为,刑事归责的要素依次是:责任能力、事实认识、违法性认识和期待可能性。该主张明显是移植了大陆法系刑法理论的构造。即便如此,这种主张也有不符合大陆法系刑法理论构造的地方。因为在该理论构造中,责任评价的对象不再仅仅是违法性的事实,而是具有违法性的故意或者过失的行为。因此,故意与过失不再是非难的标准,而是和与它有着密切联系的违法事实一样,属于非难评价的对象;从而,故意、过失本身被逐出了责任的范畴,而作为犯罪成立条件之一的责任,其内容就只剩下以下这一点:用于评价主体是否应因故意或者过失的违法事实而受到责难。② 但是事实性认识和违法性认识是成立故意和过失的主观条件,所以本身也属于违法性要素而不属于责任要素。在我国刑法理论中,故意、过失是犯罪的主观方面的要素,不是责任的要素,因此,作为犯罪成立主观条件的事实性认识和违法性认识,不便作为责任的要素。另外,在我国刑法理论中,刑事责任要素不阻却犯罪,而责任能力是犯罪的主体性要

---

① 参见冯军著:《刑事责任论》,法律出版社1996年版,第16—19页。
② 参见〔意〕杜里奥·帕多瓦尼著:《意大利刑法学原理》,陈忠林译,法律出版社1998年版,第186页。

素,所以,自犯罪成立以后,形式意义上的责任能力就不可能再评价行为选择的具体可能性了,即它不是刑事责任的要素。

责任究竟应包括哪些因素,需要根据这些因素在犯罪中的作用或它们要解决的问题进行分类。鉴于中外刑法中责任问题的本质是一致的,所以,我们可以借鉴外国关于刑事责任的比较成熟的认识。意大利学者将它们分为:作为刑事责任根据的因素、排除刑事责任的因素与决定刑事责任轻重的因素。作为刑事责任根据的因素包括行为人的辨认能力与控制能力,以及行为人认识刑法禁止性命令的可能性,对这些因素只能根据一种主观化的因素来确定。排除刑事责任的因素(即法律规定的可宽恕的理由)本身都带有客观的性质。而影响刑事责任轻重的因素,一方面有作用不同的评价对象(如行为动机、个人条件等因素与刑事责任的根据或者排除刑事责任等问题没有直接联系),另外一方面又意味着对它们的评价只能严格以犯罪人人格为基础。① 意大利刑事责任的根据相当于我国犯罪构成的要素,只有排除刑事责任的因素与决定刑事责任轻重的因素,才相当于我国司法实践中所考虑的刑事责任要素。所以,我们应该将行为的动机、目的从犯罪的主观方面中剥离出来,置于刑事责任的范畴。

必须指出,尽管行为人认识的可能性具有划分故意与过失的作用,但是,它们对于评价故意犯罪或者过失犯罪的刑事责任具有更为显著的效果,所以,认识可能性作为刑事责任的要素,相对而言更为妥当。

另外,部分属于刑罚论中的内容,如罪前情节、罪中情节,由于是评价行为人刑事责任的必要因素,也应当从刑罚论中提取出来,放在刑事责任论中。但是,由于责任评价是非难可能性的评价,而非难可能性一般以行为人有没有认识一定行为事件的可能性为前提条件,如果行为人不能认识行为事件的本质,在刑法中,就只能认为行

---

① 参见〔意〕杜里奥·帕多瓦尼著:《意大利刑法学原理》,陈忠林译,法律出版社1998年版,第187页。

为人表象了周围情形,而谈不上社会意义上的认识。如果行为人认识周围情形,他是否实施非犯罪的行为,就取决于周围环境和内在的主观因素;如果这些因素阻碍着行为人选择合法行为,则行为人没有期待可能性可言;如果这些因素对行为人有一定程度的影响,但是尚不能达到阻碍的程度,则说明行为人具有不完全的期待可能性;这些都足以说明行为人的刑事责任。所以,刑事责任是认识可能性与期待可能性的上位概念,认识可能性是期待可能性的认识基础,其地位应当在期待可能性之前。而期待可能性则必须根据犯罪目的、动机以及其他罪前情节、罪中情节等因素进行综合判定。

四、期待不可能事由

在英美刑法中,虽然难以区分正当化事由和宽恕事由,但是常见辩护事由主要包括如下几类:

1. 自卫。自卫是为了保护自己或者他人或者财产,对他人或者他人财产施加合法强制力的情形。自卫有四个构成条件:(1)对被告人或者某人的不法威胁;(2)为了避免威胁,有必要使用强制力;(3)被告人使用的强制力是适当的;(4)被告人是为了保护自己或者他人,而不是因为其他原因。一般认为,自卫属于正当化事由,但是正如前文所述,也有个别学者认为自卫属于阻却犯罪构成的行为事由。

2. 无意识。无意识是指不受思维控制的身体举动,包括反射运动、睡眠状态下的举动等。如 A 将拿在 B 手上的刀子刺在他人的背上。这类物理强制的案例比较容易确认。不过,当行为人由于内在原因而失去身体控制时(如梦游或者癫痫发作),也可以同样适用。值得注意的是,部分学者认为无意识属于宽恕事由,部分学者认为无意识属于阻却犯罪构成的行为事由。

3. 事实错误。如果证明行为人对事实有错误,就意味着控方没有提出犯罪所必要的心理事实。例如,在 A(男)违背 B(女)的意思,与之发生性关系的时候,误认为 B 是 C,对此错误,不影响 A 的心理事实;但是,如果 A 同 B 发生性行为时,对于 B 是否同意存在错误认识,则可以否定指控的心理事实。错误只在与行为人的心理状态有关联时,才对刑事责任产生影响。法律错误一般不影响刑事责任,除非刑法条文有特别规定,或者该错误可能导致心理事实的缺失。事实错误一般属于阻却犯罪构成的罪过的事由。

4. 醉酒。如果将犯罪分为"具体意图"(specific intent)的犯罪和"基本意图"(basic intent)的犯罪,那么,"基本意图"(对称于鲁莽)的被告人不能以有幻觉为由否定必要的心理态度。而"具体意图"(对称于故意)的被告人可以凭幻觉为由否定必要的心理态度。如果被告人是故意使自己陷入幻觉状态的话,虽不能否定他的鲁莽,但是可以表明他没有必要的意图。如果被告人不是故意使自己陷入幻觉状态的话,就可以否定他在主观上存在基本意图或鲁莽,且未能预见到其行为的后果。幻觉一般也属于阻却犯罪构成的罪过的事由。

5. 挑衅。挑衅只能作为谋杀的宽恕事由。有关刑法草案曾规定:"在所有的情形(包括影响行为严重性的任何个人性格)中,挑衅对于失去自控提供了充分理由。"但是,理论上关于挑衅的性质有争议。一种观点认为挑衅是特殊的正当化事由,其理由之一是,挑衅人通过挑衅行为自招侵害。当受害人是哭泣的婴儿时,该理由就不能接受了。其理由之二是,当面对严重侵犯时,展示正义的威严是正确的。但是,如果某人告诉一个孩子的母亲,他伤害了她的孩子,孩子的母亲却没有显示必要的震惊和愤怒,这在某种意义上是不道德的,而杀害挑衅者则不恰当地展示了正义的愤怒,这也正是其为特殊正当化事由的道理之所在。另一种观点认为挑衅是宽恕事由,理由是,被告人失去自控意味着杀人不是其真实的选择。如果一个人不尽合理地失去自控,显然不能等同于合理地失去自控,可见这种解释不充分。

6. 责任耗弱(diminished responsibility)。责任耗弱能将谋杀减化为杀害。责任耗弱通常要求三个方面的要件:(1)在事件发生时,行为人的心理状态不正常;(2)行为人心理状态不正常的原因是因为精神发育不健全,或者为疾病、伤害所致的其他内在原因。(3)行为人不正常的心理状态客观上削弱了被告人对自己行为的责任。责任耗弱不构成免除责任的事由。免除责任的事由主要是未成年和精神病。

7. 自杀关联(suicide pact)。自杀关联的适用受到了严格限制。被告人如果杀害了他人,即便得到了他人的请求,也将受到处罚,因此故意的安乐死构成谋杀或者杀害。但是,如果他人执意自杀,被告人对其自杀予以协助的,他可以请求将其犯罪由谋杀减化为杀害。

8. 杀婴。杀婴作为宽恕事由,需要如下具体条件:(1)母亲杀害了自己的婴儿;(2)该婴儿出生不到12个月;(3)被告人没有更小的孩子;(4)被告人因为产后心理压抑,且未能完全康复。过去,杀婴曾被认为是正当化事由,但今天一般认为杀婴只能减少责任。

9. 承诺。承诺究竟是阻却犯罪构成的要素还是辩护事由,在理论上还有争议。一种观点认为,辩护事由是心理态度的一部分,对他人使用暴力一般是非法的,但是基于被害人的承诺,在某种情形下能被正当化;另一种观点认为,缺少承诺是行为事实的一部分,如果行为人得到了被害人承诺,就应认为没有发生不法事实,除非法律有特别原因认为其为不法。这两种观点将导致不同的举证责任。以下行为一般认为是被许可:(1)体育竞技、身体游戏和危险表演;(2)文身、男性割礼仪式、穿耳以及身体装饰;(3)宗教禁忌;(4)高难度的马戏表演;(5)具有资格的人实施的外科手术,等等。

10. 受到他人的胁迫。作为辩护事由,受到他人的胁迫指的是,被告人不得不实行犯罪,因为一旦他不遵照他人的命令实行犯罪行为,本人或者他人就将死亡或者遭到严重伤害。和自卫一样,受到他人的威胁是一个完全的辩护事由,一旦辩护成功,被告人将被宣判无罪。但是,它究竟是正当化事由还是宽恕事实,尚无明确界定。

11. 受到环境的束缚。受到环境的束缚源自于对受到他人胁迫的分析,它被意识到是一种辩护事由的时间并不长。受到环境的束缚明显不同于受到他人的胁迫。后者受到的是他人的威胁,而前者受到的危险一般来自于环境,而不是人。受到环境的束缚不适用于谋杀或谋杀预备。被告人可以运用它表明自己实行犯罪是必要的,如酒后为了躲避死亡或者严重伤害的危险而必须驾驶。

12. 强制。强制是一种特殊形式的胁迫,其适用场合是,妻子受到丈夫的威胁,不得不实行犯罪。在这类情形中,妻子不必证明威胁的内容是死亡或者严重伤害,任何可以迫令她实行犯罪的威胁都构成强制。故此,强制作为辩护事由只适用于结婚的配偶,而不是长期未婚的伴侣之间。

13. 必要(紧急避险)。必要有时候指称受到环境的束缚,但是,有时候指称完全合法的辩护事由,而不是受到环境的束缚。它适用于被告人的行为方式产生的危害是最小的场合。在普通法中,有三种情形可适用必要:(1)未获他人同意,实行了保护他人的生命或者利益的行为;(2)为了保护财产而损毁其他财产;(3)为了避免伤害他人而损毁财产。后两种在制定法上也构成必要。

14. 上级命令。在警察机关或者武装部队里,一个级别较低的人接受上级的命令实行犯罪的话,他可以否定有必要的心理事实,或者运用胁迫进行辩解。①

可见,英美刑法中的事由与德日刑法中的期待可能性事由基本上是吻合的,或者说可以运用期待可能性理论来解释。这表明不同法系在解决刑法问题上的技术差异,并不妨碍它们对相同问题的关注和解决问题时所发挥的共同机能。这恰恰是我们引介期待可能性论时应认真对待的问题。

---

① 参见 Jonathan Herring & Marise Cremona, *Criminal Law*, Macmilland Press Ltd, pp. 269–299(1998)。

# 后　记

本书是在完善国家社科基金项目"递进式、抗辩式与耦合式犯罪构成论体系比较研究"基础上形成的。笔者于2010年以"递进式、抗辩式与耦合式犯罪构成论体系比较研究"为课题名称，申报并成功获得了国家社科基金的一般性资助。其时，笔者的恩师马克昌教授得知这个消息，甚感欣慰。此事殊为不易，笔者的课题获得立项也具有一定的偶然性和必然性。在课题立项时，犯罪论体系研究在我国刑法学界呈现出十分火热的局面，或者说犯罪论研究处于"十字路口"，所以该年度与犯罪论体系相关的课题有三个获得了立项。但是笔者必须承认，犯罪构成论研究本身并不是笔者的主要研究领域。笔者在攻读博士阶段，以《刑法中的期待可能性论》为题完成了学位论文；后来又以《刑法中客观归属理论的合理性研究》完成博士后出站报告。在一般意义上，这两个内容和犯罪论体系并无必然关系。或许是机缘巧合，或许是理论上的必然结果，这两个范畴又和犯罪论体系有着千丝万缕的联系。笔者在2005年出版了个人专著《规范刑法原理》（中国人民公安大学出版社出版），在拙著的前言部分，就提出了一种感受性的判断，认为中国刑法研究中有两大"软肋"，一是因果关系论，二是刑事责任论。笔者当时并没有对这个判断进行理论研究，随着研究的拓展，才发现这两个范畴从功能上看都和犯罪论体系有关。事实上，《刑法中的期待可能性论》已经涉及刑事责任的定位问题，《刑法中客观归属理论的合理性研究》也不可避免地遇到了客观归属理论的定位问题。这两个范畴的定位构成笔者在全球结构下思考中国犯罪论体系走向的基础,这也奠定了本书的基调。

能够获得国家社科基金的资助,在今天已经成为哲学社会科学研究的一个重要条件。因为,它不仅能够保证我们的研究获得充分的经费保障,还可以证明一个学者的学术能力和水平。不少高等院校将是否获得国家社科基金作为可否评聘高级职称的一个必要条件。在这个意义上,笔者是很幸运的一名社会科学工作者。

但是学术研究并非简单之事,如何处理好理论与实践的关系是每个学者都必须面对的问题。2016年迄今,国内一些学者对传统理论的逻辑问题予以了更为精细化的批判。对此问题本书持保留态度。在笔者看来,刑法疑难问题都是在逻辑自洽性的基础上依据社会合理性分析的差异而形成的,因此,对结构体系的功能问题的关注,或许是坚持逻辑自洽性的学者和笔者存在的分歧之所在。笔者始终将逻辑自洽性作为刑法理论研究一个必不可少但难以自圆其说的前提,逻辑自洽性仅仅是犯罪构成理论满足其社会效用的一个前提和基础,但还不足以为其合理论证提供有效引导,为此笔者依然坚持社会合理性分析优先的原则,更多考虑结构内部要素功能如何有效发挥的问题。从纯学术层面看,刑法的哲学思考——进一步准确地说,应当是对刑法的现代性思考和反思——始终是本书聚焦和关注的一个重要维度。研究期待可能性和客观归属理论为我布置了一个重要的附属性任务,那就是笔者不得不关注刑法哲学问题,不得不回答如何建构现代刑法,而现代性反思又会如何解构现代性刑法。因此,现代性思考和反思已经成为刑法理论上无法逾越的"大山"。现代性思考和反思促使笔者以和传统不太一样的方式思考犯罪论研究,重视犯罪论的历史,甚至连它的古代历史也不想放过。这种思考启示在申报课题的时候是没有想到的,因而后来的难度也是笔者未能预见的。好在笔者之前学习过一段时期的法哲学,也写过一篇关于哲学思潮与犯罪构成的论文,所以尚可勉强应对,不过至今还是心有余悸。在持形式刑法解释论的学者看来,这或许是本书的最大败笔。笔者愿意虚心接受任何对本书不足之处的批判。

本书课题结项工作拖延至 2016 年才完成。2016 年暑假，因为天气原因，在 7 月的前半段时期，武汉承受着内涝之苦，防汛任务重。笔者根据安排参加学校的防汛工作，到武汉长江大堤武金段值守巡查一天一夜；在 7 月后半段，气温猛然上蹿到 40 摄氏度。我们就是在这样的条件下完成课题结项工作的。在此，笔者要特别感谢家人放弃暑期度假的计划，让笔者能集中注意力完成课题的收尾工作。笔者的科研组织能力不强，不知道课题组成员是否付出了额外的辛劳，但笔者还是要感谢他们对于课题任务的分担。同时，笔者要感谢笔者的研究生张成东、张斯珂和罗晟，他们在 2016 年这个特别的暑期牺牲了个人的休闲安逸，留在学校，耐心细致地帮笔者校对报告，完成结项材料的准备工作。期间的苦楚快乐只有他们才能体会，相信他们是不会让笔者知道的。

转眼之间，十年已逝，尽管研究报告还有值得完善的地方，笔者仍然决定将其付梓。笔者要对国家社科基金的资助和对本书提供帮助的学者和学生表示感谢！也要对北京大学出版社和编辑柯恒老师表示衷心感谢！

童德华

2020 年 7 月 25 日于津发寓所

参考文献

一、专著

(一) 中国学者专著

1. 杨春洗著:《刑法总论》,北京大学出版社1981年版。
2. 高铭暄主编:《刑法学》,法律出版社1984年版。
3. 罗国杰、宋希仁编著:《西方伦理思想史》(上卷),中国人民大学出版社1985年版。
4. 高铭暄主编:《中国刑法学》,中国人民大学出版社1989年版。
5. 高铭暄主编:《新中国刑法科学简史》,中国人民公安大学出版社1993年版,
6. 高铭暄主编:《刑法学原理》(第一卷),中国人民大学出版社1993年版。
7. 张椿年著:《从信仰到理性——意大利人文主义之研究》,浙江人民出版社1993年版。
8. 马克昌著:《刑法理论探索》,法律出版社1995年版。
9. 何秉松著:《犯罪构成系统论》,中国法制出版社1995版。
10. 马克昌主编:《近代西方刑法学说史略》,中国检察出版社1996年版。
11. 冯军著:《刑事责任论》,法律出版社1996年版。
12. 赵秉志主编:《新刑法教程》,中国人民大学出版社1997年版。

13. 张绍谦著:《刑法因果关系研究》,中国检察出版社 1998 年版。

14. 欧阳康主编:《社会认识方法论》,武汉大学出版社 1998 年版。

15. 马克昌主编:《犯罪通论》,武汉大学出版社 1999 年版。

16. 高铭暄、马克昌主编:《刑法学》,北京大学出版社、高等教育出版社 2000 年版。

17. 姚大志著:《现代之后——20 世纪晚期西方哲学》,东方出版社 2000 年版。

18. 苏惠渔主编:《犯罪与刑罚理论专题研究》,法律出版社 2000 年版。

19. 薛瑞麟著:《俄罗斯刑法研究》,中国政法大学出版社 2000 年版。

20. 林亚刚著:《犯罪过失研究》,武汉大学出版社 2000 年版。

21. 肖中华著:《犯罪构成及其关系论》,中国人民大学出版社 2000 版。

22. 李游、吕安青著:《走向理性的司法:外国刑事司法制度比较研究》,中国政法大学出版社 2001 年版。

23. 马克昌著:《比较刑法原理——外国刑法学总论》,武汉大学出版社 2002 年版。

24. 齐文远、刘艺乒主编:《刑法学》,人民法院出版社、中国社会科学出版社 2003 年版。

25. 杨兴培著:《犯罪构成原论》,中国检察出版社 2004 年版。

26. 童德华著:《刑法中的期待可能性论》,中国政法大学出版社 2004 年版。

27. 张文、刘艳红、甘怡群著:《人格刑法导论》,法律出版社 2005 年版。

28. 童德华著:《规范刑法原理》,中国人民公安大学出版社 2005

年版。

29. 王志远著：《犯罪成立理论原理》，中国方正出版社 2005 年版。

30. 高铭暄、马克昌主编：《刑法学》，中国法制出版社 2007 年版。

31. 周光权著：《刑法总论》，中国人民大学出版社 2007 年版。

32. 张明楷著：《外国刑法纲要》，清华大学出版社 2007 年版。

33. 童德华著：《外国刑法导论》，中国法制出版社 2010 年版。

34. 付立庆著：《犯罪构成理论：比较研究与路径选择》，法律出版社 2010 年版。

35. 赵敦华著：《西方哲学简史》，北京大学出版社 2010 年版。

36. 张明楷著：《刑法学》，法律出版社 2011 年版。

37. 陈兴良著：《规范刑法学》，中国人民大学出版社 2013 年版。

38. 高鸿钧等主编：《英美法原论》（上），北京大学出版社 2013 年版.

39. 高鸿钧等主编：《英美法原论》（下），北京大学出版社 2013 年版。

40. 林亚刚著：《刑法学教义（总论）》，北京大学出版社 2014 年版。

41. 齐文远主编：《刑法学（第三版）》，北京大学出版社 2016 年版。

42. 黎宏著：《刑法学总论（第二版）》，法律出版社 2016 年版。

43. 苏彩霞著：《刑法解释的立场与方法》，法律出版社 2016 年版。

44. 夏勇著：《和谐社会目标下"犯罪化"与"非犯罪化"的标准》，法律出版社 2016 年版。

45. 齐文远、童德华、周详著：《全球化视野下的中国刑法原理》，法律出版社 2018 年版。

46. 曾宪信、江任天、朱继良著:《犯罪构成论》,经济科学出版社 2018 年版。

47. 贾宇主编:《刑法学(上册·总论)》,高等教育出版社 2019 年版。

48. 何荣功著:《刑法与现代社会治理》,法律出版社 2020 年版。

(二)外国学者专著

1. [苏]贝斯特洛娃著:《苏维埃刑法总论》,中央人民政府法制委员会 1954 年印。

2. [苏]B. п. 古梁斯基:《苏维埃刑法理论中关于犯罪构成学说的几个问题》,载中国人民大学刑法教研室编译:《苏维埃刑法论文选译》(第 1 辑),中国人民大学出版社 1955 年版。

3. [苏]B. M. 契柯瓦则主编:《苏维埃刑法总则》(中),中央人民政府法制委员会编译室、中国人民大学刑法教研室合译,中国人民大学 1955 年版。

4. [苏]A. A. 皮昂特科夫斯基著:《审判—检察机关实践中的刑法总则问题》,薛秉忠译,法律出版社 1957 年版。

5. [苏]A. H. 特拉伊宁著:《犯罪构成的一般学说》,薛秉忠、卢佑先、王作富、沈其昌译校,中国人民大学出版社 1958 年版。

6. [英]梅因著:《古代法》,沈景一译,商务印书馆 1959 年版。

7. [美]路易斯·亨利·摩尔根著:《古代社会》,杨东莼译,商务印书馆 1981 年版。

8. [古希腊]柏拉图著:《理想国》,郭斌和、张竹明译,商务印书馆 1986 年版。

9. [古希腊]赫西俄德著:《工作与时日 神谱》,张竹明、蒋平译,商务印书馆 1991 年版。

10. [美]哈罗德·J. 伯尔曼著:《法律与宗教》,梁治平译,三联书店 1991 年版。

11. [美]哈罗德·J. 伯尔曼著:《法律与革命——西方法律传统

的形成》,贺卫方等译,中国大百科全书出版社1993年版。

12. [美]梯利著:《西方哲学史》,葛力译,商务印书馆1995年版。

13. [德]施瓦布著:《希腊神话故事》,刘超之、艾英译,宗教文化出版社1996年版。

14. [美]德沃金著:《法律帝国》,李常青译,中国大百科全书出版社1996年版。

15. [美]希拉里·普特南著:《理性、真理与历史》,童世骏、李光程译,上海译文出版社1997年版。

16. [美]理查德·A. 波斯纳著:《法律的经济分析》(上),蒋兆康译,中国大百科全书出版社1997年版。

17. [古希腊]亚里士多德著:《亚里士多德全集》(第9卷),颜一、秦典华译,中国人民大学出版社1997年版。

18. [法]卡斯东·斯特法尼等著:《法国刑法总论精义》,罗结珍译,中国政法大学出版社1998年版。

19. [古罗马]西塞罗著:《国家篇法律篇》,沈叔平、苏力译,商务印书馆1999年版。

20. [德]汉斯·格奥尔格·伽达默尔著:《真理与方法——哲学诠释学的基本特征》(上),洪汉鼎译,上海译文出版社1999年版。

21. [德]汉斯·格奥尔格·伽达默尔著:《真理与方法——哲学诠释学的基本特征》(下),洪汉鼎译,上海译文出版社1999年版。

22. [美]E. 博登海默著:《法理学:法律哲学与法律方法》,邓正来译,中国政法大学出版社1999年版。

23. [英]边沁著:《道德与立法原理导论》,时殷弘译,商务印书馆2000年版。

24. [德]李斯特著:《德国刑法教科书》,徐久生译,法律出版社2000年版。

25. [德]汉斯·海因里希·耶赛克、托马斯·魏根特著:《德国刑法教科书·总论》,徐久生译,中国法制出版社2001年版。

26. [德]罗伯特·阿列克西著:《法律论证理论——作为法律证立理论的理性论辩理论》,舒国滢译,中国法制出版社2002年版。

27. [德]阿图尔·考夫曼、温弗里德·哈斯默尔主编:《当代法哲学和法律理论导论》,郑永流译,法律出版社2002年版。

28. [俄]H. Ф. 库兹涅佐娃、И. M. 佳日科娃主编:《俄罗斯刑法教程·总论》(上),黄道秀译,中国法制出版社2002年版。

29. [古希腊]柏拉图著:《柏拉图全集》(第2卷),王晓朝译,人民出版社2003年版。

30. [德]卡尔·拉伦茨著:《法学方法论》,陈爱娥译,商务印书馆2003年版。

31. [日]大塚仁著:《刑法概说·总论》,冯军译,中国人民大学出版社2003年版。

32. [古希腊]亚里士多德著:《尼各马可伦理学》,廖申白译注,商务印书馆2003年版。

33. [德]哈贝马斯著:《在事实与规范之间——关于法律与民主法治国的商谈理论》,童世骏译,三联书店2003年版。

34. [德]伯恩·魏德士著:《法理学》,丁小春、吴越译,法律出版社2003年版。

35. [德]乌尔里希·贝克著:《风险社会》,何博闻译,译林出版社2003年版。

36. [德]考夫曼著:《法律哲学》,刘幸义等译,法律出版社2004年版。

37. [德]克劳斯·罗克辛著:《德国刑法学·总论》,王世洲译,法律出版社2005年版。

38. [法]马雷著:《西方大历史》,胡祖庆译,海南出版社2008年版。

39. [英]P. S. 阿蒂亚著:《英国法中的实用主义理论》,刘承韪、刘毅译,清华大学出版社 2008 年版。

40. [英]安德森著:《后现代性的起源》,紫辰、合章译,中国社会科学出版社 2008 年版。

41. [美]约书亚·德雷斯勒著:《美国刑法精解》,王秀梅等译,北京大学出版社 2009 年版。

42. [英]萨达卡特·卡德里著:《审判的历史》,杨雄译,当代中国出版社 2009 年版。

43. [美]理查德·波斯纳著:《法官如何思考》,苏力译,北京大学出版社 2009 年版。

44. [爱尔兰]约翰·莫里斯·凯利著:《西方法律思想简史》,王笑红译,法律出版社 2010 年版。

45. [法]罗伯特·雅各布著:《上帝·审判——中国与欧洲司法观念历史的初步比较》,李滨译,上海交通大学出版社 2013 年版。

46. [德]乌尔斯·金德霍伊泽尔著:《刑法总论教科书》,蔡桂生译,北京大学出版社 2015 年版。

47. [英]威廉姆·威尔逊著:《刑法理论的核心问题》,谢望原、罗灿、王波译,2015 年版。

48. [德]卡尔·路德维格·冯·巴尔著:《大陆刑法史 从古罗马到十九世纪》,周振杰译,法律出版社 2016 年版。

49. [日]前田雅英著:《刑法总论讲义(第 6 版)》,曾文科译,北京大学出版社 2017 年版。

50. [日]山口厚著:《刑法总论(第三版)》,付立庆译,中国人民大学出版社 2018 年版。

51. [英]杰瑞米·候德著:《阿什沃斯刑法原理(第 8 版)》,时延安、史蔚译,中国法制出版社 2019 年版。

52. [日]平野龙一著:《犯罪论的诸问题(上)总论》,有斐阁 1981 年版

53. [德]贝恩德·许内曼编:《现代刑法体系的基本问题》,成文

堂 1990 年版。

54. [日]松原久利著:《违法性的意识可能性》,成文堂 1992 年版。

55. [日]大谷实著:《刑法讲义总论》,成文堂 1996 年补定 4 版。

56. [日]曾根威彦著:《刑法的重要问题》,成文堂 1996 年增补版。

57. [日]佐久间修著:《刑法讲义·总论》,成文堂 1997 年版。

58. [日]山中敬一著:《刑法总论 I》,成文堂 1999 年版。

59. A. H. Loewy, *Criminal Law in a nutshell*, West Publishing,1975.

60. Steven L. Emanuel, *Criminal Law (3d Edition)*, Emanuel Publishing Corp,1992.

61. Jonathan Herring & Marise Cremona, *Criminal Law*, Macmilllan Press Ltd,1998(2nd).

62. George Mousourakis, *Criminal Responsibility and Partial Excuses*, Athenaeum,1998.

63. George P. Fletcher, *Basic concepts of criminal law*, Oxford University Press, 1998.

64. Nicola Padfield, *Criminal Law*, Butterworths,2000.

65. Astolfo Di Amato, *Criminal Law in Italy*, Wolters Kluwer Law & Business,2013.

66. Katheryn Russell-Brown, Angela J. Davis, *Criminal Law*, Sage Publications,2016.

二、论文

(一)中国学者论文

1. 周振想:《关于犯罪构成理论的几个问题》,载《法学杂志》1986 年第 6 期。

2. 周振想:《马克思恩格斯论犯罪构成》,载《西北政法学院学报》1986 年第 3 期。。

3. 姜伟:《犯罪构成比较研究》,载《法学研究》1989 年第 5 期。

4. 赵秉志、肖中华:《我国与大陆法系犯罪构成理论的宏观比较》,载《浙江社会科学》1999 年第 2 期。

5. 李洁:《法律的犯罪构成与犯罪构成理论》,载《法学研究》1999 年第 5 期。

6. 童德华:《刑法中的行为:机能、概念与犯罪论体系》,载《法学评论》2001 年第 6 期。

7. 童德华:《刑事替代责任制度研究》,载《中国刑事法杂志》2002 年 01 期。

8. 周光权:《犯罪构成理论:关系混淆及其克服》,载《政法论坛》2003 年第 6 期。

9. 夏勇:《我国犯罪构成研究中的视角问题》,载《法商研究》2003 年第 2 期。

10. 刘艳红:《我国与大陆法系犯罪论体系之比较》,载《中外法学》2004 年第 5 期。

11. 周玉华、秦秀春:《中外犯罪构成比较研究》,载《山东公安专科学校学报》2003 年第 3 期。

12. 李居全:《论外国法制史上犯罪概念的产生》,载《岳麓法律评论》2003 年 02 期。

13. 郑军男、齐玉祥:《德日犯罪论体系思维模式探究》,载《当代法学》2004 年第 2 期。

14. 陈劲阳:《新康德主义与新古典犯罪论体系》,载《当代法学》2004 年第 6 期。

15. 王充:《论德国古典犯罪论体系———以贝林(Beling)的构成要件理论为对象》,载《当代法学》2005 年第 1 期。

16. 孙文波:《"人本"法律观的证立与展开》,载《浙江社会科学》2006年第2期。

17. 李莉、陈泽锋:《西方民法理念探源》,载《理论界》2006年第1期。

18. 骆徽:《对启蒙的现代性与后现代性的反思》,载《南京师大学报(社会科学版)》2006年第1期。

19. 夏勇:《邓玉娇案件与罗克辛的客观归责理论》,载《北方法学》第17期。

20. 童德华:《哲学思潮与犯罪构成——以德国犯罪论的谱系为视角》,载《环球法律评论》2007年03期。

21. 徐昕:《司法决斗考》,载《法制与社会发展》2007年第1期。

22. 张继成:《可能生活的证成与接受》,载《法学研究》2008年第5期。

23. 王勇:《中国犯罪构成理论建构的理性体系与价值前提》,载《吉林大学社会科学学报》2008年第6期。

24. 谢地坤:《中国的哲学现状、问题和任务》,载《中国社会科学》2008年第5期。

25. 陈兴良:《客观归责的体系性地位》,载《法学研究》2009年第6期。

26. 赵秉志、王志祥:《中国犯罪构成理论的发展历程与未来走向》,载《刑法论坛》2009年第3卷。

27. 戴启秀:《从古希腊古罗马神话看德国法律的起源与发展》,载《德国研究》2009年第2期。

28. 董亚娟:《论决斗与近代西方社会》,载《江汉大学学报(社会科学版)》2009年第3期。

29. 王勇、高拓:《传统犯罪构成理论三阶段史的四维解读》,载《宁波大学学报(人文科学版)》2009年第5期。

30. 周光权:《犯罪论体系在中国的论争与发展》,载《国家检察官学院学报》2010年02期。

31. 付立庆:《对传统四要件犯罪论体系之反思——评周光权教授新著〈犯罪论体系的改造〉》,载《人民检察》2010 年 06 期。

32. 欧锦雄:《复杂疑难案件下犯罪构成理论的优劣对决》,载《刑事法杂志》2011 年第 3 期。

33. 赵秉志、彭文华:《文化模式与犯罪构成模式》,载《法学研究》2011 年第 5 期。

34. 王勇:《改良阶段的传统犯罪构成理论研究》,载赵秉志主编《刑法论丛》,法律出版社 2011 年第 3 卷。

35. 陈兴良:《犯罪论体系的去苏俄化》,载《政法论坛》2012 年第 04 期。

36. 魏晓欣、李剑:《宗教权威型纠纷解决机制的运作实践》,载《甘肃政法学院学报》2015 年第 4 期。

(二)外国学者论文

1. [日]上野达彦:《苏维埃犯罪构成要件论发展史》,康树华译,载《国外法学》1979 年 9 月。

2. [日]西原春夫:《外国法制日本与德意志刑法和刑法学——现状与未来之展望》,林亚刚译,载《法学评论》2001 年第 1 期。

3. [德]托马斯·李旭特:《德国犯罪理论体系问题概述》,赵阳译,载《政法论坛》2004 年第 4 期。

4. [英]蒂姆·墨菲:《从历史视角看英国法治》,韦洪发译,载《法制与社会发展》2005 年第 5 期。

图书在版编目（CIP）数据

全球结构下中国刑法体系的构造 / 童德华著. —北京：北京大学出版社，2021.5
ISBN 978-7-301-32241-3

Ⅰ.①全… Ⅱ.①童… Ⅲ.①刑法—法律体系—中国 Ⅳ.①D9240.1

中国版本图书馆 CIP 数据核字（2021）第 109642 号

书　　　名	全球结构下中国刑法体系的构造 QUANQIU JIEGOUXIA ZHONGGUO XINGFATIXI DE GOUZAO
著作责任者	童德华　著
责 任 编 辑	柯　恒
标 准 书 号	ISBN 978-7-301-32241-3
出 版 发 行	北京大学出版社
地　　　址	北京市海淀区成府路 205 号　100871
网　　　址	http://www.pup.cn　http://www.yandayuanzhao.com
电 子 信 箱	yandayuanzhao@163.com
新 浪 微 博	@北京大学出版社　@北大出版社燕大元照法律图书
电　　　话	邮购部 010-62752015　发行部 010-62750672 编辑部 010-62117788
印 刷 者	三河市北燕印装有限公司
经 销 者	新华书店
	880 毫米×1230 毫米　32 开本　15.375 印张　394 千字 2021 年 5 月第 1 版　2021 年 5 月第 1 次印刷
定　　　价	69.00 元

未经许可，不得以任何方式复制或抄袭本书之部分或全部内容。
版权所有，侵权必究
举报电话：010-62752024　电子信箱：fd@pup.pku.edu.cn
图书如有印装质量问题，请与出版部联系，电话：010-62756370